Structure du
FRANÇAIS MODERNE

Structure du
FRANÇAIS MODERNE

INTRODUCTION À
L'ANALYSE LINGUISTIQUE
Quatrième édition

PIERRE LÉON & PARTH BHATT

CANADIAN SCHOLARS

Toronto | Vancouver

Structure du français moderne : Introduction à l'analyse linguistique
Quatrième édition
Pierre Léon and Parth Bhatt

First published in 2017 by
Canadian Scholars
425 Adelaide Street West, Suite 200
Toronto, Ontario   M5V 3C1

www.canadianscholars.ca

Library and Archives Canada Cataloguing in Publication

Léon, Pierre R., 1926-2013, author
    Structure du français moderne : introduction à l'analyse linguistique / Pierre Léon & Parth Bhatt. -- Quatrième édition.

Includes bibliographical references and index.
Issued in print and electronic formats.
ISBN 978-1-55130-960-6 (softcover).--ISBN 978-1-55130-961-3 (PDF).--
ISBN 978-1-55130-962-0 (EPUB)

    1. French language. 2. Linguistic analysis (Linguistics). 3. French language--Textbooks for second language learners. I. Bhatt, Parth Markand, 1955-, author II. Title.

PC2128.L46 2017   440   C2017-901384-X   C2017-901385-8

Text design and layout by John van der Woude, JVDW Designs
Cover design by Em Dash Design
Cover image by Qweek/iStock

17   18   19   20   21   5   4   3   2   1

Printed and bound in Canada by Webcom.

Canadä

TABLE DES MATIÈRES

Avant-propos   XVII

PARTIE I. INTRODUCTION

Chapitre 1. De la grammaire à la linguistique   3
1. La grammaire et la linguistique   3
2. La norme et le pouvoir   3
3. Les normes et les usages   4
4. La langue et ses usages   4
5. Les registres   5
6. L'étude de la langue au cours des âges   6
7. La langue et le langage   6
8. Les emplois métaphoriques du mot *langage*   7
9. La langue et la parole   7
10. Les différents codes linguistiques   7
11. La diachronie et la synchronie   10
12. L'évolution du français   11

Chapitre 2. La communication et le signe linguistique   15
1. La boucle de la communication   15
2. Les différents types de code   16
3. Les différents types de communication   16
4. Les signes : indices, signaux et codes   17
5. L'interprétation des signes   17
6. Les indices et les signaux de la parole   18
7. Les constituants du signe linguistique   18
8. La signification   19
9. Le lien arbitraire entre signifiant et signifié   19
10. Le signe linguistique : conventionnel et nécessaire   20
11. Les unités distinctives du signe linguistique   21
12. La nature discrète du signe linguistique   21
13. La forme et la substance   21

Chapitre 3. La structuration du système linguistique   25

    1. La spécificité du code linguistique humain   25

    2. La connaissance intuitive des règles linguistiques   25

    3. Connaissance intuitive et connaissance passive   26

    4. Les quatre sous-systèmes linguistiques   27

    5. La stratification du système linguistique   27

    6. Les techniques d'analyse linguistique   28

    7. Le paradigme et la commutation   29

    8. Le syntagme et la permutation   30

    9. Commutation et permutation : axe vertical / axe horizontal   30

    10. L'articulation linguistique   31

    11. La première articulation : les unités significatives   31

    12. La deuxième articulation : les unités distinctives   32

    13. L'économie de la double articulation   32

    14. La spécificité humaine : double articulation, linéarité, dissociation du message, mensonge et métaphore   32

    15. La productivité et la créativité du système linguistique   34

PARTIE II. LA PHONÉTIQUE ET LA PHONOLOGIE

Chapitre 4. L'articulation des voyelles françaises   41

    1. La phonétique et la phonologie   41

    2. Les diverses branches de la phonétique   41

    3. L'appareil de production sonore   42

    4. La représentation phonétique des voyelles   43

    5. L'articulation des voyelles françaises   44

    6. Les traits articulatoires des voyelles françaises   46

    7. Phonétique et orthographe   46

    8. L'utilité linguistique des voyelles   47

    9. La redondance   47

Chapitre 5. L'articulation des consonnes françaises   52

    1. L'articulation des consonnes   52

    2. Le classement des consonnes selon le mode articulatoire : consonne occlusive / consonne fricative   52

    3. Le classement des consonnes selon le mode articulatoire : consonne orale / consonne nasale   53

    4. Le classement des consonnes selon le mode articulatoire : consonne voisée / consonne non voisée   54

    5. Le classement des consonnes selon leur lieu d'articulation   54

6. Les traits articulatoires des consonnes du français   55

7. Les semi-consonnes   56

8. Le classement auditif des consonnes   57

Chapitre 6. La phonologie des voyelles françaises   61

1. Description phonétique / description phonologique   61

2. Les phonèmes et les variantes   61

3. Le système des oppositions phonologiques des voyelles françaises   62

4. Les traits distinctifs (articulatoires) des phonèmes pour la description phonologique   62

5. Les paires minimales   63

6. La disparition de certaines oppositions vocaliques   63

7. La disparition de la prononciation de UN et du A postérieur   64

8. Les facteurs externes de l'évolution du système des oppositions vocaliques   64

9. La syllabe et la division syllabique du français   64

10. La loi de la distribution complémentaire des voyelles du français   65

11. Les exceptions des cas 1, 4 et 6   67

12. Les oppositions phonologiques dans les cas 1, 4 et 6   67

13. Les variantes libres : discursives, dialectales, sociales, phonostylistiques   68

14. Variantes conditionnées   68

Chapitre 7. La phonologie des consonnes françaises   74

1. Les oppositions consonantiques   74

2. Les oppositions des occlusives   74

3. La corrélation des occlusives   75

4. Les oppositions des fricatives   75

5. La corrélation des fricatives   75

6. Le rendement phonologique   75

7. Les variantes libres et les variantes conditionnées   76

8. Les variantes consonantiques conditionnées   76

9. Le mécanisme de l'assimilation des variantes conditionnées   77

10. Les variantes consonantiques dialectales ou sociologiques   78

Chapitre 8. L'accentuation   82

1. L'accentuation : définition générale   82

2. La nature phonétique de l'accentuation   82

3. L'accentuation démarcative française   83

4. Enchaînement, ambiguïté et découpage des unités de sens   83

5. L'accentuation d'insistance   84

6. La fonction distinctive de la place de l'accentuation   85

Chapitre 9. L'intonation   89

   1. L'intonation : définition générale   89

   2. La nature phonétique de l'intonation   89

   3. La description linguistique de l'intonation   90

   4. L'intonation de la phrase déclarative   90

   5. L'intonation de la phrase impérative   91

   6. L'intonation de la phrase interrogative   91

   7. Les rôles linguistiques de l'intonation : la fonction de démarcation   93

   8. Les rôles linguistiques de l'intonation : la fonction de modalisation   94

   9. Les rôles linguistiques de l'intonation : la fonction de hiérarchisation   94

  10. Le rôle phonostylistique de l'intonation   94

Chapitre 10. E caduc   99

   1. Définition du E caduc   99

   2. Le E caduc et l'orthographe   99

   3. Le E caduc et la structure syllabique   100

   4. Cas du maintien obligatoire du E caduc   100

   5. Suppression obligatoire du E caduc   100

   6. Prononciation facultative du E caduc   101

   7. Le E caduc et les oppositions phonologiques   101

   8. Le E caduc dans la versification classique   101

Chapitre 11. L'enchaînement et la liaison   105

   1. L'enchaînement   105

   2. Les latences consonantiques : les liaisons   105

   3. La liaison   105

   4. Les consonnes de liaison   106

   5. Les liaisons obligatoires   106

   6. Les liaisons interdites   107

   7. Les liaisons facultatives   107

   8. La liaison et la dénasalisation   108

   9. Le rôle phonologique de la liaison   108

  10. Le rôle phonostylistique du E caduc et de la liaison   109

PARTIE III. LA MORPHOLOGIE

Chapitre 12. Les catégories morphologiques   117

1. L'analyse des unités significatives   117
2. Les parties traditionnelles du discours   118
3. Une nouvelle classification   120
4. Les catégories morphologiques : mot, monème, morphème, lexème   120
5. Liste ouverte et liste fermée   122
6. Le classement des lexèmes   122
7. Les sèmes grammaticaux et l'appartenance catégorielle des morphèmes   123
8. L'autonomie des morphèmes   123
9. Les amalgames morphologiques   124
10. Le morphème zéro   124
11. Les marques morphologiques   125
12. Les marques morphologiques et les codes   126

Chapitre 13. Le genre   129

1. La distinction entre le genre et le sexe   129
2. Le genre morphologique en français   129
3. Le genre et la distinction lexicale   131
4. L'arbitraire du genre   131
5. L'invariabilité du genre   131
6. Le genre, les variations régionales et populaires et le changement diachronique   132
7. Les marques écrites du genre   132
8. Grammaire et féminisation   133
9. Les marques orales du féminin   134

Chapitre 14. Le nombre   138

1. La distinction de nombre   138
2. Les oppositions singulier/pluriel/duel/triel   138
3. Le nombre et le dénombrement   139
4. Les substantifs sans pluriel   139
5. Les substantifs sans singulier   139
6. Le nombre et la distinction lexicale   140
7. Les marques écrites du nombre   140
8. Les marques orales du nombre   141
9. Les marques du verbe   143
10. Marques redondantes du pluriel dans les verbes   144
11. Les particularités graphiques des verbes, noms et adjectifs   144
12. Les marques du pronom personnel   144

Chapitre 15. La morphologie du verbe : forme, voix, nombre et personne   148

    1. L'information verbale   148

    2. Les différents types de formes verbales   149

    3. L'analyse verbale   149

    4. La voix verbale   150

    5. Le nombre   152

    6. La personne   153

Chapitre 16. La morphologie du verbe : mode, temps, aspect   159

    1. L'infinitif et le participe   159

    2. Le mode indicatif   159

    3. Le mode impératif   160

    4. Le mode subjonctif   160

    5. Le mode conditionnel   160

    6. Le temps   162

    7. L'aspect verbal   164

    8. Les verbes transitifs et intransitifs   164

    9. Les auxiliaires modaux et temporels   166

Chapitre 17. La dérivation et la composition   170

    1. Mots simples, dérivés et composés   170

    2. Le terme de base   171

    3. L'affixation : affixes, flexions, suffixes, préfixes   171

    4. La préfixation   172

    5. Les préfixes séparables et inséparables   173

    6. Le classement sémantique des préfixes   173

    7. La suffixation   174

    8. Les divers types de suffixes   174

    9. La composition   177

    10. Les mots composés nominaux   177

    11. Les mots composés des autres catégories grammaticales   178

    12. Les sigles   178

    13. La troncation   179

    14. La cohésion des mots composés   179

Chapitre 18. La structure du lexique   185

    1. L'hétérogénéité du lexique français   185

    2. Les onomatopées et les mots expressifs   185

    3. Les mots d'origine celtique   186

    4. Les emprunts modernes   186

5. Mots populaires, mots savants, doublets 187

6. L'étymologie populaire 187

7. L'intégration phonologique des emprunts 188

8. L'intégration morphologique 188

9. L'emprunt traduit 189

10. Le calque sémantique 189

11. Le voyage des mots 189

12. La morphologie des néologismes 190

13. Les dictionnaires 190

14. Le lexique et le vocabulaire 190

15. Les enquêtes sur le français parlé 191

16. Statistiques du vocabulaire de la langue parlée 191

17. La structuration du vocabulaire du français parlé 192

18. Le vocabulaire de base du français québécois 192

PARTIE IV. LA SYNTAXE

Chapitre 19. L'analyse syntaxique 203

1. La syntaxe 203

2. Syntaxe parlée et syntaxe écrite 203

3. L'analyse syntaxique 204

4. La phrase globale 205

5. La phrase et ses règles de réécriture 205

6. Le groupe nominal 206

7. Les déterminants du groupe nominal 207

8. Les expansions du groupe nominal 208

9. Le groupe verbal 208

10. Les expansions du groupe verbal 208

11. Le groupe prépositionnel 209

12. Le GP complément circonstanciel 210

13. Le GP complément d'objet indirect d'un verbe transitif 211

14. Le GP complément d'un verbe intransitif 212

15. Le GP complément de nom 213

16. Le GP complément de groupe adjectival 214

17. Les règles de réécriture et les compléments 214

Chapitre 20. La syntaxe et l'ambiguïté   220

   1. L'ambiguïté syntaxique de type A : le GP avec effacement de la préposition   220

   2. L'ambiguïté de type B   221

   3. L'ambiguïté de type C : le GP complément de nom et le GP complément circonstanciel   222

   4. L'ambiguïté de type D : le GN avec article partitif et le GP complément circonstanciel   224

   5. L'ambiguïté de type E : le GP complément d'objet indirect et le GP complément circonstanciel   225

   6. La levée de l'ambiguïté par la prosodie   226

Chapitre 21. Les phrases interrogatives, impératives, négatives et passives   230

   1. Les modalités phrastiques   230

   2. Les polarités   231

   3. La voix   232

   4. Les phrases interrogatives   232

   5. L'interrogation en langue parlée   234

   6. Les phrases impératives   235

   7. Les phrases négatives   238

   8. Les phrases passives   240

   9. Le complément d'agent   241

  10. Les phrases sans forme passive   242

  11. Les combinaisons de modalités globales, de polarités et de voix   244

Chapitre 22. Les phrases complexes : la coordination   248

   1. La coordination   248

   2. La coordination des phrases   248

   3. La coordination des groupes nominaux   250

   4. La coordination des groupes verbaux   253

   5. Les locutions conjonctives   255

Chapitre 23. Les phrases complexes : la relativisation   259

   1. Les phrases relatives   259

   2. La relativisation du GN sujet   260

   3. La relativisation du GN complément d'objet direct   261

   4. La relativisation du GN complément d'objet indirect   262

   5. La relativisation du GN complément de nom   264

   6. La relativisation et l'interprétation sémantique   264

PARTIE V. LA SÉMANTIQUE

Chapitre 24. L'analyse sémantique   271

  1. Sens linguistique, sens contextuel et sens situationnel   271

  2. La signification   271

  3. Le signe linguistique et le référent   272

  4. Le sens propre et le sens contextuel   272

  5. Le sens contextuel en morphologie   273

  6. Dénotation et connotation   273

  7. La connotation du signifié   273

  8. La connotation du signifiant   274

  9. La métonymie   274

  10. La métaphore   275

  11. Monèmes, sémèmes et sèmes   275

  12. La difficulté du choix des sèmes   276

  13. La grille d'analyse sémique   276

  14. Les limites de l'analyse sémique   277

  15. La syntaxe et l'interprétation sémantique   277

Chapitre 25. Synonymie, antonymie et polysémie   283

  1. La synonymie   283

  2. Les quasi-synonymes   283

  3. Les doublets   284

  4. Les variantes synonymiques   284

  5. L'antonymie lexicale   285

  6. L'antonymie et les clichés   285

  7. L'antonymie morphologique   285

  8. La polysémie   286

  9. L'homonymie   287

  10. Champ notionnel, champ lexical et champ morphologique   288

  11. Les variations stylistiques   289

  12. L'analyse sémique des métaphores   289

  13. L'analyse sémique des gros mots   290

Chapitre 26. De la sémantique de la phrase à la pragmatique   295

  1. Du mot à la phrase et au contexte   295

  2. La présupposition et le présupposé   296

  3. Les présupposés lexicaux et grammaticaux   296

  4. De la phrase au discours   297

  5. Les relations sémantiques externes   298

6. Les relations sémantiques internes : argumentation et régulation du discours **298**

7. L'argumentation déguisée **299**

8. L'énonciation **300**

9. La pragmatique **300**

10. L'explicite et l'implicite **300**

11. Les actes de parole **301**

12. Les actes illocutoires **301**

13. L'acte perlocutoire **302**

PARTIE VI. LA SOCIOLINGUISTIQUE

Chapitre 27. La variation sociale **309**

1. Les facteurs sociologiques de la variation **309**

2. L'âge **309**

3. Le sexe **310**

4. Le choix des variables linguistiques **310**

5. Exemple d'une étude simple d'une variable sociophonétique, la stratification du R à New York **311**

6. La variation en fonction du contexte linguistique **311**

7. La variation en fonction du contexte social **312**

8. Les règles variables **314**

9. Indicateur et marqueur **314**

10. De l'indicateur au marqueur **314**

11. Code restreint et code élaboré **315**

12. Les variations régionales, sociolectales et langue standard **315**

13. Sociolinguistique et évolution **315**

14. Les facteurs idéologiques **316**

Chapitre 28. La variation dialectale **320**

1. La norme et les usages **320**

2. Les divisions linguistiques de la France **320**

3. Langue, dialecte, patois, parler et créole **321**

4. Sabir et pidgin **323**

5. L'approche sociolinguistique dans l'étude des dialectes **324**

6. Attitude et comportement **325**

7. Les forces linguistiques en cause **325**

8. Les enquêtes dialectologiques modernes **325**

9. L'idiomatologie **325**

10. Esthétique, clarté, efficacité, richesse **326**

11. Le contact des langues et le franglais   326

12. La langue et l'idéologie   327

13. La synchronie dynamique   328

Chapitre 29. Le français canadien   332

1. La langue et l'histoire   332

2. Les apports dialectaux du français au français canadien   333

3. La variation canadienne   334

4. La variation vocalique   335

5. La variation consonantique   336

6. La variation prosodique   338

7. La variation morphologique   338

8. La variation morphosyntaxique   339

9. La variation lexicale   339

10. Les emprunts à l'anglais   341

11. Les anglicismes au Canada   341

12. Le fonds amérindien   342

13. Problèmes d'assimilation   342

Glossaire   347

Bibliographie   361

Index   371

AVANT-PROPOS

Depuis des siècles, les grammairiens ont réfléchi sur la langue et mis au point des techniques d'analyse. L'époque moderne a vu naître et se développer un grand nombre de théories linguistiques et les manuels à l'usage des étudiants sont nombreux. Les uns présentent les vues d'une école ou d'un chef de file, d'autres plus éclectiques offrent un panorama des diverses thèses en présence. Pourquoi alors un autre ouvrage sur le sujet ?

QUEL EST DONC L'OBJET DE CE LIVRE ?

Notre but est double : d'une part, initier à l'**analyse linguistique générale** et, d'autre part, le faire sur de nombreux exemples permettant de dégager peu à peu la **structure de la langue**.

Nous avons délibérément écarté l'approche d'une école particulière et essayé de rester **ouverts** à tous les courants. Nous avons toujours cherché la méthode la plus simple, la plus directe, donc la plus économique, qui est aussi le plus souvent la plus claire, pour analyser les phénomènes linguistiques.

Néanmoins, ce type d'analyse exige l'emploi d'une **terminologie** précise devant laquelle nous n'avons pas reculé, chaque terme technique étant soigneusement explicité par une définition et de nombreux exemples.

A QUEL PUBLIC S'ADRESSE CE LIVRE ?

Nous avons enseigné le contenu de ce livre et expérimenté ces exercices pendant de nombreuses années. Le tout représente le contenu d'un cours d'introduction à la linguistique de niveau universitaire, pour des étudiants de **français langue étrangère**. Cet ouvrage peut également servir comme manuel pour des cours universitaires plus avancés dans des domaines particuliers de la linguistique.

Il faut donc avoir déjà une assez bonne connaissance de la langue pour trouver profit à cet ouvrage. Des étudiants plus avancés pourront l'utiliser comme texte d'initiation ou de révision.

ORGANISATION DE CE LIVRE

Les trois premiers chapitres sont destinés à donner les raisons d'étudier la linguistique en montrant son incidence dans notre vie quotidienne. La langue est non seulement l'outil de communication le plus économique, le mieux élaboré, mais aussi le soutien le plus efficace de la pensée en même temps qu'objet d'art, de culte ou de passion.

Les chapitres suivants étudient successivement le matériau sonore, puis son organisation en unités de sens que sont les mots et la phrase.

Les derniers chapitres posent les problèmes du sens en contexte et des relations de la langue et de la société. Roland Barthes (1957) disait qu'« il n'y a pas de langage innocent ». Toute parole proférée implique non seulement son auteur, mais aussi toute la culture à laquelle il appartient.

Chaque terme employé ici est toujours soigneusement défini et illustré. On le retrouvera de plus dans **le glossaire** à la fin du livre. **L'index** fournit également une indication des pages où ce même terme est employé, ce qui permettra de comprendre comment un concept est utilisé dans des contextes différents.

Nous avons évité de surcharger les textes de noms d'auteurs ; qu'on nous le pardonne. On trouvera des références complètes dans la bibliographie.

Chaque chapitre se termine par des questions destinées à faire réfléchir et à susciter une discussion en classe.

CONSEILS AUX ÉTUDIANTS

Le nombre de termes d'analyse linguistique est relativement élevé mais leur emploi est précis. On ne peut pas employer un terme pour un autre, parler de mot si l'on veut parler de morphème, qui est une unité grammaticale, et de son pour désigner un phonème, qui est un son fonctionnel.

Ne pensez pas que la terminologie de ce livre soit du jargon, dans le mauvais sens du terme. Il s'agit d'un **vocabulaire technique**. Il en est de même des concepts de l'analyse. Servez-vous du glossaire pour apprendre à les manier avec rigueur.

Apprendre à formuler des règles vous enseignera à mieux raisonner, à être rigoureux non seulement en linguistique mais dans tous les autres domaines. Ce n'est pas un hasard si la linguistique est devenue, à l'époque moderne, une **science pilote**. Ses modèles d'analyse ont été empruntés par les **anthropologues**, les **sociologues**, les **psychanalystes**, les **littéraires**, etc.

N'oubliez pas de travailler les questions. Elles vous feront réviser le chapitre et vous entraîneront à réfléchir sur des problèmes spécifiques à la linguistique générale, en vous incitant de temps à autre à comparer le français à d'autres systèmes linguistiques.

Si vous voulez en savoir plus, consultez la bibliographie.

CONSEILS AUX PROFESSEURS

L'ordre de ce livre n'est pas immuable. Il ne serait pas inutile cependant de s'assurer que les trois premiers chapitres ont été bien maîtrisés par les étudiants avant d'entreprendre l'étude des autres.

On peut concevoir un cours utilisant ce livre avec une alternance d'un cours théorique et d'un cours de travaux pratiques. Ce dernier peut être fait à partir des **QUESTIONS**, qui reprennent en général les principaux points du chapitre. Notre expérience nous a montré que les étudiants aiment bien ce type d'alternance et que la discussion des questions leur permet d'éclaircir les points du chapitre restés parfois incompris.

N'hésitez pas à rapprocher les phénomènes observés pour le français de ceux de la langue — ou des langues — de vos étudiants. La **comparaison** est toujours fructueuse.

On pourra demander aux étudiants d'effectuer des travaux supplémentaires en faisant des **enquêtes** dans des journaux, magazines ou textes de radio ou de télévision. Les résultats obtenus par des relevés de vocabulaire (mots nouveaux, emprunts, calques) ou de syntaxe (populaire, à la mode), des prononciations de français parlé, etc. donneront des résultats parfois étonnants et toujours instructifs.

Incitez les étudiants à se servir de dictionnaires de synonymes, d'étymologie ; à établir des listes de termes, à en rechercher les racines, à découvrir la structure des mots. Qu'ils connaissent aussi les dictionnaires de linguistique. Le plus pratique est celui de Jean Dubois et al. (1973), mais ceux de Bernard Pottier (1973), Oswald Ducrot et Tsvetan Todorov (1972), Georges Mounin (1974) et le **Guide alphabétique** d'André Martinet (1969) ainsi que le **Dictionnaire didactique des langues vivantes** de Robert Galisson et Daniel Coste (1976) sont des outils précieux. La comparaison de définitions prises à plusieurs diction- naires est parfois bien intéressante.

REMERCIEMENTS

Nous remercions tous ceux, collègues ou étudiants, qui nous ont écrit pour nous faire part de leurs critiques et de leurs suggestions. Notre reconnaissance va d'abord à tous ceux qui nous ont suggéré des modifications du cours originel, en particulier nos collègues et amis, Claude Tatilon, Alain Thomas, Jeff Tennant, Wladyslaw Cichocki, Nicole Maury et Monique Léon. Un merci tout spécial enfin à un autre collègue et ami, Henry Schogt, qui, avec sa grande compétence linguistique et sa remarquable perspicacité, nous a permis d'améliorer grandement la première édition de ce livre. Merci également à Renée Baligand, précieuse collaboratrice de la première et de la deuxième édition.

Notre reconnaissance va également à tous les collègues qui nous ont fait part de leurs sug- gestions et corrections — tout particulièrement Peter Seyffert, du Département des langues à l'Université de Thunder Bay, et Monique Léon.

Nous avons voulu aussi rafraîchir cet ouvrage en allégeant les chapitres trop longs tout en augmentant le nombre d'explications. Nous avons ajouté de nombreux exemples, par- fois dans des domaines moins « sérieux ». C'est ainsi qu'on trouvera comptines, devinettes, calembours, contrepèteries, poèmes et autres jeux qui pourraient sembler futiles mais qui servent toujours à montrer le fonctionnement de la langue — joignant l'agréable à l'utile.

Cette quatrième édition a été préparée sans Pierre Léon, qui nous a quittés en septembre 2013. Il est difficile d'exprimer la profonde tristesse que sa disparition a causée à sa famille, à ses amis et à ses collègues. Pierre Léon avait une grande générosité humaine et intellectuelle. Si parfois il cherchait à nous provoquer, c'était toujours avec bienveillance et avec humour. Il nous manque beaucoup.

Pour la quatrième édition, l'organisation des chapitres n'a pas été modifiée, mais certaines sections trop denses ont été remaniées et réorganisées, les questions ont été renouvelées et les coquilles relevées par les évaluateurs externes ont été corrigées.

Les transcriptions phonétiques données dans le livre reflètent la prononciation « standardisée » que l'on trouve dans un dictionnaire unilingue du français européen. Ces transcriptions sont donc des représentations idéalisées de la prononciation et il peut y avoir des variations selon les régions et les locuteurs.

La perfection n'étant pas de ce monde, il reste sans doute des erreurs et des maladresses de style que Pierre aurait voulu corriger !

Partie 1

INTRODUCTION

Chapitre 1
DE LA GRAMMAIRE À LA LINGUISTIQUE

EN DEUX MOTS

Les linguistes observent la langue sans porter de jugement : bon/mauvais. Ils constatent que la langue a une structure, bien organisée même si elle est utilisée par des gens très différents. La langue a un code que chacun respecte, comme le code de la route. On peut étudier la langue dans son évolution historique (diachronique) ou, comme on le fera ici, dans son fonctionnement actuel (synchronique).

1. LA GRAMMAIRE ET LA LINGUISTIQUE

La linguistique est l'étude **scientifique** du langage humain. Par scientifique, on veut dire que cette étude tente d'être **objective**.

Le linguiste se contente donc d'être **descriptif**. S'il entend dire au lieu de « *c'est ce que je vous dis* » une forme comme « *c'est qu'est-ce que je vous dis* », il va noter cette forme syntaxique sans dire si elle est bonne ou mauvaise. Il pourra préciser qu'il a relevé cette forme dans un discours **oral** plutôt qu'écrit, chez une personne de l'**âge** adulte, du **sexe** masculin, de telle **région**, de telle **classe** sociale, etc. Mais il ne condamnera pas. Il ne dira pas « cette formulation est fautive ».

Les grammaires, au contraire, ont traditionnellement été **prescriptives**, à quelques exceptions près — les *Remarques sur la langue française* de Vaugelas, au XVIIᵉ siècle ou, à l'époque moderne, *Le bon usage* de Grevisse, par exemple. Le grammairien et le pédagogue donnent généralement une vue prescriptive de la langue. Ils invoquent la **norme** qui est pour eux la « bonne » façon de parler. Lorsqu'ils parleront de **fautes** « populaires », ils entendront par là les écarts de langage du parler d'une classe sociale qu'ils jugent implicitement inférieure. Pour eux, la norme appartient au « beau langage » de la « bonne société ».

Les **sociolinguistes** modernes diront que cette norme a été considérée, la plupart du temps, comme le reflet de la langue des classes **favorisées**.

2. LA NORME ET LE POUVOIR

Dans l'histoire des langues, les gens qui détiennent le pouvoir ont toujours servi de modèle. On parlait ainsi du langage du Roi, de la Cour, des « beaux esprits ». Et on tentait de les imiter.

Le mythe de Pygmalion, mis au théâtre par Bernard Shaw sous son aspect moderne, dans sa pièce de théâtre, et dans la comédie musicale *My Fair Lady*, montre bien que l'ascension sociale passe par la maîtrise de la langue des dominants.

Mais il faut noter cependant que le pouvoir et le prestige ne vont pas toujours dans le même sens. Avant la Révolution française de 1789, la Cour et le Roi prononçaient le mot *moi* comme *moué*. Le peuple prononçait *moua*. C'est cette dernière prononciation qui l'a emporté après la victoire populaire.

La langue évolue sans cesse, il y a ainsi des prononciations « jeunes » qui triomphent des prononciations classiques considérées, inconsciemment souvent, comme rétrogrades, archaïques, démodées. Les jeunes emploient, par exemple, « *le petit déj.* » pour *le petit déjeuner* et écrivent et disent volontiers « A+ » pour *à plus tard*.

3. LES NORMES ET LES USAGES

Néanmoins, on convient, surtout pour les besoins de l'enseignement, de l'existence d'une norme de prononciation pour le français dit **standard** ou **standardisé**. Peu de francophones parleraient de façon standardisée dans leurs conversations habituelles avec leurs proches. Cette norme correspond à la prononciation donnée par les dictionnaires unilingues du français européen. Cette prononciation idéalisée est comprise par la grande majorité des locuteurs francophones en Europe, en Afrique, en Asie et en Amérique. Un autre modèle de français standardisé pourrait être celui de la radio ou de la télévision, ou le parler ordinaire des gens instruits des grands centres urbains. Les annonceurs des nouvelles, par exemple, emploient une expression orale relativement neutre et sans régionalismes qui permet à un grand nombre de francophones de suivre ce qui est dit. Cette norme s'emploie donc dans un contexte spécifique et les usages réels de la langue varient en fonction de la situation de communication, des individus, des groupes sociaux et des groupes géographiques.

4. LA LANGUE ET SES USAGES

Dans une communauté donnée, la France, par exemple, tout le monde utilise la même langue pour pouvoir se comprendre. Mais la diversité des cultures, leur éparpillement géographique et social, comme la variété même des individus, font que chacun parle d'une façon différente.

Se moquer d'un accent, d'une tournure lexicale ou syntaxique particulière revient à condamner la liberté d'expression au nom d'un idéal qui n'est jamais atteint. Dans ce domaine, comme dans celui de la mode des vêtements, on a fait beaucoup de progrès. Si une singularisation excessive porte toujours à sourire, la diversité n'est plus condamnée. Il n'y a aucune raison pour que tout le monde s'habille ou parle exactement comme la Reine d'Angleterre au Royaume-Uni ou comme le premier ministre au Canada.

Il faut noter aussi qu'il n'y a pas d'usages supérieurs à d'autres. La langue des paysans ou des ouvriers peut être aussi riche que celle de tout autre groupe et aussi intéressante à étudier.

VARIATIONS GÉOGRAPHIQUES ET SOCIALES

On trouve encore des restes de langues autrefois parlées en France, comme le dialecte normand, que pratiquent quelques paysans de la presqu'île du Cotentin. Ainsi : *Guyette el' cô qu'est su l'poumi et l'ca qu'est au pi* veut dire : *Regarde (guette) le coq qui est sur le pommier et le chat qui est au pied.*

5. LES REGISTRES

On dira que dans chaque situation, tout individu s'exprime selon un **registre**, appelé parfois niveau de langue. Ainsi, dans la communication, on peut distinguer trois registres :

- le **registre familier** utilisé entre amis ou dans la famille
- le **registre ordinaire** ou **naturel** utilisé dans la conversation spontanée avec des gens connus
- le **registre formel** ou **soutenu**, utilisé dans des situations où on s'adresse à des gens qui paraissent importants, par exemple quand on rencontre quelqu'un à qui on doit du respect ou quand on fait un discours oratoire en public

On dira, par exemple, *Ça va* dans le registre familier, *Comment allez-vous* dans le registre ordinaire et *Je suis ravi de faire votre connaissance* dans le registre formel.

L'emploi du registre familier implique que le locuteur connaît très bien la personne à qui il parle et choisit de s'exprimer de façon informelle. Le registre familier est caractérisé par de nombreuses omissions de segments ou de mots. On dira, par exemple, *J'pense pas, J'sais pas* (prononcé « *chais pas* ») en omettant à la fois la particule de négation *ne* ainsi que tous les E caducs, et en modifiant la prononciation des consonnes dans l'expression *je sais*. Si le locuteur a déjà établi le contact avec l'interlocuteur mais veut garder une certaine distance (par exemple avec un collège au travail), il choisira le registre naturel. Le locuteur dira alors *Je n'pense pas* ou *Je n'sais pas* en gardant la particule de négation mais en faisant tomber le E caduc à la fin de la particule. Si le locuteur parle à une personne qu'il rencontre pour la première fois ou à une personne à qui il doit du respect (par exemple, un juge ou un ambassadeur), il choisira probablement le registre formel ou soutenu. Dans ce cas, il emploiera des formules de politesse et un vocabulaire plus soigné : *Je ne saurais vous le dire, monsieur l'ambassadeur.* Les locuteurs modifient leur façon de parler selon la personne à qui ils s'adressent. Ces modifications se font de façon automatique et ce serait bizarre d'appeler un membre de sa famille proche en lui disant : *Bonsoir ma chère mère, je vous adresse mes salutations les plus agréables.*

6. L'ÉTUDE DE LA LANGUE AU COURS DES ÂGES

Les grammairiens anciens qui donnaient des règles, des normes, des recettes de rhétorique étaient aussi souvent des philosophes.

Aristote disait que le langage servait à **démontrer**, Descartes y voyait un moyen de **signifier** le monde réel et Pascal celui de **figurer** nos passions.

Les linguistes modernes ont retrouvé certains de ces aspects dans leurs théories. Mais ils s'accordent généralement à dire que les langues ont deux grandes fonctions :

a) **Représenter le réel**. Si j'écris ou prononce le mot *éléphant*, je n'ai pas besoin d'apporter un éléphant vivant pour être compris

b) **Transmettre des messages**, indépendamment de la langue parlée (le code) et également indépendamment de celui qui parle (l'émetteur) et de celui qui écoute (le récepteur). Une même information peut ainsi être transmise en allemand ou en wolof, d'un homme à une femme, qu'ils soient grands, petits, coléreux, enrhumés, masqués, le jour ou la nuit, etc. On ne peut pas dire la même chose de tous les moyens de communication. Les abeilles, par exemple, qui emploient des signaux visuels, ne peuvent pas communiquer la nuit

7. LA LANGUE ET LE LANGAGE

Pour les linguistes modernes, le terme **langage** désigne une faculté mentale qui permet à chaque être humain d'acquérir de façon « naturelle » (tout comme il est naturel d'utiliser ses jambes pour marcher) un système unique de communication que l'on appelle la **langue**. Tous les humains, quelle que soit leur origine, possèdent cette faculté. Elle est **innée**.

La notion de **langue** renvoie à deux définitions voisines dont la première est une définition large et l'autre étroite. Selon la définition large, la langue désigne un **système communicatif particulier** qui sert à relier une suite d'**unités** sonores (les sons de la parole), visuelles (les divers types d'écriture), ou gestuelles (les gestes des langues des signes) à un **concept**. Ce système a une structure unique et certaines propriétés spéciales, comme nous le verrons au chapitre 3.

Selon la définition étroite, le terme **langue** peut également désigner les **langues spécifiques**, les systèmes individuels, comme le chinois, le japonais, l'italien, le tagalog, l'anglais, l'allemand, le finnois, etc. C'est l'**entourage** social et culturel qui va déterminer la **langue spécifique** que parlera tel ou tel individu.

Selon certains linguistes, toutes les langues du monde partagent les mêmes principes de construction, en dépit des différences réelles de prononciation et de grammaire. Ainsi, si l'on compare le français et l'anglais, on constate très vite qu'il y a beaucoup de différences entre les deux langues. En revanche, si l'on analyse la structure de ces langues, on trouvera qu'elles ont, en fait, un grand nombre de points en commun.

8. LES EMPLOIS MÉTAPHORIQUES DU MOT *LANGAGE*

On parle parfois du « langage » des fleurs ou des couleurs. Ainsi le myosotis passe en français pour signifier « ne m'oubliez pas », la rose rouge est le symbole de l'amour passionné.

Un philosophe moderne, Roland Barthes (1957, pp. 193-247), dit qu'il y a un « langage de la mode », voulant dire par là que le vêtement lui-même peut avoir une signification. Porter des jeans n'indique pas la même chose qu'arborer une cravate.

En réalité, dans ces deux cas, il s'agit d'emplois métaphoriques non linguistiques du terme *langage*.

9. LA LANGUE ET LA PAROLE

Les linguistes font également une distinction entre le terme **langue** qui désigne le système linguistique lui-même, et le terme **parole** qui renvoie à l'**utilisation** généralement orale de ce système dans des **situations réelles** par des **usagers réels**.

Le terme **parole** a deux définitions voisines. Il désigne, dans son acception courante, les sons vocaux que l'on emploie pour communiquer, c'est-à-dire le fait même de parler, comme dans l'expression *prendre la parole*.

Du point de vue linguistique, par contre, la notion de parole renvoie à l'utilisation concrète des connaissances linguistiques dans les situations de communication. Il s'agit donc de l'emploi que fait le locuteur individuel de sa langue.

10. LES DIFFÉRENTS CODES LINGUISTIQUES

Les langues humaines sont, elles aussi, des codes qui peuvent se concrétiser de plusieurs façons différentes. Dans la plupart des cas, les langues utilisent des unités **sonores** établies par convention, les sons de la parole, pour communiquer. On parlera de **code oral**.

Le système linguistique peut également prendre la forme d'unités visuelles dans un deuxième système de concrétisation, l'écriture ou **code écrit**.

Les deux codes sont fortement liés et la plupart des linguistes considèrent que le code écrit constitue un substitut pour le code oral. En fait, chaque code possède ses propres unités de base et opère son propre découpage des niveaux de représentation. Le code écrit donne généralement la priorité aux mots et aux phrases, alors que le code oral donne la priorité aux syllabes, aux groupes, aux phrases et à leur agencement rythmique et mélodique.

L'étude des différentes formes d'écriture montre que l'on a envisagé leur représentation soit visuelle, soit sonore. On a ainsi : a) des écritures **pictographiques** (**picto** = peinture, image ; **graphique** = écrit), comme celles des Indiens d'Amérique b) des écritures **idéographiques**, dont les dessins stylisés représentent des idées, comme en chinois c) des écritures **phonographiques** (**phono** = son) qui renvoient aux sons. Ces derniers types d'écriture peuvent être **alphabétiques** et chaque lettre correspond à un son, comme en grec ou en espagnol moderne, soit **syllabiques**, comme en inuktitut.

PICTOGRAMMES ET IDÉOGRAMMES

Pictogrammes indiens

L visual representation of a concept

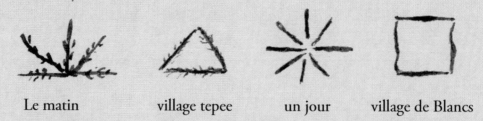

Le matin   village tepee   un jour   village de Blancs

Figure I.I. Exemples de pictogrammes indiens d'Amérique du Nord

Pictogrammes mayas et aztèques

Figure 1.2. Rangée du haut : pictogrammes des premiers mois mayas. En dessous, ceux des premiers mois aztèques (d'après Higounet, 1990, p. 35)

Hiéroglyphes égyptiens

soleil/temps   montagne   eau/mer   manger   aller   combattre

Figure 1.3. Écriture égyptienne (d'après Higounet, 1990, p. 23)

Exemple d'évolution interne dans l'écriture

L'une des plus anciennes écritures que nous connaissions est celle des Sumériens. Ils vivaient en Mésopotamie, dans la région de l'Irak actuel.

L'évolution de cette écriture nous donne une idée du type de processus que les hommes ont inventé au cours des siècles. En voici deux exemples :

Dans a), à partir d'un signe de base (ici : homme) on ajoute des traits (ici : une couronne) et on obtient un mot nouveau (ici : roi). Dans b), deux signes sont juxtaposés pour obtenir un mot nouveau. Ici : femme + montagne = esclave.

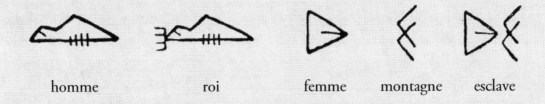

homme   roi   femme   montagne   esclave

Figure 1.4. Exemples d'écriture sumérienne (d'après Higounet, 1990, p. 18)

Écriture chinoise (idéographique) - design does not correspond directly to the image
Marcel Cohen décrit ainsi un autre procédé d'évolution, dans l'écriture chinoise :

a) Pour représenter les mots désignant des êtres animés. Des parties de ces êtres, des objets divers, on emploie des pictogrammes schématisés. Ainsi ma (1) : cheval ; je (2) : soleil.   └ stylizé

b) Pour représenter certaines idées concrètes (actions, qualités) et certaines abstractions, on emploie un tracé symbolique, tenant obligatoirement dans la hauteur de la ligne. Ainsi chang (3) : haut ; hia (4) : bas.

c) Pour représenter certaines autres idées, surtout des abstractions, on combine graphiquement et intellectuellement deux tracés dont l'un et l'autre peut être du type b). Ainsi, le signe hao (7) : aimer, est une combinaison de niu (5) : femme, et tseu (6) : fils.

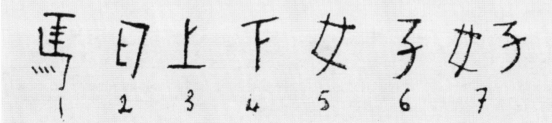

Figure 1.5. Exemples d'écriture chinoise

Écriture syllabique
L'alphabet des Inuits est fait des symboles que l'on trouvera ci-dessous. Chacun représente une syllabe, constituée d'une consonne et d'une des trois voyelles de l'inuktitut : i, a et u (prononcée comme le *ou* français). Le signe diacritique à droite représente une finale vocalique consonantisée.

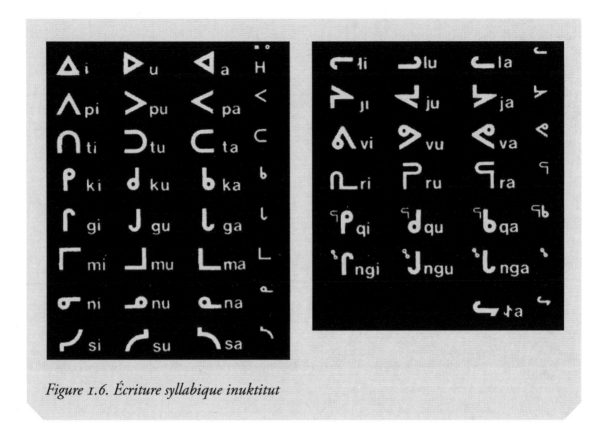

Figure 1.6. Écriture syllabique inuktitut

Toutes les langues naturelles possèdent des codes oraux. Mais un grand nombre de ces langues n'ont pas encore de codes écrits. Sur les quelques milliers de langues parlées, recensées par les linguistes, quelques centaines seulement sont écrites. Il existe également un nombre plus restreint de langues dont on possède des témoignages écrits mais qui ne sont plus parlées actuellement, par exemple, le sanscrit, le grec classique, la langue des pharaons.

Pendant longtemps, les grammairiens ont fondé leurs analyses sur les formes écrites de type littéraire ou historique. Les formes parlées n'étaient pas étudiées du tout ou au moins étaient considérées comme étant secondaires sinon vulgaires.

La linguistique moderne, par contre, a donné une grande importance à l'analyse du code oral et a quelque peu négligé l'analyse du code écrit. Elle tente de dégager les éléments nécessaires à toute communication linguistique et examine les variations au niveau de la prononciation, de la grammaire et du vocabulaire.

11. LA DIACHRONIE ET LA SYNCHRONIE

Au cours de la deuxième partie du XIXᵉ siècle, les grammairiens se sont surtout intéressés à la comparaison des langues classiques comme le grec ancien et le sanscrit. On postulait l'existence d'une langue indo-européenne qui aurait été à la base à la fois du grec et du sanscrit. On classait les langues en familles et on essayait de découvrir les différentes modifications que subissaient les mots en passant d'une langue à l'autre, ou d'une époque à l'autre.

On observait, par exemple, les changements phonétiques qui ont donné le mot *nuit* en français à partir du latin *noctem*, ou le passage du latin *rosa* au français *rose*. On analysait également les glissements de sens du mot *pensare* (peser en latin), devenant *penser* en français moderne.

Ce type d'analyse axé sur l'évolution historique des langues s'appelle une étude **diachronique**. Les linguistes ont beaucoup étudié ces phénomènes diachroniques, et plus particulièrement l'étymologie — la recherche de l'origine des mots.

C'est le linguiste suisse Ferdinand de Saussure (1915) qui a le premier insisté sur la nécessité d'étudier un état de langue considéré dans son fonctionnement interne à un moment donné du temps. On parle alors d'étude **synchronique**. On peut observer, par exemple, la langue du XVIIᵉ siècle parlée à l'époque de Corneille ou la langue moderne du XXIᵉ siècle parlée par les adultes de 20 à 40 ans. On peut décrire de cette manière un système de langue relativement **homogène**, bien que la langue évolue sans cesse. La linguistique moderne s'est consacrée presque entièrement aux études synchroniques des langues vivantes et a privilégié l'étude de l'oral.

12. L'ÉVOLUTION DU FRANÇAIS

Sur le plan historique, la langue française moderne est le résultat de plusieurs millénaires d'adaptation et d'intégration de plusieurs langues au niveau du vocabulaire et de la grammaire. Vers 1 000 AEC (avant l'ère commune), le territoire de la France actuelle était habité par des **Gaulois**, qui étaient des peuples **celtiques**. Les Gaulois avaient leur propre langue, le gaulois (langue celtique comme le gallois parlé au pays de Galles, et le gaélique parlé en Irlande), mais utilisaient des systèmes d'écriture empruntés à d'autres langues. Il reste encore quelques traces du gaulois dans le vocabulaire du français moderne comme les termes *alouette, balai, chêne* et *druide*.

L'invasion de la Gaule en 50 AEC par Jules César a provoqué la disparition progressive du gaulois, qui a été remplacé par le latin parlé par les soldats romains. Cette variété du latin, que l'on appelle **bas latin**, latin **vernaculaire** ou latin **vulgaire** pour le distinguer du latin **classique** des écrits historiques et littéraires, a donc remplacé le gaulois comme langue utilisée par les habitants du territoire. C'est le bas latin qui est la source principale du système grammatical et du vocabulaire du français moderne. Le bas latin a aussi fourni la base du vocabulaire et de la grammaire d'autres langues européennes comme l'italien, le portugais, l'espagnol et le roumain. Pour cette raison, on classe le français moderne parmi les **langues romanes** qui forment une branche de la grande famille des langues indo-européennes.

Après l'époque romaine, des tribus germaniques ont envahi le nord de la Gaule (les invasions barbares). On trouve l'influence des langues germaniques parlées par ces tribus au niveau du vocabulaire du français moderne. Par exemple, le mot *franc* (qui est la source des mots *français* et *France*) vient du nom de la tribu germanique qui a envahi le nord de la Gaule — les Francs. On trouve aussi d'autres termes comme *rôtir* et *garder* qui sont d'origine germanique ainsi que certains noms de villes comme *Dunkerque* et évidemment les noms de villes en Alsace-Lorraine comme *Mulhouse* et *Strasbourg*. Le français est donc une langue romane qui a gardé quelques éléments de vocabulaire d'origine gauloise et d'origine germanique.

La langue française a également entretenu des rapports étroits avec une autre langue germanique, l'anglais. L'anglais appartient à la branche germanique des langues indo-européennes. Au Moyen Âge, le français a exercé une influence considérable sur l'anglais à cause de l'invasion et de l'occupation du sud de l'Angleterre par les ducs de Normandie. Les ducs normands ont imposé leur système de gouvernement et leur système de droit à leurs sujets anglais, ce qui explique l'existence d'un nombre considérable de termes anglais qui ressemblent à leur équivalent en français (*gouvernement* et *government*, *parlement* et *parliament*, *législation* et *legislation*, etc.). Cette influence anglo-normande explique également la coexistence en anglais de mots d'origine latine et de mots d'origine anglo-saxonne comme *liberty* et *freedom*, *commence* et *start*, *finish* et *end*. On trouve également en anglais des termes qui fournissent des indices sur la prononciation au Moyen Âge comme *forest* (*forêt*), *host* (*hôte*), *hospital* (*hôpital*), etc. Si aujourd'hui, c'est l'anglais qui exerce son influence sur la langue française (surtout dans les domaines liés à la technologie comme l'informatique et les télécommunications), sur le plan historique, c'est le français qui a eu un grand impact sur l'anglais.

Les historiens de la langue considèrent que « Les Serments de Strasbourg » (842 EC) constituent le premier texte écrit de la langue française. Ce document, qui est très difficile à lire et à comprendre pour les non-spécialistes, représente donc la naissance d'une langue différente du bas latin et le début du long trajet qui va aboutir avec la langue française moderne.

1. Dans les citations suivantes, s'agit-il de règles prescriptives ou d'observations descriptives ?

    a) Dans le code oral, le mot *quai* doit toujours se prononcer avec la voyelle du mot *sel* et jamais avec celle du mot *ces*.

    b) La graphie *au* dans le mot *automne* est prononcée parfois comme le *o* de *soleil*, parfois comme le *au* de *autre*.

    c) Il faut toujours utiliser le subjonctif après *bien que*.

    d) Dans la langue parlée, le *ne* de négation n'est plus employé dans près de 40 % des cas.

    e) La construction *c'est **où que** vous l'avez lu ?* est fautive.

2. Identifiez le registre (formel, naturel ou familier) auquel appartiennent les termes suivants et expliquez leur sens :

    a) *pognon*

    b) *voiture*

    c) *félicité*

    d) *bouffe*

    e) *pote*

    f) *môme*

    g) *conjoint*

    h) *mec*

    i) *irascible*

    j) *tronche*

3. Cherchez dans un dictionnaire étymologique la forme, le sens et la langue d'origine des mots suivants et leur évolution :

    a) *bruyère*

    b) *eau*

    c) *mouton*

    d) *petit*

    e) *magasin*

    f) *brandir*

    g) *arriver*

    h) *sucre*

    i) *hibou*

    j) *touer*

4. Trouvez des exemples d'idéogrammes dans la signalisation du code la route.

5. Y a-t-il des langues naturelles sans code oral ? Si oui, lesquelles ?

6. Que veut dire le terme « langue morte » ?

7. Identifiez à quelle famille appartiennent les langues suivantes et si ces langues sont mortes ou encore vivantes : le quiché, le sumérien, le khoïkhoï, le tibétain, le tokharien, le khmer, le hittite.

PICTOGRAMMES MODERNES

station service   hôpital   restaurant   aéroport   renseignements   hébergement

Figure 1.7. Pictogrammes de services publics

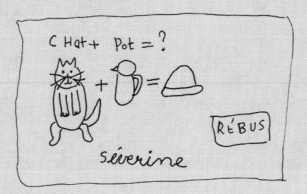

Figure 1.8. Pictogramme d'un rébus : chat + pot = ?

Chapitre 2

LA COMMUNICATION ET LE SIGNE LINGUISTIQUE

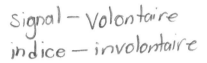

Signal — Volontaire
indice — involontaire

EN DEUX MOTS

La communication humaine s'effectue selon un **code** qui, comme le code de la route, comporte des **signaux** qui sont des signes **volontaires**. Chaque langue a un code qui lui est propre. Les signes linguistiques du code oral ne sont pas imagés comme les onomatopées. Ils sont arbitraires. La parole révèle des informations **involontaires**, ou **indices**, qui nous renseignent sur celui qui parle, sur ses émotions et ses attitudes.

1. LA BOUCLE DE LA COMMUNICATION

La notion de **communication** désigne toute transmission d'**information** entre un émetteur et un **récepteur** au moyen d'un **code** commun. Elle désigne donc tout échange de message, volontaire ou involontaire, que ce soit au moyen du code linguistique humain ou de tout autre code possible. On pourrait dire que les langues humaines sont des outils particuliers qui servent à communiquer.

Le processus d'échange des messages implique trois étapes :

a) la **production**
b) la **transmission**
c) la **réception**

Le passage de l'information à travers ces trois étapes est appelé la **boucle de la communication**.

La phase de la production est centrée sur l'émetteur. Celui-ci doit d'abord avoir un message à transmettre. Il doit ensuite utiliser un **code** pour **encoder** son message. Enfin, il doit posséder un appareil qui lui permet de **produire** et d'**envoyer** un **signal**.

La phase de la transmission est centrée sur le signal. Ce signal produit par l'émetteur est envoyé au moyen d'un **canal de transmission**. Parfois, le canal de transmission modifie légèrement le signal en y ajoutant du **bruit**.

La phase de réception est centrée sur le récepteur. Il doit d'abord posséder un appareil qui lui permet de capter le signal. Il doit ensuite posséder le même code pour pouvoir décoder le signal et comprendre le message que l'émetteur voulait transmettre. Enfin, si la communication est réciproque, il peut répondre au message qu'il a reçu.

$$\text{Émetteur} \longrightarrow \text{Message} \longrightarrow \text{Récepteur}$$

Prenons un exemple de communication linguistique. Si l'on veut téléphoner à un ami pour l'inviter à dîner, on formule d'abord mentalement l'invitation en fixant la date et l'heure. Puis, on prend le téléphone et on compose son numéro. On entend la sonnerie et ensuite, quand on sait qu'il y a quelqu'un qui écoute, on produit dans l'appareil une suite de sons qui forment le signal sonore. Ce signal sonore est transmis par les câbles téléphoniques à l'auditeur, qui peut maintenant commencer à les décoder.

Si le circuit ne marche que dans un sens, on dira que la communication est unilatérale. Ainsi, quand on écoute la radio ou la télévision, le spectateur ne peut pas intervenir. Sa réaction n'influence pas de façon directe et immédiate l'émission du message. C'est la même situation quand on regarde un tableau ou quand on lit un poème.

Pour qu'il y ait communication bilatérale, il faut que les rôles puissent fonctionner alternativement.

$$\text{Émetteur} \longrightarrow \text{Message 1} \longrightarrow \text{Récepteur}$$
$$\text{Récepteur} \longleftarrow \text{Message 2} \longleftarrow \text{Émetteur}$$

2. LES DIFFÉRENTS TYPES DE CODE

Comme on l'a déjà dit ci-dessus, pour transmettre un message il faut utiliser un **code**, c'est-à-dire un ensemble d'**unités** et de **règles** qui permettent de former et d'interpréter ces unités. Il y a de nombreux types de codes possibles selon les formes de messages.

De nombreuses espèces animales utilisent peu ou pas de signaux sonores vocaux, mais beaucoup de signaux gestuels ou chimiques. Un chien en colère montre ses crocs. Les loups et les chiens délimitent leur territoire en urinant de place en place.

Le code de la route utilise des signaux picturaux. Les oiseaux utilisent beaucoup les signaux vocaux, mais d'une manière bien plus limitée que les humains avec les sons de la parole.

Le code linguistique est le moyen le plus efficace pour communiquer entre les membres d'une même communauté linguistique. Si vous voulez dire qu'il a plu hier ou tout simplement que vous avez faim, essayez de transmettre ces messages à l'aide de gestes et vous constaterez aisément que la parole est l'outil le plus précis et le mieux adapté à la communication entre les humains.

3. LES DIFFÉRENTS TYPES DE COMMUNICATION

Si on classe les divers codes selon leur mode de réception et d'émission, on trouvera les types de communication suivants, dont certains sont utilisés par les humains et les autres par les animaux :

Émission des signaux	Réception
gestes (mains, bras) sémaphores, signaux picturaux, etc.	optique
parfums, odeurs sexuelles, urine (délimitation de territoires)	olfactive
signaux acoustiques : cris, parole	auditive
signaux kinésiques : pression, caresses	tactile

Table 2.1. Les différents types de communication

4. LES SIGNES : INDICES, SIGNAUX ET CODES

Les signes qui transmettent de l'information n'ont pas tous le même statut.

Si de gros nuages gris apparaissent à l'horizon, si des éclairs parcourent le ciel, l'observateur note les **signes** d'un orage imminent. La fièvre est de même un **signe** que mon système immunitaire réagit contre des agents pathogènes. Ces signes observables sont ici **involontaires**. Dans ce cas, on les appelle des **indices**. La voix aiguë peut être l'indice d'une locutrice féminine par rapport à la voix basse d'un homme.

Par contre, si au volant de ma voiture, je perçois un feu rouge, ce signe est un **signal**, instauré volontairement, **par convention** pour les usagers de la route. De même, en Europe, un triangle jaune inversé me signale que je n'ai pas la priorité. On a vu qu'un ensemble de signes avec ses règles de fonctionnement et d'interprétation constitue un **code**. La nature des signes qui forment un code peut varier. Les signaux routiers sont de nature visuelle alors que la sirène d'une voiture de police ou d'une ambulance est de nature sonore. Lorsque que la voix s'élève à la fin d'une phrase comme dans « Vous venez ? » c'est le signal d'une question que l'écriture indique par un point d'interrogation.

5. L'INTERPRÉTATION DES SIGNES

Un signe doit être interprété selon un code spécifique. Il n'a pas de sens inhérent, universel. Par exemple, une même forme écrite peut appartenir à plusieurs codes différents. Selon les codes, la forme écrite « **X** » peut avoir des rôles très différents :

- dans le code linguistique, c'est une lettre de l'alphabet
- dans certains codes visuels, elle désigne l'interdiction de faire quelque chose, par exemple une cigarette barrée indique qu'il est défendu de fumer
- dans d'autres codes visuels elle indique une faute
- elle peut également indiquer le lieu où se trouve quelque chose ou quelqu'un
- dans le code mathématique, elle indique l'opération de multiplication
- elle peut également désigner une valeur inconnue
- dans les chiffres romains, elle représente le numéro dix

Les signes doivent se placer à l'intérieur d'un système de règles conventionnelles qui permet de les combiner et de les interpréter.

6. LES INDICES ET LES SIGNAUX DE LA PAROLE

Un signal sonore, tel que « *Bonjour !* », produit par un locuteur est capté par un récepteur. En même temps qu'il décode le signal du message linguistique, le récepteur peut prendre conscience de certains phénomènes involontaires qui caractérisent le locuteur. Cet énoncé peut très bien vouloir dire aussi : « *Je suis en colère !* ». Il peut encore nous indiquer que nous avons affaire à un paysan en colère, un enfant effrayé, etc. Les phénomènes qui permettent de déduire de telles caractéristiques sont des indices qui accompagnent le signal linguistique. Ces indices peuvent être des accents régionaux ou sociaux, la façon de parler, la coloration de la voix, l'âge, le sexe, etc.

7. LES CONSTITUANTS DU SIGNE LINGUISTIQUE

C'est le linguiste Ferdinand de Saussure, dans son *Cours de linguistique générale* (1915), qui a été le premier à formuler une description explicite de la structure et des propriétés du signe linguistique. Selon Saussure, le signe linguistique est composé de deux faces distinctes mais inséparables, tout comme une pièce de monnaie est composée de deux faces distinctes mais inséparables. Il définit le signe linguistique comme étant une unité **mentale** formée, d'une part, d'un **concept** (et non une chose réelle) et, d'autre part, d'une **image mentale du son** (et non le son lui-même).

Saussure donne au concept le nom de **signifié** et à l'image acoustique celui de **signifiant**. Il représente le signe linguistique ainsi :

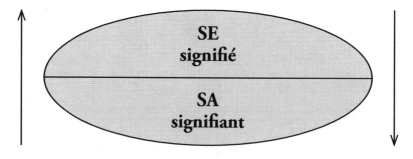

Figure 2.1. Schéma saussurien du signe linguistique

L'ensemble de ce schéma peut décrire, par exemple, le signe linguistique « chat ». Les deux parties sont des représentations d'une réalité et non la réalité elle-même, car nous pouvons parler du chat en son absence, ou de tout autre objet, animal ou fait que nous n'avons pas sous les yeux.

C'est là la propriété essentielle du signe linguistique, utilisé par les êtres humains pour communiquer.

8. LA SIGNIFICATION

Du point de vue linguistique, la **signification** désigne le passage du signifiant à son signifié ou vice-versa. On dira alors que la signification est la base de toute communication linguistique.

Il faut distinguer cette acception linguistique du terme de son usage courant où il désigne simplement la définition d'un mot donnée par un dictionnaire.

9. LE LIEN ARBITRAIRE ENTRE SIGNIFIANT ET SIGNIFIÉ

Pour la grande majorité des signes linguistiques, le lien entre le signifiant et le signifié est **arbitraire**. Cela veut dire qu'il n'y a pas de justification logique pour appeler un animal domestique à quatre pattes de la famille des canidés, *un chien*, *a dog* ou *ein Hund*. On pourrait décider d'ailleurs de lui donner n'importe quel autre nom.

Les enfants francophones sont toujours étonnés la première fois qu'on leur dit qu'en anglais un *chat* est un *cat*. Si l'on considère les divers signes qui se réfèrent au concept *chat*, que l'on désigne comme *chat* en français, *gatto* en italien, *cat* en anglais, *gato* en espagnol et *Katze* en allemand, ils représentent tous le même signifié, bien que leurs signifiants soient différents.

Il existe, par contre, des exceptions à ce principe général de l'arbitraire du signe. Certains types de signes montrent un lien de similarité entre le signifiant et ce qu'il représente dans le monde extérieur. Prenons, par exemple, les **onomatopées** comme *tic-tac*, *ding-dong*, *plouf* ou d'autres signifiants qui paraissent très suggestifs comme *chahuter*, *siffler*, *hululer*, *zigzaguer*. Ces signes où le signifiant semble décalqué sur l'image acoustique ou visuelle du référent sont appelés des **signes motivés**. Ces signes sont en nombre limité. La langue reste essentiellement un système de signes **arbitraires**.

On notera également que même les onomatopées, malgré leur lien avec la réalité extérieure, ne sont pas identiques dans toutes les langues. Ainsi, le cri du coq est *cocorico* en français, *cockadoodledoo* en anglais, *chichiri* en italien. Chaque langue interprète les onomatopées en fonction de son propre système sonore. C'est pourquoi tout en imitant la même réalité sonore, chacune de ces langues la traduit d'une façon différente. Tous les signes, même motivés, restent toujours liés à un système linguistique particulier.

COMMENT ÉTERNUEZ-VOUS ?

La symbolisation écrite de l'éternuement, qui est une explosion sonore plutôt informe à l'état naturel brut, montre bien comment tout en suivant un patron sonore analogue, chaque langue l'interprète à sa manière :

- français : *atchoum !*
- anglais : *atchoo!*
- hollandais : *hacsjoe!*

- roumain : *hapiuc!*
- tagalog (langue des Philippines) : *hat-sinq!*

Pierre Léon (1993, p. 63)

ET LE CANARD ?

En français, le canard cancane son *coin coin*, alors qu'en italien le même canard fait *quack quack*. Pour une personne parlant allemand, le canard ne saurait émettre qu'un *gack gack* ou *gick gack*. En danois, *rap rap* représente le son du canard, ce qui le rapproche un peu du hongrois *hap hap*. En russe, un canard fait *krick krick* et, finalement, le cri du canard roumain est *mac mac* !

Annie Bourret (1999, p. 50).

ET LE CHAT ?

Voici quelques onomatopées pour le cri du chat et le verbe correspondant dans différentes langues, devinez lesquelles :

1. *miaou (miauler)*
2. *miau (miaunen)*
3. *miao (gnaulare)*
4. *meow (to meow)*
5. *miau (maullar)*

10. LE SIGNE LINGUISTIQUE : CONVENTIONNEL ET NÉCESSAIRE

Dans la plupart des cas, comme le lien entre le signifiant et le signifié est arbitraire, les communautés langagières imposent une certaine stabilité aux signes linguistiques. Pour fonctionner dans le système de la langue, le signe linguistique doit résulter d'un accord, d'une **convention**, entre tous les sujets parlants. On dira alors que le signe linguistique est **conventionnel.** Tous les sujets lui attribuent le même statut dans le système.

Une fois que cet accord est réalisé, le lien entre signifié et signifiant est senti comme **nécessaire.** La langue résulte d'un accord tacite mais très contraignant entre les membres d'une même communauté. On ne choisit pas les signes de sa langue, on les accepte, tout comme on accepte les lois qui gouvernent la société. La plupart des gens pensent en effet qu'un chat est un chat et qu'on ne pourrait pas décider de désigner un chat par un autre mot tel que *tak* ou *kta*.

Pour changer les éléments du système, on a besoin de l'accord de la communauté. Ainsi, on ne peut pas décider tout d'un coup que *les tables* s'appelleront désormais *les autobus*, qu'il existe un nouveau signe *rémat* qui désigne un type particulier de lampe.

Cela ne veut pas dire que les langues restent figées et que les signes ne changent pas. Les langues évoluent avec le temps à condition que les sujets parlants s'accordent. Ainsi le mot *métro*, qui désigne un moyen de transport, a évolué à partir de l'adjectif *métropolitain* (qui voulait dire *de la ville*) dans l'expression *chemin de fer métropolitain*.

11. LES UNITÉS DISTINCTIVES DU SIGNE LINGUISTIQUE

Reprenons l'exemple de l'image acoustique du signe linguistique « chat », cité plus haut. Cette image /ʃa/ est constituée d'unités sonores que l'on nomme phonèmes : /ʃ/ et /a/.

Ces unités s'opposent les unes aux autres en un système, dit phonologique, qui permet de les distinguer. C'est pourquoi on dit que les phonèmes sont des unités distinctives. Si on reconnaît la différence entre /ʃa/ *chat* et /ʁa/ *rat*, c'est parce que le /ʃ/ s'oppose au /ʁ/ dans le système des phonèmes. De même on oppose /ʃa/ *chat* et /ʃu/ *chou* grâce à l'opposition entre les deux voyelles /a/ et /u/.

Les unités distinctives n'ont pas de signification en elles-mêmes, elles ne prennent leur valeur que dans le système des oppositions.

12. LA NATURE DISCRÈTE DU SIGNE LINGUISTIQUE

Si on peut décoder un message linguistique, c'est parce qu'on est habitué à décomposer la chaîne sonore en phonèmes. En français, la substance sonore se divise en 36 formes distinctes, 16 voyelles et 20 consonnes, entre lesquelles on est sans cesse obligé de choisir. Ces formes peuvent être parfois très voisines, mais elles restent opposées dans le système de la langue. Si l'on entend *Voulez-vous une –ière ?*, on aura à décider s'il s'agit d'une *pierre* ou d'une *bière*. On n'aura pas d'autres choix. On dit alors que les signes linguistiques sont **discrets**. Il n'y a pas de continuité entre eux.

L'écriture montre bien que notre esprit divise la réalité sonore en unités discrètes, même si notre orthographe actuelle ne correspond plus à une division phonologique exacte. Si on lit un mot comme *aéré*, on ne se préoccupe pas de savoir si le passage de *a* à *é* est graduel, continu, ou non. La notation correspond à une perception discontinue, discrète.

13. LA FORME ET LA SUBSTANCE

Si j'ai devant moi une pile de planches de bois, je peux en les sciant et en les assemblant en faire une table. Je passe ainsi de la **substance** (du bois) à une mise en **forme** (la table). De même, le système phonologique d'une langue est fait d'une substance sonore que l'on a découpée en unités individuelles (les voyelles et les consonnes) et assemblée en mots. On a mis en forme la substance sonore, on l'a structurée.

La substance que j'emploie pour faire une table peut varier. Elle peut être en bois, en plastique ou en métal, ce qui importe c'est qu'elle ait toujours la forme d'une table. De même, la façon de prononcer un mot n'affecte pas sa compréhension tant que les formes linguistiques sont respectées.

Prenons maintenant un exemple linguistique qui illustre cette distinction. Dans le mot *Paris*, le /ʁ/ peut être prononcé avec un R parisien ou avec une variété régionale (comme *r* roulé du bout de la langue ou un R dur proche du *ch* allemand dans *ach*). Quelle que soit la prononciation, le mot ne change pas de sens. Ces diverses réalisations du R français concernent la **substance** du signe linguistique, non sa **forme**.

L'EFFICACITÉ DES CODES

Le code de la route est visuel et relativement simple, comme le montrent les panneaux de circulation ci-dessous. Proposez un nom pour chacun des panneaux ci-dessous.

Figure 2.2. Panneaux routiers

1. *Sens obligatoire.* 2. *Interdiction de parquer/stationner.* 3. *Stop.* 4. *Interdiction de tourner à gauche* 5. *Interdit aux camions.* 6. *Sens interdit.* 7. *Interdit aux bicyclettes.* 8. *Interdiction de doubler.*

Comparez les panneaux ci-dessus, qui sont des **signaux** du code de la route, avec les panneaux d'information de la figure 1.7, au chapitre précédent, qui, eux, ne sont que des **indices,** et n'ont rien d'obligatoire.

Même s'il est relativement précis, par rapport au code gestuel, par exemple, le code de la route est extrêmement limité. Un panneau routier donne un ordre auquel vous ne pouvez pas répondre. On ne peut discuter qu'avec la police ! En principe…

1. Dites si les manifestations suivantes sont des indices ou des signaux :
   a) les bourgeons sur les arbres
   b) les feuilles mortes sur le sol
   c) un chien qui aboie
   d) la glace sur un lac
   e) le tonnerre
   f) un oiseau qui chante

2. Selon vous, quel type de communication est prépondérant dans les langues humaines ? Expliquez pourquoi.

3. Trouvez les signifiants des concepts suivants en allemand, en mandarin et en inuktitut :
   - chien
   - boire
   - grand

4. Trouvez l'équivalent des mots ou expressions onomatopéiques en anglais, en russe et en japonais :
   - paf ! (bruit d'un coup de poing)
   - aïe ! (cri de douleur)
   - ouah ouah ! (cri du chien)

5. Expliquez comment les abeilles indiquent aux autres abeilles la direction où trouver du pollen. De quel type de communication s'agit-il ?

6. Quelles sont les similarités et les différences entre les langues des signes que l'on trouve en France, en Suisse, en Belgique et au Québec ? Expliquez pourquoi, à votre avis, on trouve ces différences.

LES SIGNES DES SOURDS ET DES MOINES

Il existe, dans toutes les langues qui ont des alphabets, des signes des doigts et des mains, employés par les sourds-muets pour représenter chaque lettre. Il faut beaucoup de temps pour composer ainsi toute une phrase. C'est pourquoi on a inventé des gestes symbolisant globalement des mots ou des groupes de sens tout entiers.

Les moines de Cîteaux (près de Dijon, en France) qui, eux, ont fait le vœu de silence — ce qui ne les empêche ni de communiquer ni d'être bavards — ont élaboré un code gestuel qui comporte un très petit nombre de configurations, vingt et une. Dix-huit d'entre elles sont communes à la langue des sourds français. En voici quelques-unes :

- *La main plate* (étendue) : balai, se lever, mois
- *Le cinq* (se distingue de la main plate par l'écartement du pouce)
- *La main à demi fe*rmée : donner
- *La griffe* (tous les doigts écartés et à demi recroquevillés) : gronder, râteau

Aude de St. Loup et al. (1997, p. 71)

On voit que certains gestes sont polysémiques (ils ont plusieurs sens possibles). C'est, comme dans la langue parlée, le contexte qui permet de distinguer les diverses interprétations possibles. Comme nous l'avons vu ci-dessus : *balai, se lever, mois.*

Un beau symbolisme : dans le code des moines, le pain est représenté par un triangle fait à l'horizontale par les index et les pouces des deux mains, rapprochés. Le signe pour Dieu est le même geste dans le plan vertical.

Aude de St. Loup et al. (1997, p. 92)

Chapitre 3

LA STRUCTURATION DU SYSTÈME LINGUISTIQUE

EN DEUX MOTS

La langue est un système de connaissances *intuitives*, inconscientes, qui comporte quatre sous-systèmes : des unités sonores, se combinant pour former des mots, puis des propositions et des phrases. Les linguistes les analysent par substitutions pour en extraire des classes d'outils : des *phonèmes* (sons sans signification propre), des *morphèmes* (unités de signification grammaticales), des *lexèmes* (unités de signification du lexique).

La combinatoire des *sons distinctifs* (ou *oppositifs* mais *sans signification*) et des unités de *sens* s'appelle *la double articulation*. Elle est très économique puisque avec 36 phonèmes on peut fabriquer des milliers de mots différents.

1. LA SPÉCIFICITÉ DU CODE LINGUISTIQUE HUMAIN

On a vu que le code linguistique permet de transmettre un message en le symbolisant en une suite de sons ou de signes écrits. Cette symbolisation permet de parler des éléphants sans avoir à en apporter avec soi, pour montrer ce que l'on veut dire.

Beaucoup d'autres systèmes de communication fonctionnent sur ce même principe de la symbolisation, qu'ils soient visuels ou gestuels. Mais le système linguistique est, à cause de sa structuration, le plus pratique et le plus économique.

2. LA CONNAISSANCE INTUITIVE DES RÈGLES LINGUISTIQUES

Une des grandes particularités du code linguistique, c'est qu'il est constitué de quatre composantes ayant chacune des unités et des règles particulières. Tout locuteur possède, par intuition, une connaissance de ces différentes composantes qui lui permet de reconnaître, de comprendre et de produire les énoncés de sa langue.

Ainsi, tout locuteur francophone possède une connaissance intuitive des sons de sa langue. Il saura que les sons /y/ comme dans *tu* et /p/ comme dans *par* font partie des sons du français. Il saura également que les sons /θ/ comme dans le mot anglais *south* et /X/ comme dans le mot allemand *ach* ne font pas partie des sons du français. Le locuteur francophone saura également que la suite *lbzmt* contient des sons individuels appartenant au système français mais qu'elle ne fait pas partie du répertoire des syllabes françaises.

Le locuteur connaît également les mots de sa langue. Il peut ainsi reconnaître les mots *nous, lentement, partir, machine à laver, porte-monnaie*, comme appartenant au lexique français. Il saura aussi que **allable*, **porte-mur* et **mangir* n'en font pas partie.

(Les astérisques indiquent qu'un énoncé n'est pas « bien formé » du point de vue de la prononciation, de la grammaire ou du sens).

Le locuteur est de même capable de reconnaître des combinaisons de mots qui sont acceptables en français, par exemple *nous sommes, la table, les enfants*. Il exclura, de la même manière, **un chevaux*, **vous sont*, **une garçon*.

Le locuteur saura reconnaître les constructions de phrases qui sont bien formées, comme *Elle arrive à quatre heures*, et rejeter celles qui sont évidemment mal formées, comme **Heures à arrive quatre elle* ou celles qui contiennent des anomalies plus subtiles comme :

*Cette question est difficile à répondre, au lieu de
Il est difficile de répondre à cette question

*Elle a été donnée cette cassette par son frère, au lieu de
Cette cassette lui a été donnée par son frère
ou
*L'homme à qui elle écoute est son oncle, au lieu de
L'homme qu'elle écoute est son oncle

Finalement, le locuteur interprétera sans difficulté les phrases qui respectent les combinaisons des éléments de sens généralement acceptées, par exemple, *Le petit enfant joue dans le jardin*. En revanche, il aura du mal à comprendre des phrases telles que **Le mur regarde la philosophie* et **La lampe téléphone à la pomme*.

On peut dire alors que, du point de vue du sujet parlant, la langue est un outil, constitué par l'ensemble des connaissances intuitives des règles de combinaison et d'interprétation des unités linguistiques.

3. CONNAISSANCE INTUITIVE ET CONNAISSANCE PASSIVE

Le mot *intuitif* ne veut pas dire *passif*. Il s'agit plutôt de connaissances de type subconscient ou sous-jacent. Tout locuteur francophone est capable de reconnaître et de comprendre un énoncé en français mais ne sera probablement pas en mesure d'expliquer en termes de règles ou de principes de construction pourquoi une suite de phonèmes n'apparaît pas en français, pourquoi un mot particulier ne fait pas partie du lexique français, pourquoi une construction syntaxique est mal formée ou pourquoi telle ou telle combinaison de mots n'a pas de sens. Il s'agit là de la différence entre la connaissance intuitive de la personne qui utilise la langue et les formulations explicites que cherche le linguiste essayant de décrire la construction interne du système.

4. LES QUATRE SOUS-SYSTÈMES LINGUISTIQUES

Du point de vue de la description linguistique, on distingue les quatre sous-systèmes suivants :

a) la **phonologie**, qui décrit les unités sonores de base et les différents niveaux de représentation sonore

b) la **morphologie**, qui décrit les catégories et les structures des mots et les différentes distinctions et combinaisons grammaticales

c) la **syntaxe**, qui décrit la structure et les combinaisons possibles des propositions et des phrases

d) la **sémantique**, qui décrit les unités de sens et les interprétations possibles des mots et des phrases

Tous ces sous-systèmes sont complètement intégrés dans le fonctionnement réel du système total et il est souvent difficile d'établir des frontières précises entre les différentes composantes.

5. LA STRATIFICATION DU SYSTÈME LINGUISTIQUE

La notion de **stratification** désigne l'organisation de l'énoncé linguistique en un certain nombre de niveaux d'analyse qui sont distincts mais liés. En fait, les niveaux linguistiques se superposent.

Les unités linguistiques d'un niveau servent à former les unités du niveau supérieur. À l'inverse, chaque niveau d'analyse peut être décomposé en éléments du niveau inférieur. Par exemple, si l'on commence par les unités majeures pour arriver aux unités les plus petites, on voit que chaque **phrase** comprend un nombre donné de **propositions**. À son tour, chaque proposition est constituée de **mots** appartenant à certaines catégories spécifiques. Chaque mot est constitué d'au moins une ou de plusieurs **syllabes**. Chaque syllabe est constituée d'au moins une unité de **son**. Chaque unité de son peut également être décomposée en unités encore plus petites appelées **traits**.

Le français moderne possède un répertoire de 36 unités sonores de base — 16 voyelles et 20 consonnes. Ces 36 phonèmes entrent dans des combinaisons spécifiques pour donner quelques centaines de syllabes. Ces syllabes se combinent pour produire plusieurs milliers de mots (un dictionnaire moderne en contient environ 60 000) et les mots se combinent pour produire un nombre infini de propositions et de phrases.

Chaque niveau d'analyse linguistique impose un répertoire d'unités et un nombre restreint de règles qui permettent de combiner ces unités.

Pour le français, on pourrait représenter ces différents niveaux de la langue par la pyramide inversée ci-dessous :

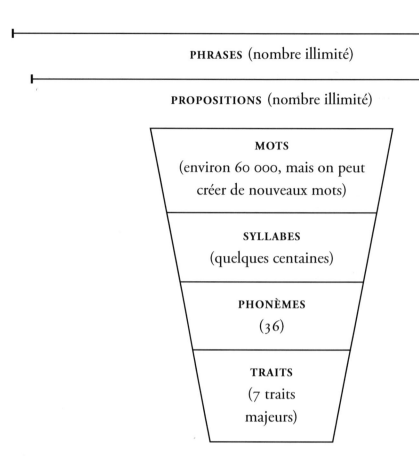

Figure 3.1. La pyramide des strates linguistiques

Cette structuration en niveaux linguistiques distincts (appelés **strates**) confère au système linguistique une structure très productive.

6. LES TECHNIQUES D'ANALYSE LINGUISTIQUE

Pour découvrir les éléments appartenant aux divers sous-systèmes et aux différents niveaux des langues humaines, les linguistes utilisent deux types majeurs de tests : le test de **commutation** et le test de **permutation**.

Ces deux tests sont basés sur la notion que les unités linguistiques entretiennent deux types de relations :

a) une relation **paradigmatique**, c'est-à-dire que les unités linguistiques peuvent constituer des classes ou catégories d'éléments **similaires**

b) une relation **syntagmatique**, c'est-à-dire que les unités linguistiques peuvent constituer des **chaînes** ou des combinaisons d'éléments venant de catégories différentes

7. LE PARADIGME ET LA COMMUTATION

Le **paradigme** est le terme linguistique qui désigne une classe d'éléments qui peuvent se substituer les uns aux autres. En d'autres termes, il renvoie à une classe d'unités qui partagent un rôle commun et qui peuvent apparaître dans le même contexte linguistique.

Prenons d'abord des unités phonologiques. Si, par exemple, on prend comme contexte sonore la voyelle nasale *on*, on peut placer devant cette voyelle plusieurs consonnes différentes :

pont, ton, bond, don, son, fond, long, rond, gond, etc.

On dira alors que les consonnes *p, t, b, d, s, f, l, r* et *g* forment une classe d'éléments apparaissant devant la voyelle *on* qui permettent de constituer des mots français. Ces consonnes forment donc un paradigme.

On trouve des paradigmes dans les autres composantes linguistiques. En morphologie, par exemple, on peut dire que les formes suivantes :

* *-ais, -ions*
* *-ais, -iez*
* *-ait, -aient*

constituent le paradigme des terminaisons verbales de l'imparfait de l'indicatif, car elles se combinent avec toutes les racines verbales.

En syntaxe, on constate, par exemple, qu'avec le contexte *chien aboie*, plusieurs éléments peuvent précéder le mot *chien* : *le, un, ce, mon, ton, son, notre, votre, leur,* etc.

Le paradigme implique donc que le locuteur a le choix entre un répertoire d'éléments de la même classe. On dira également que les membres d'un même paradigme sont en **opposition** les uns avec les autres, car le choix de l'un des éléments exclut l'apparition des autres et la substitution d'un autre élément du paradigme change le sens de l'énoncé. Dans un énoncé réel, le locuteur choisit un élément spécifique parmi les membres de cette classe, selon ses besoins communicatifs. Il dira **Mon** *chien aboie* ou **Leur** *chien aboie* selon la situation.

Comme on l'a déjà dit, on découvre les membres d'un paradigme par le test de **commutation**. Ce test consiste à placer les éléments susceptibles de former un paradigme dans le même contexte pour déterminer ceux qui peuvent effectivement apparaître et ceux qui seraient exclus.

Si l'on reprend le contexte sonore *on*, par exemple, on essayera de placer d'autres consonnes françaises devant cette voyelle : *zon* et *chon*. On constatera que ces suites de sons forment des syllabes possibles dans des mots comme *vison* et *cochon*, mais que seules, elles ne forment pas de mots.

De même en morphologie, on constatera qu'il existe des pronoms relatifs formés par la combinaison des prépositions *à* et *de* accompagnées d'un pronom, par exemple, *duquel, desquels, desquelles, auquel, auxquelles* et *auxquels*. Par contre, toutes les prépositions ne possèdent pas cette propriété ; il n'y a pas de pronom relatif *aprèsquel ou *parquel*.

C'est donc par la commutation qu'on détermine les paradigmes du système linguistique.

8. LE SYNTAGME ET LA PERMUTATION — changer l'ordre

La notion de **syntagme** désigne la combinaison de différentes unités linguistiques dans une chaîne pour produire une nouvelle unité de sens. Cette notion implique qu'il existe certaines chaînes qui sont permises par le système et d'autres qui sont interdites. Il y a donc des règles de combinaison qui déterminent les syntagmes possibles. Le rapport syntagmatique signifie donc l'agencement des éléments dans une suite spécifique.

Si l'on reprend l'exemple phonologique utilisé ci-dessus, on voit que les suites *lune* et *nul*, etc., utilisant les sons *l*, *u* et *n* font partie du stock des mots français. Par contre, les suites *ᵘuln*, *ᵘunl*, *ᵘlnu* et *ᵘnlu*, utilisant les mêmes sons individuels, ne constituent pas des mots français.

De même, on dira que les chaînes *cette table* et *ce fauteuil* forment des syntagmes possibles, mais que par contre, *ᵘtable cette* et *ᵘfauteuil ce* ne respectent pas les règles de combinaison.

On dira que les éléments d'un syntagme sont en **contraste** les uns avec les autres. C'est-à-dire qu'ils apparaissent dans la même chaîne, mais que chaque élément a son propre statut et sa propre position dans le syntagme.

On découvre les combinaisons possibles par le test de **permutation**. Ce test consiste à changer l'ordre des éléments pour déterminer les syntagmes possibles et impossibles. Dans un grand nombre de cas, le changement d'ordre provoquera un changement de sens. Comparons, par exemple, ***Le chasseur** guette **l'ours*** et ***L'ours** guette **le chasseur***, où l'on a permuté le sujet et l'objet direct.

Néanmoins, il est important de noter qu'un changement de l'ordre ne change pas toujours le sens global. Si l'on compare les deux phrases suivantes : *Je sors ce soir* et *Ce soir, je sors*, les deux forment des chaînes possibles et ont une interprétation quasi identique. En revanche, la suite *ᵘCe je sors soir* ne constitue pas une suite possible.

9. COMMUTATION ET PERMUTATION : AXE VERTICAL / AXE HORIZONTAL

Dans un paradigme, on effectue la commutation selon un axe vertical alors que la permutation se fait sur un axe horizontal.

On peut ainsi représenter les commutations paradigmatiques suivantes par la colonne verticale des consonnes /p/, /t/, /b/, par exemple :

Phonèmes :

p
t + a
b

les commutations qui en résultent donnent les mots : *pas, tas, bas*

Morphèmes :

On peut, de même, les figurer sous la forme d'un paradigme vertical, dans la conjugaison d'un verbe. Par exemple : *je, tu, il, elle, ils, elles* + la forme verbale (ri) du verbe rire :

Je
Tu
Il, elle
Ils, elles   + (ri)

Mots :
Soit la phrase : *J'adore manger des escargots*
La commutation peut se faire, sur l'axe vertical, avec : *des pâtes, du crabe, toutes sortes de gâteaux, etc.*

La permutation sera, elle, représentée sur un axe horizontal.

Phonèmes :
Les permutations des phonèmes dans *pal* donnent : *lap, pla, alp, lpa, apl,* qui peuvent former les mots : *lape, plat, Alpes, l'pas.*
Les permutations de mots dans une phrase en modifient la syntaxe, donc le sens, ici aussi, comme dans : *Le chasseur mange le tigre / Le tigre mange le chasseur.*

10. L'ARTICULATION LINGUISTIQUE

En linguistique fonctionnelle, le terme **articulation** désigne le fait que les langues établissent deux types principaux d'unités, celles du son et celles du sens. Les langues humaines permettent d'utiliser et de recombiner les unités sonores et les unités significatives pour créer de nouvelles unités. Les unités sonores *z, p* et *o* peuvent se combiner de plusieurs façons pour faire des unités de sens : *au, eau, oh, pose, pause, peau, pot, ose, zoo.* On peut ensuite recombiner les unités significatives ci-dessus avec d'autres unités significatives pour faire de nouvelles unités de sens : *eau de Cologne, eau de vie, poseur, pause-café, pot-au-feu, pot d'échappement, zoologie,* etc.

11. LA PREMIÈRE ARTICULATION : LES UNITÉS SIGNIFICATIVES — *meaning units*

La première articulation est constituée par les unités de sens, les **premières** que l'on repère en analysant une langue. On les appelle ~~monèmes~~ *morphème*. Dans le seul mot *parlerons*, on distingue trois monèmes : la racine *parl-*, la terminaison de l'infinitif *-er* et la terminaison de la troisième personne du pluriel du futur *-ons*. Dans le mot *royales*, on distingue quatre monèmes : la racine *roy-*, le suffixe *-al* de la forme adjectivale, la terminaison *-e* de la forme féminine et la terminaison *-s* qui indique le pluriel.

Il y a deux catégories de monèmes, les monèmes, comme *parl-* et *chant-*, qui expriment une action ou un concept, et les monèmes qui expriment des distinctions grammaticales, comme *-er, -ons, -euse, -s.* La première catégorie de monèmes s'appelle les **lexèmes** (unités *lexicale* du lexique) et la deuxième s'appelle les **morphèmes** (unités grammaticales). → *grammatique*

Chaque langue définit à sa manière les unités significatives lexicales et grammaticales. En français, par exemple, tous les substantifs ont un genre grammatical, soit masculin, soit féminin. Par contre, en anglais, les substantifs n'ont pas de genre grammatical. De même, en français, on possède deux termes, *langage* et *langue*, alors qu'en anglais, il n'y a qu'un seul terme : *language*.

12. LA DEUXIÈME ARTICULATION : LES UNITÉS DISTINCTIVES — distinct sounds

La deuxième articulation, que l'on découvre en analysant la première, est constituée par les unités minimales distinctives de son, que l'on appelle des **phonèmes**. Ainsi, les phonèmes /p/ et /b/ n'ont pas de sens en eux-mêmes. Par contre, comme on l'a vu dans le chapitre 2, ces phonèmes possèdent une valeur **distinctive**, car ils permettent de distinguer deux unités qui seraient autrement semblables. Grâce à l'opposition entre /p/ et /b/, on pourra distinguer en français *pain* et *bain*, *part* et *bar*, *port* et *bord*, *peur* et *beurre*, etc.

Chaque langue établit son propre répertoire de phonèmes. En gujrati, une langue de l'ouest de l'Inde, on trouve des consonnes *t*, *d* et *n* prononcées avec la pointe de la langue tournée vers l'arrière de la bouche, articulation qui n'existe pas en français. Inversement, en français, il y a des voyelles prononcées en avant de la bouche qui demandent l'arrondissement des lèvres, comme dans le mot *tu*, alors que le gujrati n'en a pas.

13. L'ÉCONOMIE DE LA DOUBLE ARTICULATION

Cette double articulation, en unités de sons, d'une part, et unités de sens, d'autre part, confère une grande économie au système linguistique puisqu'elle permet de constituer, à partir d'un répertoire restreint d'unités, un très grand nombre de combinaisons nouvelles. Avec les trois unités *l* comme dans *lame*, *u* comme dans *pur* et *n* comme dans *notre*, nous pouvons construire les unités sonores suivantes : *lune, nul, lu, nu, une, eu*. Ces trois phonèmes permettent donc de construire six nouvelles unités.

En outre, les unités significatives peuvent aussi se combiner entre elles. Ainsi avec les trois unités de base *porte*, *avion* et *chasse*, nous pouvons en créer deux nouvelles : *porte-avions* et *avion de chasse*. Nous pouvons également utiliser la marque du pluriel *-s* avec un grand nombre de substantifs différents, comme *oranges, feuilles, portes, chemises, concepts*, etc. ou avec des adjectifs comme *grands, contents, rouges, lents*, etc.

On peut donc combiner indéfiniment les éléments du système déjà existant pour en créer d'autres. On n'a pas besoin d'un son unique pour chaque idée particulière ou pour chaque situation spécifique.

14. LA SPÉCIFICITÉ HUMAINE : DOUBLE ARTICULATION, LINÉARITÉ, DISSOCIATION DU MESSAGE, MENSONGE ET MÉTAPHORE

a) Double articulation

Chez certains animaux, il existe des sons discrets, isolables, comme les notes de musique dans le chant des oiseaux. Il existe aussi une certaine combinatoire des signes sonores. Avec une dizaine de notes différentes, un oiseau composera un message d'alarme, de contentement, de peur, d'appel amoureux, de faim, de détresse. Mais ses messages seront toujours les mêmes et il ne saura pas en inventer d'autres pour dire, par exemple, que vous le regardez drôlement de votre fenêtre. L'oiseau ne sait ni permuter, ni commuter ses notes de musique en dehors de son inventaire limité de messages. Les perroquets vont beaucoup plus loin, puisqu'ils peuvent imiter les sons des langues humaines. Mais eux non plus ne savent pas créer de messages nouveaux en recombinant les unités déjà existantes dans leur répertoire. Un perroquet ne pourrait pas vous raconter ce qu'il pense de l'émission de télévision qu'il vient de regarder ou vous donner son avis sur la philosophie de Platon.

b) Linéarité

Chez les humains, chaque son du mot et de la phrase est prononcé dans un ordre spécifique et doit être distinct du précédent et du suivant. Ceci est particulièrement évident dans l'écriture, où les lettres et les mots sont disposés dans un ordre particulier. Pour cette raison, on considère que le langage humain est linéaire. La plupart des animaux communiquent en utilisant un seul cri ou geste par message. Un chien peut aboyer plusieurs fois, mais n'enchaîne pas une série d'aboiements différents pour créer un message. Un singe montre ses dents pour indiquer l'agressivité mais ne produit pas une suite de grimaces pour nuancer ou préciser son attitude.

c) Dissociation du contexte immédiat

Un énoncé linguistique humain n'est pas toujours une réponse à un stimulus. Le message peut raconter un fait passé ou futur. Chez l'animal, il y a toujours un lien étroit entre les signes employés et la situation qui les a provoqués : cris de douleur, messages amoureux, etc. L'animal ne peut pas raconter ce qu'il a fait hier ou ce qu'il fera demain ou dans une semaine et il ne peut pas décrire son déjeuner de la veille. L'animal ne peut pas discuter des avantages et inconvénients d'un système politique sur un autre et il ne peut pas proposer des changements à son ordre social.

d) Mensonge

Le message linguistique humain peut véhiculer une information fausse. On peut féliciter quelqu'un pour une action qu'on n'admire pas. On peut dire qu'on aime un plat que l'on déteste pour ne pas insulter la personne qui l'a préparé. Le message animal, par le fait qu'il réagit toujours à la situation immédiate, ne possède pas cette propriété du mensonge ou de la métaphore, qui sont typiquement humains. L'animal peut simuler pour induire en erreur un prédateur et protéger son petit, mais il ne peut pas nier un fait réel en disant par exemple que la terre n'est pas ronde.

e) Métaphore

La métaphore, qui est une forme de mensonge, comme toutes les figures de style, est spécifique du message humain. La métaphore consiste à utiliser les signes linguistiques d'une manière figurée. On la trouve dans les arts, en particulier dans la poésie et la musique, mais elle est totalement inconnue des animaux. Il n'y a que dans un dialogue humain que l'on puisse décoder le message : « Mon petit loup, laisse-moi te dévorer ».

15. LA PRODUCTIVITÉ ET LA CRÉATIVITÉ DU SYSTÈME LINGUISTIQUE

Toutes les notions que nous venons de présenter confèrent une grande productivité au code linguistique. Notre cerveau ne retient pas un grand stock de phrases déjà comprises ou produites, il retient seulement certains éléments de base et des règles de combinaison et d'interprétation. Il peut donc coder et décoder un nombre infini d'énoncés sans les avoir déjà traités.

La dissociation du contexte immédiat permet en outre de transmettre des messages à travers le temps et l'espace. Nous pouvons imaginer des choses et des situations que nous n'avons pas vécues. Toute la littérature romanesque ou poétique en est un exemple. Le système linguistique permet également de créer des systèmes mentaux, des structures conceptuelles, des idées, qui constituent la base de notre existence sociale et individuelle. Le système linguistique est donc un élément clé de la psychologie humaine.

1. Trouvez différents paradigmes linguistiques dans les catégories suivantes :
    a) les pronoms personnels sujets
    b) les terminaisons du futur des formes verbales
    c) les mots désignant les membres de la famille
    d) les adjectifs désignant les couleurs
    e) les pronoms relatifs

2. Trouvez le paradigme des sons français qui peuvent apparaître dans les contextes sonores suivants (ne suivez pas l'orthographe mais le son — vous pouvez également utiliser des abréviations, des noms propres et des formes verbales) :
    a) -ère, comme dans *mère*
    b) -il, comme dans *fil*
    c) -ac, comme dans *sac*
    d) -in, comme dans *pin*

3. Composez les mots français possibles avec les sons suivants (ne suivez pas l'orthographe mais les sons) :
    a) a, l, m
    b) i, r, t
    c) ou, f, l

4. Les énoncés suivants ne sont pas bien formés. Identifiez quelle composante de la langue française est impliquée et la nature de l'erreur :
    a) *Une tableau*
    b) *Cinq zenfants*
    c) *Mon frère aime regarder à la télévision*
    d) *Sa sœur est partie pour une vacance*
    e) *Marie part demain, soir en, voiture*
    f) *Pierre a descendu l'escalier*
    g) *Tu devrais appeler à ton ami*
    h) *Elle est arrivée la semaine prochaine*
    i) *Le ciel écoute la pomme*
    j) *La démocratie adore le café*

5. Commentez les traductions françaises suivantes des expressions anglaises. Est-ce que ces énoncés traduits ont du sens en français ? Trouvez l'équivalent français et commentez les conséquences pour la traduction.
   a) *Gentille bicyclette lavage*
   b) *Il a donné un coup de pied au sceau*
   c) *C'était l'amour à première vue*
   d) *Il pleuvait des chiens et des chats*
   e) *Son fils est la pomme de ses yeux*

6. Quelles différences voyez-vous entre le code musical et le code linguistique humain ?

7. Le code de la route a-t-il une double articulation ? Pourquoi ?

8. Expliquez la différence entre *opposition* et *contraste* en donnant des exemples précis pour illustrer votre réponse.

RÉBUS ET ÉCONOMIE LINGUISTIQUE

Le langage oral constitue un système simple et efficace en comparaison des systèmes idéographiques, qui tentent de représenter des messages par les images. Voici des exemples de rébus. Amusez-vous à les déchiffrer.

Figure 3.2. Deux rébus. 1) « Pauvreté n'est pas vice » 2) « Sans tambour ni trompette ».
D'après Laure Hesbois (1986, p. 169)

On passe ici de l'image visuelle au sens. Il existe un autre type de rébus qui fait passer d'un sens à un autre par homophonie, comme dans :

<u>pire</u>   <u>vent</u>   <u>venir</u>
un   vient   d'un

Qui signifie : Un soupir vient souvent d'un souvenir.

En voici deux autres faits avec des lettres.

$$\frac{\text{p}}{100}$$

$$\overline{\text{OOOOOOOOOOOOOOOOO}}$$

Figure 3.3. 1) « J'ai traversé Paris sans souper » 2) « J'ai couché sous les orangers »

Espoir

Partie II
LA PHONÉTIQUE ET LA PHONOLOGIE

Chapitre 4

L'ARTICULATION DES VOYELLES FRANÇAISES

EN DEUX MOTS

On peut enregistrer les sons de la langue et les examiner acoustiquement. Dans la communication ordinaire, c'est l'oreille qui est notre outil d'analyse. Elle nous dit si notre interlocuteur est jeune, vieux, du nord ou du sud, ouvrier, paysan ou intellectuel. Elle fait une analyse *phonétique*. Mais c'est notre cerveau qui nous permet de savoir si on a dit : « C'est **long** » ou « C'est **bon** » ou « C'est **rond** ». Il opère des comparaisons et fait une analyse *phonologique*. Dans ce chapitre, on commence par l'analyse phonétique et sa manière de classer les sons du français en fonction de la façon dont ils sont *articulés*.

1. LA PHONÉTIQUE ET LA PHONOLOGIE

Les communautés linguistiques exploitent de façon particulière les possibilités de production sonore de l'appareil phonatoire humain. On a déjà vu dans les chapitres 2 et 3 que chaque langue opère un découpage spécifique de la substance sonore et établit ainsi un répertoire limité de formes linguistiques. Le nombre de ces unités sonores varie en moyenne d'une trentaine à une cinquantaine de voyelles et consonnes — un total de 36 pour le français.

La description du système sonore d'une langue implique ainsi deux disciplines voisines mais indépendantes, la phonétique et la phonologie.

La **phonétique** étudie les sons de la parole (que l'on appelle d'un terme général **phones**), quels qu'ils soient, « bien » ou « mal » prononcés, quel que soit leur rôle dans la langue. La **phonologie**, au contraire, n'étudie que les sons à valeur linguistique (que l'on appelle alors **phonèmes**).

2. LES DIVERSES BRANCHES DE LA PHONÉTIQUE

La phonétique est l'étude de la production, de la transmission et de la perception des sons de la parole. La phonétique se divise en trois domaines majeurs qui correspondent à chacune des étapes de la **boucle de la communication** :

a) **la phonétique articulatoire** décrit l'appareil phonatoire humain et analyse la production des sons de la parole

b) **la phonétique acoustique** étudie la propagation et les propriétés physiques des sons de la parole

c) **la phonétique auditive** décrit l'appareil auditif et le décodage perceptif des sons de la parole

La phonétique comprend en outre **la phonostylistique**, qui étudie d'un point de vue stylistique les effets produits par les différents types de voix, les émotions, les attitudes, les accents individuels, régionaux ou sociaux, considérés du point de vue expressif.

3. L'APPAREIL DE PRODUCTION SONORE

L'appareil humain de production sonore peut se diviser en deux grands sous-systèmes :

- **le système phonatoire** permet de vocaliser et ainsi de produire un son de base qu'on appelle **la voix**
- **le système articulatoire** permet de modifier le son de base et de produire ainsi une gamme de sons différents

Le système **phonatoire** comprend :

- **les poumons**, qui fournissent le flot d'air nécessaire à la production des sons de la parole. L'air expiré des poumons monte vers la bouche par un passage commun qui s'appelle la **trachée**, dite aussi **trachée artère**
- **le larynx**, une structure en os et en cartilage, qui maintient les deux bandes de tissus élastiques que l'on appelle **les cordes vocales**. Les cartilages et les muscles du larynx permettent de tendre et de détendre, de rapprocher et d'éloigner les cordes vocales. L'espace entre les cordes vocales (qui forment une sorte de triangle), permettant le passage de l'air des poumons, est appelé **la glotte**. **L'épiglotte** est un cartilage situé juste au-dessus de la glotte, permettant de couvrir entièrement le passage d'air pulmonaire pour empêcher la nourriture de tomber dans la trachée et les poumons

Normalement les cordes vocales sont écartées et l'air expiré des poumons passe librement à travers la glotte. En revanche, si l'on rapproche les cordes vocales, l'expiration de l'air pulmonaire met en mouvement les cordes vocales, ce qui produit ainsi le son de base appelé aussi **la voix** ou la vocalisation.

Le système **articulatoire** est plus complexe et comprend :

- **la mâchoire inférieure**, relativement mobile, qui peut prendre différents degrés d'ouverture

- **les lèvres**, très mobiles, qui peuvent prendre des configurations diverses
- **la langue**, également très mobile, que l'on divise en deux parties principales : **l'apex** ou la pointe de la langue, et **le dorsum**, c'est-à-dire le dos ou la partie centrale de la langue. On distingue également pour la description des sons du système français une partie de la langue qui se situe entre l'apex et le dorsum appelée la partie **pré-dorsale** et une partie qui se situe après le dorsum appelée **post-dorsale**
- **les dents**, qui fournissent des lieux de contact pour la langue et pour les lèvres
- **les alvéoles**, sorte de renflement dur juste derrière les dents supérieures, fournissent également un lieu de contact pour la langue
- **le palais dur**, également lieu de contact pour la langue. Le palais dur se divise en deux parties : la partie courbée juste derrière les alvéoles ou partie **pré-palatale** et la partie dure mais relativement plate ou **palatale**
- **le palais mou**, que l'on appelle également le **voile** du palais, ou **velum**. Le voile du palais est à la fois un lieu de contact et un organe relativement mobile qui est soit relevé, soit abaissé
- **l'uvule**, que l'on appelle également la **luette**, est un prolongement fait de la partie élastique du voile du palais

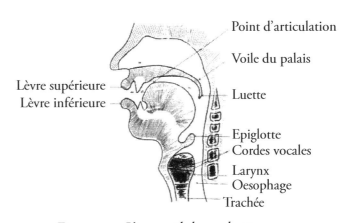

Figure 4.1. L'appareil de production sonore

4. LA REPRÉSENTATION PHONÉTIQUE DES VOYELLES

On a représenté ci-dessous les voyelles françaises par leur symbole de l'alphabet phonétique international. Les symboles de l'alphabet phonétique sont destinés à éviter toute confusion avec l'écriture traditionnelle, car il y a souvent plusieurs façons d'écrire la même voyelle prononcée. Comparez, par exemple, la prononciation de la voyelle [o] de l'alphabet phonétique avec ses possibilités au niveau de l'écriture dans les mots *chaud*, *eau*, *pôle* et *rose*.

On écrit les symboles phonétiques entre crochets []. Les voyelles de la prononciation du français sont :

Voyelles orales :

[i] comme dans *si*	[a] comme dans *patte*
[u] comme dans *loup*	[ø] comme dans *peu*
[e] comme dans *dé*	[ɑ] comme dans *pâte*
[ə] comme dans *le*	[o] comme dans *peau*
[ɛ] comme dans être	[y] comme dans *lu*
[œ] comme dans *peur*	[ɔ] comme dans *porte*

Voyelles nasales :

[ɛ̃] comme dans *vin*   [ɑ̃] comme dans *en, an*

[œ̃] comme dans *un*   [ɔ̃] comme dans *on, bombe*

5. L'ARTICULATION DES VOYELLES FRANÇAISES

Dans la phonation normale, les cordes vocales vibrent pour les voyelles et les consonnes sonores. Elles ne vibrent pas dans la voix chuchotée. Ce son produit par la vibration des cordes vocales passe à travers les cavités pharyngale, buccale et nasale. La configuration des cavités de la bouche et du nez modifie le son de base provenant des cordes vocales en amplifiant certaines fréquences et en diminuant d'autres. Il existe quatre traits qui définissent l'articulation des voyelles : la position du voile du palais, la position de la langue, la position des lèvres et l'aperture.

Les diverses cavités formées par le jeu de la langue et des lèvres sont illustrées dans la figure 4.1, où R1 et R2 sont des cavités de résonance buccale, R3 une cavité labiale. L'abaissement du voile du palais peut produire une cavité de résonance nasale, R4.

La position du voile du palais permet de distinguer les voyelles orales des voyelles nasales. Lorsque le voile du palais est relevé, l'air des poumons est expiré entièrement par les cavités buccales, les voyelles sont alors dites **orales**. Le français possède onze voyelles orales avec une qualité sonore distincte : [i], [y], [u], [e], [ø], [o], [ɛ], [œ], [ɔ], [a], [ɑ] et une douzième voyelle, le E caduc noté [ə], dont le timbre varie.

Si le voile du palais est abaissé, l'air expiré des poumons passe à la fois par les cavités buccales et nasales et les voyelles ainsi articulées sont appelées **nasales**. Le français possède quatre voyelles nasales : [ɔ̃], [ɑ̃], [œ̃], [ɛ̃].

Le deuxième trait qui détermine l'articulation des voyelles est la position de la langue. Si la masse de la langue est courbée et se projette en avant et la pointe de la langue est derrière les dents inférieures, il s'agit d'une articulation **antérieure**. La majorité des voyelles du français se prononcent avec cette configuration antérieure : [i], [y], [e], [ø], [ɛ], [œ], [a], [ɛ̃] et [œ̃]. Si, par contre, la masse de la langue est aplatie et se retire vers l'arrière de la bouche, il s'agit d'une articulation **postérieure**. Le français possède six voyelles postérieures : [u], [o], [ɔ], [ɑ], [ɔ̃] et [ɑ̃].

Le troisième trait qui définit l'articulation des voyelles du français est la position des lèvres. Si les lèvres sont relativement plates et les coins de la bouche sont retirés (comme dans le cas d'un sourire) il s'agit d'une articulation écartée. Il y a cinq voyelles écartées en français : [i], [e], [ɛ], [a] et [ɛ̃]. Si les lèvres sont projetées en avant et arrondies (comme quand on veut siffler), il s'agit d'une articulation **arrondie** (ou labiale). La majorité des voyelles du français sont de nature labiale : [y], [u], [ø], [o], [œ], [ɔ], [ɑ], [ɔ̃], [ɑ̃] et [œ̃]. La présence de voyelles qui s'articulent à la fois avec les lèvres arrondies et la langue en position antérieure (courbée avec la pointe derrière les dents inférieures) est une des particularités de la prononciation du français.

Le quatrième trait qui définit l'articulation des voyelles du français est **l'aperture**. Ce terme désigne le degré d'écartement entre la langue et le palais, qui dépend surtout de la position de la mâchoire. On distingue quatre degrés d'aperture :

a) les voyelles dites **très fermées** (ou hautes) : [i], [y], [u]
b) les voyelles **fermées** : [e], [ø], [o]
c) les voyelles **ouvertes** : [ɛ], [œ], [ɔ], [ɛ̃], [œ̃] et [ɔ̃]
d) les voyelles **très ouvertes** (ou basses) : [a], [ɑ] et [ɑ̃]

Certains linguistes considèrent que le E caduc possède son propre degré d'aperture, car cette voyelle correspond à la position de repos de l'appareil articulatoire. Nous verrons dans les chapitres suivants que la prononciation ou la chute du E caduc dépend de plusieurs facteurs et que son articulation varie entre celle de la voyelle [ø]et celle de la voyelle [œ]. Il est donc préférable de définir quatre degrés d'aperture pour les voyelles du français.

La figure suivante fournit la représentation visuelle des configurations articulatoires des voyelles du français d'après des images cinéradiographiques faites quand des locuteurs francophones ont prononcé les voyelles individuellement.

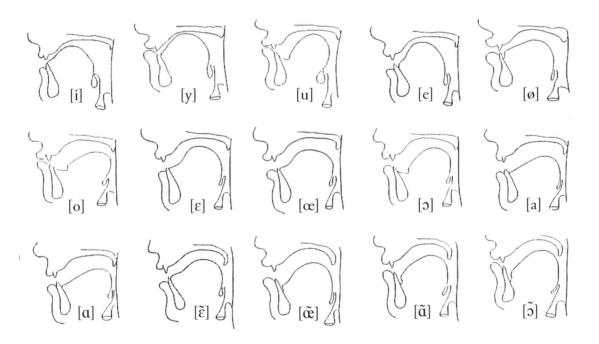

Figure 4.2. Schémas articulatoires des voyelles françaises, d'après les cinéradiographies de A. Bothorel, P. Simon, F. Wioland et J.-P. Zerling (1986)

6. LES TRAITS ARTICULATOIRES DES VOYELLES FRANÇAISES

Si l'on reprend la description donnée ci-dessus, on peut classer les voyelles françaises en fonction de leurs traits articulatoires selon le tableau suivant :

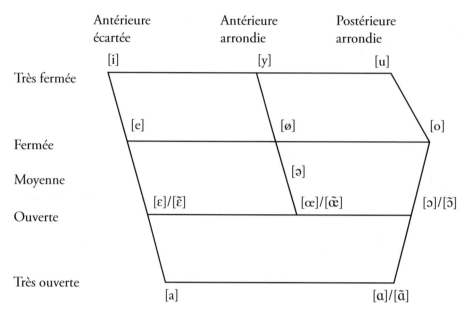

Figure 4.3. Traits articulatoires et représentation schématique des voyelles

7. PHONÉTIQUE ET ORTHOGRAPHE

L'alphabet phonétique international a pour principe de n'avoir qu'un seul signe pour un même son, ce qui n'est pas le cas de l'orthographe française !

Ainsi, des lettres différentes peuvent représenter un même son :

- C, S, T, X se prononcent /s/ dans : *cire, sire, inertie, dix*

Une même lettre peut représenter des sons différents :

- C se prononce /k/ dans *coq*, /s/ dans *ce*, et /g/ dans *zinc*
- S se prononce /z/ dans *oiseau* et /s/ dans *sale*
- T se prononce /t/ dans *sortie* mais /s/ dans *inertie*
- X se prononce /ks/ dans *taxi* mais /gz/ dans *examen*
- CH se prononce /ʃ/ dans *chat* mais /k/ dans *orchestre*
- AI, OI, OU, AN, AM, etc. représentent un seul son

Certaines lettres ne se prononcent pas, comme le C final dans *marc de café*, alors que la même lettre se prononce dans *Marc*.

H est muet dans « des *hirondelles* » et permet la liaison, mais est dit aspiré dans *des héros* et empêche la liaison.

G se prononce /g/ dans *gare* mais /ʒ/ dans *girouette*.

L'étude du lien entre les graphies de l'orthographe et leur prononciation se nomme *orthoépie*.

Le système de transcription phonétique permet de représenter les sons tels qu'ils se prononcent et facilite la comparaison phonétique entre langues différentes. Il a d'ailleurs été créé pour faciliter l'enseignement des langues, par l'Association Phonétique Internationale, à Paris, en 1886.

8. L'UTILITÉ LINGUISTIQUE DES VOYELLES

Certaines langues, comme l'hébreu et l'arabe classique, n'écrivent pas les voyelles. C'est grâce au contexte des consonnes, qui fournissent beaucoup plus d'information que les voyelles, que l'on peut reconstituer les voyelles manquantes. Soit une phrase comme : « L'électricité est produite par un réacteur ». Si vous supprimez toutes les voyelles, vous aurez : l-l-ktr-s-t- -pr-d-t p-r -r--kt-r. En cherchant bien, vous arriverez peut-être à retrouver le sens de cette phrase à l'écrit. Mais si vous ne gardez que les voyelles, vos chances sont presque nulles. Vous aurez : e-ɛ-i-i-e-ɛ-ɔ-ɥ-i-a-œ̃-e-a-œ.

À quoi servent donc les voyelles ? Si vous chantez la phrase ci-dessus, vous constaterez que les voyelles servent à porter la voix, à parler à voix haute, à chanter. Elles contribuent ainsi à rendre plus audibles les consonnes. Il vous serait ainsi plus facile de retrouver le sens perdu de la phrase ci-dessus en insérant une voyelle, n'importe laquelle, entre les consonnes.

D'une manière générale, on dira que les consonnes servent à **l'intelligibilité** du discours et que les voyelles servent à l'**audibilité.**

9. LA REDONDANCE

On se rend compte en jouant à supprimer les voyelles — comme aussi bien les consonnes — que l'on pourrait se comprendre à l'écrit avec beaucoup moins de lettres. Vous verrez que la transcription phonétique en profite puisqu'elle permet d'écrire, par exemple : « la philosophie », comme *lafilozofi*. On dit que la langue écrite du français est très redondante par rapport à l'oral. Elle donne trop d'information. La langue orale peut, elle aussi, se passer encore de beaucoup d'information. On le fait par besoin d'économie. Ainsi le E tombe-t-il souvent dans la conversation. On ne fait pas l'effort de prononcer cette voyelle-là dans des suites comme : *Je n'sais pas c'qui s'pass'*. On dit même familièrement : *v'là* pour *voilà*, *pis* pour *puis*, etc.

LA LEÇON DE PHONÉTIQUE DU BOURGEOIS GENTILHOMME

Pour bien des gens encore aujourd'hui, le français ne comporte que cinq voyelles, car on pense aux lettres et non aux sons. Voici ce qu'en dit le Maître de philosophie à son élève, Monsieur Jourdain, dans la célèbre comédie de Molière :

Maître de philosophie. Soit. Pour bien suivre votre pensée et traiter cette matière en philosophe, il faut commencer selon l'ordre des choses, par une exacte connaissance de la nature des lettres, et de la différente manière de les prononcer toutes. Et là-dessus j'ai à vous dire que les lettres sont divisées en voyelles, ainsi dites voyelles parce qu'elles expriment les voix ; et en consonnes, ainsi appelées consonnes parce qu'elles sonnent avec les voyelles, et ne font que marquer les diverses articulations des voix. Il y a cinq voyelles ou voix : A, E, I, O, U.

Monsieur Jourdain. J'entends tout cela.

Maître de philosophie. La voix A se forme en ouvrant fort la bouche : A.

Monsieur Jourdain. A, A. Oui.

Maître de philosophie. La voix E se forme en rapprochant la mâchoire d'en bas de celle d'en haut : A, E.

Monsieur Jourdain. A, E, A, E, Ma foi ! oui. Ah ! que cela est beau !

Maître de philosophie. Et la voix I en rapprochant encore davantage les mâchoires l'une de l'autre, et écartant les deux coins de la bouche vers les oreilles : A, E, I.

Monsieur Jourdain. A, E, I, I, I, I. Cela est vrai. Vive la science !

Maître de philosophie. La voix O se forme et rouvrant les mâchoires et rapprochant les lèvres par les deux coins, le haut et le bas : O.

Monsieur Jourdain. O, O. Il n'y a rien de plus juste. A, E, I, O, I, O. Cela est admirable ! I, O, I, O.

Maître de philosophie. L'ouverture de la bouche fait justement comme un petit rond qui représente O.

Monsieur Jourdain. O, O, O. Vous avez raison, O. Ah ! la belle chose, que de savoir quelque chose !

Maître de philosophie. La voix U se forme en rapprochant les dents sans les joindre entièrement, et allongeant les deux lèvres en dehors, les approchant aussi l'une de l'autre sans les joindre tout à fait : U.

Monsieur Jourdain. U, U. Il n'y a rien de plus véritable : U.

Maître de philosophie. Vos deux lèvres s'allongent comme si vous faisiez la moue ; d'où vient que si vous la voulez faire à quelqu'un, et vous moquer de lui, vous ne sauriez dire que : U.

Monsieur Jourdain. U, U. Cela est vrai. Ah ! que n'ai-je étudié plus tôt pour savoir tout cela ?

Maître de philosophie. Demain, nous verrons les autres lettres, qui sont les consonnes.

(Molière, 1895, pp. 20-21)

1. Quels sont les adjectifs correspondant aux substantifs suivants :

    a) les lèvres :

    b) les dents :

    c) les alvéoles :

    d) l'avant du palais dur :

    e) le palais dur :

    f) le voile du palais :

    g) la luette :

    h) la langue :

    i) la pointe de la langue :

    j) le dos de la langue :

    k) la partie entre la pointe et le dos de la langue :

    l) la partie derrière le dos de la langue :

    m) le larynx :

    n) les poumons :

    o) le nez :

    p) la bouche :

    q) le pharynx :

2. En vous servant d'un dictionnaire du français, transcrivez en alphabet phonétique **les voyelles** des mots des phrases suivantes :

    a) *Combien de temps as-tu pris pour faire ce dessin ?*

    b) *Avec qui arrivent-ils ?*

    c) *Non, je n'en veux pas.*

    d) *Elle a réussi à terminer sa composition.*

    e) *Un café au lait s'il vous plaît.*

    f) *Achète une bouteille de vin blanc.*

    g) *Il fait trop chaud pour sortir.*

    h) *Donne-moi un peu plus de thé.*

3. Indiquez les traits articulatoires des voyelles suivantes. Exemple : [o] orale, postérieure, arrondie, fermée

    • [ɛ̃]

    • [u]

    • [a]

    • [ɔ]

- [e]
- [ã]
- [y]
- [œ]

4. À partir du texte suivant, identifiez les voyelles de l'espagnol, sachant qu'il n'y a pas de voyelle muette, ou neutre comme le E dans *le* en français, que toutes les voyelles se prononcent et sont toutes orales uniquement.

Recordado Padrino: ¿Como estas?
Esta vez te escribiré en español, pero prometo que la próxima vez lo haré en francés.
Escríbeme pronto. Y gracias por todo. Un beso. Elsa.

Dessinez le triangle vocalique où vous placerez ces voyelles. Quelles sont les similarités et les différences entre le système vocalique espagnol et celui du français ?

5. Indiquez pour chacun des schémas suivants la voyelle représentée :

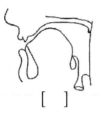 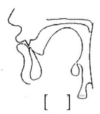  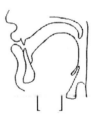

    [ ]   [ ]   [ ]   [ ]

Figure 4.4.

LES EFFETS PHONOSTYLISTIQUES DES VOYELLES

La phonostylistique étudie les effets de style et, en général, l'expressivité de la langue orale. On constate ainsi que les voyelles sont des éléments sonores doux et mélodiques par rapport aux consonnes qui sont des bruits plus ou moins harmonieux. Les poètes accumulent les voyelles pour produire des effets musicaux, comme dans ce texte de Ronsard ou l'on remarquera les répétitions des voyelles O et la rime aussi en O :

> « *Mignonne allons voir si la rose*
> *Qui ce matin avait déclose*
> *Sa robe de pourpre au soleil…* »
> (Ronsard, 1994, p. 667)

Les psychologues ont essayé de trouver des correspondances entre les voyelles de petite aperture [i, e, y] et l'évocation de la petitesse et de l'acuité du son en donnant comme exemple des mots comme : *petit, aigu, fermé*. On les oppose à des mots comme *large, vaste*, dans lesquels le (*a*) suggèrerait l'idée de grandeur. Mais en anglais on a l'exemple inverse avec *big* et *small*. Il reste que le poète peut nous faire croire que les mots qu'il emploie sont vraiment **motivés** en les choisissant bien, comme s'il s'agissait d'onomatopées.

Chapitre 5

L'ARTICULATION DES CONSONNES FRANÇAISES

EN DEUX MOTS

Les consonnes sont des sons qui sonnent avec les voyelles. Les consonnes rendent le flot sonore des voyelles plus facile à découper et à reconnaître. Dans l'articulation, ce flot sonore est interrompu totalement, comme par le [t] dans le mot *été*, ou ne fait qu'être ralenti, compressé, comme le [s] dans *assez*. Une musique produite par les vibrations de l'air au niveau du larynx rend ce flot consonantique *sonore*, comme dans le [z] de *azur*. Mais sans vibration, les consonnes ne sont que des bruits, comme dans le [s] de *assez*.

On classe les consonnes en fonction de l'endroit où elles sont articulées.

1. L'ARTICULATION DES CONSONNES

Pour les consonnes, comme pour les voyelles, l'air expiré des poumons passe par la glotte (espace compris entre les cordes vocales) et est modulé par les mêmes organes articulatoires qui vont donner leur nom aux différents types de consonnes. (Voir figure 5.1.)

Les consonnes sont des sons beaucoup plus complexes que les voyelles. Elles comportent des **bruits** alors que les voyelles comportent des sons plus harmonieux. D'une manière générale, les consonnes correspondent à un mouvement de fermeture ou de rétrécissement de l'appareil articulatoire et le passage de l'air est relativement étroit. L'air expiré des poumons peut même être complètement arrêté pour des sons comme [p], [t], [k]. L'air expiré peut faire vibrer les cordes vocales ou non, passer par les cavités nasales ou non. Enfin, les organes articulatoires qui entrent en jeu sont très divers. Il faut tenir compte de tous ces facteurs lorsqu'on établit le classement des consonnes. On a résumé, ci-dessous (2, 3, 4 et 5), les principaux facteurs de ce classement. On en trouvera un tableau synoptique plus loin.

2. LE CLASSEMENT DES CONSONNES SELON LE MODE ARTICULATOIRE : CONSONNE OCCLUSIVE / CONSONNE FRICATIVE

Il existe deux types principaux de mouvements de l'appareil articulatoire pour les consonnes du français standard :

a) l'**occlusion**, c'est-à-dire la fermeture complète mais momentanée de l'appareil articulatoire, caractérise les consonnes **occlusives**, comme [p], dans *pas*, [t] dans *tes*, [k] dans *cas*, [b] dans *bas*, [d] dans *dé*, [g] dans *gai*, [m] dans *mes*, [n] dans *nez*, [ɲ] dans *agneau*, [ŋ] dans *parking*. On appelle aussi ces consonnes des **momentanées**, car la fermeture de l'appareil articulatoire est très rapide et provoque une augmentation de la pression derrière l'obstacle qui fait qu'il n'est pas possible de maintenir ce genre d'articulation

b) la **friction**, c'est-à-dire le resserrement continu de l'appareil articulatoire produisant ainsi un bruit de frottement ou de turbulence, caractérise les consonnes **fricatives**, comme : [f] dans *feu*, [s] dans *ceux*, [ʃ] dans *chez*, [v] dans *vous*, [z] dans *zap*, [ʒ] dans *joue*, [ʀ], dans *ri*, [l] dans *lie*. On appelle aussi ces consonnes des **continues** parce que l'air des poumons passe à travers l'obstacle et on peut les prolonger

3. LE CLASSEMENT DES CONSONNES SELON LE MODE ARTICULATOIRE : CONSONNE ORALE / CONSONNE NASALE

Toutes les consonnes peuvent également être classées selon le mode d'expulsion de l'air, soit par la bouche, soit par la bouche et le nez.

a) **consonnes orales** : l'air passe uniquement par la bouche, comme pour : [p], [t], [k], [b], [d], [g], [f], [s], [ʃ], [v], [z], [ʒ], [l], [ʀ]

b) **consonnes nasales** : l'air passe principalement par la cavité nasale, comme pour : [m], [n], [ɲ] et [ŋ]. Mais lors de l'articulation de ces consonnes, une petite quantité d'air s'échappe aussi par la bouche

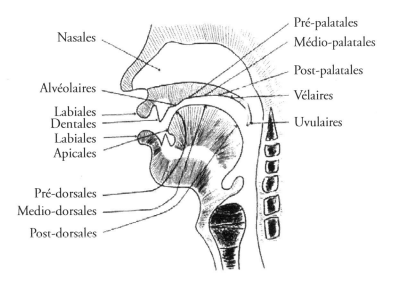

Figure 5.1. Organes articulatoires servant à la production des consonnes françaises

4. LE CLASSEMENT DES CONSONNES SELON LE MODE ARTICULATOIRE : CONSONNE VOISÉE / CONSONNE NON VOISÉE

On classe encore les consonnes selon la présence ou l'absence de vibration des cordes vocales :

a) les cordes vocales ne vibrent pas, il s'agit alors d'une consonne **non voisée**, appelée aussi consonne **sourde** : [p], [t], [k], [f], [s], [ʃ]

b) les cordes vocales vibrent, il s'agit alors d'une consonne **voisée**, appelée aussi consonne **sonore** : [b], [d], [g], [v], [z], [ʒ], [l], [ʀ], [m], [n], [ɲ], [ŋ]

5. LE CLASSEMENT DES CONSONNES SELON LEUR LIEU D'ARTICULATION

On classera l'articulation des consonnes selon le lieu de contact entre les organes articulatoires. Le français moderne possède :

* trois consonnes **bi-labiales** qui résultent d'un contact entre les lèvres supérieure et inférieure, comme [p] dans *peau* [po], [b] dans *beau* [bo] et [m] dans *mot* [mo]
* deux consonnes **labio-dentales** qui résultent d'un contact entre la lèvre inférieure et les dents supérieures : comme [f] dans *faux* [fo] et [v] dans *veau* [vo]
* trois consonnes **apico-dentales** qui résultent d'un contact entre la pointe de la langue et les dents supérieures : comme [t] dans *taux* [to], [d] dans *dos* [do] et [n] dans *nos* [no]
* une consonne **apico-alvéolaire** qui résulte d'un contact entre la pointe de la langue et la partie dure du palais derrière les dents supérieures, [l] comme dans *lit* [li]. Dans ce cas unique parmi les consonnes, l'air expiré passe de chaque côté de la langue. On dit alors que [l] est une consonne **latérale**
* deux consonnes **pré-dorso-alvéolaires** qui résultent d'un contact entre la partie antérieure de la langue et la partie dure du palais derrière les dents supérieures : comme [s] dans *seau* [so] et [z] dans *zone* [zon]
* deux consonnes **pré-dorso-pré-palatales** qui résultent d'un rétrécissement entre la partie antérieure de la langue et la partie antérieure du palais : [ʃ] comme dans *chat* [ʃa] et [ʒ] dans *joue* [ʒu]
* une consonne **médio-palatale** qui résulte d'un contact entre le milieu de la langue et la partie dure du milieu du palais, [ɲ] comme dans *agneau* [aɲo]
* deux consonnes qui changent de lieu d'articulation selon la nature de la voyelle qui suit, [k] et [g]. Devant les voyelles antérieures, ces deux consonnes ont un lieu d'articulation **dorso-palatal** qui résulte d'un contact entre la partie postérieure de la langue et la partie postérieure du palais dur, [k] comme dans *qui* [ki] et [g] comme dans *gui* [gi]. Par contre, devant les voyelles postérieures, ces consonnes ont un lieu d'articulation **dorso-vélaire** qui résulte d'un contact entre la partie postérieure du

dos de la langue et le voile du palais (palais mou), [k] comme dans *cou* [ku] et [g] comme dans *goût* [gu]

- une consonne **dorso-vélaire nasale** qui résulte d'un contact entre la partie postérieure du dos de la langue et le voile du palais (palais mou), [ŋ] comme dans le mot *parking* [paʁkiŋ]. Cette consonne est un emprunt récent à l'anglais dans les terminaisons en *-ing*

- une consonne **post-dorso-uvulaire** qui résulte d'un contact entre la partie très postérieure de la langue et la luette, [ʀ] comme dans *roue* [ʀu]

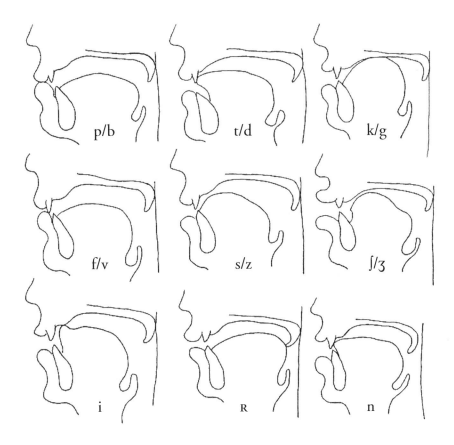

Figure 5.2. Schémas des lieux d'articulation des consonnes, d'après Bothorel et al. (1986)

6. LES TRAITS ARTICULATOIRES DES CONSONNES DU FRANÇAIS

En résumé, chaque consonne du français peut être définie par quatre traits articulatoires.

Les trois premiers traits définissent le **mode articulatoire** de la consonne et forment des oppositions de nature binaire :

- occlusive/fricative
- orale/nasale
- non voisée/voisée

Le quatrième trait est un trait complexe **de lieu d'articulation** (bi-labiale, apico-dentale, labio-dentale, apico-alvéolaire, pré-dorso-alvéolaire, pré-dorso-pré-palatale, médio-palatale, dorso-palatale, dorso-vélaire, post-dorso-uvulaire).

On peut, par exemple, définir ainsi les consonnes suivantes :

- [p] = occlusive, orale, non voisée, bi-labiale
- [v] = fricative, orale, voisée, labio-dentale

La différence entre [p] et [v] repose sur trois traits, occlusive/fricative, non voisée/voisée, bi-labiale/labio-dentale.

La différence entre [t] et [z] repose sur trois traits, occlusive/fricative, non voisée/voisée, apico-dentale/pré-dorso-alvéolaire.

	I. Type de mouvement	Occlusion			Friction	
Modes d'articulation	II. Passage de l'air	Oral		Nasal	Oral	
	III. Vibration des cordes vocales	Non voisée	Voisée	Voisée	Non voisée	Voisée
Lieux d'articulation	Bi-labiale	p	b	m		
	Labio-dentale				f	v
	Apico-dentale	t	d	n		
	Apico-alvéolaire (latérale)					l
	Pré-dorso-alvéolaire				s	z
	Pré-dorso-pré-palatale				ʃ	ʒ
	Médio palatale			ɲ		
	Dorso-palatale ou dorso-vélaire	k	g	(ŋ)		
	Post-dorso-uvulaire					ʀ

Table 5.1. Tableau des modes et lieux d'articulation des consonnes françaises

7. LES SEMI-CONSONNES

Il y a en français trois phones que l'on appelle **semi-voyelles** ou **semi-consonnes** parce qu'ils sont articulatoirement plus fermés que les voyelles dont ils sont issus et plus ouverts que les consonnes. De plus, ils sont instables comme les consonnes parce qu'ils comportent un mouvement de constriction de l'appareil articulatoire. Ces trois semi-consonnes sont le **yod** comme dans *hier* [jɛʀ], le **ué** comme dans *lui* [lɥi], et le **oué** comme dans *oui* [wi].

Les trois semi-consonnes [j], [ɥ], [w] correspondent respectivement aux trois voyelles [i], [y], et [u] avec les traits d'articulation suivants :

- [j] orale, antérieure, écartée
- [ɥ] orale, antérieure, arrondie
- [w] orale, postérieure, arrondie

8. LE CLASSEMENT AUDITIF DES CONSONNES

Les consonnes occlusives non voisées [p], [t], [k] sont perçues comme des bruits d'explosion qui paraissent durs et inharmonieux.

Les occlusives voisées [b], [d], [g], qui ont la même articulation que les non voisées précédentes, ajoutent à l'explosion un voisement qui les rend moins dures à l'oreille.

Les fricatives non voisées [f], [s], [ʃ], à cause de leur faible aperture et de leur manque de voisement, sont des bruits de forte friction et peu de résonance.

Les fricatives voisées [v], [z], [ʒ], qui ont la même articulation que les non voisées précédentes, ont un peu moins de friction et plus de résonance.

Les fricatives voisées [l] et [ʀ] ont très peu de friction et une grande résonance. On les considère comme les plus harmonieuses des consonnes, car elles sont acoustiquement très proches des voyelles. Dans certaines langues comme le tchèque, elles peuvent remplacer des voyelles comme noyau syllabique. Ainsi dans le mot *vlk* (le loup).

On voit que l'impression auditive produite par les consonnes résulte à la fois de leur degré d'aperture et de leur mode articulatoire. Cette impression auditive se traduit parfois en termes **subjectifs**. On les trouve souvent dans les commentaires littéraires de textes poétiques. Les principaux termes utilisés sont les suivants :

- **Consonne roulée** : [r] apical, articulé du bout de la langue derrière les dents, avec vibrations dites aussi battements. C'était, jusqu'à la Révolution, le R le plus répandu en France. C'est le [r] de l'espagnol ou de l'italien moderne, par exemple. Le R peut aussi être roulé avec vibration de la luette. Il est alors uvulaire roulé
- **Consonnes liquides** : [ʀ] et [l]. Certains phonéticiens ajoutent aussi [n] et [m], comme le faisaient les Grecs
- **Consonnes sifflantes** : [s] et [z]
- **Consonnes chuintantes** : [ʃ] et [ʒ]
- **Consonnes mouillées** : toute consonne articulée avec dégagement d'un yod. C'est le son du [l] dans *lieu*, au contact du [j] suivant. Il s'agit toujours d'un phénomène secondaire par assimilation, sauf dans le cas de la consonne [ɲ], qui est « mouillée » par nature. C'est une sorte de yod nasal à début légèrement occlusif
- **Consonne grasseyée** : R articulé avec une résonance postérieure, comme dans le parler populaire parisien

LEÇON DE PHONÉTIQUE DU *BOURGEOIS GENTILHOMME* : LES CONSONNES

Monsieur Jourdain. Est-ce qu'il y a des choses aussi curieuses qu'à celles-ci?

Maître de philosophie. Sans doute. La consonne D, par exemple, se prononce en donnant du bout de la langue au-dessus des dents d'en haut : DA.

Monsieur Jourdain. DA, DA. Oui. Ah ! les belles choses ! les belles choses !

Maître de philosophie. L'F en appuyant les dents d'en haut sur la lèvre de dessous : FA.

Monsieur Jourdain. FA, FA. C'est la vérité. Ah ! mon père et ma mère, que je vous veux de mal !

Maître de philosophie. Et l'R en portant le bout de la langue jusqu'au haut du palais, de sorte qu'étant frôlée par l'air qui sort avec force, elle lui cède, et revient toujours au même endroit, faisant une manière de tremblement : RRA.

Monsieur Jourdain. R, R, RA ; R, R, R, R, R, RA. Cela est vrai ! Ah ! l'habile homme que vous êtes ! et que j'ai perdu de temps ! R, R, R, RA.

Maître de philosophie. Je vous expliquerai à fond toutes ces curiosités.

(Molière, 1895, pp. 21-22)

LE JEU PHONOSTYLISTIQUE DES CONSONNES

À partir de l'impression auditive donnée par les consonnes, les écrivains, et surtout les poètes, ont souvent tenté de créer un **symbolisme sonore**, comme celui que l'on trouve dans les onomatopées. Pour augmenter l'effet produit, le signe sonore en cause est généralement répété. Ce jeu de répétition des consonnes est nommé **allitération**, comme le S dans le célèbre vers de Racine (1847, p. 161) :

« *Pour qui sont ces serpents qui sifflent sur vos têtes ?* »

Autour du mot *serpent*, Racine a accumulé les S, dont le son rappelle le sifflement. De même, Henri de Régnier (1899) essaie de suggérer le *roucoulement* des *colombes*, deux mots déjà expressifs, avec l'accumulation des *l* et des *R* dans :

« *Sur la toiture des colombes sont perchées*
Attristant l'air du soir d'un long roucoulement
Il tombe de leurs becs des plumes arrachées ».
(Régnier, 1899, p. 44)

Il arrive aussi que la répétition des consonnes ne soit utilisée que pour souligner le texte, comme dans ces vers de Paul Valéry (1936), où les consonnes occlusives ne sont pas là pour évoquer des coups mais pour marquer l'insistance et créer un rythme :

« *Personne pure, ombre divine*
Qu'ils sont doux tes pas retenus »
(Valéry, 1936, p. 127)

1. On peut décrire les consonnes par quatre traits articulatoires. Exemple : [n] = nasale, occlusive, voisée, apico-dentale. Décrivez de la même manière les consonnes suivantes: [m], [s], [l], [d], [ŋ], [ʒ], [g], [v], [p], [ɲ].

2. Transcrivez à l'aide d'un dictionnaire du français les phrases suivantes en alphabet phonétique :
   a) *Il faut que tu soignes ta toux*
   b) *Mes chaussettes sont complètement mouillées*
   c) *Surtout n'oublie pas d'acheter des citrons*
   d) *Son nouvel ordinateur a déjà attrapé un virus*
   e) *Notre grand-mère veut vendre sa maison de campagne*
   f) *Leur fils adore les jeux vidéo*
   g) *Mes voisins ont acheté une nouvelle voiture*
   h) *Elle a rendez-vous chez le dentiste mardi prochain*

3. Faites les schémas articulatoires des consonnes [b], [k], [n], [v].

4. Identifiez les traits articulatoires qui différencient les consonnes suivantes :
   - p / b =
   - d / n =
   - z / d =
   - ʃ / f =

5. Identifiez les semi-consonnes du français qui correspondent aux traits suivants :
   a) orale, postérieure, arrondie :
   b) orale, antérieure, écartée :
   c) orale, antérieure, arrondie :

6. Quelle est la différence entre les deux R du français? De quel R parle le Maître de philosophie de Monsieur Jourdain ?

7. Quel est le procédé phonostylistique employé par l'écrivain Eugène Ionesco pour suggérer la colère dans le dialogue suivant :
   - « - kakatoès, kakatoès, kakatoès, kakatoès! (etc.) »
   - « *Quelle cacade, quelle cacade, quelle cacade, quelle cacade!* (etc.) »

   (Ionesco, 1954, pp. 75-76)

LES CHAUSSETTES DE L'ARCHIDUCHESSE ET LES JEUX DE CONSONNES

Il y a de nombreux exercices linguistiques avec les consonnes, qu'on appelle des **vire-langues.** Ils sont utilisés par les enfants pour jouer ou par les comédiens pour s'entraîner à bien articuler. Faites comme eux, répétez vite :

S/CH : *Les chaussettes de l'archiduchesse sont-elles sèches ou archi-sèches ? Si un chasseur sait chasser sans son chien, il faut aussi que six-cent-six chasseurs sachent chasser sans six-cent-six chiens. Il faut que six-cent-six gardes-chasse sachent chasser ces six-cent-six chats-ci de cette chasse-ci.*

D : *Didon dîna, dit-on, du dodu dos d'un dindon.*

T : *Toto, ton thé t'a-t-il tout ôté ta toux ?*

R : *Dis-moi gros grand gras grain d'orge quand te dégrograngragraindorgeras-tu ? Je me dégrograngragraindorgerai quand tous les gros grands gras grains d'orge se dégrograngragraindorgeront.*

« Les chaussettes de l'archiduchesse »

Chapitre 6

LA PHONOLOGIE DES VOYELLES FRANÇAISES

EN DEUX MOTS

Dans les chapitres précédents, on a envisagé les consonnes et les voyelles du français sous l'angle descriptif de leur articulation. Cette étude est dite **phonétique**.

La **phonologie**, par contre, étudie le rôle des sons dans le système linguistique, c'est-à-dire qu'elle essaie de trouver l'utilité des sons que l'on a décrits pour le fonctionnement de la langue. Ce chapitre décrit ainsi les sons fonctionnels du système vocalique du français moderne.

1. DESCRIPTION PHONÉTIQUE / DESCRIPTION PHONOLOGIQUE

Si un francophone prononce le mot *maison* avec la première voyelle comme celle de *sel* plutôt que comme celle de *ses*, cela n'a pas d'importance sur le plan phonologique — celui de l'utilité linguistique. En revanche, si je prononce la voyelle du mot *si* comme celle du mot *su*, on ne comprendra pas ce que je veux dire. Mon erreur ne sera pas une variation phonétique, comme dans le cas précédent, elle concernera le système phonologique.

La phonologie va donc établir d'abord le répertoire des **phonèmes**, sons fonctionnels *most important* indispensables à la compréhension linguistique — voyelles et consonnes. Puis elle va définir leurs règles de combinaison, leur fonctionnement dans la langue. Elle examinera également *no sens but is a distinc* les rapports entre les structures sonores.

Le **phone**, son envisagé phonétiquement, s'écrit entre crochets [ ], alors qu'on le met entre barres obliques / / s'il s'agit d'un **phonème**, son envisagé d'un point de vue linguistique dans la discipline appelée **phonologie**.

2. LES PHONÈMES ET LES VARIANTES

L'appareil phonatoire humain est capable de produire un très grand nombre de sons. Chaque langue n'en utilise qu'un nombre limité dans son système **linguistique**. Le français, pour sa part, n'utilise que **36 phonèmes** (16 voyelles et 20 consonnes). En général, les phonèmes isolés n'ont pas de sens, par exemple, /i/, /z/, /n/. Par contre, on combine les phonèmes pour constituer des unités sonores qui renvoient à des unités linguistiques.

On constate souvent de grandes variations phonétiques dans la **prononciation** des voyelles. La langue admet beaucoup de fluctuations tant que l'on reste à l'intérieur des formes linguistiques permises que sont les phonèmes.

Si un Canadien francophone prononce le /o/ de *saute* comme [oᵘ] en diphtonguant la dernière partie de la voyelle, alors qu'un autre prononce [o] sans changement de timbre, il n'y a pas de problème de compréhension. En effet, le français n'oppose pas /o/ et /oᵘ/ pour distinguer des mots de sens différents. On dira alors que [oᵘ] est une **variante** du phonème /o/. Les variantes sont appelées **allophones** dans la terminologie nord-américaine.

Il y a relativement peu de variations pour les consonnes, il y en a, par contre, un assez grand nombre pour les voyelles.

3. LE SYSTÈME DES OPPOSITIONS PHONOLOGIQUES DES VOYELLES FRANÇAISES

On a représenté dans le tableau suivant le système large des douze phonèmes **oraux**, vocaliques, du français standard. Les voyelles mises dans des boîtes, sur un fond gris, indiquent que certains types de français réduisent à une seule voyelle les deux ou trois voyelles indiquées.

Voici ce tableau, pour lequel les traits articulatoires ont été indiqués. Certains phonéticiens modernes emploient dans la description phonologique les termes de voyelle **haute** (au lieu de fermée) et voyelle **basse** (au lieu d'ouverte).

Aperture		Langue en avant (antérieure)		Langue en arrière (postérieure)	
		Lèvres écartées	Lèvres arrondies	Lèvres écartées	Lèvres arrondies
	Très fermée	i	y		u
	Fermée	e	ø		o
	Moyenne		ə		
	Ouverte	ɛ	œ		ɔ
	Très ouverte	a			ɑ

Table 6.1. Schéma des oppositions vocaliques orales du français

4. LES TRAITS DISTINCTIFS (ARTICULATOIRES) DES PHONÈMES POUR LA DESCRIPTION PHONOLOGIQUE

On retiendra pour la description phonologique des phonèmes vocaliques français les quatre traits suivants :

- **la labialité :** les voyelles antérieures /y/, /ø/, /ə/, /œ/ s'opposent aux voyelles antérieures /i/, /e/, /ɛ/ par le trait de labialité (arrondi/écarté)
- **l'antériorité :** les voyelles arrondies /y/, /ø/, /œ/ s'opposent aux voyelles arrondies /u/, /o/, /ɔ/ par le trait d'antériorité (antérieur/postérieur)

- **l'aperture :** les voyelles à aperture **très fermée** /i/, /y/, /u/ s'opposent aux voyelles à aperture **fermée** /e/, /ø/, /o/ par un trait d'aperture. De la même façon, les voyelles **fermées** /e/, /ø/, /o/ s'opposent aux voyelles **ouvertes** /ɛ/, /œ/, /ɔ/ et les voyelles ouvertes /ɛ/, /œ/, /ɔ/ s'opposent aux voyelles **très ouvertes** /a/ et /ɑ/
- **la nasalité :** les voyelles /œ̃/, /ɛ̃/, /ɑ̃/, /ɔ̃/ s'opposent aux voyelles /œ/, /ɛ/, /a/, /ɔ/ par le trait de nasalité

5. LES PAIRES MINIMALES

Deux unités de sens (lexèmes ou morphèmes) constituent une **paire minimale** lorsque ces unités sont quasi identiques et se distinguent par un seul phonème (soit une voyelle soit une consonne). Voici quelques paires minimales où la différence dépend uniquement de la nature de la voyelle :

si /si/	opposé à	*su* /sy/	distinction /i/ - /y/
j'ai dit /ʒedi/	opposé à	*je dis* /ʒədi/	distinction /e/ - /ə/
patte /pat/	opposé à	*pâte* /pɑt/	distinction /a/ - /ɑ/
le pain /ləpɛ̃/	opposé à	*lapin* /lapɛ̃/	distinction /ə/ - /a/

6. LA DISPARITION DE CERTAINES OPPOSITIONS VOCALIQUES

Comme nous l'avons vu dans la section 3 ci-dessus, certaines oppositions entre les voyelles sont en train de disparaître ou au moins de devenir très rares. La plupart des locuteurs francophones ne font plus la différence entre les voyelles nasales /ɛ̃/ et /œ̃/, même si dans certaines variétés du français (comme au Québec) cette distinction est toujours maintenue. Les phonologues proposent deux types de causes internes pour expliquer la conservation ou la disparition de certaines oppositions du système phonologique des voyelles françaises :

a) des facteurs **phonologiques :** par exemple, si une opposition phonologique est productive et permet de distinguer plusieurs paires de termes, on dit qu'elle a un bon **rendement** fonctionnel. On a alors tendance à garder l'opposition phonologique, par exemple pour les voyelles /i/ et /y/, dans des paires minimales telles que *mille/mule*, qui a un rendement important

b) des facteurs **phonétiques :** c'est-à-dire la facilité d'articulation, et la facilité de perception auditive. La différence entre la voyelle antérieure /e/ et la voyelle postérieure /o/ est bien définie sur le plan articulatoire (voyelle antérieure écartée par rapport à une voyelle postérieure arrondie) et sur le plan de la perception. En revanche, l'opposition entre les voyelles nasales /ɛ̃/ et /œ̃/ dépend d'un seul trait sur le plan articulatoire (voyelle écartée par rapport à une voyelle arrondie) et est difficile à percevoir sur le plan auditif

7. LA DISPARITION DE LA PRONONCIATION DE UN ET DU A POSTÉRIEUR

L'opposition /ɛ̃/ - /œ̃/ dans des paires minimales comme *brin - brun*, est en train de disparaître au profit du /ɛ̃/. Sur le plan phonologique, la voyelle /œ̃/ a une fréquence d'occurrence très basse dans le lexique du français. Elle était de 0,2 % en 1966 (Léon, *Prononciation du français standard*). Depuis, elle a encore diminué. En revanche, la voyelle /ɛ̃/ a une fréquence d'occurrence élevée de 4,5 %. L'opposition entre ces deux voyelles a un rendement très faible. Il y a peu de paires minimales qui dépendent de cette distinction.

Sur le plan phonétique, la voyelle /œ̃/ suppose un effort articulatoire supplémentaire, car il est difficile d'arrondir les lèvres pour une voyelle ouverte. En plus, la différence acoustique entre les deux timbres est difficile à percevoir. Pour toutes ces raisons, l'opposition /ɛ̃/ - /œ̃/ disparaît du français moderne au profit de /ɛ̃/.

On observe le même changement pour l'opposition entre la voyelle antérieure /a/ et la voyelle postérieure /ɑ/ dans des mots comme *patte - pâte*. L'opposition tend à disparaître à cause de son faible rendement. Elle disparaît au profit du A antérieur dont la fréquence était de plus de 8 % dans la langue orale, par rapport à celle de 0,2 % pour le A postérieur (Léon, 1966). L'opposition entre les deux voyelles est parfois remplacée par une différence de longueur (la *patte* avec une voyelle courte et les *pâtes* avec une voyelle allongée), mais la distinction de sens entre *patte* et *pâte* dépend surtout du contexte linguistique (*Veux-tu manger des pâtes ou du riz? Regarde, le chien donne la patte!*)

8. LES FACTEURS EXTERNES DE L'ÉVOLUTION DU SYSTÈME DES OPPOSITIONS VOCALIQUES

Les deux principaux facteurs externes de l'évolution sont les forces de prestige social et les forces d'expressivité.

Beaucoup de groupes socialement minoritaires changent leur prononciation pour être « dans le ton », et parler comme les jeunes, les urbains (surtout ceux de la capitale), les favorisés. On peut alors avoir des modes passagères ou définitives.

Jusqu'à la Révolution, la graphie *oi* se prononçait [wɛ]. Louis XIV disait : « Le Roi c'est moi » comme [lərwɛsɛmwɛ] et les gens qui voulaient bien parler l'imitaient. Mais après 1789, la prononciation populaire [wa] pour *oi* s'est généralisée.

À l'époque moderne, les gens éduqués, urbains, du nord de la France ont antériorisé leur prononciation : le A postérieur de *pâte* a été de plus en plus prononcé comme celui de *patte*, supprimant ainsi l'opposition linguistique traditionnelle.

De même, sous l'influence des jeunes et de la mode de Paris, les O ouverts [ɔ] sont souvent prononcés comme des Œ ouverts [œ]. « *C'est une jolie mode* » devient parfois [setynʒœlimœd].

9. LA SYLLABE ET LA DIVISION SYLLABIQUE DU FRANÇAIS

Une syllabe résulte de la combinaison d'un noyau vocalique (V) et d'un entourage consonantique (C). En français, toute syllabe comporte nécessairement un noyau vocalique, mais un seul. Une syllabe peut d'ailleurs ne contenir que la voyelle qui forme son noyau, par exemple, *eau* [o], *où* [u].

La plupart du temps, la syllabe contient également une ou plusieurs consonnes qui précèdent, suivent ou entourent le noyau vocalique, par exemple, *tôt* /to/, *trop* /tʀo/, *or* /ɔʀ/, *arme* /aʀm/, *strict* /stʀikt/.

Le choix du nombre et du type de consonnes qui peuvent se grouper autour d'un seul noyau vocalique dépend des règles définies par chaque langue particulière.

Voici maintenant quelques règles dedécoupage syllabique pour le français :

- Chaque syllabe en français ne comporte qu'une seule voyelle, il n'y a pas de syllabes contenant deux voyelles ensemble comme en anglais. Si deux voyelles se trouvent côte à côte, elles appartiennent à deux syllabes différentes, par exemple, dans le mot *aéroport*, le découpage syllabique se fait de la façon suivante : /a-e-ʀo-pɔʀ/. On remarquera qu'en français les semi-consonnes ne peuvent pas former le noyau vocalique d'une syllabe. Les semi-consonnes précèdent ou suivent le noyau vocalique et forment une syllabe avec lui, par exemple : *lui* /lɥi/, *louer* /lwe/, *lier* /lje/, *fille* /fij/
- En français, toute consonne entre deux voyelles à l'intérieur d'un groupe accentuel appartient à la syllabe suivante, par exemple : *auto* /o-to/, *ami* /a-mi/
- Les consonnes doubles de l'écrit représentent une seule consonne orale, par exemple : *assez* /a-se/, *arriver* /a-ʀi-ve/
- Dans les groupes de deux consonnes entre deux voyelles, la frontière syllabique se situe entre les deux consonnes, par exemple : *acteur* /ak-tœʀ/, *mardi* /maʀ-di/
- En revanche, dans les groupes de deux consonnes qui se situent entre deux voyelles, si la **première** consonne est une consonne **occlusive** et la **deuxième** consonne est une consonne **liquide**, /ʀ/ ou /l/, les deux consonnes forment un seul bloc autour du deuxième noyau syllabique, par exemple : *tableau* /ta-blo/, *ancré* /ɑ̃-kʀe/

On dit qu'une syllabe est **ouverte** lorsqu'elle se termine par une **voyelle prononcée**. Ainsi, les structures syllabiques CV, CCV, CCCV, etc. représentent des syllabes ouvertes, par exemple : *ri* /ʀi/, *tri* /tʀi/, *strie* /stʀi/.

On dit qu'une syllabe est **fermée** lorsqu'elle se termine par une **consonne prononcée**. Ainsi, les structures syllabiques VC, CVC, CCVC, CCCVC, etc. représentent des syllabes fermées, par exemple : *art* /aʀ/, *sac* /sak/, *trac* /tʀak/, stricte /stʀikt/, etc.

Le mot été /e-te/ est donc composé de deux syllabes ouvertes et le mot *artiste* /aʀ-tist/, de deux syllabes fermées.

10. LA LOI DE LA DISTRIBUTION COMPLÉMENTAIRE DES VOYELLES DU FRANÇAIS

Le terme **distribution** désigne ici l'apparition des unités dans un contexte linguistique spécifique. De façon générale, les voyelles du français peuvent apparaître dans les syllabes ouvertes et aussi dans les syllabes fermées. Les voyelles /a/ et /y/ peuvent, par exemple, apparaître dans une syllabe ouverte après les consonnes /p/ et /ʀ/ pour former les suites /pa/, /py/, /ʀa/ ou /ʀy/. Ces voyelles peuvent également se trouver dans des syllabes fermées,

/pyʀ/ et /ʀap/. Dans ces cas, la nature de la syllabe ne détermine pas la prononciation de la voyelle. Pour les voyelles françaises à aperture ouverte et à aperture fermée, il y a un lien direct entre la nature de la syllabe et la voyelle qui s'y trouve.

Le terme **complémentaire** signifie que certaines unités apparaissent dans des contextes linguistiques parallèles et pas dans le même contexte. Pour ce qui est des voyelles à aperture ouverte et à aperture fermée, à part certaines exceptions, les voyelles à aperture fermée apparaissent dans des syllabes ouvertes et pas dans les syllabes fermées. Inversement, les voyelles à aperture ouverte apparaissent dans les syllabes fermées et pas dans les syllabes ouvertes. Pour ces voyelles, le contexte linguistique détermine la distribution de ces unités.

Pour les syllabes **accentuées** (c'est-à-dire celles qui se trouvent en position finale de mot isolé ou de groupe), les phonèmes vocaliques à **aperture ouverte**, /ɛ/, /œ/ et /ɔ/, apparaissent dans des **syllabes fermées**, alors que les phonèmes vocaliques à **aperture fermée** /e/, /ø/ et /o/ apparaissent dans des **syllabes ouvertes**. Dans ces cas-là, ce sont l'accentuation et la structure syllabique qui déterminent l'apparition du phonème vocalique. On appelle ce phénomène la règle de **distribution complémentaire** ou de **position**.

On peut alors formuler la règle ainsi :

- E, EU, O en **syllabe accentuée** (c'est-à-dire en position finale de mot ou de syntagme) et **fermée** (c'est-à-dire avec une consonne prononcée en position finale de syllabe) correspondent généralement à la prononciation d'une **voyelle ouverte**
- E, EU, O en **syllabe accentuée** (c'est-à-dire en position finale de mot ou de syntagme) et **ouverte** (c'est-à-dire avec une voyelle prononcée en position finale de syllabe) correspondent généralement à la **voyelle fermée**

	Graphie « E »	Graphie « EU »	Graphie « O »
Syllabe ouverte (qui se termine par une voyelle prononcée) = voyelle à aperture fermée	1) *ces* /se/	3) *ceux* /sø/	5) *seau* /so/
Syllabe fermée (qui se termine par une consonne prononcée) = voyelle à aperture ouverte	2) *sel* /sɛl/	4) *seul* /sœl/	6) *sol* /sɔl/

Table 6.2. Règle de la distribution complémentaire des voyelles dans les syllabes accentuées

Pour le français standard, cette règle s'applique de façon **absolue** dans les cas 2), 3) et 5) :
- E en syllabe accentuée, fermée
- EU en syllabe accentuée, ouverte
- O en syllabe accentuée, ouverte

Cette règle s'applique seulement de façon générale aux autres cas.

La règle générale dans les six cas est valable pour l'ensemble du français méridional. Pour le français standard, elle présente quelques exceptions, les unes dues à des facteurs étymologiques, les autres au système phonologique de la langue.

11. LES EXCEPTIONS DES CAS 1, 4 ET 6

Sous l'influence de facteurs étymologiques et orthographiques, on constate certaines exceptions à la loi de distribution complémentaire.

E en syllabe accentuée, ouverte peut correspondre à la voyelle ouverte dans les mots contenant les suites de lettres suivantes : *-aît, -ais, -ait, -aient, -aix*, etc. Les mots le *lait*, la *paix*, la *raie, frais* et *mais*, etc. se prononcent donc avec la voyelle /ɛ/. Il s'agit ici d'exceptions de type **graphique** à la règle de distribution complémentaire.

EU en syllabe accentuée, fermée correspond à la voyelle fermée dans le mot *jeûne* et dans les mots avec les graphies *-euse, -eusent*, comme dans *chanteuse, danseuse* et *creusent*. Dans le premier cas, il s'agit d'une exception de type **graphique** due à la présence de l'accent circonflexe sur le *u*. Dans le deuxième cas, il s'agit d'une exception de type **phonétique** causée par la présence de la consonne /z/ en position finale de syllabe. Cette consonne ferme la voyelle qui la précède dans la syllabe.

O en syllabe accentuée, fermée correspond à la voyelle fermée dans les mots avec les terminaisons *-ose, -osent*, comme dans *ose* /oz/, *posent* /poz/, *rose* /ʀoz/. Il s'agit, de nouveau, d'une exception de type phonétique, à cause de la présence du /z/ en position finale de syllabe.

O en syllabe accentuée, fermée correspond à la voyelle fermée dans les mots avec les graphies *au* et *ô*, par exemple, dans les mots *épaule* /epol/, *faute* /fot/, *rôle* /ʀol/, *pôle* /pol/. Il s'agit ici d'une exception de type graphique.

12. LES OPPOSITIONS PHONOLOGIQUES DANS LES CAS 1, 4 ET 6

Certaines de ces exceptions à la loi de distribution complémentaire entrent dans la formation d'oppositions phonologiques.

En ce qui concerne le cas 1, E en syllabe accentuée et ouverte, il existe une opposition de timbre vocalique /e/-/ɛ/ dans la morphologie des verbes. Comparez, par exemple :

/e/	/ɛ/
J'irai /ʒiʀe/ (futur)	*j'irais* /ʒiʀɛ/ (conditionnel)
j'aimai /ʒeme/ (passé simplc)	*j'aimais* /ʒemɛ/ (imparfait)
j'ai /ʒe/ (indicatif présent)	*que j'aie* /ʒɛ/ (subjonctif présent)

Ces oppositions sont très instables en français moderne. Elles tendent à disparaître au profit d'un des deux timbres.

En ce qui concerne le cas 4, EU en syllabe accentuée, fermée, l'opposition entre la voyelle à aperture fermée /ø/ et la voyelle à aperture ouverte /œ/ existe théoriquement dans la seule paire minimale : *jeûne* /ʒøn/ (le fait de ne pas manger) opposé à *jeune* /ʒœn/ (le contraire de vieux). Cette opposition a pratiquement disparu au profit du timbre [œ] pour les deux mots, ce qui rétablit la loi de distribution complémentaire mais rend possible la confusion entre les deux termes.

En ce qui concerne le cas 6, O en syllabe accentuée et fermée, l'opposition /o/-/ɔ/ fonctionne dans un certain nombre de paires minimales du lexique, par exemple, *saule - sol* ;

Aude - ode; côte - cote. Cette opposition est stable en français moderne.

Malgré l'orthographe *au*, le nom propre *Paul* suit la loi générale de distribution complémentaire. Il se prononce /pɔl/ et s'oppose ainsi à *Paule* /pol/.

13. LES VARIANTES LIBRES : DISCURSIVES, DIALECTALES, SOCIALES, PHONOSTYLISTIQUES

Dans un **discours familier, rapide**, les voyelles inaccentuées dites à double timbre, E, O, EU, deviennent moyennes. On ne sait pas, par exemple, si la personne qui parle a dit le premier E de *question* ouvert ou fermé, ou si les O de *philosophie* ont été prononcés ouverts ou fermés.

Certaines voyelles inaccentuées disparaissent même dans la conversation. On a relevé ainsi dans des entrevues familières d'une vedette de la télévision française, Bernard Pivot, des séquences comme : « Bon, ben… m'alors… faut pas… m'enfin… » pour : Bon, eh bien, mais alors il ne faut pas, mais enfin… Et l'on sait que le E caduc, voyelle inaccentuée par excellence, tombe souvent, comme dans : J'sais pas c'qui s'pass'.

Au contraire, dans le discours officiel d'un politicien ou dans un sermon, les voyelles, même inaccentuées, seront le plus souvent claires et distinctes.

Selon l'origine dialectale ou sociale, les voyelles accentuées elles-mêmes ne suivent pas toujours les règles de la prononciation du français standard que nous avons vues ci-dessus. Un meridional pourra prononcer la phrase *J'avais des roses* /ʒavɛdeʁoz/ comme [ʒavɛdeʁɔzə]. Tout le monde comprendra mais, du point de vue du français standard, on dira que l'énoncé contient des variantes régionales.

Au plan social, un ouvrier ne parle pas toujours comme son patron, directeur d'usine. Il existe également des variantes dites **phonostylistiques**, parce qu'elles constituent un style particulier de la parole expressive, comme celle des snobs ou des orateurs qui, par exemple, allongent démesurément les voyelles ou les ouvrent beaucoup.

Dans tous les cas précédents, on dira qu'il s'agit de variantes libres parce que la personne qui parle en garde plus ou moins le contrôle. On pourrait en discuter dans le cas des variantes dialectales, car le système linguistique d'origine reste contraignant. Il n'est pas toujours facile, par exemple, de passer des voyelles du parler populaire de Montréal à celles des intellectuels et… inversement !

14. VARIANTES CONDITIONNÉES

On appelle ainsi les variantes qui dépendent du système linguistique. C'est lui qui introduit la variation dans la parole par rapport aux phonèmes. Ces variantes sont involontaires et le plus souvent inconscientes, commandées par la langue.

Cette variation est peu importante dans le cas dit d'**harmonisation vocalique**, comme la fermeture du E ouvert de *aime* qui devient fermé sous l'influence de la voyelle fermée et accentuée [e] dans un cas comme : *aimé* [eme], par rapport à *aime* [ɛm].

Le cas de variation obligatoire le plus fréquent est celui des **allongements.** Normalement, toutes les voyelles accentuées (finales) sont deux fois plus longues que les voyelles inaccentuées. C'est la manière ordinaire du français de marquer l'accent, qui délimite ainsi les groupes de sens dans le discours (voir chapitre 8).

Mais un allongement encore plus important, noté par [:] se produit sur les voyelles accentuées dans les cas suivants :

- Suivie des consonnes [ʁ, z, v, ʒ], toute voyelle accentuée est allongée, comme dans : *or* [ɔ:ʁ], *bise* [bi:z], *rêve* [ʁɛ:v], *neige* [nɛ:ʒ]
- Les voyelles A postérieur, O fermé, EU et les quatre voyelles nasales sont allongées lorsqu'elles sont suivies d'une consonne prononcée, comme dans : *pâte* [pɑ:t], *pôle* [po:l], *simple* [sɛ̃:pl], *humble* [œ̃:bl], *blanche* [blɑ̃:ʃ], *ronde* [ʁɔ̃:d]

le rendement fonctionnel
- how much contrast there is between two phonèmes
- described as haut et bas
- productivité

les variantes conditionées vs. libre
- conditionée : language rule, e.g. ɔ = only in closed syllables
- libre : person speaking can follow or not, e.g. e-caducs

1. Dans les mots suivants, soulignez la voyelle accentuée et indiquez si la syllabe où elle se trouve est ouverte ou fermée.

    a) *venez*   f) *microphone*
    b) *parasol*   g) *chef*
    c) *aspect*   h) *feutre*
    d) *fer*   i) *correct*
    e) *hublot*   j) *forêt*

2. Transcrivez en alphabet phonétique les voyelles des mots suivants en indiquant le type de syllabe (ouverte ou fermée) et la règle qui détermine le timbre de la voyelle accentuée :

    a) *cher*   f) *rôle*
    b) *faux*   g) *creuse*
    c) *chose*   h) *jet*
    d) *deux*   i) *colle*
    e) *parlait*   j) *jeûne*

3. Transcrivez les voyelles accentuées des mots suivants en indiquant si la règle de prononciation est celle de distribution complémentaire (Dc) ou une exception de type graphique (Gr) ou phonétique (Ph).
    Exemple : *beau* [bo] : distribution complémentaire

    a) *manger*   f) *côte*
    b) *chaude*   g) *mer*
    c) *peur*   h) *nord*
    d) *paix*   i) *ceux*
    e) *chapeau*   j) *sœur*

4. Trouvez les mots qui s'opposent par une seule voyelle à ceux de la liste suivante pour former une paire minimale :

    a) *je mangerais*
    b) *taupe*
    c) *j'arrivais*
    d) *sol*
    e) *fait*

5. Indiquez les traits distinctifs qui différencient les voyelles suivantes :
   a) /i/ - /o/
   b) /y/ - /ø/
   c) /ɛ̃/ - /ɔ̃/
   d) /ɛ/ - /ø/
   e) /u/ - /ɑ/

6. En français canadien, comme dans les parlers de l'ouest de la France, on peut avoir deux timbres différents pour les voyelles /i/, /y/, /u/ :
   Un timbre fermé noté [i], [y], [u]
   Et un timbre ouvert, noté ici [ɪ], [ʏ], [ʊ]

ri	[ʀi]	*rime*	[ʀɪm]
rue	[ʀy]	*rude*	[ʀʏd]
roue	[ʀu]	*route*	[ʀʊt]

   Comment pourrait-on expliquer ce phénomène ?

7. À l'aide d'un dictionnaire, transcrivez les phrases suivantes en alphabet phonétique en indiquant les frontières des syllabes. Calculez le nombre de syllabes ouvertes ou fermées en français, en espagnol et en anglais. Quelle conclusion peut-on tirer sur les préférences syllabiques de ces langues ? Comment peut-on expliquer ces différences et ces similarités ?
   a) *Avez-vous besoin de quelque chose ? Est-ce que je peux vous aider ? Non, merci beaucoup. Je n'ai besoin de rien.*
   b) *¿Necesita usted algo? ¿Puedo ayudarle? No. Muchas gracias. No necesito nada.*
   c) *Do you need anything? May I help you? No. Thank you so much. I don't need anything.*

8. À l'aide d'un dictionnaire, trouvez cinq mots qui devraient se prononcer avec la voyelle nasale [œ̃]. Quel mot de votre liste serait utilisé le plus fréquemment ? Est-ce que ce mot se trouve en position accentuée ou inaccentuée ? Quelles conséquences peut-on en déduire pour l'évolution linguistique ?

COMPÈRE LAPIN EN CRÉOLE DE SAINTE-LUCIE

Le texte suivant est un conte raconté en créole de Sainte-Lucie (Antilles). On l'a relevé en alphabet phonétique international avec sa traduction littérale, mot à mot, et sa traduction en français standard au-dessous.

Vous constaterez que le créole a modifié le système des voyelles du français. Le créole n'a gardé que les voyelles orales /i, e, a, o, u/. Les E et O peuvent avoir des variantes ouvertes ou fermées. Les voyelles nasales du créole sont également différentes de celles du français standardisé.

[kɔ̃pɛlapẽdii   kaj   mãdebɔ̃djegwas]
Compère Lapin dit il   futur   demander Bondieu une grâce
Compère Lapin dit qu'il   demandera   une grâce au Bon Dieu.

[pututmun   kipalemunmal   pojomɔ]
Pour tout monde   qui parler monde mal   pour eux mort
Pour tous ceux   qui parlent mal des autres,   qu'ils meurent.

[iale   imáʃe   ɔ̃pikwɛ   imuteáiemɔsokaje]
il aller   il emmancher un pic   et il monter en l'air morceau caillou
Il va   il emmanche   un pic   et il monte sur un caillou

[fuje   twu   jãla   pwɛmjeki   paɛese kɔ̃pɛkoʃõ]
fouiller   trou   yams là   Premier qui   passer c'est compère Cochon
creuser un trou pour planter là des yams. Le premier qui passe c'est Compère Cochon.

[idi   kɔ̃pelapẽ   saukafɛla   kɔ̃pelapẽdii]
Il dit : Compère Lapin   savoir toi que faire là?   Compère Lapin dit lui
Il dit : Compère Lapin,   on peut savoir ce que tu fais là ? Compère Lapin lui dit :

[detitwujãm   afuje   baj   iʃmwẽmáʒe]
des petits trous yams   à fouiller donner   enfants moi manger
Des petits trous   pour planter des yams et donner   à manger à mes enfants.

[kɔ̃pɛkoʃõ   dimekɔ̃pe   ukujõ]
Compère Cochon   dit Mais Compère   toi couillon
Compère Cochon   dit : Mais Compère, tu es un couillon !

STRUCTURE DU FRANÇAIS MODERNE

72

[itɔ̃beatɛ	bletelek	imɔ]
Il tomber à terre	Blétélek	il mort
Il tombe à terre,	Blétélek!	Il est mort.

« **compère lapin** »

Chapitre 7

LA PHONOLOGIE DES CONSONNES FRANÇAISES

EN DEUX MOTS

Comme les voyelles, les consonnes fonctionnent dans la langue en s'opposant par un système de traits distinctifs. On examine ici leur agencement en termes d'articulation.

1. LES OPPOSITIONS CONSONANTIQUES

Toutes les consonnes peuvent s'opposer les unes aux autres. Il n'y en a pas qu'on puisse supprimer totalement dans le système de la langue. Sur ce sujet, l'accord des francophones est plus grand que pour le système vocalique. Il y a des francophones qui ne font pas de différence entre *les* /le/ et *laid* /lɛ/, confondant les deux voyelles. Par contre, jamais un francophone ne remplacera une consonne par une autre, disant par exemple, *pont* au lieu de *bon*. Et pourtant, dans les deux cas, un seul trait articulatoire sépare les voyelles et les deux consonnes.

Les consonnes qui ont le même **lieu d'articulation**, malgré les différences de mode articulatoire, constituent un **ordre**. Ainsi l'ordre des consonnes bi-labiales /p/, /b/, /m/ ou l'ordre des consonnes apico-dentales /t/, /d/, /n/.

Les consonnes qui partagent les mêmes traits de **mode articulatoire** (le type de mouvement, le passage principal de l'air et la vibration des cordes vocales), en dépit des différences de lieu d'articulation, constituent une **série**. Ainsi la série des occlusives non voisées /p/, /t/, /k/, celle des occlusives voisées /b/, /d/, /g/ et celle des nasales /m/, /n/, /ɲ/ et /ŋ/.

2. LES OPPOSITIONS DES OCCLUSIVES

On peut représenter les oppositions entre les consonnes occlusives par le schéma ci-dessous :

		Bi-labiale	Apico-dentale	Médio-palatale	Dorso-palatale/ vélaire
Orales	Non voisée	p	t		k
	Voisée	b	d		g
Nasales	Voisée	m	n	ɲ	(ŋ)

Table 7.1. Les oppositions des occlusives

Assimilation : one takes on characteristics of another

3. LA CORRÉLATION DES OCCLUSIVES

L'opposition entre deux séries de consonnes forme une **corrélation**. On a ainsi la corrélation de **voisement** (rapport voisé/non voisé), par exemple, la série des occlusives non voisées /p/, /t/, /k/ opposée à la série des occlusives voisées /b/, /d/, /g/ et celle de **nasalité** (rapport oral/nasal), par exemple, l'opposition entre la série des occlusives orales /p/, /t/, /k/, /b/, /d/, /g/ et celle des occlusives nasales /m/, /n/, /ɲ/, /ŋ/.

Le /ɲ/ est un phonème isolé, dit **hors corrélation**. Il y a donc une **case vide** dans le système, car ce phonème n'a pas de correspondant oral et voisé. De plus, son occurrence est faible. Il n'est donc pas étonnant qu'il ait certaines fluctuations phonétiques et que des sujets parlants le réalisent comme une séquence de deux autres phonèmes, dont l'articulation est proche, plus solides dans le système /n/ + /j/. Au lieu d'*agneau* [aɲo], certains francophones prononcent [anjo].

Quant au phonème /ŋ/, il est emprunté à l'anglais dans le morphème *-ing*, comme dans *parking, camping*. C'est en fait un morpho-phonème, c'est-à-dire un phonème qui n'apparaît que dans ce cas très particulier d'un emprunt morphologique. Il est mal intégré au système phonologique du français et cette terminaison *-ing* est souvent prononcée [in] sur le modèle des terminaisons connues dans la langue, telles celles de mots *routine, cantine*, etc.

4. LES OPPOSITIONS DES FRICATIVES

On peut représenter les oppositions entre les consonnes fricatives par le schéma ci-dessous :

	Labio-dentale	Apico-alvéolaire	Pré-dorso-alvéolaire	Pré-dorso-pré-palatale	Post-dorso-uvulaire
Non voisée	f		s	ʃ	
Voisée	v	l	z	ʒ	ʀ

Table 7.2. Les oppositions des fricatives

5. LA CORRÉLATION DES FRICATIVES

On constate que la corrélation de nasalité est absente du système phonologique des fricatives. Il n'y a pas par exemple de /z̃/ nasal s'opposant à /z/ oral.

De plus, on remarque que /l/ et /ʀ/ n'entrent pas dans la corrélation de voisement. Le /l/ et le /ʀ/ sont normalement voisés. Ces consonnes peuvent perdre le trait de voisement au niveau phonétique, mais il n'y a aucune paire minimale en français où la consonne /ʀ/ voisée s'oppose à une consonne /ʀ/ non voisée.

6. LE RENDEMENT PHONOLOGIQUE

Le rendement phonologique désigne la productivité d'une opposition phonologique (différence de voisement, de nasalité, de type de mouvement ou de lieu d'articulation) au niveau du lexique. Certaines oppositions sonores servent à distinguer un grand nombre de termes lexicaux, alors que d'autres oppositions sont rares. Les oppositions entre les consonnes /p/ et /b/, /t/ et /d/, /k/ et /g/, /f/ et /v/, et /s/ et /z/, qui sont fondées sur le voisement, ont un très haut rendement et sont très stables. L'opposition entre une consonne voisée et une consonne non voisée permet de distinguer un grand nombre de termes lexicaux, tels que : *pas/bas, ton/don, cou/goût, fou/vous, seau/zoo*, etc.

De même, l'opposition entre une consonne orale comme /b/ ou /d/ et une consonne nasale comme /m/ ou /n/ est stable et permet de différencier des paires de termes comme *bain/main, don/non*.

7. LES VARIANTES LIBRES ET LES VARIANTES CONDITIONNÉES

On a vu à propos des voyelles (Chapitre 6 : 13) que la langue tolère de fréquentes variantes phonétiques sans que cela nuise au bon fonctionnement phonologique. Il en est de même, quoique dans une bien moindre mesure, pour les consonnes, dont la prononciation peut varier tant qu'elle reste dans les limites imposées par le système linguistique. Certaines variantes sont déterminées par le contexte sonore, c'est-à-dire par le contact entre les sons dans la chaîne parlée. On les appelle des **variantes conditionnées** ou **variantes combinatoires**. Les autres sont des **variantes libres**.

Rappelons que les variantes conditionnées nous montrent bien la différence entre phonétique et phonologie. Du point de vue de la linguistique (ici la phonologie), ce qui compte, c'est la perception. Ainsi, dans la prononciation des mots *Paul* et *bol*, c'est la différence phonologique entre le /p/ et le /b/, même s'ils ont été plus ou moins voisés ou dévoisés. On a dit à ce propos (chapitre 2) que les phonèmes étaient des unités discrètes. Toutes les modifications phonétiques qu'ils peuvent subir dans la parole importent peu à la bonne utilisation de la langue en tant que moyen de communication à condition de rester dans les limites permises par le système phonologique.

En revanche, les **variantes libres** sont plus ou moins conscientes et peuvent être employées volontairement par les sujets parlants, comme on l'a vu pour les voyelles au chapitre précédent.

8. LES VARIANTES CONSONANTIQUES CONDITIONNÉES

Le contact entre deux sons dans la chaîne sonore modifie parfois les traits articulatoires qui sont normalement associés à un segment. Un son au contact d'un autre peut perdre ou acquérir un trait. Ces types d'assimilation sont généralement non perçus par les interlocuteurs, car il s'agit de changements automatiques causés par le contexte sonore. Par exemple, dans les mots *près, trois, clé, pleut*, le [ʀ] et le [l] sont dévoisés par les occlusives sourdes qui les précèdent dans la même syllabe. On appelle ce phénomène **l'assimilation consonantique**.

On distingue deux types d'assimilations consonantiques, les assimilations de **mode** d'articulation et les assimilations de **lieu** d'articulation. Les assimilations de **mode** articulatoire impliquent surtout le trait de **voisement** ou le trait de **nasalité**. Par exemple, une consonne voisée devient non voisée à cause de la consonne qui suit, comme dans le mot *absent*. Dans ce cas, le [b] de la première syllabe se prononce presque comme [p] à cause du contact avec la consonne [s]. De la même façon, dans le terme *oncle*, la consonne [l] perd son voisement à cause la consonne [k]. Dans certains cas plus rares, une consonne nasale se dénasalise, comme dans l'exemple *m(on)sieur* prononcé [psjø] (prononciation populaire). Inversement, une consonne orale se nasalise comme dans le cas de *maintenant* prononcé [mɛ̃nnã] (prononciation populaire).

L'assimilation de lieu d'articulation désigne le changement de lieu provoqué par l'environnement sonore. L'exemple le plus courant de ce type d'assimilation est celui de la consonne [k], qui peut être articulée très en avant, suivie d'une voyelle antérieure, comme dans *qui*, ou très en arrière, suivie d'une voyelle postérieure comme [u]. Dans certaines variétés du français, on entend parfois dans l'exemple de *qui* un [k] suivi d'un très léger yod [kʲi]. On dira alors que la consonne est palatalisée.

9. LE MÉCANISME DE L'ASSIMILATION DES VARIANTES CONDITIONNÉES

[note manuscrite : Modification of articulation — Chaîne parlée - sentences + phrases]

L'assimilation consonantique résulte du contact entre deux consonnes dans la chaîne sonore. Le résultat de ce type d'assimilation causé par le contact est une **variante conditionnée**. L'assimilation fait qu'un phone fort assimile un faible. Un phone est fort par sa nature ou par sa position. En ce qui concerne la nature des consonnes, les occlusives [p, t, k, b, d, g] sont plus fortes que les fricatives [f, s, ʃ, v, z, ʒ, l, ʀ] et les nasales [m, n, ɲ, ŋ]. Les consonnes non voisées comme [f, s, ʃ] sont plus fortes que les voisées correspondantes [v, z, ʒ]. Pour ce qui est de la position, un segment qui se trouve au début de la syllabe est plus fort qu'un segment qui se trouve à la fin de la syllabe, quelle que soit sa nature. De façon générale, la position dans la syllabe est le facteur le plus important pour déclencher une assimilation consonantique.

Voici quelques exemples d'assimilation : *[note manuscrite : 1. lieu d'articulation 2. du mode]*

- Dans *près, trois, croix, pli*, les occlusives non voisées [p, t, k] qui se trouvent au début de la syllabe influencent la prononciation des consonnes fricatives [ʀ] et [l] qui suivent et qui perdent alors leur voisement. On utilise un petit symbole diacritique « ̥ » placé sous le [ʀ] ou le [l] pour indiquer que ces phones ont perdu le trait de voisement dans ce contexte : [pʀ̥ɛ], [tʀ̥wa], [kʀ̥wa] et [pl̥i]. Il s'agit d'une assimilation progressive de dévoisement, car la première consonne assimile la consonne qui suit en enlevant le trait de voisement de la seconde consonne

- Dans le mot *anecdote* [anɛk-dɔt], la consonne [k] (occlusive, orale, non voisée) se trouve en position finale de syllabe, donc en position **faible**. Le premier segment de la syllabe suivante est un [d] (occlusive, orale, voisée) qui est donc en position **forte**. Puisque les deux syllabes se trouvent l'une à côté de l'autre dans ce mot, la consonne [d] (en position forte au début de la syllabe) assimile la consonne [k] (en position faible à la fin de la syllabe). La consonne [k] devient voisée et se prononce alors presque comme un [g]. On indique le voisement par le petit symbole diacritique « ̬ » placé sous la consonne en question [anɛk̬-dɔt]. Il s'agit d'une assimilation régressive de voisement, car la seconde consonne influence la prononciation de la consonne qui précède en la rendant sonore

- On trouve une assimilation similaire dans le mot *absurde*. Cette fois-ci, la consonne voisée [b] se trouve en position finale (faible) de syllabe, alors que la consonne non voisée [s] se trouve en position initiale (forte) de la syllabe suivante. La consonne [s] en position forte assimile la consonne [b] qui perd le trait de voisement et se prononce [ab̥syʀd], c'est-à-dire presque comme un [p]. D'ailleurs, dans le dictionnaire le Petit Robert, on donne [apsyrd] comme prononciation habituelle de ce mot. Il s'agit ici d'une assimilation régressive de dévoisement, car la consonne [b] a perdu le trait de voisement à cause du contact avec la consonne [s] qui suit
- Le français standard réalise, dans le mot *cheval*, l'assimilation selon la règle générale en [ʃfal], [ʃ] initial et non voisé assimile le [v] non initial et voisé. Mais dans certains parlers de l'Ouest français, ainsi qu'en français canadien populaire, l'assimilation s'est faite exceptionnellement dans l'autre sens [ʒval], d'où la prononciation *joual*, qui a donné d'ailleurs son nom au parler rural ou populaire du Canada francophone

10. LES VARIANTES CONSONANTIQUES DIALECTALES OU SOCIOLOGIQUES

Les variantes dites libres, dont on a déjà parlé à propos des voyelles au chapitre précédent, sont, pour les consonnes également, tributaires du substrat dialectal ou de facteurs sociologiques.

En Alsace, par exemple, le dialecte parlé par la génération précédente peut donner un accent germanique au français de la génération actuelle. Ainsi, les consonnes voisées se dévoisent en position finale de syllabe (comme dans *village* prononcé [vilaʃ] au lieu de [vilaʒ]) et en position intervocalique (comme dans *bonjour* prononcé [bɔ̃ʃuʀ] au lieu de [bɔ̃ʒuʀ]).

La principale variation consonantique remarquable a longtemps été celle du /r/, prononcé soit avec un lieu d'articulation apico-alvéolaire [r], que l'on appelle couramment le R roulé, soit avec un lieu d'articulation dorso-uvulaire [ʀ] avec de nombreuses variétés. Le [r] était rural et archaïque. Le [ʀ] est de plus en plus senti comme marque urbaine, prestigieuse, en France, comme aussi dans d'autres pays francophones. Le même mouvement s'opère actuellement au Canada francophone.

La **palatalisation** de [k] et [t] est une centralisation de l'articulation (qui ajoute une coloration secondaire qui ressemble à un [j]). Elle a surtout été un fait **rural**, mais elle s'est répandue également en France à Paris dans les milieux **populaires**, par exemple, *casquette* prononcé comme [kʲaskʲɛt]. Elle devient ainsi une marque sociologique.

1. Identifiez les traits qui différencient les consonnes suivantes :

    a) /p/ - /m/

    b) /g/ - /ɲ/

    c) /z/ - /f/

    d) /l/ - /v/

    e) /n/ - /s/

2. À l'aide d'un dictionnaire, transcrivez les mots suivants en alphabet phonétique. Identifiez ensuite les différentes façons de prononcer le préfixe de négation en français. Quel est le lien entre la forme sonore du préfixe de négation et la forme sonore du terme qu'il modifie ?

    illégal, **in**décent, **im**buvable, **in**faillible, **im**mobile, **in**guérissable, **im**perceptible, **in**juste, **in**acceptable, **in**satisfait, **in**égal, **in**tenable, **in**habitable, **in**variable, **in**imaginable, **in**nombrable, **in**utile, **ir**régulier, **in**capable

3. En français québécois, on constate que les consonnes occlusives /t/ et /d/ se prononcent tantôt comme /tˢ/ et /dᶻ/ avec un léger bruit de friction, tantôt comme /t/ et /d/. À partir des exemples ci-dessous, trouvez les contextes où on trouve les consonnes /tˢ/ et /dᶻ/ et ceux où on trouve les consonnes /t/ et /d/. Comment peut-on expliquer ce phénomène ?

    - *trouve* [tʀuv]
    - *couture* [kutˢyʀ]
    - *petit* [ptˢi]
    - *verdure* [vɛʀdᶻyʀ]
    - *été* [ete]
    - *chandelle* [ʃɑ̃dɛl]
    - *as-tu vu ?* [atˢyvy]
    - *donne-le* [dɔnlə]
    - *dis-le* [dᶻilə]
    - *têtu* [tɛtˢy]

4. Transcrivez les phrases suivantes en phonétique :

    a) *Il faudrait mettre le parasol, il commence à faire très chaud*

    b) *Ma sœur a trouvé que son dernier concert était très ennuyeux*

    c) *L'été prochain, nos voisins vont passer leurs vacances à la montagne*

    d) *Il nous a fallu un quart d'heure pour trouver une place de parking*

    e) *Mon frère voudrait avoir un nouveau téléphone pour son anniversaire*

5. Transcrivez les mots suivants en notant les assimilations consonantiques de voisement ou de dévoisement :

a) *peuple*

b) *trois*

c) *théâtre*

d) *absent*

e) *j'crois*

f) *clavier*

g) *propre*

h) *maintenant*

i) *obtenir*

j) *j'suis*

6. Expliquez comment on obtient la prononciation française [magdo] pour désigner le restaurant *McDonald's*.

L'ART DU CONTREPET : SALUT LES COPAINS !

La contrepèterie, ou contrepet, est un exercice qu'on joue dans toutes les langues. Les latins en étaient friands. Les Anglo-saxons aussi, sous le nom de « spoonerism ». Dans son livre *Les jeux de langage* (1986), Laure Hesbois y consacre tout un chapitre fort amusant. Voir aussi Christine Klein-Lataud (2001).

Le contrepet est une permutation de phonèmes dans un mot ou, plus souvent, un groupe de mots, pour former un nouvel énoncé souvent scabreux, parfois scatologique ou à connotation sexuelle.

Le contrepet avec des voyelles est assez rare, comme : *Les pages roses du Petit Larousse*, qui devient : *Les pages rousses du Petit Larose*.

Le contrepet avec les consonnes est le plus fréquent et le journal satirique *Le Canard Enchaîné* en publie chaque semaine une série, sous le titre « L'album de la comtesse ». Le plus célèbre des contrepets est sans doute celui de Rabelais parlant de « Femmes folles à la messe ». Pour retrouver la plaisanterie, permutez les premières consonnes de « folles » et « messe ».

Prévert nous donne le contrepet suivant, fait sur l'adage : « Partir, c'est mourir un peu », qui devient : « Martyr, c'est pourrir un peu ».

Une émission de télévision pour les jeunes avait pour titre : SALUT LES COPAINS. Elle a vite été appelée : ÇA PUE LES COLINS.

On voit que les plaisanteries des contrepèteries ne sont pas toujours de bon goût mais qu'elles exercent le sens linguistique et montrent le fonctionnement des oppositions phonologiques !

Chapitre 8

L'ACCENTUATION

EN DEUX MOTS

« Avoir un accent », c'est ne pas parler avec l'accent de l'autre ! Mais il s'agit ici de l'accent phonétique qui est accentuation — une manière de découper la chaîne parlée pour mieux comprendre le discours. Accentuer, c'est aussi parfois mettre en relief de manière expressive.

1. L'ACCENTUATION : DÉFINITION GÉNÉRALE

L'accentuation est une proéminence attribuée à une syllabe. L'accentuation met en relief cette syllabe par rapport à toutes les autres syllabes du groupe. Il s'agit d'un contraste **relatif**, par exemple :

geography (anglais)	*camera* (italien)
géographie (français)	*caméra* (français)

On notera que le terme **accentuation** est préférable au terme ambigu d'**accent**, qui renvoie également à la notion de déviance d'une prononciation par rapport à une autre considérée comme la norme.

2. LA NATURE PHONÉTIQUE DE L'ACCENTUATION

Du point de vue de la physiologie, l'accentuation correspond à une augmentation de la tension de l'appareil articulatoire, résultant d'un plus grand effort musculaire.

Sur le plan acoustique, l'accentuation comporte trois indices acoustiques, qui varient selon les langues, les locuteurs et la place où cette accentuation se trouve dans l'énoncé linguistique.

Ces trois indices acoustiques sont les suivants :

- **la durée** (mesurée en centisecondes : cs)
- **l'intensité** (mesurée en décibels : dB)
- **la variation mélodique** (mesurée en hertz : Hz)

En français, l'accentuation comporte toujours une prolongation de la durée de la syllabe accentuée. Cette durée est de l'ordre du **double** de celle des syllabes inaccentuées. L'intensité peut varier — elle décroît beaucoup en finale de phrase. La mélodie dépend du système intonatif. D'une manière générale, elle descend pour indiquer la finalité et monte pour la continuité ou la question. On pourrait représenter ainsi l'énoncé suivant :

J'ai décidé   de part**ir**.   Vous aus**si** ?

— – – /   — — \   — – /

3. L'ACCENTUATION DÉMARCATIVE FRANÇAISE

L'accentuation a essentiellement un rôle **linguistique** démarcatif. Elle sert à découper l'énoncé en groupes de sens. Sans l'accentuation, on ne pourrait plus rien reconnaître dans le discours. On dira : je dois part**ir** vers six **heures.** Et non en un seul bloc : *Jedoispartirverssixheures.* Ni même : *Jedoispar tirverssix heures.*

Dans la transcription phonétique on indique l'accentuation démarcative par le symbole diacritique « ˈ » placé au-dessus de la syllabe accentuée : [ʒədwapartirversizˈœr].

En français, cette accentuation démarcative se place toujours sur la **syllabe finale** du groupe de sens. Sa place est déterminée par le système de la langue, par exemple :

- la *table*
- la petite *table*
- la petite table *rouge*
- la jolie petite table *rouge*

On voit que cette accentuation dépend du **groupe de sens** et non pas du mot. Notez bien que chaque fois que le groupe s'allonge, comme ici, l'accent se déplace vers la fin. Il en résulte que toutes les unités d'un même groupe sont **enchaînées** jusqu'à l'accent final. Ce groupe de sens est aussi appelé **groupe rythmique** parce que l'accentuation en marque le rythme. Si le groupe se termine par une pause silencieuse qui correspond à une respiration, on l'appelle **groupe de souffle**.

4. ENCHAÎNEMENT, AMBIGUÏTÉ ET DÉCOUPAGE DES UNITÉS DE SENS

Comme tous les éléments phoniques s'enchaînent à l'intérieur d'un même groupe de sens, il en résulte parfois une ambiguïté. Il peut ainsi être difficile de savoir si on a dit : « des petites roues » ou « des petits trous ». Si on veut s'y reconnaître, il faut alors user d'une accentuation supplémentaire ou de la pause. Les exemples suivants montrent d'autres cas dans lesquels l'accentuation démarcative est nécessaire. On ajoutera éventuellement une pause, créant ce qu'on appelle aussi une joncture démarcative, ou *pause virtuelle* (notée par #).

*Le juge a **dit** « L'avo**cat** est incompé**tent.** »*
[ləʒyʒadiˈ#lavɔkaetɛ̃kɔ̃peˈtɑ̃]
(Le juge déclare que l'avocat est incompétent)

« Le *juge* », a dit l'avo*cat*, « est incompé*tent* »
[ləˈʒyʒ#adilavɔka#etɛ̃kɔ̃peˈtɑ̃]
(L'avocat déclare que le juge est incompétent)

*C'est **bien**, ce qu'il **dit***
[sɛˈbjɛ̃#skilˈdi]
(Je considère que ce qu'il dit est sensé)

*C'est bien ce qu'il **dit***
[sɛbjɛ̃skilˈdi]
(C'est effectivement le sens de ce qu'il est en train de dire)

5. L'ACCENTUATION D'INSISTANCE

Il existe un second type d'accent, que l'on trouve dans toutes les langues, dont la fonction n'est plus démarcative mais **expressive**. En français, on le nomme **accent d'insistance**. Il permet d'insister sur un mot pour le mettre en relief, comme dans : **For**midable ! **Ma**gnifique ! Im**Bé**cile !

Dans la transcription phonétique, on indique l'accentuation d'insistance par le symbole diacritique « ̈ » placé au-dessus de la syllabe accentuée : [fɔ̈ʀmidabl].

La place de l'accentuation d'insistance est très variable. Elle peut tomber sur n'importe quelle syllabe de l'énoncé selon les besoins expressifs du locuteur. On peut dire *Vous allez dans la cuisine* en accentuant presque n'importe quelle unité de cette phrase.

L'accentuation d'insistance permet de souligner les points essentiels du message :

- *Mettez vos livres **sous** votre chaise*
- *Je t'assure que ça, c'est **mon** stylo*
- *Soyez prêts à **cinq** heures*

STRATÉGIES EXPRESSIVES

Il existe plusieurs stratégies pour mettre en relief une syllabe, mais en général l'accentuation d'insistance frappe la première syllabe, par exemple :

*C'est **for**midable ! C'est **ma**gnifique*

Sur le plan phonétique, la première consonne devient plus longue et plus forte. Si le mot ne comporte pas de consonne à l'initiale, on peut renforcer la consonne de liaison, par exemple :

*C'est **i**diot !* [sɛ̈tidjo]

On peut également renforcer la deuxième syllabe, par exemple :

*C'est **i**diot !* [sɛˈtidjo]

On peut introduire un coup de glotte [ʔ] devant la voyelle initiale. (Le coup de glotte est une contraction brusque des cordes vocales, comme lorsqu'on tousse. (Voir chapitre 4). Ainsi dans un mot comme :

Idiot ! [ʔidjo]

On peut également produire une accentuation d'insistance par un grand écart mélodique vers l'aigu, comme dans l'exemple suivant : « Une chose ahurissante ! »

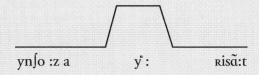

ynʃo :z a   ÿ :   ʀisɑ̃:t

Figure 8.1. Accentuation d'insistance mélodique : Une chose ahurissante

L'accentuation d'insistance n'est pas imposée par la langue. Elle varie dans le discours, selon le locuteur et sa façon de réagir (émotions et attitudes).

6. LA FONCTION DISTINCTIVE DE LA PLACE DE L'ACCENTUATION

En français, la place de l'accentuation joue un rôle démarcatif au niveau des groupes de sens. Dans certaines langues comme l'anglais, la place de l'accentuation peut avoir une fonction distinctive au niveau du mot. Comparez, par exemple, les mots suivants :

- ***per**mit* (nom) opposé à *per**mit*** (verbe)
- ***im**port* (nom) opposé à *im**port*** (verbe)
- ***re**cord* (nom) opposé à *re**cord*** (verbe)
- A ***green**house* (une serre) opposé à a ***green house*** (une maison verte)
- A ***black**bird* (un merle) opposé à a ***black bird*** (un oiseau noir)

En espagnol, et de façon générale dans les langues romanes, autres que le français, la place de l'accentuation peut également avoir une fonction distinctive, par exemple :

- ***can**to* (je chante) opposé à *can**to*** (il chanta)

UNE POULE SUR UN MUR OU LES JEUX DU RYTHME

Si l'accent peut se déplacer pour marquer l'insistance, il arrive aussi qu'il change de place pour indiquer le rythme d'une chanson, comme dans les **comptines**. (Les comptines sont des chansonnettes qui servent à compter dans les jeux. Toutes les langues les pratiquent. Certaines sont devenues internationales, comme *Am stram gram!*). La comptine suivante peut se dire sur un rythme binaire :

« Une **poule** sur un **mur**

    Qui pi**core** du pain **dur**

    Pico**ti** Pico**ta**

    Lève la **queue** et puis **s'**en **va** ! »

Voici un autre exemple d'un rythme à valeur expressive :

    « C'est ce qui se produit, me semble-t-il, pour *Les petits nains de la montagne*, dont l'activité fébrile se trouve efficacement soulignée par un schéma rythmique croissant, à savoir :

2	Nic **nac**
2+1	Nic **nac noc**
2+1	Cric **crin croc**
2+2+2+2+1	Cric **crin** cric **crin** cric **crin croc** »

Laure Hesbois (1986, pp. 25-26)

1. Identifiez les règles qui déterminent la place de l'accentuation des mots espagnols suivants. (On a noté la syllabe accentuée en caractères gras.)

ma**ne**ra	Ma**drid**	**to**da	ha**cer**	a**bri**go
se**ri**a	ver**dad**	**tie**ne	pe**or**	caza**dor**
me**jor**	**ha**bla	te**ner**	dia**lec**to	mi**nu**to
para	ha**blar**	a**rroz**	cata**lan**	ter**cer**

2. À l'aide d'un dictionnaire, transcrivez les mots suivants en alphabet phonétique en indiquant l'accentuation. Comparez ensuite la prononciation des voyelles et la place de l'accentuation dans les deux langues. Quelles sont les similarités et les différences entre le mot anglais et le mot français ?

   mot anglais   *mot français*

   a1) *geography*   a2) *géographie*

   b1) *paradise*   b2) *paradis*

   c1) *incompetent*   c2) *incompétent*

   d1) *parachute*   d2) *parachute*

   e1) *impossible*   e2) *impossible*

3. Indiquez l'accentuation dans les vers suivants. Il doit y avoir quatre accents par vers. Notez également le nombre de syllabes par groupe rythmique.

   « *Souvent, pour s'amuser, les hommes d'équipage*
   Prennent des albatros, vastes oiseaux des mers,
   Qui suivent, indolents compagnons de voyage,
   Le navire glissant sur les gouffres amers »
   (Baudelaire, 1972, p. 179)

4. Déplacez l'accentuation démarcative pour trouver les différentes interprétations possibles des énoncés suivants et transcrivez ensuite les phrases en alphabet normal :

   a) [ləgʀɑ̃gaʀdlapɔʀt]

   b) [letydjɑadiləpʀɔfɛsœʀɛmalad]

   c) [ɔ̃sɑ̃degut]

   d) [vjɛ̃vwaʀmɔ̃nami]

   e) [nulsavɔ̃sanuplɛ]

LE RYTHME POÉTIQUE DANS LA PROSE

« *Celui qui règne dans les cieux et de qui relèvent tous les empires, à qui seul appartient la gloire, la majesté et l'indépendance, est aussi le seul qui se permet de faire la loi aux rois et de leur donner, quand il lui plaît, de grandes et terribles leçons.* »

(Bossuet, 1922, p. 515)

« *Laisse-moi respirer, longtemps, longtemps, l'odeur de tes cheveux, y plonger tout mon visage, comme un homme altéré dans l'eau d'une source, et les agiter avec ma main pour secouer des souvenirs dans l'air. Si tu pouvais savoir tout ce que je vois ! Tout ce que je sens ! Tout ce que j'entends dans tes cheveux ! Mon âme voyage sur le parfum comme l'âme des autres hommes sur la musique.* »

(Baudelaire, 1969, p. 46)

Chapitre 9
L'INTONATION

EN DEUX MOTS

L'intonation, ou modulation de la hauteur de la voix, a deux grandes fonctions. Au plan linguistique, elle permet d'une part de différencier les phrases déclaratives, interrogatives et impératives et d'autre part d'établir l'importance des diverses parties de l'énoncé. Sur le plan de l'expressivité, elle reflète les émotions et les attitudes comme la peur, la joie, la coquetterie, et bien d'autres !

1. L'INTONATION : DÉFINITION GÉNÉRALE

L'intonation, c'est la structuration mélodique de l'énoncé. Les modulations de la voix permettent de changer le sens d'un énoncé. Comparez, par exemple, les énoncés de la figure ci-dessous :

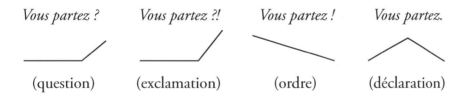

Figure 9.1. Modalités intonatives

2. LA NATURE PHONÉTIQUE DE L'INTONATION

Du point de vue de la **physiologie**, le signal sonore de la voix est produit par les mouvements des cordes vocales. La **fréquence** de ce mouvement dépend de la vitesse de l'expulsion de l'air des poumons et de la tension plus ou moins grande des cordes vocales. La hauteur de la voix varie en fonction de ces deux facteurs.

Sur le plan **acoustique**, la mélodie résulte de la variation du **fondamental**, qui est normalement l'harmonique le plus grave et le plus intense. Ce **fondamental** (Fo) varie en fréquences, mesurées en Hertz (que l'on écrit Hz, c'est-à-dire en nombre de cycles par seconde qui, dans ce cas, correspond au nombre de cycles complets d'ouverture et de fermeture de la glotte par les cordes vocales).

Les variations du fondamental sont responsables de notre **perception** de la ligne mélodique. Les changements de fréquence sont perçus comme des variations de **hauteur**. Une fréquence élevée correspond à un niveau mélodique aigu et une fréquence basse correspond à un niveau mélodique grave.

> Chaque individu a son propre **fondamental usuel** ou niveau moyen habituel de la voix dans la parole spontanée. Les voix de femmes sont généralement à l'octave supérieure de celle des voix d'hommes.

3. LA DESCRIPTION LINGUISTIQUE DE L'INTONATION

L'intonation peut être décrite sous forme de contours (forme de la courbe) mélodiques avec ou sans représentation de niveaux de hauteur spécifique (voir les illustrations des Figures 9.7 et 9.8 plus loin). Certains auteurs parlent de niveaux de **continuité**, **finalité**, **question**. On peut les schématiser en utilisant une échelle mélodique :

Niveau 4 Question

Niveau 3 Continuité

Niveau 2 Moyen

Niveau 1 Finalité

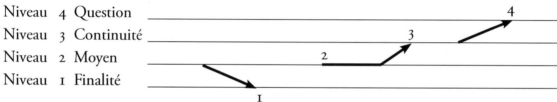

Figure 9.2. L'échelle mélodique

Le niveau 2 correspond au niveau habituel de la hauteur de la voix. C'est au niveau 2 que les locuteurs commencent la grande majorité de leurs phrases. Ce niveau correspond à la hauteur habituelle de la voix ou à l'articulation d'un euh d'hésitation. Pour cette raison, le niveau 2 définit le **fondamental usuel** du locuteur, ou niveau de référence qui permet d'identifier les autres niveaux mélodiques. Le niveau 1, ou niveau grave, sert à indiquer que la phrase est terminée ou bien à ajouter des informations sous forme de parenthèse ou incise. On utilise le niveau 1 dans les appositions et dans les phrases relatives. Si la voix tombe au niveau 1 à la fin de la phrase, cela signale la fin de l'énoncé. Le niveau 3 sert à indiquer la continuité. La mélodie monte au niveau 3 au milieu d'une phrase ou dans les listes d'éléments. Si la voix monte au niveau 4 à la fin de la phrase, l'énoncé est interprété comme étant une question. Le niveau 4 sert également comme point de départ dans les ordres.

L'échelle permet de visualiser divers types de phrases grâce à des schémas intonatifs spécifiques comme dans les cas présentés ci-dessous.

4. L'INTONATION DE LA PHRASE DÉCLARATIVE

Dans les phrases déclaratives en français, l'intonation se situe d'abord au niveau 2 et monte au niveau 3 pour indiquer que la phrase continue. L'intonation reprend ensuite au niveau 2 et tombe au niveau 1 pour indiquer la fin de la phrase. La phrase déclarative correspond à une mélodie neutre, non marquée phonologiquement.

```
Niveau  4  _____
Niveau  3  _____tis_____
Niveau  2  ___Ils sont par-_____ce ma-_____
Niveau  1  _____tin_____
```

Figure 9.3. Schéma intonatif de la phrase déclarative

Dans certains cas, on ajoute des informations supplémentaires à l'intérieur de la phrase. On appelle **parenthèse** ou **incise** une partie d'énoncé insérée à l'intérieur d'une phrase. L'incise est généralement marquée par une chute mélodique au niveau 1. Elle est parfois indiquée par une parenthèse à l'écrit, c'est pourquoi on parle aussi d'intonation parenthétique :

```
Niveau  4  _____
Niveau  3  _____mage,_____
Niveau  2  ___Je ne mange jamais de fro-_____
Niveau  1  _____sauf si j'ai très faim.___
```

Figure 9.4. Schéma intonatif de la phrase déclarative avec parenthèse

5. L'INTONATION DE LA PHRASE IMPÉRATIVE

La phrase impérative est généralement marquée par une descente mélodique rapide qui commence au niveau 4 et descend jusqu'au niveau 1. Si la phrase ne contient pas d'indication grammaticale (absence de pronom sujet, forme spécifique du verbe, etc.) de son statut impératif, l'intonation est le seul indice de l'ordre. Dans ce cas, l'intonation joue un rôle distinctif, car elle est la seule indication de la modalité impérative de la phrase.

```
Niveau  4  ___Tu_____
Niveau  3  _____viens_____
Niveau  2  _____avec_____
Niveau  1  _____nous!_____
```

Figure 9.5. Schéma intonatif de la phrase impérative avec chute abrupte de la mélodie

6. L'INTONATION DE LA PHRASE INTERROGATIVE

L'intonation joue de nouveau un rôle distinctif dans le cas des phrases interrogatives sans marque grammaticale. Si la phrase ne contient pas de marques morphologiques (adverbes, adjectifs ou pronoms interrogatifs) ou syntaxiques (inversion de l'ordre de la phrase, ajout de pronoms interrogatifs) de la modalité interrogative, la phrase doit avoir une ligne mélodique **montante** jusqu'au niveau 4 en finale qui devient la marque phonologique de la question :

Niveau 4			ça?
Niveau 3		mez	
Niveau 2	Vous ai-		
Niveau 1			

Figure 9.6. Schéma intonatif de la phrase interrogative avec montée mélodique finale

La phrase interrogative avec outil interrogatif (marquée grammaticalement) n'a pas besoin d'une marque mélodique spéciale. Elle peut s'exprimer de la même manière que la phrase déclarative :

Niveau 4			
Niveau 3		que	
Niveau 2	Est-ce		vous venez?
Niveau 1			

Figure 9.7. Schéma intonatif de la phrase interrogative sans montée mélodique finale

La phrase interrogative avec inversion (marquée syntaxiquement) se comporte sensiblement de la même manière que la phrase précédente :

Niveau 4		gez-	
Niveau 3		man-	vous?
Niveau 2	En		
Niveau 1			

Figure 9.8. Schéma intonatif de la phrase interrogative avec inversion

La montée mélodique à la fin de la phrase joue un rôle **distinctif** ou phonologiquement **pertinent** (c'est-à-dire qu'elle seule change le sens de la phrase) quand l'interrogation n'est pas indiquée par un élément morphologique (adverbe interrogatif ou adjectif interrogatif, etc.) ou par la structure de la phrase (inversion grammaticale). Si la phrase interrogative contient déjà une marque grammaticale, une mélodie montante en finale sera un signal d'insistance. On dira, dans ce cas, que la montée est **redondante**, c'est-à-dire que la même information est donnée deux fois (une fois par la grammaire et une fois par la phonologie).

7. LES RÔLES LINGUISTIQUES DE L'INTONATION : LA FONCTION DE DÉMARCATION

L'intonation fait partie des systèmes **prosodiques** de la langue (accentuation et intonation), par rapport à la **phonématique** (étude des phonèmes, des voyelles et des consonnes). Comme l'accentuation, l'intonation joue un rôle **démarcatif**, c'est-à-dire qu'elle contribue au découpage de l'énoncé en groupes de sens, par exemple :

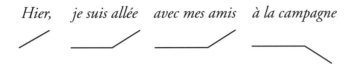

Figure 9.9. Fonction démarcative de l'intonation

Dans ce cas, l'intonation a un rôle redondant dans la mesure où elle coïncide avec l'accentuation ou la pause.

Dans certains cas, l'intonation, comme l'accentuation, peut aider à distinguer deux énoncés semblables ayant des interprétations différentes. Dans la première phrase ci-dessous, on demande à son enfant de venir regarder quelque chose (des oiseaux ou des poissons). La phrase commence au niveau 2 et la montée de continuité se trouve à la fin de la forme verbale :

Niveau 4 _____

Niveau 3 _____ *der* _____

Niveau 2 *Viens regar-* ____ *mon en-* _____

Niveau 1 _____ *fant!* _____

Figure 9.10. Levée de l'ambiguïté : Viens regarder, mon enfant!

Dans la phrase suivante, le parent de l'enfant dit à une troisième personne (un ami ou un membre de la famille) de venir regarder ce que fait l'enfant (qui fait quelque chose d'extraordinaire ou qui a besoin d'aide). Dans ce cas, la phrase commence au niveau 4 et descend progressivement au niveau 1 comme dans les autres phrases impératives.

Niveau 4 *Viens* _____

Niveau 3 _____ *regarder* _____

Niveau 2 _____ *mon en-* _____

Niveau 1 _____ *fant!* _____

Figure 9.11. Levée de l'ambiguïté : Viens regarder mon enfant!

Dans la parole spontanée, l'accentuation démarcative, l'intonation démarcative et la présence ou l'absence d'une pause serviront à indiquer l'interprétation de l'énoncé, car il n'y a pas d'autres indices qui permettent de savoir à qui le locuteur s'adresse. Dans l'écriture, la présence de la virgule permettra de lever l'ambiguïté possible.

8. LES RÔLES LINGUISTIQUES DE L'INTONATION : LA FONCTION DE MODALISATION

Comme nous l'avons vu dans les sections 4, 5 et 6 de ce chapitre, l'intonation sert à indiquer la modalité déclarative, interrogative ou impérative de la phrase. Le schéma mélodique correspond à la structuration morphologique et syntaxique de la phrase. Dans certains cas, l'intonation peut jouer un rôle **distinctif** lorsque la mélodie est la seule marque qui permette d'interpréter le statut grammatical de l'énoncé. Le fait se produit uniquement en l'absence d'autres marques grammaticales. Comparez les énoncés suivants :

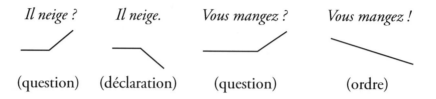

Figure 9.12. Rôle distinctif de l'intonation au niveau de la phrase

9. LES RÔLES LINGUISTIQUES DE L'INTONATION : LA FONCTION DE HIÉRARCHISATION

D'une manière générale, l'intonation a une valeur **significative**, c'est-à-dire qu'elle permet de nuancer le sens de l'énoncé. C'est le cas lorsqu'il s'agit de hiérarchiser, ou d'ordonner les syntagmes à l'intérieur de la phrase selon une échelle d'importance, par exemple :

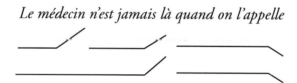

Figure 9.13. Fonction de hiérarchisation de l'intonation : Le médecin n'est jamais là quand on l'appelle

Dans la première phrase ci-dessus, la montée intonative sur *médecin* met le premier groupe en relief. On oppose le médecin à d'autres catégories professionnelles. Dans la seconde phrase, on insiste sur l'absence du médecin.

10. LE RÔLE PHONOSTYLISTIQUE DE L'INTONATION

Comme l'accentuation, l'intonation peut ajouter au message linguistique une expressivité phonostylistique. L'**intonation** exprime alors des émotions, qui sont des manifestations spontanées, involontaires, de l'ordre de l'**indice** (chapitre 2) ou bien des **attitudes** qui sont exprimées volontairement. Ces dernières sont parfois inconscientes, mais toujours contrôlées, donc de l'ordre des **signaux**.

Une émotion comme la **colère** se manifeste par une ligne mélodique brisée et par une grande intensité sur toutes les syllabes de l'énoncé. Au contraire, la **tristesse** s'exprime par une mélodie plate, une énonciation ralentie.

Les attitudes sont mieux codées que les émotions, par des traits intonatifs moins nombreux, plus stylisés, donc plus faciles à décoder. Ainsi la coquetterie se manifeste-t-elle souvent dans la parole par le signal d'une mélodie qui monte brusquement à la fin de l'énoncé.

Tout type de phrase peut devenir **exclamatif**. La mélodie passe alors à un niveau suraigu, appelé *niveau 5*, comme dans l'énoncé d'une snob (Figure 9.14) enregistrée par un analyseur de mélodie :

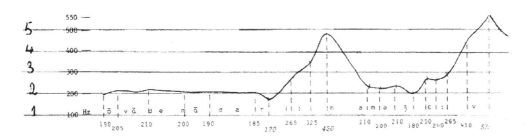

Figure 9.14. Intonation de : « On vend des mandarines à Megève » par une snob (Léon, 1993, p. 128)

On a représenté ici les cinq niveaux de la description linguistique de l'intonation (l'échelle des hauteurs est en Hertz [Hz]). Le niveau 2 est celui du fondamental usuel de cette snob. Dans un énoncé déclaratif ordinaire, la voix aurait monté jusqu'au niveau 3 et serait redescendue en finale au niveau 1. Ici, on voit d'abord une ligne plate, puis une montée brusque au cinquième niveau qui signale une exclamation exagérée.

Il y a des intonations caractéristiques de dialectes mais aussi de groupes sociaux. Les snobs, comme dans l'exemple ci-dessus, ont tendance à utiliser des contrastes prosodiques d'accentuation, de débit et de mélodie très importants.

Pouvez-vous attribuer une des étiquettes (1, 2, 3, 4, 5, 6) aux énoncés a) b) c) d) e) f), qui schématisent un type d'intonation représenté sur la Figure 9.15 ?

Figure 9.15. Intonation ordinaire et intonation expressive

Étiquettes à attribuer

1. *surprise*	3. *question*	5. *continuité*
2. *exclamation*	4. *tristesse*	6. *colère*

Réponses : 1. = f), 2. = d), 3. = c), 4. = b), 5. = a), 6. = e)

1. Indiquez si la montée intonative à la fin de la phrase joue un rôle **distinctif** ou **redondant** dans les énoncés suivants :

    a) *Ils vont manger maintenant ?*

    b) *Pourrais-tu me passer le sel ?*

    c) *Vous n'aimez pas le fromage ?*

    d) *À quelle heure est-ce que Sarah arrive ce soir ?*

    e) *Qu'as-tu pensé de son dernier film ?*

2. Faites le schéma intonatif avec les niveaux et les courbes des phrases suivantes :

    a) *Erika, qui est partie en Espagne l'été dernier, veut aller au Japon cette année.*

    b) *Pourquoi n'a-t-il pas téléphoné avant de partir ?*

    c) *Vous aimez les tableaux de Monet ?*

    d) *Ma cousine Marion, celle que tu connais, a réussi son examen.*

    e) *Viens ici tout de suite !*

3. Faites le schéma intonatif avec les niveaux et les courbes des énoncés suivants et dites ce qu'ils ont de remarquable :

    a) *Le soir, après dîner, je sors.*

    b) *S'il fait beau, ce qui est rare ici, je vais à la rivière.*

    c) *Vincent est arrivé en retard, comme toujours.*

    d) *Le Président, qui vient d'être réélu, va prononcer un discours ce soir.*

    e) *C'est absolument formidable, n'est-ce pas ?*

4. Faites le schéma intonatif avec les niveaux et les courbes de la phrase « *Quelle idée géniale* » dite 1) sur le ton de la joie et 2) sur celui de l'ironie.

LA MUSIQUE ET L'INTONATION

La musique, surtout dans l'opéra, tente souvent de mimer l'intonation. En voici des exemples (figures 9.16 et 9.17). Le premier est un éclat de colère, où l'on voit la mélodie brisée à partir de « …endlicher… », jusqu'à la fin de la phrase :

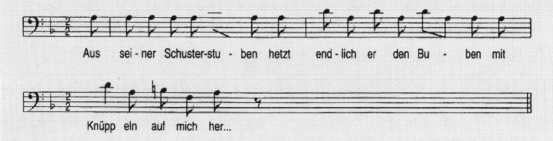

Figure 9.16. Une variante de l'intonation de la colère (Dans Beckmesser, Les maîtres chanteurs de Nuremberg, *d'après Fónagy et Magdics, 1963, cité dans Léon, 1993, p. 140)*

Comparez avec l'expression musicale de la joie dans l'extrait suivant de Bach qui a aussi une forte accentuation (associée à l'éclat des trompettes) dans le *Concerto Brandebourgeois*. Mais la ligne mélodique générale montante-descendante n'est pas brisée comme celle de la colère.

Figure 9.17. Une variante de l'intonation de la joie (d'après Dobrovolsky, 1992, p. 113)

LA CHANSON DE LA TABLE DE MULTIPLICATION

Les écoliers français apprennent la table de multiplication par cœur. Pour la retenir plus facilement, ils l'apprennent en la chantonnant, comme :

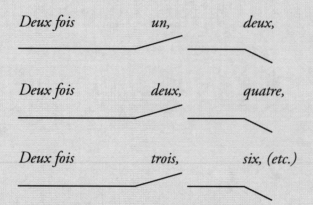

Figure 9.18. La chanson de la table de multiplication

Un jour, un inspecteur interroge un élève qui se met à pleurer, disant : « Je me rappelle bien l'air, mais j'ai oublié les paroles ».

Chapitre 10

E CADUC

EN DEUX MOTS

Le **E caduc** est appelé aussi **muet**, parce qu'on le supprime très souvent. Dire *je n'sais pas* est plus économique que *je ne sais pas*. Les Francophones laissent tomber cette voyelle sans s'en apercevoir mais selon des règles générales.

1. DÉFINITION DU E CADUC

Sur le plan articulatoire, le E caduc est une voyelle dont on a l'habitude de situer le lieu d'articulation entre celui du [ø] et du [œ]. C'est la seule voyelle à aperture moyenne du français. Son articulation semble correspondre à la position de repos de la langue.

Sur le plan auditif, le E caduc est perçu comme une voyelle neutre, dont le timbre indécis et fluctuant se rapproche tantôt du [ø] tantôt du [œ]. La réalisation du timbre du E caduc semble dépendre de sa place dans l'énoncé. Le E caduc a un timbre proche du **euh** d'hésitation.

Le E **caduc** tient son appellation au fait qu'il peut tomber (en latin, le mot *cadere* veut dire *tomber*). Par exemple, on peut dire : *Je sais* ou *J(e) sais*. (Le **e** entre parenthèses (e) indiquera que le E caduc n'est pas prononcé.)

On l'appelle aussi, pour les mêmes raisons, E **instable** ou E **muet**. Au XVIIᵉ siècle, on l'appelait E **féminin**, parce qu'il marquait le féminin, par exemple : *noir* opposé à *noire*, *Michel* opposé à *Michèle*.

2. LE E CADUC ET L'ORTHOGRAPHE

Du point de vue de l'orthographe, le E caduc correspond à la lettre E sans accent orthographique, par exemple : *demain* [dəmɛ̃], *petit* [pəti].

En revanche, devant une consonne double (-ff-, -ss-, etc.) ou devant les lettres *sc*, la lettre E sans accent orthographique n'est pas un E caduc, par exemple : *terreur* [tɛʀœʀ], *essence* [esɑ̃s], *effet* [efɛ], *descente* [desɑ̃t].

Cependant, parfois devant une consonne double, on peut avoir un E caduc ; c'est le cas des **préfixes** (en *re-*) des verbes dont le radical commence par un *s*, tels que : *ressaisir*, *ressembler*, *ressentir*.

3. LE E CADUC ET LA STRUCTURE SYLLABIQUE

Le E caduc apparaît uniquement **en syllabe ouverte**. On ne le trouve jamais en syllabe fermée. Comparez les mots *demain* [də-mɛ̃] et *je reviens* [ʒə-rə-vjɛ̃] avec les mots *merci* [mɛr-si] et *secteur* [sɛk-tœr].

4. CAS DU MAINTIEN OBLIGATOIRE DU E CADUC

Dans tous les registres, le E caduc se prononce obligatoirement dans les cas suivants :

- À l'intérieur d'un mot ou d'un groupe de mots, précédé de **plus d'une seule consonne prononcée** et si la syllabe suivante **commence par une consonne** :
  - À l'intérieur d'un mot : *vendredi* [vɑ̃drədi], *appartement* [apartəmɑ̃], *strictement* [striktəmɑ̃]
  - À l'intérieur d'un groupe de mots : *la table ronde*, [latablərɔ̃d], *l'insecte rouge* [lɛ̃sɛktəruʒ], *une perte sèche* [ynpɛrtəsɛʃ]
- **Devant H aspiré.** Le H aspiré se trouve généralement à l'initiale des mots d'emprunts relativement récents d'origine germanique, anglo-saxonne, nordique, arabe, mexicaine, comme : *le homard* [ləomar], *une haie* [ynəɛ], *le hareng* [ləarɑ̃], *le hall* [ləol]
- **Devant les chiffres un, huit et onze** : *Elle arrivera le huit* [ɛlarivraləɥit], *Ils partiront le onze* [ilpartirɔ̃lɔ̃z], *Au chapitre un* [aʃapitrəœ̃]
- Dans une **syllabe en finale accentuée** dans un mot monosyllabique : *Prends-le* [prɑ̃lə], *Parce que !* [parskə]
- Dans quelques groupes **figés**, on maintient toujours le premier E caduc : *je n(e)* [ʒən], *je l(e)* [ʒəl], *de n(e)* [dən]
- Dans certains groupes figés, au contraire, le premier E caduc tombe et le second E caduc est prononcé : *j(e) te* [ʒtə], *c(e) que* [skə], *parc(e) que* [parskə]
- Dans quelques mots isolés, comme : *dehors* [dəor], *querelle* [kərɛl], etc.

5. SUPPRESSION OBLIGATOIRE DU E CADUC

Dans le style de la conversation ordinaire (le registre naturel), le E caduc ne se prononce pas :

- À l'intérieur d'un groupe de mots, s'il est **précédé d'une seule consonne prononcée** : *La s(e)maine* [lasmɛn], *tu r(e)viens* [tyrvjɛ̃], *vous l(e) voyez* [vulvwaje]
- **À la fin d'un groupe de mots** : *Il est parti sans sa valis(e)* [ilpartisɑ̃savaliz], *Elle lit mon livr(e)* [ɛlimɔ̃livr], *Vous aimez son poèm(e) ?* [vuzemesɔ̃poɛm]
- **Précédé d'une voyelle** : *Mon ami(e) part* [mɔ̃namipar]
- **Suivi d'une voyelle**, par exemple : *un exempl(e) intéressant* [œ̃nɛgzɑ̃plɛteresɑ̃], *un arbr(e) immense* [œ̃narbrimɑ̃s], *une feuill(e) immobile* [ynfœjimobil]

6. PRONONCIATION FACULTATIVE DU E CADUC

- Au début d'un groupe de mots, la prononciation d'un E caduc est **facultative**, par exemple : *je vois* [ʒəvwa] ou *j(e) vois* [ʒvwa], *le soir* [ləswaʀ] ou *l(e) soir* [lswaʀ]
- On tend cependant à le garder quand il est précédé d'une consonne occlusive, par exemple : *Que voulez-vous ?* [kəvulevu], *Ne partez pas* [nəpaʀtepɑ], *Demandez-lui* [dəmɑ̃delɥi]

7. LE E CADUC ET LES OPPOSITIONS PHONOLOGIQUES

Dans un grand nombre de cas, le E caduc ne se prononce pas. Au niveau phonologique, on considère que le E caduc est réalisé comme **zéro phonique**, que l'on peut noter dans la transcription avec le symbole suivant « /Ø/ ». Le terme zéro phonique veut dire que la position du E caduc dans le mot est toujours présente, mais qu'il n'y a pas de réalisation sonore associée à cette position. Le mot *samedi*, par exemple, aurait trois syllabes au niveau phonologique /sa- mØ -di/ alors qu'il y a seulement deux syllabes au niveau phonétique [sam-di]. Le zéro phonique est donc une variante phonologique du E caduc.

On peut avoir alors des oppositions du type :
- *le garçon* /ləgaʀsɔ̃/ opposé à *les garçons* /legaʀsɔ̃/ ou
- *l(e) garçon* /lØgaʀsɔ̃/ opposé à *les garçons* /legaʀsɔ̃/

On peut également avoir les oppositions morphologiques suivantes :
- *je dis* /ʒədi/ opposé à *j'ai dit* /ʒedi/ ou
- *j(e) dis* /ʒØdi/ opposé à *j'ai dit* /ʒedi/
- *ce qui* /səki/ opposé à *ceux qui* /søki/ ou
- *c(e) qui* /sØki/ opposé à *ceux qui* /søki/

8. LE E CADUC DANS LA VERSIFICATION CLASSIQUE

Le E caduc se prononce obligatoirement devant consonne dans la diction classique. Il tombe devant voyelle et en finale de vers, par exemple :

Comm(e) on voit sur la branch(e) Au mois de mai la ros(e) (Ronsard, 1964, p. 272)

Je le vis, je rougis, je pâlis à sa vu(e)
Un trouble s'éleva dans mon âm(e) éperdu(e) (Racine, 1847, p. 510)

Je ne parlerai pas je ne penserai rien (Rimbaud, 1972, p. 47)

Ce toit tranquill(e) où marchent des colomb(e)s... (Valéry, 1936, p. 185)

LA POÉSIE DU E CADUC

Les poètes ont senti le E caduc comme un élément musical. Voici ce qu'en dit Paul Valéry :

« L'E muet qui tantôt ne se fait presque point sentir qu'il ne s'efface entièrement et qui procure tant d'effets subtils de silences élémentaires et qui termine et prolonge tant de mots par une sorte d'ombre... » (Valéry, 1931, p. 76)

Verlaine en fait un grand usage. Henri Morier, un théoricien de la stylistique, l'appelle E atone et lui découvre des vertus peut-être un peu imaginaires : « 1. Par sa faible intensité, l'E atone exprime : l'air, le caractère aérien, l'ajouré, la transparence, l'inconsistance, la fluidité. [...] 2. Par sa note relativement basse, la discrétion, le silence, la délicatesse [...]. 3. Par son articulation labialisée : a) la tendresse, l'amour b) l'amertume (cas rare) ». (Morier, 1961, pp. 152-153).

La diction classique garde les E caducs devant consonne. Si on prononçait le vers de Racine (1847, p. 510) « Je le vis, je rougis, je pâlis à sa vue » comme : « Je l'vis, j'rougis, j'pâlis à sa vue », on détruirait son rythme et sa musicalité. Par contre, la poésie moderne refuse souvent la prononciation classique du E caduc, qu'elle considère comme artificielle.

1. Soulignez tous les E caducs orthographiques dans les phrases suivantes :

    a) *Je te le dirai demain avant quatre heures.*

    b) *Est-ce que Bernard pense venir avec nous au musée ?*

    c) *Elles espèrent avoir la réponse de leur patronne vendredi après-midi.*

    d) *Denis et son frère ont fondé cette entreprise il y a trente ans.*

    e) *Elsa et Jacqueline se connaissent depuis l'école maternelle.*

2. Trouvez des paires minimales où un phonème s'oppose à un E caduc, avec les mots suivants :

    • ***je*** *ris*

    • ***ce*** *verre*

    • ***le*** *plafond*

    • ***de****main*

    • ***ce*** *que vous aimez*

3. Transcrivez selon le style de la conversation ordinaire et expliquez les différentes façons de transcrire le mot *petite* :

    a) *la petite table*

    b) *une petite table*

    c) *cette petite table*

    d) *une si petite table*

    e) *quelle petite table*

4. Transcrivez les phrases suivantes en alphabet phonétique en suivant les règles de chute et de maintien obligatoire du E caduc dans la conversation ordinaire :

    a) *Je le connais, il le fera si on lui demande.*

    b) *Marie-Ève aimerait refaire un voyage en Italie.*

    c) *Il nous a dit de ne pas lui envoyer le chèque avant le onze.*

    d) *Je t'appellerai demain soir vers huit heures.*

    e) *Je ne crois pas qu'elle soit d'accord.*

5. Transcrivez le texte suivant selon les règles de la diction classique. Notez l'accentuation et le nombre de syllabes par groupe rythmique. Il y a deux vers qui ne suivent pas le schéma rythmique octosyllabique. Lesquels ?

    « *Je souhaite en ma maison :*
    Une femme ayant sa raison,
    Un chat parmi les livres,
    Des amis en toute saison
    Sans lesquels je ne peux pas vivre. »
    (Apollinaire, 1920, p. 150)

6. Transcrivez les vers suivants en indiquant le nombre de syllabes dans chaque groupe rythmique et quels E caducs il faut prononcer pour lui garder son rythme syllabique. Du point de vue de l'accentuation, est-ce un rythme binaire, ternaire ou quaternaire ?

> *« Notre sentier près du ruisseau*
> *est déchiré par les labours*
> *si tu venais, fixe le jour*
> *je t'attendrai sous le bouleau »*
> (Bérimont, 1964, p. 153)

7. Transcrivez phonétiquement les vers suivants 1) selon la diction classique 2) comme s'il s'agissait de prose ordinaire.

> *« Demain, dès l'aube, à l'heure où blanchit la campagne*
> *Je partirai, vois-tu, je sais que tu m'attends. »*
> (Hugo, 1969, p. 245)

LE E CADUC, STYLE POPULAIRE

Lorsqu'un écrivain veut refléter le parler populaire, il supprime les E caducs. Si tout le monde dit : « Ch'sais c'qui s'passe », sans que personne ne s'en offusque, le même énoncé écrit va choquer ou faire « populaire », voire « vulgaire ».

Dans son roman *Zazie dans le métro*, l'écrivain Raymond Queneau s'est amusé à écrire « phonétiquement » des dialogues pour leur donner un air populaire, non seulement en supprimant les E caducs, mais aussi un certain nombre d'autres phonèmes, comme dans : « skeutaditlaleur » pour : « ce que tu as dit tout à l'heure » ; « staprès-midi » pour : « cet après-midi »; « Gzakt » pour « Exact » (Queneau, 1959).

Chapitre 11
L'ENCHAÎNEMENT ET LA LIAISON

EN DEUX MOTS

Comme le E caduc, certaines consonnes finales sont tantôt muettes, tantôt prononcées. La prononciation de ces consonnes — dites de liaison ou d'enchaînement — dépend de leur position à l'intérieur d'un même groupe rythmique ou à la jointure de deux groupes. L'enchaînement et la liaison permettent également de renforcer la préférence du français pour les syllabes ouvertes.

1. L'ENCHAÎNEMENT

La consonne d'enchaînement est une consonne qui se prononce toujours en position finale du mot isolé, comme dans la chaîne parlée. Le mot *grande*, par exemple, se prononce toujours [gʀɑ̃d]. Si ce mot est suivi d'un mot commençant par une voyelle ou un H muet, la consonne finale du mot se prononce comme la consonne initiale du mot suivant.

Les consonnes d'enchaînement gardent leur nature consonantique, par exemple :

la grande [la- gʀɑ̃d] —> *la grande amie* [la- gʀɑ̃-da-mi]

2. LES LATENCES CONSONANTIQUES : LES LIAISONS

Dès le xiᵉ siècle, les consonnes finales ont commencé à ne plus se prononcer dans la plupart des mots français. Cependant, dans les énoncés où un mot se trouvait pris dans la chaîne parlée, la consonne finale a continué à se prononcer. On a donc eu une alternance de prononciation de la consonne finale. C'est ainsi qu'on en est venu à dire : *le petit* [ləpti], mais *le petit enfant* [ləptitɑ̃fɑ̃].

Cette consonne latente a été appelée consonne de liaison.

3. LA LIAISON

La consonne de liaison est une consonne qui ne se prononce plus à la finale du mot. Par exemple, le [d] du mot *grand* [gʀɑ̃d] ne se prononce pas en finale absolue, devant consonne ou devant H aspiré.

Par contre, si ce mot apparaît dans un groupe accentuel devant un mot commençant par une voyelle ou par un H muet, la consonne finale se prononce comme si elle était en position initiale du mot suivant. Par exemple : *un petit enfant* → [œ̃ptitãfã].

4. LES CONSONNES DE LIAISON

Il y a parfois des différences entre la façon dont la consonne de liaison s'écrit et la façon dont elle se prononce :

Écriture		Prononciation	
« s »	*les amis*	[z]	[lezami]
« x »	*deux amis*	[z]	[døzami]
« z »	*chez eux*	[z]	[ʃezø]
« t »	*petit enfant*	[t]	[ptitãfã]
« d »	*grand enfant*	[t]	[gʁãtãfã]
« n »	*on a dit*	[n]	[ɔ̃nadi]
« r »	*premier étage*	[ʁ]	[pʁəmjeʁetaʒ]
« p »	*trop heureux*	[p]	[tʁopøʁø]

Table 11.1. Les consonnes de liaison

Les modifications concernent les lettres « *s* » et « *x* » qui se prononcent [z] et la lettre « *d* » qui se prononce [t]. Dans le premier cas, trois lettres écrites correspondent à une seule prononciation (une consonne voisée) et dans le second cas, deux lettres écrites correspondent à la prononciation d'une consonne non voisée.

Rappelons que, dans l'enchaînement, la consonne se prononce de la même façon qu'elle s'écrit. Les seules exceptions sont liées à la prononciation de la lettre « *f* » dans le mot *neuf*, qui se prononce [v] dans les expressions figées *neuf heures* [nœvœʁ] et *neuf ans* [nœvã].

5. LES LIAISONS OBLIGATOIRES

En règle générale, la liaison est obligatoire d'**un mot inaccentué** (à l'intérieur d'un groupe de sens) à **un mot accentué**. La liaison a un rôle de cohésion, elle relie les mots qui se trouvent à l'intérieur d'un même groupe de sens. La liaison est donc obligatoire dans les cas suivants :

- **Entre un déterminant et le substantif suivant** : *les enfants* [lezãfã]
- **Entre un déterminant et l'adjectif suivant** : *les anciens combattants* [lezãsjɛ̃kɔ̃batã]
- **Entre un adjectif et le substantif suivant** : *petit ami* [ptitami], *petits amis* [ptizami]
- **Entre un pronom personnel et la forme verbale suivante** : *Ils arrivent* [ilzaʁiv]
- **Dans les formes verbales avec inversion** du verbe et du pronom personnel : *Vient-il?* [vjɛ̃til]

- **Après les prépositions monosyllabiques** : *Dans un quart d'heure* [dɑ̃zœ̃kaʀdœʀ]
- **Après les adverbes monosyllabiques** : *Très intéressant* [tʀɛzɛ̃teʀesɑ̃]

La liaison est également obligatoire dans certains groupes figés tels que : *Comment allez-vous ?* [kɔmɑ̃talevu] *pot au feu* [pɔtofø], *avant-hier* [ɑ̃vɑ̃tjɛʀ], *Quand(t) est-ce que ?* [kɑ̃tɛskə], etc.

6. LES LIAISONS INTERDITES

L'absence de liaison devant un phonème vocalique marque la frontière d'un groupe de sens. La liaison est donc **interdite** dans les cas suivants :

- **Après un mot accentué** (entre deux groupes de sens) :
  - *Ils viennent / et / ils repartent* [ilvjɛneilʀəpart]
  - *Ses sœurs / aiment le chocolat* [sesœʀɛmləʃɔkɔla]
  - *Soyez gentilles / ouvrez-moi la porte* [swajeʒɑ̃tijeuvʀemwalapɔʀt]
  - *Alors / on ne dit pas bonjour !* [alɔʀɔ̃nədiplybɔ̃ʒuʀ]
  - Notez bien qu'on ne fait jamais de liaison après le mot *et* qui marque une séparation entre deux groupes de sens : *Ils vont et / ils viennent* [ilvɔ̃eilvjɛn]
- **Après un substantif singulier**, par exemple : *un chant* / osé [œ̃ʃɑ̃oze], *Un soldat / anglais* [œ̃sɔldaɑ̃gle]
- **Devant les chiffres : un, huit, onze**, par exemple : *cent / un* [sɑ̃œ̃], *quatre-vingt / huit* [katʀəvɛ̃ɥit], *cent / onze* [sɑ̃ɔ̃z]
  - Exceptions : *dix-huit* [dizɥit], *vingt-huit* [vɛ̃tɥit]
- **Devant le H dit aspiré** (voir ci-dessous à la fin de ce chapitre), par exemple : *Les / homards* [leɔmaʀ], *les / haies* [leɛ], *les / harems* [leaʀɛm], *les / harengs* [leaʀɑ̃], *les / halles* [leal], *un / Huron* [œ̃yʀɔ̃], *un / Hollandais* [œ̃ɔlɑ̃dɛ], etc.
  - N.B. On dit *les / héros* [leeʀo], mais *les héroïnes* [lezeʀoin]
- **Après les noms propres**, par exemple : *Jean / attend* [ʒɑ̃atɑ̃]
- **Après l'adverbe interrogatif *quand*** : *Quand / arrive-t-il* [kɑ̃aʀivtil]
- **Dans certains groupes figés**, par exemple : *Chiens / et chats* [ʃjɛ̃eʃa], *du riz / au lait* [dyʀiolɛ]

7. LES LIAISONS FACULTATIVES

La prononciation de la consonne liaison est **facultative** dans les contextes suivants :

- **Après toutes les formes verbales** : *J'y suis allé* [ʒisɥizale] ou [ʒisɥiale], *je vais en ville* [ʒəvɛzɑ̃vil] ou [ʒəvɛzɑ̃vil]
- **Après les substantifs au pluriel**, suivis d'un adjectif : *des amis intimes* [dezamizɛ̃tim] ou [dezamiɛ̃tim], *des bois immenses* [debwazimɑ̃s] ou [debwaimɑ̃s]

- **Après les adverbes de manière** : *extrêmement utile* [ɛkstʀɛmmãtytil] ou [ɛkstʀɛmmãytil]

8. LA LIAISON ET LA DÉNASALISATION

Certains adjectifs terminés par une voyelle nasale en position finale de mot peuvent avoir deux formes différentes. Ainsi, le mot *bon* se prononce /bɔn/ devant un mot commençant par une voyelle. Il a alors la même prononciation que la forme du féminin singulier *bonne*. On dira alors que l'opposition entre le masculin et le féminin est **neutralisée**.

Les adjectifs suivants suivis par une voyelle ou un H muet se **dénasalisent** dans la liaison : *bon, certain, moyen, ancien, vilain, plein, soudain, vain* et *prochain*, par exemple : *bon ami*, [bɔnami] *certain ami* [sɛʀtɛnami], *Moyen Âge* [mwajɛnɑʒ].

9. LE RÔLE PHONOLOGIQUE DE LA LIAISON

Dans certains cas, la présence ou l'absence de liaison est la seule indication d'une différence de sens. La liaison joue alors un rôle phonologique distinctif dans ces paires minimales du lexique. Comparez, par exemple :

- *les / hauteurs* [leotœʀ] et *les auteurs* [lezotœʀ]
- *les / héros* [leeʀo] et *les zéros* [lezeʀo]
- *les / Huns* [leœ̃] et *les uns* [lezœ̃]
- *les / hêtres* [leɛtʀ] et *les êtres* [lezɛtʀ]

Il existe également un certain nombre d'oppositions de type morphologique où la liaison est la seule marque du pluriel dans le code oral, par exemple :

singulier	pluriel
il arrive [ilaʀiv]	*ils arrivent* [ilzaʀiv]
elle aime [ɛlɛm]	*elles aiment* [ɛlzɛm]

Le plus souvent, la liaison marque le pluriel d'une manière **redondante**, lorsqu'il est déjà indiqué par un déterminant, par exemple :

singulier	pluriel
un ami [œ̃nami]	*des amis* [dezami]
l'enfant [lɑ̃fɑ̃]	*les enfants* [lezɑ̃fɑ̃]
une étoile [ynetwal]	*des étoiles* [dezetwal]

Dans le cas des liaisons avec les adjectifs contenant une voyelle nasale en position finale de mot, mentionnés ci-dessus, l'opposition entre le masculin singulier et le féminin singulier (qui est marquée par l'alternance entre la voyelle orale et la voyelle nasale) est **neutralisée** à cause de la dénasalisation de la voyelle au masculin. Prenons, par exemple, l'adjectif *bon*, qui se prononce habituellement [bɔ̃] au masculin avec une voyelle nasale et [bɔn] au féminin avec une voyelle orale suivie par une consonne nasale [n]. Si le mot qui suit l'adjectif commence par une voyelle ou par un H muet, cette différence de prononciation disparaît :

masculin	**féminin**
quel bon ami [kɛlbɔnami]	*quelle bonne amie* [kɛlbɔnami]

10. LE RÔLE PHONOSTYLISTIQUE DU E CADUC ET DE LA LIAISON

On a vu que dans le style de la conversation, on prononce peu de E caducs. On observe la même tendance pour la liaison, comme dans la phrase suivante dite dans la conversation ordinaire, où la seule liaison prononcée est la liaison obligatoire entre le déterminant et le nom :

Je vais aller à l'exposition des artistes impressionnistes
[ʒvealealɛkspozisjɔ̃dezaʁtistɛ̃pʁesjɔnist]

Dans un style affecté, on pourrait prononcer la liaison obligatoire et aussi trois liaisons facultatives :

[ʒəvɛzaleʁalɛkspozisjɔ̃dezaʁtistəzɛ̃pʁesjɔnist]

On prononcera donc plus de E caducs et de liaisons dans des styles soutenus tels que la lecture, le sermon, la conférence et la diction poétique. On se moque volontiers de gens qui font trop de liaisons. L'absence de liaison facultative fait « jeune » ou « démocratique », tandis que les liaisons interdites, si elles sont prononcées, sont jugées « populaires », voire « vulgaires ».

LES PATAQUÈS : CUIRS ET VELOURS

Les gens distingués font beaucoup de liaisons. Il arrive qu'en voulant les imiter, certaines personnes fassent des liaisons interdites. On s'en moque parfois en appelant ce type de liaisons des *cuirs* ou des *velours*.

Un *cuir* est une liaison inappropriée en [t], comme « Je suis [t] allé » au lieu de « Je suis [z] allé ».

Un *velours* est une liaison fautive en [z], comme « Il est [z] allé », au lieu de « Il est [t] allé ».

Les fausses liaisons, cuirs ou velours, s'appellent des *pataquès*. Dans son livre *Comment on prononce le français*, le phonéticien Philippe Martinon explique l'origine de ce genre de fausse liaison. Il raconte qu'un jeune homme, au théâtre, trouve un éventail et demande à deux dames : « *Cet éventail est-il à vous? — Il n'est point-z-à moi. — Est-il à vous ? dit-il, en le présentant à l'autre. — Il n'est pas-t-à moi* ». Et le beau diseur de continuer : « *Il n'est poin-z-à vous, il n'est pa-t-à vous, je ne sais **pa-t-à** qu'est-ce* » (Martinon, 1913, p. 61). D'où : pataquès ! La plaisanterie aurait couru dans tout Paris et le mot serait resté.

Un autre pataquès courant vient de la liaison snob du type : « aller-R-en ville », qui devient faussement : « Nous sommes allés-R-en ville ».

Les boîtes vocales du téléphone vous disent, d'une belle voix, de « Laisser [ʀ] un message après le bip sonore ». De telles liaisons, après le R de l'infinitif, paraissent affectées dans la conversation ordinaire.

C'est à la radio qu'on entend le plus de liaisons fautives entraînées par analogie avec la liaison du R de l'infinitif, comme : « Le Président va [ʀ] aller à l'Élysée ».

1. Dites si on a une liaison (L) ou un enchaînement (E) dans les groupes suivants :

   a) *un petit oiseau*

   b) *un sac énorme*

   c) *elles arrivent*

   d) *des petits enfants*

   e) *chaque animal*

   f) *fort intéressant*

   g) *un chef astucieux*

   h) *quelques exceptions*

   i) *par erreur*

   j) *premier avantage*

2. Transcrivez les phrases suivantes et indiquez si la liaison est obligatoire (O), interdite (I) ou facultative (F) :

   a) *Elles ont des ailes immenses*

   b) *Nous avons plusieurs amis intimes*

   c) *Les haricots et les aubergines sont des légumes indigestes*

   d) *Au Moyen Âge, les héroïnes aimaient les héros valeureux*

   e) *Dans un certain hôtel, il y avait six assassins quand il entra*

3. Transcrivez les énoncés suivants et indiquez si la voyelle de l'adjectif ou du pronom qui précède le nom est orale ou nasale :

   a) *un ancien ami*

   b) *en plein essor*

   c) *un certain homme*

   d) *un bon exemple*

   e) *on arrive*

   f) *ton objectif*

   g) *au prochain épisode*

   h) *le Moyen-Orient*

   i) *certains éléments*

   j) *à mon avis*

4. Transcrivez les phrases suivantes après avoir jeté un coup d'œil sur le tableau des H aspirés :

   a) *Les homards sans haine et les hérissons en haillons halaient des hannetons harassés*

   b) *Des harengs hargneux poussaient des hurlements aux halles*

   c) *Des héros très hardis faisaient des harangues très hurluberlues à travers les hublots*

   d) *Tout en haut, les hérons se perchaient sur des hêtres*

   e) *Ces pauvres êtres faisaient une halte dans les huttes d'un hameau*

   f) *Par un hasard assez horrible, on leur refusa des haricots*

5. Transcrivez en phonétique le texte suivant, d'abord dans un style familier, ensuite dans un style recherché :

On était arrivés dans des bois immenses. Mes amis, après avoir discuté d'une manière vraiment idiote, avaient inventé des stratégies incroyables pour trouver une piste.

6. La liaison et l'enchaînement peuvent introduire des confusions dans la langue orale. Essayez de trouver les différents sens possibles des groupes suivants :

   a) /setase/
   b) /lətirwarɛtuvɛr/
   c) /lezar/
   d) /mezaljɑ̃s/
   e) /sɛtɔmetɛ̃pasjɑ̃/

HISTOIRES DE H

Le H dit aspiré est en réalité expiré, c'est un souffle, dans les langues où on le prononce, comme en anglais, en allemand ou en arabe.

Il a disparu du latin et les mots d'origine latine du français très tôt ont un H dit muet comme dans : *homme* (qui a d'ailleurs donné le pronom *on*), *hirondelle*, *habit*, *hameçon*, etc.

On a rajouté au Moyen Âge un H, qui n'existait pas en latin, dans *huile*, *huître* et le chiffre *huit* pour faciliter la lecture. Quant au mot *haut* (du latin *altus*), il doit son H initial au mot germanique *hoch*.

Dans le cas où le H est dit aspiré en français, il ne sert qu'à éviter la liaison et à faire prononcer le E muet comme dans : *le harpon, les / harpons*. Ces mots sont venus tard en français. Ils sont d'origine étrangère, germanique, anglo-saxonne, arabe, tels : *hache, haie, hall, hamac, hameau, handicap, harceler, haricot, hasard, hibou, Hongrois, Hun.*

TABLEAU DES H ASPIRÉS LES PLUS COURANTS

la hache	le hamac	hardi	la haie
le hameau	le harem	la haine	la hanche
le hareng	haïr	le handicap	le haricot
en haillons	le hangar	la harpe	le hâle
hanter	le harpon	le hall	happer
le hasard	les halles	harasser	la hâte
le halo	harceler	la hausse	le haut
la hiérarchie	la hotte	la hauteur	hocher
le houblon	le hautbois	la Hollande	la houille
le Havre	le Hollandais	la housse	hérisser
la Hollandaise	le hublot	la hernie	le homard
huer	le héros	la Hongrie	le huguenot
le héron	le Hongrois	Les Huns	la herse
la Hongroise	le huitième	le hêtre	la honte
hurler	heurter	honteux	le hurlement
le hibou	hors de	le Huron	hideux
le hors-d'œuvre	le hussard		

« Le Héron va Happer un Hareng! »>

Partie III
LA MORPHOLOGIE

Chapitre 12

LES CATÉGORIES MORPHOLOGIQUES

EN DEUX MOTS

La grammaire traditionnelle a fait une classification en tenant compte du sens global des mots : noms, adjectifs, adverbes. Sur le modèle de l'analyse phonologique, la linguistique moderne essaie de trouver des unités minimales de signification, leurs rôles et leurs possibilités de se combiner avec d'autres éléments de la langue.

1. L'ANALYSE DES UNITÉS SIGNIFICATIVES

Dans les chapitres précédents, on a surtout étudié les structures sonores du français. Comme on l'a déjà dit, ces formes n'ont pas de sens en elles-mêmes et la plupart du temps, on n'y prête pas attention. Le but de la communication n'est pas d'échanger des sons, mais d'échanger des messages. Les sons permettent de renvoyer aux structures significatives qui, elles, constituent l'essentiel du message.

On peut diviser en trois grandes parties l'étude des unités significatives, la **morphologie**, la **syntaxe** et la **sémantique**.

La **morphologie** est l'étude de la structuration grammaticale des mots ainsi que l'analyse des éléments du système qui transmettent surtout une information de type grammatical.

La description morphologique a quatre buts principaux :
- analyser les différentes **distinctions grammaticales** établies par la langue
- décrire les diverses **catégories grammaticales** de la langue
- définir les **liens entre les catégories grammaticales**
- étudier la **réalisation concrète** de ces distinctions et catégories sur le plan oral ou écrit dans le système linguistique

La **syntaxe** détermine les possibilités de combinaison des classes de mots pour former des groupes et les combinaisons de groupes pour former des phrases. Elle analyse également les relations entre les différents types de phrases.

La **sémantique** est l'étude du « sens propre » des mots, des groupes et des phrases et aussi des implications secondaires qui résultent de la combinaison particulière de certains mots, groupes et phrases.

2. LES PARTIES TRADITIONNELLES DU DISCOURS

Le classement traditionnel en parties du discours est fondé sur l'analyse du rôle des différentes catégories de mots dans la description du monde. Il s'agit en fait d'une analyse de nature grammaticale héritée de la philosophie grecque. On distingue neuf grandes catégories et plusieurs sous-catégories :

- les **noms**, appelés aussi substantifs, servent à désigner les êtres, les choses et les notions abstraites, par exemple : *arbre, fleur, mur, biologie*, etc. On distingue deux principales sous-catégories de noms :
  - les **noms communs** comme ceux que l'on vient de mentionner
  - les **noms propres** comme les noms de personne (*Guillaume, Francine*, etc.) et les noms de lieu (*Bruxelles, le Mexique*, etc.)
- les **adjectifs** permettent de modifier et de spécifier les qualités attribuées aux noms. L'adjectif sert à préciser la nature de l'être, de la chose ou de la situation. On reconnaît sept sous-catégories d'adjectifs :
  - les adjectifs **qualificatifs** (*bon, grand, content, monstrueux*, etc.)
  - les adjectifs **démonstratifs** (*ce, cet, cette, ces*, etc.)
  - les adjectifs **possessifs** (*mon, ton, sa, leur*, etc.)
  - les adjectifs **cardinaux** (*deux, cinquante, mille*, etc.) ou **ordinaux** (*premier, quatrième*, etc.), appelés également adjectifs **numéraux**
  - les adjectifs **interrogatifs** (*quel, quelles*, etc.)
  - les adjectifs **exclamatifs** (*quel, quelle*, etc.)
  - les adjectifs **indéfinis** (*plusieurs, certain, tout*, etc.)
- les **verbes** servent à désigner une action, un état ou un processus. Les verbes peuvent apparaître sous une forme simple ou composée. Ils permettent d'exprimer plusieurs points de vue temporels (présent, futur ou passé), différents degrés d'affirmation et deux voix (active et passive), par exemple : *je mange, tu reviendras, elle serait partie, ils ont été félicités*, etc.
- les **adverbes** servent à qualifier l'action exprimée par le verbe, à spécifier la qualité exprimée par un adjectif, à modifier un autre adverbe ou bien à introduire une proposition. On distingue sept catégories d'adverbes :
  - les adverbes de **temps** (*maintenant, demain, bientôt*, etc.)
  - les adverbes de **lieu** (*devant, ici*, etc.)
  - les adverbes de **manière** (*vite, bien*, etc.)

- les adverbes de **quantité** (*beaucoup, trop, très,* etc.)
- les adverbes d'**interrogation** (*quand, combien,* etc.)
- les adverbes de **négation** (*non, ne … pas, ne … plus,* etc.)
- les adverbes d'**affirmation** (*oui, volontiers,* etc.)

- les **articles** permettent de spécifier le nom. On distingue trois sous-catégories d'articles :
  - les articles **définis** (*le, la, les*)
  - les articles **indéfinis** (*un, une, des*)
  - les articles **partitifs** (*de, du, de la*)

- les **pronoms** servent à remplacer les noms. On distingue huit sous-catégories de pronoms :
  - les **pronoms personnels conjoints sujets** (*je, nous, elles,* etc.)
  - les **pronoms personnels conjoints compléments d'objet direct ou indirect** (*me, lui,* etc.)
  - les **pronoms personnels disjoints** (*moi, toi,* etc.)
  - les **pronoms relatifs simples et complexes** (*qui, que, auquel, desquelles,* etc.)
  - les **pronoms possessifs** (*le mien, la sienne,* etc.)
  - les **pronoms démonstratifs** (*celui, celle, celui-ci,* etc.)
  - les **pronoms interrogatifs** (*qui, laquelle, lesquels,* etc.)
  - les **pronoms indéfinis** (*quelqu'un, n'importe qui,* etc.)

- les **conjonctions** servent à relier deux propositions. On distingue deux sous-catégories de conjonctions :
  - les conjonctions de **coordination** (*mais, ou, et, donc, or, ni, car*)
  - les conjonctions de **subordination** de type temporel et causal (*pendant que, avant que, puisque, bien que, parce que,* etc.)

- les **prépositions** expriment des relations de type spatial, temporel et causal entre les noms, verbes et adjectifs, par exemple : *Vous verrez la suite **après** la pause. Le livre est **sous** la table. Nous dînons **chez** notre voisin. Elle était rouge **de** colère.*

- les **interjections** possèdent une valeur sémantique sans fonction grammaticale, par exemple, *ah, oh, hmm, aïe.*

UNE CLASSIFICATION VIEILLOTTE

Cette classification grammaticale est basée sur une analyse du sens exprimé par les « mots ». Elle permet, par exemple, de définir les formes adverbiales qui constituent des mots comme *clairement, séparément, rapidement,* mais n'examine pas la terminaison *-ment.* Elle classe en catégories différentes les mots *prématuré, prévision* et *prévoir,* mais ne mentionne pas le préfixe *pré-,* et n'étudie ni les terminaisons verbales comme *-ais* ou *-ont,* ni les terminaisons nominales comme *-es* ou *-s.*

Du point de vue linguistique, la classification en mots est incomplète, car elle ne tient pas compte de l'information morphologique relative au nombre, au genre, au temps, etc. Cela signifie que l'on n'étudie que les éléments grammaticaux apparaissant seuls comme à, *de*, *avec*, alors qu'on doit également tenir compte des éléments tels que -*s* et -*ent* qui sont liés aux mots.

3. UNE NOUVELLE CLASSIFICATION

L'analyse morphosyntaxique moderne regroupe les catégories traditionnelles selon leur **rôle** linguistique et leur **distribution** dans la phrase. On rassemblera ainsi selon leur fonction :

- les **noms** et leurs **substituts**, y compris les noms communs (*cuisine*, *biologie*, etc.), les noms propres (*Geneviève*, *Berlin*, etc.) et aussi divers types de pronoms comme les pronoms personnels conjoints sujets (*tu*, *elles*, etc.), les pronoms personnels conjoints compléments d'objet direct et indirect (*me*, *lui*, etc.), les pronoms personnels disjoints (*moi*, *elle*, etc.), les pronoms relatifs simples (*qui*, *que*, etc.) et complexes (*auquel*, *dont*, etc.), les pronoms possessifs (*le mien*, *le vôtre*, etc.), les pronoms démonstratifs (*celui-ci*, *celui-là*, etc.), les pronoms interrogatifs (*laquelle*, *lesquels*, etc.)
- les **verbes**, y compris la forme verbale (*mangera*, *partiront*, etc.) et ses auxiliaires temporels (*est rentré*, *va revenir*, etc.) et modaux (*devrait téléphoner*, *pourrait refaire*)
- les **adjectifs qualificatifs** (*énorme*, *bleu*, etc.)
- les **déterminants** forment une catégorie importante qui comprend les articles définis (*la*, *les*, etc.), les articles indéfinis (*une*, *un*, etc.), les articles partitifs (*du*, *de la*), les adjectifs démonstratifs (*ce*, *cette*, etc.), les adjectifs possessifs (*ma*, *ton*, *leur*, etc.), les adjectifs cardinaux (*deux*, *six*, etc.) et ordinaux (*premier*, *quatrième*, etc.), les adjectifs interrogatifs (*quelle*, *quels*, etc.), les adjectifs indéfinis (*quelques*, *plusieurs*, etc.), les adjectifs exclamatifs (*quel*, *quelle*, etc.)
- les **adverbes** (*lentement*, *hier*, *demain*, *bien*, etc.)
- les **prépositions** (*pour*, *devant*, *au-dessus de*, etc.)
- les **conjonctions** (*ou*, *car*, *bien que*, *pour que*, etc.)

On voit que, par exemple, la catégorie des noms inclut les substantifs et les pronoms qui sont des substituts du nom. De même, la catégorie des déterminants comprend tous les morphèmes indépendants qui qualifient ou spécifient le nom.

4. LES CATÉGORIES MORPHOLOGIQUES : MOT, MONÈME, MORPHÈME, LEXÈME

La morphologie moderne opère un autre découpage des unités significatives, basé non seulement sur leur **rôle grammatical**, mais aussi sur leurs **possibilités de combinaison** avec d'autres unités linguistiques.

Du point de vue de l'analyse linguistique, le **mot** n'est pas l'unité morphologique de base. Ce terme désigne d'abord une **unité graphique** comprise généralement entre deux blancs qui a été imposée par l'écriture et par l'usage.

Nous adoptons dans ce chapitre le modèle **fonctionnaliste** de la morphologie proposé par le linguiste français André Martinet. La morphologie fonctionnaliste postule des unités de sens appelées **monèmes**. Le monème est **l'unité minimale de sens** (tout comme le phonème est l'unité minimale de son). Le mot est donc une unité plus grande qui contient au moins un ou plusieurs monèmes qui apparaissent comme des unités écrites uniques dans la langue en question.

Les monèmes résultent du découpage particulier de l'expérience vécue et des informations grammaticales opérées par le système linguistique.

Les monèmes se divisent en deux sous-catégories :

- les **lexèmes**, qui servent à exprimer des informations de type **conceptuel** (l'action, l'idée, l'objet en cause)
- les **morphèmes**, qui servent à exprimer des distinctions **grammaticales** (genre, nombre, temps, mode, etc.)

L'exemple ci-dessous illustre la différence entre le découpage en mots et le découpage morphologique en lexèmes et morphèmes.

la	chat-te	ét-ait	content-e
lexème nominal		**lexème** verbal	**lexème** adjectival
morphème féminin singulier	**+morphème** féminin singulier	**+morphème** 3ᵉ personne singulier imparfait indicatif aspect inachevé voix active	**+morphème** féminin singulier

Certains mots ne sont pas analysables en lexème et morphèmes, par exemple : *maison, fleur, mur, lampe, table, girafe, grenouille*. Dans ccs cas-là, le lexème semble apparaître seul sans morphème. Autrement dit, il n'est pas possible d'analyser ces termes en unités significatives plus petites. On ne peut pas, par exemple, découper le terme *table* en *ta* et *ble,* car ces unités individuelles ne contribuent pas au sens. On appelle ce genre de terme où une unité lexicale non analysable apparaît sans morphème un **monème radical**. Au pluriel, par contre, ces termes se composent de deux monèmes, le lexème et le morphème du pluriel (*maisons*, *tables*, etc.)

Le seul mot *immangeable* est composé de trois monèmes : *im*, *mange* et *able* ; *im-* et *-able* sont des morphèmes, et *mange-* est un lexème.

La correspondance entre les mots et les monèmes est loin d'être simple. Du point de vue linguistique, les mots sont des unités généralement complexes résultant de la combinaison d'éléments morphologiques différents.

La plupart des **dictionnaires** reprennent la classification grammaticale traditionnelle. Ils ne font pas de distinction systématique entre morphème et lexème. En principe, ce sont des répertoires de mots. On y trouve toutes les unités morphologiques qui constituent les mots, mais non les unités morphologiques non isolables. Par exemple, il existe une entrée pour le morphème *nous*, le pronom personnel sujet, mais il n'y en a pas pour la terminaison verbale *-ons*.

5. LISTE OUVERTE ET LISTE FERMÉE

Les **lexèmes** forment une **liste ouverte**. En effet, il est toujours possible d'ajouter ou de créer un terme lexical qui manque. On a ainsi introduit récemment : *le zapping, un four à micro-ondes, un baladeur, le micro-processeur*.

En revanche, les **morphèmes** constituent une **liste fermée**, dont le nombre d'unités est limité en synchronie. Ils constituent un répertoire grammatical auquel il est impossible d'ajouter de nouveaux éléments. On ne peut pas, par exemple, décider de créer un nouveau pronom personnel sujet à la « cinquième » personne, ou suggérer une nouvelle catégorie de nombres, le « septriel », désignant des groupes de sept objets ou personnes.

6. LE CLASSEMENT DES LEXÈMES

De même que le phonème (unité minimale de son) est analysable en traits articulatoires distinctifs, les lexèmes sont à leur tour analysables en traits sémantiques que l'on appelle les **sèmes lexicaux**.

On distingue trois **classes lexicales**, les **lexèmes nominaux**, les **lexèmes verbaux**, et les **lexèmes adjectivaux**. On ne peut **identifier** un lexème, ni par sa forme phonologique, ni par sa forme orthographique. Son identité dépend des sèmes lexicaux qu'il contient. Ainsi le même sème — unité conceptuelle — se retrouve dans *chanter, chanterai, chantons, chanteur, chanteuse*. On inclura dans cette liste le mot *chanson*, qui pourtant a une forme orthographique et sonore différente.

De même, on reconnaîtra un **lexème commun** dans les termes : *lire, lecture, lecteur, lisible*, malgré les différences d'écriture et de prononciation.

Finalement, pour prendre un cas extrême, on dira que les formes *vais, irai, allais, aille*, appartiennent toutes au même lexème verbal *aller*. Dans ce cas, la forme du lexème varie beaucoup et il est difficile de reconnaître une seule forme commune dans le code oral ou dans le code écrit. On appelle ces diverses réalisations d'un terme commun des **formes supplétives**.

7. LES SÈMES GRAMMATICAUX ET L'APPARTENANCE CATÉGORIELLE DES MORPHÈMES

Les morphèmes forment des unités de sens exprimant des distinctions grammaticales. Les morphèmes, comme les lexèmes, se composent d'éléments de sens plus petits encore que l'on appelle les **sèmes grammaticaux**. Les sèmes grammaticaux sont les distinctions grammaticales établies par la langue. On opère donc un premier classement des morphèmes selon le type de sèmes grammaticaux qu'ils possèdent.

Prenons, par exemple, l'énoncé : *Pauline et François travaill**aient***.

Le seul morphème *-aient* exprime plusieurs distinctions morphologiques par les sèmes grammaticaux suivants : la **personne** (première/deuxième/troisième), le **nombre** (singulier/pluriel), le **temps** (passé/présent/futur), le **mode** (indicatif/conditionnel/subjonctif), l'**aspect** (achevé/inachevé) et la **voix** (active/passive). Ce morphème indique en particulier la troisième personne du pluriel de l'imparfait de l'indicatif, l'aspect inachevé et la voix active. On appelle ce type de morphème une **flexion verbale** ou une **désinence verbale**.

Prenons maintenant l'énoncé suivant : *Les étudiant**es** généreus**es***.

Les morphèmes *-es*, *-es*, relatifs aux catégories du nom et de l'adjectif, sont appelés des **flexions nominales et adjectivales**. Ils expriment deux types de distinction morphologique : le **genre** (masculin/féminin) et le **nombre** (singulier/pluriel).

En dépit des différences de forme et de catégorie, les trois types de morphèmes que nous venons de voir (verbal, nominal et adjectival) expriment une information commune : le pluriel.

8. L'AUTONOMIE DES MORPHÈMES

On peut également classer les morphèmes en fonction de leur **autonomie**, c'est-à-dire selon leur statut et leur position vis-à-vis d'autres mots.

Il existe deux types majeurs de morphèmes du point de vue de l'autonomie : les morphèmes **indépendants** et les morphèmes **dépendants**.

Les morphèmes **indépendants**, que l'on appelle également morphèmes **libres**, constituent des mots détachés. Cette sous-catégorie comprend un grand nombre d'éléments venant de plusieurs catégories morphologiques :

- les divers types d'articles (*la*, *les*, *un*, etc.)
- les diverses catégories d'adjectifs, à l'exception des adjectifs qualificatifs (*ces*, *ma*, *quel*, etc.)
- toutes les catégories de pronoms (*elle*, *moi*, *celui*, etc.)
- les différentes catégories d'adverbes (*demain*, *quand*, *trop*, etc.)
- les prépositions (*après*, *devant*, *chez*, etc.)
- les conjonctions (*mais*, *parce que*, etc.)

L'énoncé suivant contient sept morphèmes indépendants : ***Non, je ne le*** *savais* ***pas avant aujourd'hui***.

En revanche, les morphèmes **dépendants**, appelés également morphèmes **liés**, s'attachent toujours à d'autres mots. Cette sous-catégorie comprend les éléments suivants :

- les flexions verbales (*-es, -ons, -ait, -aient, -lez*, etc.)
- les flexions nominales (*-e, -s, -es*, etc.)
- les flexions adjectivales (*-e, -s, -es*, etc.)
- les préfixes (*re-, pré-, anti-, pro-*, etc.)
- les suffixes (*-ette, -ment, -able*, etc.)

L'énoncé suivant contient six morphèmes dépendants : *Ce dans****eur*** *revien****dra*** *probabl****ement*** *l'année prochaine*.

9. LES AMALGAMES MORPHOLOGIQUES

De même qu'on ne peut pas toujours identifier les lexèmes par leur forme sonore ou écrite, il est impossible d'identifier les morphèmes par leur forme phonologique ou orthographique.

Ce principe est très bien illustré par la catégorie des **amalgames morphologiques**. Le terme amalgame désigne la combinaison de deux morphèmes indépendants en une seule unité morphologique et phonologique.

Prenons, par exemple, les deux morphèmes indépendants à et *le*. Chacun d'eux possède sa propre représentation phonologique, /a/ et /lə/, et ses propres informations grammaticales : à est une préposition et *le* est un article défini, masculin, singulier.

Si ces deux morphèmes apparaissent ensemble devant un substantif commençant par une voyelle ou par un H muet, les deux morphèmes gardent leur autonomie phonologique et morphologique, par exemple : *il va* **à** *l'hôpital*, /ilvaalɔpital/.

Si, par contre, les deux morphèmes apparaissent ensemble devant un mot commençant par une consonne, ils se fondent en une seule unité morphologique et phonologique, par exemple : *il va* **au** *bureau*, /ilvaobyʁo/. Les formes /a/ et /lə/ sont alors **amalgamées** en une forme sonore /o/. Néanmoins, cette unité exprime les mêmes informations morphologiques que les deux unités séparées.

10. LE MORPHÈME ZÉRO

Outre les morphèmes indépendants, les morphèmes dépendants et les amalgames, il existe une autre catégorie de morphème, le morphème zéro.

On parle de **morphème zéro** lorsque les distinctions grammaticales ne sont pas représentées par un indice morphologique particulier.

Comparons, par exemple, les substantifs *table* et *danseuse*. On voit que le premier substantif, *table*, ne possède aucune indication du genre féminin. Quelqu'un qui apprend le français doit apprendre par cœur le genre de ce substantif. En revanche, pour le deuxième substantif, la terminaison *-se* dans *danseuse* indique clairement le féminin. Dans le premier cas, *table* comporte un morphème zéro, alors que *tables* au pluriel est pourvu d'un morphème du pluriel.

Examinons maintenant la forme de l'adjectif masculin, singulier *rural* /ʀyʀal/ à la forme du masculin, pluriel *ruraux* /ʀyʀo/, on voit que le pluriel est indiqué par l'alternance des morphèmes /al/ - /o/. Il existe alors un morphème qui indique le singulier et un autre qui indique le pluriel.

Si l'on compare maintenant l'adjectif masculin, singulier *gros* /gʀo/ et l'adjectif masculin, pluriel *gros* /gʀo/, on voit que les deux formes sont rigoureusement identiques. Même s'il n'y a pas de différence perceptible, un locuteur francophone saura que l'adjectif *gros* est au singulier dans la phrase *Le gros chat ronronne,* alors qu'il est au pluriel dans la phrase *Les gros chats ronronnent*. Il n'y a aucun morphème spécifique qui indique la différence de nombre entre les deux formes de l'adjectif.

Dans tous les cas où la distinction morphologique ne correspond pas à la présence d'un morphème spécifique, on dira qu'il y a **morphème zéro**. Autrement dit, on dira que l'information morphologique est toujours présente (aucun francophone ne dirait *un table*) mais qu'il n'y a pas de morphème particulier pour l'indiquer.

11. LES MARQUES MORPHOLOGIQUES

On vient de voir que les morphèmes sont des unités qui expriment des informations grammaticales. Les morphèmes sont des unités morphologiques **abstraites**. On peut, de nouveau, faire une analogie avec la phonologie. On a défini les phonèmes comme étant des unités phonologiques abstraites. Le phonème n'est pas le son réel produit dans la chaîne parlée, mais l'image mentale de ce son. De même, le morphème n'est pas l'unité concrète produite dans la parole, mais l'**image mentale** de la distinction grammaticale.

En revanche, la notion de **marque morphologique** renvoie à la réalisation concrète d'un morphème dans le code écrit ou dans le code oral. Il s'agit alors des différences réelles produites dans l'écriture ou dans la chaîne parlée qui servent à indiquer une distinction ou une série de distinctions morphologiques.

Prenons, par exemple, les deux substantifs *chanteurs* et *chanteuses*. Il s'agit ici de la distinction de genre entre le masculin et le féminin. Du point de vue de l'écriture, le substantif masculin se termine en *-eurs* et le substantif féminin en *-euses*. La différence de genre correspond à la présence de la lettre *-r-* dans la forme du masculin opposée aux lettres *-se-* dans la forme du féminin. On dira alors que, **dans le code écrit**, le *r* est **la marque écrite du masculin** et que la suite de lettres *-se-* est **la marque écrite du féminin**. De même, on peut dire que la présence de la lettre *-s* à la fin des deux substantifs est **la marque écrite du pluriel**.

Du point de vue du **code oral**, le substantif masculin se termine en /œʀ/, alors que le substantif féminin se termine en /øz/. Dans ce cas, il existe **deux marques orales de la distinction de genre** : la modification de l'aperture de la voyelle et le changement de la consonne finale. Il n'y a pas, par contre, de marque orale du nombre. Le mot masculin singulier *danseur* /dɑ̃sœʀ/ a la même forme sonore que le pluriel *danseurs* /dɑ̃sœʀ/ et le mot féminin singulier *danseuse* /dɑ̃søz/ se prononce de la même façon que le pluriel *danseuses* /dɑ̃søz/. La différence entre le singulier et le pluriel est marquée dans le code écrit mais n'est pas marquée dans le code oral.

12. LES MARQUES MORPHOLOGIQUES ET LES CODES

La comparaison des marques écrites et orales des distinctions morphologiques montre qu'en général les marques du **code écrit** sont **plus nombreuses** que celles du **code oral**. Le **code écrit** est très **redondant**, alors que le **code oral** est très **économique** du point de vue des marques morphologiques.

En outre, les deux codes ne marquent pas les mêmes éléments. Le code écrit indique souvent le pluriel alors que le code oral possède peu de marques du pluriel. Prenons, par exemple, l'énoncé :

*Elle**s** lou**ent** de belle**s** robe**s** pour le**s** fête**s***

/ɛlludbɛlʀɔbpuʀlefɛt/

Le code écrit fournit sept marques du pluriel, alors que le code oral n'en fournit que deux. De façon générale, la distinction de genre est bien marquée par les deux codes. Nous reviendrons plus en détail sur ces marques dans les chapitres suivants.

1. Graphiquement, certains mots sont simples, d'autres complexes. Réécrivez les mots suivants en identifiant les morphèmes (M) et les lexèmes (L).

   a) *nationalisation*

   b) *inhabituelle*

   c) *relira*

   d) *agricultrices*

   e) *dépenserait*

   f) *royalement*

   g) *métropolitaines*

   h) *irritation*

   i) *chansonniers*

   j) *courrais*

2. Indiquez la **catégorie grammaticale traditionnelle** à laquelle appartiennent les termes en gras dans les énoncés suivants. Identifiez et expliquez les **amalgames morphologiques**.

   a) *J'étais en train de manger **quand** il m'a téléphoné.*

   b) *Ils nous racontent **n'importe quoi**.*

   c) *Voilà notre voiture mais où est **la leur** ?*

   d) *Nous n'avons pas lu son **dernier** roman.*

   e) *Je lui ai envoyé un message **hier**.*

   f) *Son avion arrive **des** États-Unis.*

   g) *On attendra **jusqu'à ce que** le match soit terminé.*

   h) *Son cousin ne boit jamais **de** vin rouge.*

   i) *Ces vacances vont lui faire du **bien**.*

   j) ***Quand** arrive-t-elle au bureau ?*

3. Faites la liste des morphèmes amalgamés du français.

4. À quelle catégorie grammaticale appartiennent les termes en gras dans les énoncés suivants ? Cette catégorie est-elle conforme au classement selon la « nature inhérente » des mots selon la grammaire traditionnelle ?

   a) *« Le **mieux** est l'ennemi du **bien** »*

   b) *« Le **pauvre** est parfois plus **riche** que le **riche** »*

   c) *« **Beaucoup**, c'est souvent **trop** »*

   d) *« Avec des **si** et des **mais** on mettrait Paris dans une bouteille »*

   e) *« Un **tiens** vaut mieux que deux **tu l'auras** »*

5. Identifiez les marques du pluriel dans le code écrit (C.E.) et dans le code oral (C.O.) pour les énoncés suivants.

    a) *Vos amis sont paresseux*

    b) *Nos enfants sont intelligents*

    c) *Ils partent*

    d) *Elles arrivent*

    e) *On ira au marché*

    f) *Les marchés du dimanche sont toujours pittoresques*

    g) *Il reste*

    h) *Ils restent aussi*

6. En ancien français, la négation se faisait avec la particule *ne*. On disait, par exemple, *je ne vois*. Pourquoi, à votre avis, a-t-on senti le besoin de renforcer cette négation ? Les formes renforcées étaient du type : *pas, point, goutte, coco* (coque). Aujourd'hui, dans le parler spontané, on tend à dire : *Je vois pas*. Commentez.

LE MONÈME : UNITÉ D'ANALYSE LINGUISTIQUE MINIMALE

Le linguiste fonctionnaliste André Martinet précise ainsi la notion de monème, bien différente de celle de mot en grammaire traditionnelle :

« Tout énoncé s'analyse exhaustivement en monèmes, le plus souvent successifs, mais parfois amalgamés. Il y a monème chaque fois que le locuteur doit donner à son énoncé un tour particulier afin de communiquer précisément le message qu'il avait en tête, et non tel autre que la langue lui aurait permis de transmettre. »
           André Martinet (1966, p. 52)

Chapitre 13

LE GENRE

EN DEUX MOTS

Si le sexe est déterminé biologiquement, le genre est arbitraire. La lune est féminin en français et masculin en allemand, et neutre en anglais ! On examine ici ce problème complexe pour le français. Il y a quelques règles.

1. LA DISTINCTION ENTRE LE GENRE ET LE SEXE

On distinguera d'abord la notion de genre de celle de sexe. Le **genre** est une **catégorie grammaticale** assez abstraite et souvent très arbitraire déterminée par le système linguistique particulier. Le français distingue deux genres, le **masculin** et le **féminin**, pour tous les substantifs, adjectifs et pronoms, qu'ils désignent des êtres animés ou inanimés.

D'autres langues, comme l'allemand, par exemple, possèdent également une troisième catégorie, le genre « neutre ». Il n'est pas vrai pour autant que cette troisième catégorie soit réservée aux êtres inanimés. En fait, l'allemand utilise les trois catégories de genre pour désigner indifféremment des êtres animés et inanimés, mâles ou femelles. Certaines autres langues comme l'anglais ne font aucune distinction de genre pour les substantifs et les adjectifs, mais en font pour les pronoms et pour les adjectifs possessifs renvoyant à des êtres animés (*he, she, his, hers*, etc.).

À l'encontre des distinctions linguistiques de genre, la différenciation entre **mâle** et **femelle** est fondée sur des critères physiologiques et biochimiques universels qui s'appliquent sans exception à tous les membres d'une même espèce.

Cette distinction biologique peut correspondre ou non aux distinctions établies par les systèmes linguistiques. Le système linguistique ne marque pas de façon systématique les distinctions biologiques.

2. LE GENRE MORPHOLOGIQUE EN FRANÇAIS

Dans la plupart des cas, le genre en français joue uniquement un **rôle grammatical**. Le genre est déterminé par le substantif et déclenche l'accord des éléments qui dépendent du substantif, par exemple, les différents articles, pronoms et adjectifs. L'accord en genre permet ainsi d'indiquer les éléments qui dépendent du nom et de spécifier les rapports entre les différentes propositions d'une même phrase.

Le genre permet d'identifier le nom qui est l'antécédent du pronom relatif ou du pronom personnel sujet, il permet de spécifier le nom qui est modifié par un adjectif. Le rôle majeur du genre n'est donc pas de marquer des distinctions biologiques.

Néanmoins, pour un certain nombre d'êtres animés, il existe des paires de substantifs, très différents au niveau phonologique, qui font coïncider le genre grammatical et le sexe. Il y a alors un substantif masculin qui désigne un être mâle et un substantif féminin qui désigne un être femelle, par exemple :

masculin = mâle	féminin = femelle
un coq	*une poule*
un taureau	*une vache*
un canard	*une cane*
un cheval	*une jument*

Parfois, même pour les êtres animés, il n'existe qu'un substantif avec un seul genre bien déterminé pour désigner à la fois les êtres mâles et femelles. La différence de sexe n'est pas marquée par une différence linguistique, par exemple : *un escargot, un crapaud, un écureuil, une grenouille, une chouette.* Dans ce cas, si l'on veut indiquer le sexe de l'animal on doit ajouter l'adjectif *mâle* ou *femelle*, par exemple : *une girafe mâle, un écureuil femelle.*

Le même manque de différenciation se produit pour les noms de certaines professions où il n'y a qu'un seul substantif avec un seul genre pour les hommes et les femmes, par exemple : *un architecte, un dentiste, un écrivain, un juge, un magistrat, un médecin, un professeur, le président-directeur général.*

PRÉCISIONS DES GENRES

On utilise parfois le mot *homme/femme, garçon/fille, mâle/femelle* pour préciser le genre dans des cas comme : *un professeur femme, un éléphant femelle, une grenouille mâle.*

Cependant, la tendance moderne est à différencier les noms de profession en ajoutant les marques du genre : *un auteur/une auteure, un professeur/une professeure, un écrivain/une écrivaine, un magistrat/une magistrate.*

Il existe également certaines paires de substantifs, dont la plupart se terminent par *-e*, qui partagent une forme commune pour les deux genres. De nouveau, la différence de genre grammatical correspond à une différence de sexe. Mais cette fois-ci, seul l'article indique le genre du substantif, par exemple : *un/une artiste, un/une Belge, un/une camarade, un/une athlète, un/une pianiste, un/une soprano, un/une enfant, un/une élève.* On appelle ces termes qui peuvent appartenir soit au genre masculin pour désigner des êtres mâles, soit au genre féminin pour désigner des êtres femelles, des noms **épicènes**.

Les distinctions de genre produisent parfois certains glissements de sens selon les signifiés potentiels des substantifs masculins ou féminins. Dans : *Alain a une **maîtresse***, il peut s'agir d'un enfant qui a une institutrice ou d'un adulte qui a une liaison amoureuse.

La différence de genre correspond alors à une distinction sémantique plus importante que le simple changement de sexe. C'est également le cas avec les mots comme *entraîneur/entraîneuse*, *gars/garce*, *salaud/salope* où la forme féminine est chargée de fortes connotations péjoratives.

3. LE GENRE ET LA DISTINCTION LEXICALE

Dans un nombre très restreint de cas, le genre permet de distinguer certaines paires de substantifs ayant une forme phonologique identique mais un sens très différent, par exemple :

masculin	féminin
un moule (pour mouler)	*une moule* (un crustacé)
un livre (pour lire)	*une livre* (unité de mesure)
le poste (emploi)	*la poste* (service du courrier)
le solde (l'argent qui reste dans un compte)	*la solde* (la paie du soldat)
le page (du roi)	*la page* (du livre)
le secrétaire (meuble ou personne)	*la secrétaire* (personne)
le critique (personne)	*la critique* (ce qu'a écrit le critique)

Dans ces cas, le genre joue un rôle distinctif, car il est le seul indice du changement de sens de ces substantifs.

4. L'ARBITRAIRE DU GENRE

Dans la plupart des cas, et surtout lorsque les substantifs désignent des entités inanimées et des concepts abstraits, le genre est **arbitraire**, par exemple : *la table, le ciel, la démocratie, le soleil, la lune*. Il est impossible de décrire des critères linguistiques qui expliqueraient l'attribution du masculin ou du féminin à ces substantifs.

Dans certaines langues, les genres sont inversés par rapport au français. En allemand, par exemple, le substantif désignant le soleil est féminin, *die Sonne*, et le substantif désignant la lune est masculin, *der Mond*. Il n'y a donc pas d'accord universel entre les langues sur le genre des objets et des êtres qui peuplent notre univers.

5. L'INVARIABILITÉ DU GENRE

Chaque substantif ne possède qu'**un seul genre grammatical**. Dans les cas où l'on parle traditionnellement de « double genre » ou de « changement de genre », il s'agit, la plupart du temps, de deux substantifs qui partagent une forme phonologique commune, comme dans *un soprano* et *une soprano*. Ou bien d'un processus d'addition d'un élément grammatical (affixation) qui permet de créer une nouvelle forme, comme dans *baron* et *baronne*.

6. LE GENRE, LES VARIATIONS RÉGIONALES ET POPULAIRES ET LE CHANGEMENT DIACHRONIQUE

Le genre grammatical est immuable bien que les usages régionaux ou dialectaux puissent accepter des variations, par exemple :

France	Québec
la partie	*le party*
la vidéo	*le vidéo*
le job	*la job*

Dans de rares cas, certains mots ont changé de genre au cours des siècles. Le substantif *amour*, par exemple, était d'abord féminin avant de devenir masculin. Au pluriel, par contre, ce substantif est resté féminin dans le langage poétique, ainsi que les mots *délices* et *orgues*. Au Moyen Âge, on disait *un fourmi/ une fourmie*. Seule la forme féminine a subsisté… avec l'orthographe du masculin ! À l'époque moderne, on a longtemps hésité entre *un automobile* et *une automobile*, et le genre d'autoroute reste instable : *un autoroute* ou *une autoroute*.

Dans la langue populaire, les fluctuations de genre sont très courantes surtout devant les mots commençant par une voyelle, tels que *autobus, erreur, orage, ouvrage*.

7. LES MARQUES ÉCRITES DU GENRE

La distinction entre le masculin et le féminin est indiquée par un grand nombre de marques dans le code écrit.

Dans la catégorie des déterminants, la distinction de genre est en général bien marquée au singulier par un changement de forme, par exemple, *un/une, le/la, mon/ma, ce/cette*. Au pluriel, par contre, cette distinction est souvent neutralisée, car un grand nombre de déterminants n'ont qu'une seule forme : *des, les, ces*.

Pour la plupart des noms et adjectifs français, la forme féminine est marquée par l'adjonction de la lettre *e* à la fin du mot. C'est pourquoi on appelait autrefois ce *e* final un « e féminin », comme dans les exemples suivants :

- *un ami / une ami**e***
- *un Québécois / une Québécois**e***
- *un Mexicain / une Mexicain**e***

Pour certains noms et adjectifs, la différence de genre est marquée par des modifications plus complexes de la partie finale du terme en question, par exemple :

- *un chat / une cha**tte***   *un veu**f** / une veu**ve***
- *un chie**n** / une chie**nne***   *un mali**n** / une mali**gne***
- *un baro**n** / une baro**nne***   *un menteu**r** / une menteu**se***
- *un ogr**e** / une ogr**esse***   *un facteu**r** / une fact**rice***
- *un berge**r** / une berg**ère***   *un chame**au** / une chame**lle***

Dans certains cas, la forme orthographique du mot, et surtout l'orthographe de la fin du mot, est un indice fiable du genre du mot. Marina Yaguello (2003, p. 232) cite les trois types de mots suivants qui illustrent cette tendance :

Types de finale	Pourcentage de mots masculins	Pourcentage de mots féminins
*parf**um***	100%	
*bur**eau***	100 %	
*ca**mp***	99,3 %	
*r**ein***	99 %	
*f**eu***	97 %	
*mar**ine***		94 %
*gra**phie***		94,2 %
*cha**nce***		97,3 %
*bou**gie***		98 %
*glan**euse***		100 %

Table 13.1.

8. GRAMMAIRE ET FÉMINISATION

Comme nous venons de le voir, beaucoup de noms de métiers ont un féminin du type *épicier/épicière*. En ce qui concerne les noms épicènes, il existe une seule forme, comme *un élève/une élève, un bouquiniste/une bouquiniste*. Mais d'autres noms n'ont que le masculin, alors considéré comme un neutre, ainsi *médecin, professeur*. On a fait sans peine, sur des modèles existants : *un avocat/une avocate*. Mais comment faire le féminin de *auteur* ? sur le modèle *danseur/danseuse : une auteuse ?* ou sur celui de *acteur/actrice : une autrice ?* ou encore sur la terminaison -*esse*, une *auteresse ?* Au Canada, on a choisi une autre solution en faisant *auteur/auteure, professeur/professeure*, etc.

EXCÈS DE ZÈLE ?

La féminisation a voulu que, parlant d'une personne, l'on mentionne la référence du masculin et du féminin, en indiquant les deux articles ou les terminaisons, entre parenthèses, comme dans cette note de service d'un ministère canadien : « Les employé(e)s sont avisé(e)s d'avoir à prévenir leur directeur(trice) s'ils/elles rencontrent un/une étranger(gère) au service. Les caissier(è)es ne sont pas autorisé(e)s à recevoir de chèques d'inconnu(e)s sans identification. Ils/elles seront prévenu(e)s dès qu'un(e) inspecteur(trice) viendra. »

Si la féminisation des noms d'agent semble très bien réussie au Canada, celle de la mention des articles et des terminaisons dans les deux genres, comme dans l'exemple ci-dessus, rencontre plus de résistance, car elle alourdit beaucoup les textes. Dans de tels cas, le masculin reste souvent considéré comme un neutre sauf si on juge vraiment essentiel de mentionner les deux sexes, ainsi dans cet intitulé : AAOF (*Association des Auteur(e)s de l'Ontario français*).

9. LES MARQUES ORALES DU FÉMININ

On voit dans les exemples ci-dessus que la différence de genre correspond à une grande variété de modifications phonétiques.

Pour les déterminants, par exemple, on a au singulier l'alternance des formes *un* /œ̃/ opposé à *une* /yn/, *le* /lə/ opposé à *la* /la/, *mon* /mɔ̃/ opposé à *ma* /ma/, *ce* /sə/ opposé à *cette* /sɛt/.

Au pluriel, par contre, cette distinction est généralement neutralisée dans le code oral, car un grand nombre de déterminants n'ont qu'une seule forme : *des* /de/, *les* /le/, *ces* /se/.

Pour les noms et les adjectifs (y compris les participes passés), par contre, la distinction de genre correspond à des oppositions phonologiques assez complexes. Rigault (1971, pp. 80-91) a proposé le classement suivant des marques orales du genre :

féminin	**masculin**
présence d'une consonne finale	absence de consonne finale
/vɛʁt/	/vɛʁ/
présence d'une consonne finale et voyelle ouverte	absence de consonne et fermeture de la voyelle
/pʁəmjɛʁ/	/pʁəmje/
/sɔt/	/so/
voyelle orale + /n/	chute du /n/ + nasalisation de la voyelle
/ãsjɛn/	/ãsjɛ̃/
présence d'une consonne finale	chute de la consonne et changement de voyelle
/bɛl/	/bo/
consonne voisée	consonne non voisée
/viv/	/vif/
/nœv/	/nœf/
suffixe /øz/	suffixe /œʁ/
/dãsøz/	/dãsœʁ/
suffixe /tʁis/	suffixe /tœʁ/
/aktʁis/	/aktœʁ/
suffixe /ɛs/	chute du suffixe
/mɛtʁɛs/	/mɛtʁ/

QUESTIONS N° 13

1. Expliquez l'alternance entre les formes du féminin et les formes du masculin des adjectifs et noms suivants. À votre avis, quelle serait la meilleure façon pour un apprenant de comprendre cette alternance : commencer par la forme du masculin et ensuite apprendre la forme du féminin ou partir de la forme féminine pour apprendre la forme masculine ?

parfaite	*parfait*	*chaude*	*chaud*	*écolière*	*écolier*
grosse	*gros*	*blanche*	*blanc*	*sotte*	*sot*

2. Dans l'exemple : *cet homme et cette femme sont unis par la loi*, quelle est la règle de l'accord du participe passé ? Donnez d'autres exemples avec des adjectifs ou des pronoms.

3. Transcrivez les phrases ci-dessous en alphabet phonétique en français standardisé et soulignez les **marques écrites et orales du féminin** dans votre transcription. Indiquez le nombre de marques écrites et orales du féminin à côté de votre réponse.

   a) *Sa petite amie était très contente à l'idée de rencontrer toute la famille.*
   b) *Cette jeune athlète est également une excellente danseuse.*
   c) *La baronne était une grande admiratrice de la sculpture grecque.*
   d) *Notre nièce a été enchantée par ses vacances sur la côte méditerranéenne.*
   e) *Ma voisine vient de s'acheter une nouvelle voiture allemande.*

4. Comparez les distinctions morphologiques exprimées par les exemples suivants des déterminants possessifs de la troisième personne du singulier en français et en anglais. Expliquez ensuite les différences et les similarités entre les informations grammaticales de ces deux langues.

français	**anglais**
a1) **Sa** *tête*	a2) **Her** *head*
b1) **Sa** *jambe*	b2) **His** *leg*
c1) **Sa** *bouche*	c2) **Its** *mouth*
d1) **Son** *nez*	d2) **Her** *nose*
e1) **Son** *bras*	e2) **His** *arm*
f1) **Son** *dos*	f2) **Its** *back*
g1) **Ses** *jambes*	g2) **His** *legs*
h1) **Ses** *bras*	h2) **Her** *arms*
i1) **Ses** *oreilles*	i2) **Its** *ears*

CHAPITRE 13 : LE GENRE

135

5. D'après une enquête de Marie Surridge (Université Queen's), on trouve en français la répartition suivante des marques du genre pour les êtres animés non humains :

	féminin	masculin
mammifères	25	124
oiseaux	46	111
poissons	27	36
insectes	31	43
mollusques	21	16

Rapprochez ces statistiques de la réflexion de Marina Yaguello (1978) : « Le genre se révèle essentiellement comme support des représentations symboliques ». Commentez.

6. Donnez, au masculin et au féminin, le nom des gens qui habitent les pays suivants :

a) le Costa Rica
b) la Chine
c) l'Espagne
d) la Tunisie
e) la Nouvelle-Zélande
f) la Lettonie
g) le Laos
h) le Sénégal
i) les Philippines
j) le Brésil

MASCULIN/FÉMININ ET SYMBOLISME

En latin, il existait une opposition entre le **neutre**, qui possédait des déclinaisons spéciales (il représentait l'**inanimé** des Indo-Européens) et le masculin-féminin (l'**animé** des Indo-Européens) ; les déclinaisons de « l'animé » comprenaient indifféremment des masculins et des féminins (...)

C'est pour des raisons étrangères à notre conception du monde que les noms avaient été classés, à une époque très ancienne, dans l'un des trois genres : la Terre nourricière était considérée comme **femelle**, ainsi que les arbres porteurs de fruits ; la mer « infertile » était **neutre** ; le pied, élément **mâle** foulant la route, élément **femelle**. Tiré de Ferdinand Brunot et Charles Bruneau (1949, p. 195)

Chapitre 14

LE NOMBRE

EN DEUX MOTS

Comme pour l'opposition masculin/féminin, celle du nombre singulier/pluriel pose des problèmes. Il y a des substantifs sans pluriel et d'autres sans singulier. Les marques écrites du pluriel ne correspondent pas à celles de l'oral. Mais ici aussi, il y a pourtant quelques règles.

1. LA DISTINCTION DE NOMBRE

En français, la distinction morphologique de nombre oppose le **singulier** au **pluriel**. Cette distinction s'applique aux noms, aux pronoms, aux articles, aux adjectifs et aux verbes.

Le singulier sert à désigner une **entité unique**. Le pluriel désigne un groupe d'**au moins deux entités semblables**, par exemple :

singulier	pluriel
une table	*des tables*
le verre	*les verres*
un buveur	*des buveurs*
une idée	*des idées*

On notera que la catégorie grammaticale du pluriel ne précise pas le nombre d'éléments. Il s'agit simplement de plus d'une seule entité. On introduira un déterminant, l'adjectif cardinal, pour spécifier le nombre : *trois pommes, quatre-vingts mètres, cinquante arbres,* etc.

2. LES OPPOSITIONS SINGULIER/PLURIEL/DUEL/TRIEL

Toutes les langues ne font pas la même distinction de nombre. En français, on oppose le singulier au pluriel.

D'autres langues, comme le sanscrit, le grec ancien et l'arabe, permettent de faire une distinction grammaticale entre l'entité unique et des entités semblables qui apparaissent généralement en groupes de deux : les jambes, les yeux, les bras, etc. Ces langues possèdent alors une autre distinction morphologique de nombre appelée le **duel**. En mélanésien, on a également le **triel** (trois) opposé au pluriel (plus de trois) et au singulier (un).

3. LE NOMBRE ET LE DÉNOMBREMENT

Comme on l'a dit ci-dessus, la notion de pluriel désigne un groupe d'au moins deux entités semblables. Cela implique la possibilité de délimiter, ou de compter les entités en question. On notera cependant que certains substantifs ne permettent pas ce type de dénombrement.

Alors qu'il est facile de dénombrer la plupart des objets physiques animés ou inanimés, tels que *les portes, les fenêtres, les chevaux, les garçons*, d'autres, tels que *la haine, la bonté, le beurre*, ne sont pas dénombrables.

Toutes les langues ne font pas les mêmes distinctions de nombre. En français, les substantifs *information* et *fruit* désignent des entités dénombrables qui peuvent se mettre au pluriel. En anglais, par contre, les substantifs *information* et *fruit* désignent des entités non dénombrables qui ne peuvent pas se mettre au pluriel.

On remarquera que les substantifs représentant des entités non dénombrables sont accompagnés d'un article spécial dit **partitif**. Cet article permet alors de désigner une partie d'un ensemble, par exemple : *du pain, du vin, du beurre*, etc.

4. LES SUBSTANTIFS SANS PLURIEL

Il y a une catégorie de substantifs français qui apparaissent toujours au singulier et ne peuvent jamais se mettre au pluriel. Ce sont des dérivés d'adjectifs et de verbes, tels que : *le vrai, le boire* et *le manger*.

D'autres substantifs, représentant des catégories abstraites, les termes désignant la nourriture, les noms des sciences et les points cardinaux, apparaissent presque toujours au singulier, par exemple : *la vérité, la justice, le pain, le vin, le nord, l'odorat, la botanique, la linguistique*, etc. De nouveau, il s'agit d'entités considérées comme étant non dénombrables.

Néanmoins, certains de ces termes sont parfois mis au pluriel et changent alors plus ou moins de sens. Il s'agit souvent d'un emploi stylistique correspondant à des sens figurés, métonymiques ou métaphoriques, par exemple :

Toutes les vérités ne sont pas bonnes à dire

J'ai deux bons vins dans ma cave

Les joies du mariage sont ineffables

5. LES SUBSTANTIFS SANS SINGULIER

Tout comme il y a des substantifs qui apparaissent presque toujours au singulier, il y a des substantifs qui n'apparaissent qu'au pluriel, par exemple : *les gens, les alentours, les confins, les environs, les funérailles, les mœurs, les obsèques, les ténèbres*.

Ces substantifs désignent des entités qui forment un ensemble non dénombrable. Ils n'acceptent ni adjectifs numéraux, ni adjectifs indéfinis. Ainsi, on ne peut pas dire ou écrire : *cinq environs, *plusieurs gens, *le troisième alentour*, etc.

6. LE NOMBRE ET LA DISTINCTION LEXICALE

Dans de rares cas, la distinction de nombre correspond à une distinction lexicale. Le substantif au singulier a un sens très différent du substantif au pluriel, par exemple :

singulier	**pluriel**
le ciseau (du sculpteur)	*les ciseaux* (de la couturière)
la pâte (à pain)	*les pâtes* (spaghettis)
une nouille (imbécile)	*les nouilles* (pâtes)
la parole (faculté du langage)	*les paroles* (mots à l'oral)

7. LES MARQUES ÉCRITES DU NOMBRE

La distinction de nombre est généralement bien marquée dans le code écrit. Le pluriel est presque toujours marqué par l'addition d'une lettre ou par la modification de la forme écrite.

a) Les marques écrites du nombre des **déterminants**

Les déterminants ont des formes écrites différentes au singulier et au pluriel. On peut représenter ces différences par le schéma ci-dessous :

Singulier	Pluriel
le, la	*les*
un, une	*des*
mon, ma	*mes*
ce ou *cet, cette*	*ces*

Table 14.1. *Les marques écrites du nombre des determinants*

b) Les marques écrites du nombre des **adjectifs**

L'opposition de nombre est également bien marquée pour les adjectifs. La lettre *-s* est la marque la plus fréquente du pluriel, mais il existe certaines exceptions. On peut résumer ces marques par le schéma suivant :

Singulier	Pluriel
marque zéro	+ *s* sauf -s, *gris* -x, *joyeux*
-al *rural*	*-aux* *ruraux*

Table 14.2. *Les marques écrites du nombre des adjectifs*

c) Les marques écrites du nombre des **substantifs**

Comme pour les adjectifs, la différence de nombre est indiquée, pour la grande majorité des substantifs, par l'addition de la lettre -s. Il y a cependant quelques exceptions à cette règle. On peut schématiser ces marques ainsi :

Singulier	Pluriel
marque zéro	+ s sauf -s, *débris* -x, *croix* -z, *nez*
marque zéro	+ *x* *hiboux*

Table 14.3. Les marques écrites du nombre des substantifs

Il existe également certains substantifs dont la forme change selon le nombre. Il s'agit à nouveau d'une modification de la finale :

Singulier	Pluriel
-al *cheval*	*-aux* *chevaux*
-el *ciel*	*-eux* *cieux*
-ail *vitrail*	*-aux* *vitraux*
œil	*yeux*

Table 14.4. Les marques écrites du nombre des substantifs

8. LES MARQUES ORALES DU NOMBRE

En français moderne, la forme du substantif même ne porte pas de marques du pluriel dans le code oral. La prononciation du -s final des noms a commencé à disparaître dès le XVIᵉ siècle. Aujourd'hui le -s final n'est plus prononcé. L'opposition de nombre est alors neutralisée. Comparez, par exemple, les formes suivantes : *lit* /li/ singulier, opposé à *lits* /li/ pluriel, *fleur* /flœʀ/ singulier opposé à *fleurs* /flœʀ/ pluriel.

Les deux manières de marquer le pluriel restent alors :

1. les **déterminants** qui accompagnent le nom, par exemple :
    le lit /ləli/ opposé à *les lits* /leli/
    une fleur /ynflœʀ/ opposé à *des fleurs* /deflœʀ/

2. la **liaison**, là où elle est possible :

/mɔnami/ opposé à /mezami/

Le pluriel *mes amis* est marqué deux fois : une première fois par le déterminant et ensuite par la liaison, qui devient alors une marque **redondante** du pluriel.

On peut résumer, dans les schémas ci-dessous, les marques orales du nombre pour les déterminants, les adjectifs et les substantifs.

a) Les marques orales du nombre des **déterminants**

Singulier	Pluriel
/lə/, /la/	/le/ ou /lez/
/œ̃/, /yn/	/de/ ou /dez/
/mɔ̃/, /ma/	/me/ ou /mez/
/sə/ ou /sɛt/, /sɛt/	/se/ ou /sez/

Table 14.5. Les marques orales du nombre des déterminants

b) Les marques orales du nombre des **adjectifs qualificatifs**

Singulier	Pluriel
/gʀɑ̃/	/gʀɑ̃/
marque zéro	marque zéro : liaison avec voyelle suivante /z/
/al/	/o/

Table 14.6. Les marques orales du nombre des adjectifs qualificatifs

c) Les marques orales du nombre des **substantifs**

Singulier	Pluriel
/tabl/	/tabl/
marque zéro	liaison avec voyelle suivante /z/

Table 14.7. Les marques orales du nombre des substantifs

Il y a certains substantifs qui ont des formes orales différentes au singulier et au pluriel. Il s'agit souvent d'une variation de la partie finale du substantif, par exemple :

Singulier	Pluriel
-/al/ /ʃəval/	-/o/ /ʃəvo/
-/ɛl/ /sjɛl/	-/ø/ /sjø/
-/aj/ /vitʁaj/	-/o/ /vitʁo/
/œf/	/ø/
/bœf/	/bø/
/œj/	/jø/

Table 14.8. Les marques orales du nombre des substantifs

9. LES MARQUES DU VERBE

L'opposition entre les formes verbales du singulier et du pluriel est bien marquée, dans le code écrit et dans le code oral, pour les première et deuxième personnes de tous les verbes, par exemple :

travaille/travaillons (1re personne, indicatif présent)

travailles/travaillez (2e personne, indicatif présent)

travaille/travaillons (impératif)

chante/chantions (1re personne, subjonctif présent)

chantes/chantiez (2e personne, subjonctif présent)

Pour la **troisième** personne des verbes du premier groupe, par contre, l'opposition entre les formes du singulier et celles du pluriel est parfois **neutralisée** dans le code oral. Comparez, par exemple :

parle /paʁl/ et *parlent* /paʁl/ (indicatif présent)

parle /paʁl/ et *parlent* /paʁl/ (subjonctif présent)

parlait /paʁlɛ/ et *parlaient* /paʁlɛ/ (indicatif imparfait)

parlerait /paʁləʁɛ/ et *parleraient* /paʁləʁɛ/ (conditionnel présent)

La même **neutralisation** de l'opposition du nombre se produit pour les verbes du deuxième groupe et du troisième groupe. Comparez, par exemple, la prononciation des formes verbales suivantes :

2e groupe :

finissait /finisɛ/ et *finissaient* /finisɛ/ (indicatif imparfait)

finirait /finiʁɛ/ et *finiraient* /finiʁɛ/ (indicatif présent)

finisse /finis/ et *finissent* /finis/ (subjonctif présent)

3ᵉ groupe :

prenait /prənɛ/ et *prenaient* /prənɛ/ (indicatif imparfait)

prendrait /prɑ̃drɛ/ et *prendraient* /prɑ̃drɛ/ (indicatif présent)

prenne /prɛn/ et *prennent* /prɛn/ (subjonctif présent)

Au présent de l'indicatif, par contre, l'opposition de nombre est maintenue. Comparez les formes suivantes :

2ᵉ groupe :

finit /fini/ opposé à *finissent* /finis/ (indicatif présent)

3ᵉ groupe :

prend /prɑ̃/ opposé à *prennent* /prɛn/ (indicatif présent)

vend /vɑ̃/ opposé à *vendent* /vɑ̃d/ (indicatif présent)

10. MARQUES REDONDANTES DU PLURIEL DANS LES VERBES

Comme pour les substantifs, le déterminant est une marque redondante. Dans *nous travaillons*, le pluriel de la première personne est déjà marqué par le pronom *nous*.

11. LES PARTICULARITÉS GRAPHIQUES DES VERBES, NOMS ET ADJECTIFS

Comme nous venons de le voir, la terminaison *-ent* de la troisième personne du pluriel ne se prononce pas dans les formes verbales. La forme du pluriel *ils chantent* /ilʃɑ̃t/ se prononce de la même façon que le singulier *il chante* /ilʃɑ̃t/. La même remarque s'applique aux formes *elles couvent* et *elle couve*, qui se prononcent toutes les deux /ɛlkuv/. Cependant que la suite de lettres *-ent* se prononce /ɑ̃/ dans les noms et dans les adjectifs : *dent, vent, client, patient, couvent*, etc.

Notons que la séquence des lettres *-ier* se prononce /je/ dans les formes verbales comme dans : *il ne faut pas s'y fier* /ilnəfopasifje/. La même séquence se prononce /jɛr/ dans les noms et les adjectifs : *Il est fier* /ilefjɛr/, *Prenez-en le tiers* /prənezɑ̃ltjɛr/.

La finale *-tion* se prononce /tjɔ̃/ dans les formes verbales : *nous comptions* /nukɔ̃tjɔ̃/. Elle se prononce /sjɔ̃/ ailleurs : *Attention, c'est une notion de la nation* /atɑ̃sjɔ̃setynnosjɔ̃dəlanasjɔ̃/.

La finale *-eu* se prononce /y/ dans le participe passé du verbe *avoir* : *Je l'ai eu* /ʒəley/. Ailleurs, elle se prononce /ø/ : *c'est un jeu* /sɛtœ̃ʒø/.

La finale *-est* se prononce /ɛ/ dans le verbe *être* comme dans *c'est* /sɛ/, mais /ɛst/ ailleurs : *il est de l'est* /ilɛdəlɛst/.

12. LES MARQUES DU PRONOM PERSONNEL

L'opposition entre singulier et pluriel est bien marquée dans le code écrit et dans le code oral, pour la première personne et pour la deuxième personne des pronoms personnels sujets, par exemple :

je opposé à *nous* (et à *on*)

tu opposé à *vous*

À la troisième personne, l'opposition de nombre est neutralisée dans le code oral devant une consonne, par exemple :

il parle /ilparl/ opposé à *ils parlent* /ilparl/

En revanche, devant une voyelle, l'opposition de nombre est marquée par la liaison entre le pronom et la forme verbale, par exemple :

il oublie /ilubli/ opposé à *ils oublient* /ilzubli/

Comme la liaison est le seul indice de l'opposition de nombre, on dira que, dans ce type de cas, elle est **pertinente**, c'est-à-dire qu'elle joue un rôle distinctif du point de vue morphologique.

Pour les pronoms personnels conjoints et disjoints compléments d'objet direct et indirect, l'opposition de nombre est généralement marquée par des formes différentes, par exemple :

Singulier	Pluriel
me	nous Ex : Il *me* le dit ≠ Ils *nous* le disent
te	vous Ex : Il *te* le dit ≠ Ils *vous* le disent
se	se
le, la	les
lui	leur
moi	nous
toi	vous
lui, elle, soi	eux, elles

Table 14.9. L'opposition de nombre des pronoms

L'opposition de nombre est cependant neutralisée dans les pronoms suivants : à ***elle*** / à ***elles***, il *s'aime*/ils *s'aiment*.

1. Transcrivez les énoncés suivants en alphabet phonétique et indiquez les marques du pluriel dans le code écrit et dans le code oral. Comparez ensuite le nombre de marques dans les deux codes.

   a) *Les parents de Magali sont très fiers des médailles olympiques que leur fille a gagnées*
   b) *Leurs voisins n'achètent plus de journaux depuis plus de cinq ans*
   c) *Les inondations ont détruit les maisons situées sur les hauteurs de la ville*
   d) *Nous aimerions acheter deux kilos de pêches et trois cents grammes de cerises*
   e) *Elles ont passé les vacances d'été avec leurs cousins germains*

2. Analysez le rôle des déterminants et des pronoms dans les oppositions suivantes :

   a) *le chien / les chiens*
   b) *je mange / tu manges*
   c) *il arrive / ils arrivent*

3. Trouvez cinq exemples où l'opposition entre le singulier et le pluriel est marquée par une liaison pertinente.

4. Expliquez la façon dont le pluriel est marqué dans les exemples suivants : *le chat/ les chats*; *the cat/the cats*; *il gatto/i gatti*; *el gato/los gatos*; *die Katze/die Katzen.*

5. Expliquez la façon dont on marque la différence entre le singulier et le pluriel dans les énoncés suivants tirés du créole de l'île de La Réunion.

   a) *la ti fij*   « la petite fille »
   b) *le band ti fij*   « les petites filles »
   c) *un ti fij*   « une petite fille »
   d) *un band tifij*   « des petites filles »
   e) *un chien*   « un chien »
   f) *un band chien*   « des chiens »

6. Transcrivez les phrases suivantes en alphabet phonétique :

   a) *Le reporter va reporter son texte*
   b) *Il faut enlever ce revolver*
   c) *Nous relations nos relations*
   d) *Nous inspections les inspections*
   e) *Les poules du couvent couvent*
   f) *C'est là que résident les résidents*
   g) *Nous éditions de nouvelles éditions*
   h) *Nous notions toutes ces notions sans émotion*
   i) *J'ai eu un peu de feu*

UNE HISTOIRE DE FOUS

Voici le début d'un poème célèbre de Robert Desnos. À quoi pourrait-il bien servir dans une classe d'orthographe française ?

Les hiboux

Ce sont les mères des hiboux
Qui désiraient chercher des poux
De leurs enfants, les petits choux
En les tenant sur leurs genoux.

Leurs yeux d'or valaient des bijoux,
Leur bec est dur comme des cailloux
Ils sont doux comme des joujoux
Mais aux hiboux point de genoux !...

C'est, conclut le poète, une histoire qui se passe « *chez les fous* » !
(Desnos, 1952, p. 20)

Devinette : Comment se reproduisent les poules des religieuses ?

En couvent ! (= en couvant)

Chapitre 15

LA MORPHOLOGIE DU VERBE :
FORME, VOIX, NOMBRE ET PERSONNE

EN DEUX MOTS

L'analyse des éléments minimaux de signification des formes verbales montre comment une unité lexicale, la « racine » du verbe, se combine à d'autres éléments significatifs de nature grammaticale, pour indiquer la voix (active ou passive), le nombre (singulier ou pluriel) et la personne (première, deuxième, troisième).

1. L'INFORMATION VERBALE

Les formes verbales contiennent un grand nombre d'informations sur les plans sémantique et morphologique. Elles résultent de la combinaison d'un **lexème** (appelé traditionnellement le radical) et d'un **morphème verbal** (appelé traditionnellement la terminaison). La forme verbale fournit principalement deux types d'informations :

- des informations **lexicales** indiquant la nature de l'action, par exemple : ***mange** ait*, ***téléphon**-ons*, ***parl**-èrent*
- des informations **grammaticales** indiquant les sèmes grammaticaux suivants : la personne, le nombre, le mode, le temps, l'aspect, la voix

Les diverses interprétations globales que l'on attribue aux formes verbales (vérité générale, répétition, action présente, action future, action probable, action nécessaire, etc.) proviennent d'abord de l'interaction entre les informations lexicales et morphologiques.

Le **contexte linguistique**, c'est-à-dire les indicateurs temporels comme les adverbes, les locutions adverbiales, les compléments circonstanciels qui entourent le verbe, joue également un grand rôle dans l'interprétation que l'on donne à ces formes.

Finalement, le **contexte extralinguistique** déterminera la valeur temporelle précise de la forme verbale. La phrase *Il arrive à dix heures du matin* peut être la réponse aux deux questions suivantes :

- *À quelle heure arrive-t-il à l'aéroport aujourd'hui ?*
- *À quelle heure arrive-t-il au bureau d'habitude ?*

Dans le premier cas, la forme verbale du présent de l'indicatif indique une action future. Dans le deuxième cas, la même forme verbale indique une vérité générale ou une action répétée. Le présent est le temps qui peut prendre le plus de sens différents.

STRUCTURE DU FRANÇAIS MODERNE

148

On distinguera alors les diverses **désignations** des formes verbales (le présent de l'indicatif, le futur, le passé du subjonctif, etc.) de leur **interprétation temporelle** ou **modale** dans un énoncé réel.

2. LES DIFFÉRENTS TYPES DE FORMES VERBALES

On peut d'abord distinguer les formes verbales selon la présence ou l'absence des flexions. On distingue les formes verbales qui présentent des flexions pour chaque personne (c'est-à-dire les diverses formes dites conjuguées, le présent, le futur, le conditionnel, etc.) de celles qui n'en présentent pas, c'est-à-dire le gérondif (en *travaillant*), les infinitifs présent (*travailler*) et passé (*avoir travaillé*), et les participes présent (*travaillant*) et passé (*travaillé*).

La forme de l'infinitif présent possède en fait plusieurs caractéristiques d'une forme nominale et peut apparaître dans des contextes linguistiques identiques à ceux des substantifs, par exemple : *Travailler, c'est l'essentiel. Partir, c'est mourir un peu.*

L'infinitif remplace souvent l'impératif pour atténuer un ordre. *Ne pas entrer* est plus neutre que : *N'entrez pas.*

Les participes présent et passé possèdent plusieurs des caractéristiques des adjectifs et peuvent devenir des adjectifs verbaux qui présentent les flexions adjectivales de genre et de nombre. Ainsi : *ils étaient repentis, On les croyait repentants.*

Parfois, les formes verbales du participe présent diffèrent de celles de l'adjectif correspondant :

participe	adjectif
adhérant	*adhérent*
différant	*différent*
équivalant	*équivalent*
excellant	*excellent*
fatiguant	*fatigant*
négligeant	*négligent*

On classe également les **formes verbales** selon leur statut en tant que mots. On distingue deux types principaux de formes verbales :

- les formes dites **simples** qui résultent de la combinaison d'un lexème et d'un morphème en un seul mot, par exemple, *mangeait*
- les formes dites **composées** qui résultent de la combinaison d'un auxiliaire temporel et d'un participe passé qui constituent deux mots séparés, par exemple, *a mangé*

Ces formes correspondent à ce que l'on appelle traditionnellement la conjugaison, laquelle nous fournit les formes verbales du présent de l'indicatif, du futur antérieur, du passé du subjonctif, etc.

3. L'ANALYSE VERBALE

Avant de commencer l'analyse des distinctions morphologiques verbales, il convient d'en définir le cadre général.

Les différents morphèmes verbaux et les sèmes grammaticaux qui leur sont attribués dépendent en fait de trois notions distinctes mais liées :

- l'acte de locution
- la structure de l'action
- le rôle grammatical

L'**acte de locution** désigne les divers éléments qui font partie de la **situation de communication**. On distingue :

- le **locuteur**, la personne qui parle
- l'**interlocuteur**, la personne à laquelle s'adresse le locuteur
- l'**énoncé**, le message linguistique produit par le locuteur
- le **moment de locution**, le moment où le locuteur parle

Si, par exemple, François téléphone à Philippe à six heures du soir et lui dit *Bonsoir*, François est le locuteur, Philippe est l'interlocuteur, l'énoncé est le mot *Bonsoir* et le moment de locution se trouve être à six heures du soir.

On distingue ensuite les divers participants dans la **structure de l'action** :

- l'**actant** (ou dans certains cas l'**agent**), la personne ou l'entité qui fait véritablement l'action du verbe
- l'**action** même du verbe
- le **moment de l'action**, le moment réel où l'action a lieu
- le **patient** (ou le **thème**), la personne ou l'entité qui subit directement l'action du verbe
- le **bénéficiaire**, la personne ou l'entité qui profite indirectement de l'action du verbe

Dans la phrase *Marion envoie une carte postale à Emmanuel*, Marion est l'actant, l'action est *envoie*, *la carte postale* est le patient puisque c'est l'objet envoyé et *Emmanuel* est le bénéficiaire, car c'est lui qui reçoit la carte et bénéficie ainsi de l'action.

On distingue finalement le **rôle grammatical** des différents éléments de la phrase :

- le **sujet** grammatical de la forme verbale
- le **verbe** même
- les **compléments d'objet direct et indirect**

Reprenons la phrase ci-dessus, *Marion envoie une carte postale à Emmanuel*. Dans cet exemple, *Marion* est le sujet grammatical, le verbe est *envoie*, *la carte postale* est le complément d'objet direct et *Emmanuel* est le complément d'objet indirect.

L'interaction entre l'acte de locution, la structure de l'action et le rôle grammatical permet de décrire les distinctions morphologiques verbales de personne, de nombre, de temps, de mode, d'aspect et de voix.

4. LA VOIX VERBALE

La distinction entre la **voix active** et la **voix passive** dépend de l'interaction entre la structure de l'action et le rôle grammatical des éléments de la phrase.

À la **voix active**, le **sujet grammatical** est également l'**actant** de l'action. Dans la phrase *le chien mord Pierre*, c'est le sujet grammatical, *chien*, qui est l'actant et fait l'action *mord*.

On peut dire alors que le sujet grammatical est « actif ». Dans cette phrase, c'est le complément d'objet direct, *Pierre*, qui est le patient et subit l'action.

À la **voix passive**, le **sujet grammatical** de la phrase est le **patient** de l'action. Ainsi dans la phrase *Pierre est mordu par le chien*, le sujet grammatical *Pierre* subit l'action de *mordre*. On peut dire alors que le sujet grammatical est « passif ». Celui qui fait véritablement l'action de *mordre*, à savoir *le chien*, se trouve dans la proposition introduite par la préposition *par*. Il est appelé traditionnellement **complément d'agent**.

Certains linguistes et grammairiens distinguent également une troisième voix que l'on appelle la **voix pronominale** ou **voix moyenne**. Ce qui distingue les verbes pronominaux des autres types de verbes est la présence d'un **pronom obligatoire**. Ce pronom peut représenter soit le patient, soit le bénéficiaire de l'action.

La voix pronominale se sous-divise en trois catégories :

- la **voix pronominale réfléchie**, où il y a une seule personne qui est à la fois l'actant et le patient de l'action, comme dans : *François se lève de bonne heure*
- la **voix pronominale réciproque**, où il y a deux personnes qui sont à la fois l'actant et le patient d'une seule et même action, comme dans : *Georges et Laura s'aiment*
- la **voix pronominale avec un pronom grammaticalement vide,** où le pronom indique un changement de sens ou un sens particulier, comme dans : *Charles s'est aperçu de son erreur*

Examinons d'abord la voix pronominale réfléchie, qui se réalise de deux façons différentes. Dans un premier type de phrase, comme *Pauline se lave*, Pauline est à la fois l'**actant** et le **patient** de l'action *laver* (Pauline lave Pauline). Dans un autre type de phrase, comme l'énoncé *Martine s'est acheté une imprimante au laser*, Martine est à la fois l'**actant** et le **bénéficiaire** de l'action *acheter* (Martine achète une imprimante au laser pour Martine). Dans ces deux types de phrases, il s'agit de la forme pronominale **réfléchie**, car la même personne joue **deux rôles** dans la structure de l'action.

Dans le premier cas, *Pauline se lave*, le pronom *se* représente le **patient** du point de vue de la structure de l'action et le **complément d'objet direct** du point de vue du rôle grammatical. Dans la phrase *Martine s'est acheté une imprimante au laser*, par contre, le pronom *se* représente le **bénéficiaire** au niveau de la structure de l'action et le **complément d'objet indirect** du point de vue du rôle grammatical.

Il est nécessaire de comprendre le statut grammatical du pronom dans ces formes verbales pour saisir le mécanisme de l'accord du participe passé. L'accord du participe passé se fait dans les cas où le pronom représente le **patient** de l'action (le complément d'objet direct du verbe) et **précède** le participe passé. Par exemple, dans la phrase *Pauline s'est lavée*, le pronom « se » exprime le fait que Pauline a lavé Pauline (entité féminine et singulier). Le pronom précède le participe passé et on doit faire l'accord. En revanche, dans la phrase *Martine s'est acheté une imprimante au laser*, le pronom « se » représente le bénéficiaire de l'action (le complément d'objet indirect du verbe), c'est-à-dire la personne pour qui on a acheté l'imprimante. Le patient de l'action (le complément d'objet direct du verbe) ou l'entité qui subit véritablement l'action du verbe « *acheter* » est l'imprimante, qui se trouve après le participe passé. L'accord ne se fait pas dans cette phrase, car le pronom ne représente pas le patient de l'action et le patient de l'action est placé après le participe passé.

On distingue les formes réfléchies des formes dites **réciproques**. La forme réciproque nécessite un sujet grammatical **pluriel**, c'est-à-dire deux ou plusieurs actants. La différence d'interprétation des formes réciproques vient du fait que les deux actants font la même action et que les deux actants sont en même temps les patients de l'action du verbe. La phrase *Pierre et Pauline se regardent* exprime deux situations parallèles et identiques du point de vue de l'action : Pierre (actant) regarde Pauline (patient) et Pauline (actant) regarde Pierre (patient). Dans cette phrase, le pronom « *se* » est en fait au pluriel et représente les deux patients de l'action « *regarder* ». Dans la phrase *Yvette et Daniel s'écrivent des courriels*, qui a également une forme pronominale réciproque, le pronom « *se* » représente les deux bénéficiaires de l'action « *écrire* ». Autrement dit, Yvette écrit un courriel **à** Daniel et Daniel écrit un courriel **à** Yvette.

De nouveau, l'accord du participe passé se fait seulement si le pronom représente le patient de l'action et précède le participe passé *Pierre et Pauline se sont regardés*. L'accord ne se fait pas si le pronom représente le bénéficiaire de l'action *Yvette et Daniel se sont écrit des courriels*.

Finalement, certaines formes pronominales ne sont ni réfléchies, ni réciproques. Dans ce cas, le pronom ne joue aucun rôle au niveau de la structure de l'action ou du rôle grammatical et sert plutôt à indiquer que le verbe a un nouveau sens. Il existe ainsi le verbe *apercevoir* et le verbe pronominal *s'apercevoir*. Le verbe *apercevoir* signifie l'action de repérer ou de voir quelque chose, comme dans la phrase *Charles a aperçu un oiseau dans l'arbre*. En revanche, dans la phrase *Charles s'est aperçu de son erreur*, le pronom n'implique pas que Charles fait porter l'action d'*apercevoir* sur lui-même. Il s'agit simplement d'une forme verbale voulant dire *comprendre* ou *remarquer*.

Il existe également quelques verbes comme *s'évanouir* et *s'enfuir* qui apparaissent toujours à la voix pronominale. Ces verbes se conjuguent toujours avec un pronom : *Il s'évanouit quand il fait très chaud* et n'apparaissent jamais sans pronom : **Il évanouit*. Comme c'était le cas ci-dessus pour le verbe *s'apercevoir*, le pronom n'a aucune valeur du point de vue de la structure de l'action ou du rôle grammatical.

L'accord du participe passé est **automatique** dans ces formes verbales et s'effectue avec le **sujet** : *Françoise s'est aperçue de son erreur, Jeannine s'est évanouie*.

5. LE NOMBRE

Les verbes français possèdent deux catégories de nombre :
- Le **singulier**, où il y a **un seul actant** :
  - je parle (singulier, première personne)
  - tu parles (singulier, deuxième personne)
  - il parle (singulier, troisième personne)

- Le **pluriel**, où il y a **au moins deux actants** :
  - nous parlons (pluriel, première personne)
  - vous parlez (pluriel, deuxième personne)
  - ils parlent (pluriel, troisième personne)

Le français possède également une structure correspondant, sur le plan grammatical, à la troisième personne du singulier, mais souvent utilisée pour exprimer la première personne du pluriel, par exemple : *on mange, on arrive*.

De même, le *vous* dit de politesse représente soit un singulier équivalent de *tu*, soit un pluriel. Ainsi, dans *Entrez, madame, je **vous** en prie*, « vous » est un singulier, équivalent de « tu ». Par contre, dans *Mesdames et messieurs, je **vous** présente nos invités*, « vous » est un pluriel véritable.

6. LA PERSONNE

La **personne** désigne un concept apparemment simple, mais en réalité assez complexe, qui dépend d'une interaction entre l'acte de locution, la structure de l'action et le rôle grammatical. Le concept de personne permet de définir précisément celui qui fait l'action. Cette notion est définie par rapport au locuteur et signifie que tout verbe contient un acte de locution implicite, « je dis que » ou « je vous dis que ».

Les verbes français peuvent être conjugués de trois façons, avec la **première**, la **deuxième** ou la **troisième** personne.

- 1re :
  - À la première personne du singulier de la voix active, le locuteur est à la fois l'actant et le sujet grammatical, par exemple : *je regarde, j'ai écouté, je regardais*
  - À la première personne du pluriel de la voix active, le locuteur est accompagné d'au moins un autre actant. Ces actants constituent également le sujet grammatical. Par exemple : *Nous regardons. Nous écoutions. Georges et moi nous partirons demain*

Dans la conversation, on utilise souvent la troisième personne du singulier *on* comme équivalent de la première personne du pluriel. Par exemple : *On est arrivé* et *On appellera*, au lieu de *Nous sommes arrivés* et *nous appellerons*. La forme avec *nous* est perçue comme plus formelle, voire littéraire par rapport à *on*, d'usage familier.

Il existe aussi une forme d'adresse vieillie qui consiste à employer *on* au lieu de *tu*. Ainsi l'institutrice dira à un élève : « ***On** n'a pas été sage aujourd'hui* » pour « ***Tu** n'as pas été sage aujourd'hui* ».

- 2ᵉ :
  - À la deuxième personne du singulier de la voix active, le locuteur parle à son interlocuteur qui devient l'actant du verbe. Cette deuxième personne est également le sujet grammatical, par exemple : *tu regardes, tu reviendras*
  - À la deuxième personne du pluriel de la voix active, le locuteur parle à deux interlocuteurs, ou plus, qui deviennent l'actant et représentent le sujet grammatical, par exemple : *vous regardez, vous êtes revenus*
- 3ᵉ :
  - À la troisième personne du singulier de la voix active, le locuteur s'adresse à son interlocuteur tout en désignant une autre personne en dehors de l'acte de locution. Cette troisième personne est l'actant et constitue le sujet grammatical, par exemple : *il regarde, l'arbre est tombé, Françoise saura, le chat miaule*

La forme du pronom *on* permet une utilisation « non personnelle » de la troisième personne du singulier. Ce pronom sert à désigner un actant non spécifié. Il représente une sorte de « personne non identifiée » qui peut donc servir d'équivalent de la voix passive, par exemple : *on a mangé tout ce qu'il y avait, on a pris mon stylo, on a fait une déclaration.*

- À la troisième personne du pluriel de la voix active, le locuteur parle à au moins un interlocuteur tout en désignant un groupe d'au moins deux autres personnes. Ce groupe constitue l'actant et le sujet grammatical du verbe, par exemple : *ils regardaient, elles mangeront, Françoise et Charles seraient venus, les chats avaient miaulé*

La grande majorité des verbes acceptent les flexions de personne. En revanche, les verbes dits **impersonnels** n'en acceptent pas. Ces verbes sont presque toujours conjugués à la troisième personne du singulier. Il s'agit en fait de formes verbales où le locuteur ne précise pas ou ne peut pas préciser l'entité ou l'être qui est l'actant du verbe, par exemple : *il neige, il pleuvait, il le faut.*

IL PLEURE DANS MON CŒUR
Voici une belle illustration de l'utilisation poétique de l'impersonnel :

Il pleure dans mon cœur
Comme il pleut sur la ville
Quelle est cette langueur
Qui pénètre mon cœur

Ô bruit doux de la pluie
Par terre et sur les toits !
Pour un cœur qui s'ennuie
Ô le chant de la pluie !

Il pleure sans raison
Dans ce cœur qui s'écœure
Quoi nulle trahison
Ce deuil est sans raison

C'est bien la pire peine
De ne savoir pourquoi
Sans amour et sans haine
Mon cœur a tant de peine
(Verlaine, 1963, p. 40)

Rappelons également qu'à la voix passive le locuteur, l'interlocuteur et la tierce personne représentent le patient de l'action : *J'ai été blessé par ses propos, Vous avez été convoqués par la direction de l'entreprise, Elle a été envoyée en Espagne par son école.*

1. Dans les énoncés suivants, indiquez si les verbes sont des verbes pronominaux réfléchis, réciproques ou grammaticalement vides et identifiez la valeur du pronom en gras du point de vue de la structure de l'action et du rôle grammatical :
   a) *Marc et Nicolas **se** disputent tout le temps.*
   b) *François **s'**est rendu compte de son impolitesse.*
   c) *Rachel adore **se** promener sur la plage.*
   d) *André **s'**amuse avec son nouveau jeu vidéo.*
   e) *Geneviève et Benjamin **se** détestent.*
   f) *Vous **vous** êtes trompés d'adresse.*
   g) *Nous **nous** réveillons à six heures tous les matins.*
   h) *Tu ne **t'**ennuies pas trop ?*
   i) *Je **m'**endors devant la télévision après le repas.*
   j) *On **se** téléphone demain soir ?*

2. Identifiez les sèmes grammaticaux de personne, de nombre, et de voix exprimés par les formes verbales suivantes :
   a) *On a vendu la maison.*
   b) *Nous sommes arrivés plus tôt que prévu.*
   c) *Les passagers ont été prévenus du retard par courriel.*
   d) *Êtes-vous satisfaits de votre achat ?*
   e) *Le propriétaire est parti en vacances.*
   f) *L'autocar est tombé panne.*
   g) *Ce studio est déjà loué pour le mois d'août.*
   h) *Es-tu allé chercher les médicaments à la pharmacie ?*
   i) *Les documents ont été déposés au tribunal.*

3. Au passé composé, les verbes réfléchis posent des problèmes d'accord du participe passé. Expliquez les règles d'accord dans les phrases suivantes :
   a) *Elles se sont appelées hier soir.*
   b) *Les gouvernements se sont succédé.*
   c) *Elles se sont lavé les mains.*
   d) *La voiture s'est écrasée contre un arbre.*
   e) *Elle s'est endormie à une heure du matin.*

4. Indiquez si dans les énoncés suivants les formes verbales sont de type personnel ou impersonnel :

    a) *Il lui arrive toujours des malheurs.*

    b) *Il passe chez nous ce soir.*

    c) *Il fait n'importe quoi.*

    d) *Il faut remplacer le robinet d'eau froide.*

    e) *Il arrive à la gare centrale.*

    f) *Il se passe des choses bizarres.*

    g) *Il est sûr de sa réponse.*

    h) *Il fait nuit tôt maintenant.*

    i) *Il donne l'impression de connaître tout le monde.*

    j) *Il y a quelqu'un à la porte.*

5. Transformez en style de la conversation (*On* au lieu de *nous*) :

    a) *Nous sommes partis.*

    b) *Nous nous connaissons.*

    c) *Nous reviendrons pour le déjeuner.*

    d) *Nous nous sommes croisés devant le supermarché.*

    e) *Nous nous appellerons.*

6. Dans les phrases suivantes, identifiez si la forme du verbe en gras est un participe présent, un gérondif ou un adjectif verbal :

    a) *Elle s'est fait mal en **tombant** dans l'escalier.*

    b) *Quelle **excellente** idée !*

    c) ***Négligeant** son travail, il est parti au cinéma.*

    d) *Vous trouverez la réponse en y **pensant**.*

    e) *Ils habitent une rue **passante**.*

    f) *Les grévistes ont accepté un versement **équivalant** à un mois de salaire.*

    g) ***Conduisant** plus vite, elle est arrivée avant les autres.*

    h) *Le candidat a prononcé un discours **provocant**.*

    i) *Les secouristes ont trouvé des survivants **tremblant** de peur.*

    j) *Je trouve cette émission **ennuyante**.*

CONJUGAISON

(Présent d'un imparfait)
Impérative,
Tu me dis que je suis
Ta première personne,
> *Mais tu me conjugues*
> *À l'imparfait*
> *Et au conditionnel.*

Moi qui te récite
Au plus-que-parfait,
Toi qui es mon pluriel de majesté.

Tu me déclines maintenant
Au futur.

Serai-je déjà
Ton passé simple ?
(Léon, 2003, p. 33)

Chapitre 16

LA MORPHOLOGIE DU VERBE : MODE, TEMPS, ASPECT

EN DEUX MOTS

Par le même processus d'analyse des unités significatives qu'on a vu dans le chapitre précédent, on découvre maintenant la combinatoire qui mène à l'indication du mode du temps et de l'aspect des verbes.

Les verbes français peuvent se conjuguer selon quatre modes différents. Les modes permettent au **locuteur** d'exprimer son **attitude** par rapport à l'action qu'il décrit.

Les verbes servent aussi à indiquer le temps de l'action et son aspect, achevé ou inachevé.

1. L'INFINITIF ET LE PARTICIPE

L'infinitif et le participe sont deux modes à part. Ils n'ont pas de personnes, de nombre et de temps. Ils servent surtout à classer les verbes en trois grands groupes :

- 1ᵉʳ groupe en -ER, comme *manger*. Il y en a plusieurs milliers. Ce premier groupe est le plus simple et sert de modèle à la construction de nouveaux verbes
- 2ᵉ groupe en -IR, comme *grandir*, avec le participe passé en *-issant*
- 3ᵉ groupe, qui comprend toutes les formes irrégulières comme *avoir, être, voir, coudre, bouillir*

L'infinitif, comme le participe, ne peut recevoir de valeur modale que du contexte. Lorsque La Fontaine écrit : « *Et rieurs d'accourir* », la phrase est l'équivalent de : « *les rieurs accourent* ».

L'infinitif remplace également l'impératif dans les conseils culinaires ou les injonctions publiques : « *Ajouter du sel. Remuer. Faire bouillir…* ». « *Ne pas traverser* ».

Le participe existe essentiellement dans les formes composées du passé, comme *j'ai terminé*. Au présent, il s'emploie dans les constructions appelées gérondif, comme dans « *C'est en forgeant qu'on devient forgeron* ». Mais on le trouve aussi dans les emplois adjectivaux tels que : « *Suant, soufflant, il avançait péniblement* ».

2. LE MODE INDICATIF

Le mode **indicatif** permet au locuteur d'affirmer l'action qu'il décrit, ou au moins de la présenter comme une observation, par exemple :

Le chien mange. (Le chien mange réellement en ce moment et je l'affirme)

3. LE MODE IMPÉRATIF

Le mode **impératif** permet au locuteur de donner un ordre à un interlocuteur, ou à une troisième personne de faire l'action du verbe, par exemple :

- *Mange tes légumes !* (Je dis à mon interlocuteur de manger ses légumes)
- *Qu'il revienne immédiatement !* (Je dis à mon interlocuteur de dire à une tierce personne de revenir et, dans ce cas, c'est la forme du subjonctif qui sert à indiquer l'impératif absent de la 3ᵉ personne)

4. LE MODE SUBJONCTIF

Le mode **subjonctif** permet au locuteur d'affirmer, mais de façon moins absolue, l'action du verbe. Il s'agit en général d'atténuer une affirmation. Il convient cependant de faire une distinction entre les emplois **obligatoires** et les emplois **facultatifs** du subjonctif.

Les **emplois obligatoires du subjonctif** sont déterminés par certaines locutions conjonctives comme *bien que, quoique, jusqu'à ce que*, par certains verbes et locutions verbales, comme *j'aimerais que, il faut que,* et par certaines structures de comparaison comme *c'est le meilleur livre que…* L'emploi du subjonctif est déterminé grammaticalement et ne peut pas varier. Dans ces cas-là, le subjonctif n'a pas de valeur d'atténuation, par exemple : *Il faut que nous **retrouvions** le coupable, Bien que Jean **soit** mécontent, il viendra à la fête.* Dans le premier énoncé, on affirme le fait de devoir retrouver le coupable et dans le second énoncé, Jean est véritablement mécontent.

Lorsque **l'emploi du mode subjonctif est facultatif**, son utilisation permet au locuteur de réduire le degré d'affirmation. Comparez, par exemple, les phrases suivantes :

a) *Je ne pense pas que Georges **est déjà arrivé**.*
b) *Je ne pense pas que Georges **soit déjà arrivé**.*

À l'**indicatif**, je nie le contenu de la proposition subordonnée qui indique que Georges est arrivé. Au **subjonctif**, je ne nie pas totalement le contenu de la proposition subordonnée, mais je n'en suis pas sûr.

5. LE MODE CONDITIONNEL

Les formes du **conditionnel** peuvent s'employer comme **mode** ou comme **temps**, selon le contexte. En tant que **mode**, le conditionnel apparaît dans deux contextes distincts, d'une part dans les phrases dites **hypothétiques**, d'autre part, dans la présentation d'**événements non confirmés**.

Dans les **phrases hypothétiques**, le conditionnel permet au locuteur d'indiquer que, pour qu'ait lieu une action hypothétique (conséquence), une condition préalable doit être remplie. La condition à remplir se trouve dans la première proposition introduite par la conjonction *si* qui contient une forme verbale à l'imparfait ou au plus-que-parfait, la conséquence se trouve dans la deuxième partie de la phrase avec un verbe au conditionnel comme dans les exemples suivants :

a) *Si Olivier avait plus d'argent, il **achèterait** une nouvelle voiture.*

b) *Si Olivier avait eu plus d'argent, il **aurait acheté** une nouvelle voiture.*

Autrement dit, l'emploi du conditionnel indique que l'action en question dépend d'une condition à remplir. Il est sous-entendu dans les deux phrases ci-dessus que l'action du verbe au conditionnel n'a pas lieu ou n'a pas encore eu lieu parce que la condition n'a pas été satisfaite. La phrase a) indique qu'à l'instant où je parle, Olivier ne peut pas acheter une nouvelle voiture parce qu'il ne possède pas encore l'argent nécessaire. La phrase b) contient la même condition, mais comme la phrase est au passé, il est sous-entendu qu'Olivier n'a pas eu suffisamment d'argent et qu'il n'a pas pu s'acheter une nouvelle voiture. Le conditionnel exprime donc une conséquence souhaitée et affirmée mais non réalisée.

Dans le cas des **événements non confirmés**, le conditionnel présente l'énoncé comme étant **probable**. En même temps, il indique que le locuteur ne peut pas affirmer la vérité de son énoncé et implique le besoin d'une vérification ultérieure, par exemple : *Le gouvernement **serait** sur le point d'introduire son nouveau projet de loi. Les dirigeants de l'équipe **auraient décidé** de remplacer l'entraîneur.* Dans ce contexte, l'emploi du conditionnel permet d'amoindrir l'affirmation de l'action ou au moins d'indiquer que l'affirmation doit être vérifiée ultérieurement. Ce genre d'emploi est très fréquent dans la presse écrite et à la télévision. On notera que l'on emploie aussi parfois le futur dans ce cas.

Le mode indicatif est celui qui est le plus fréquemment employé. Il sert à présenter la plupart des actions principales considérées comme de simples observations. Les modes subjonctif et conditionnel apparaissent le plus souvent dans des propositions subordonnées et indiquent une conséquence non réalisée ou atténuent une affirmation.

VALEURS SÉMANTIQUES DU CONDITIONNEL

Voici quelques illustrations des trois principaux emplois du conditionnel, relevés dans la presse par Pierre Haillet, qui inclut l'emploi du futur dans le passé :

a) À l'accoutumée fantomatique, Robert Vigouroux a fait savoir par un communiqué très ambigu qu'il **serait** « présent » lors de la prochaine bataille des régionales. (*L'Événement du jeudi, n° 358, 1991, p. 19*)

b) Ce n'est pas toujours merveilleux. « Ils ne m'ont pas apporté beaucoup d'affection », raconte un garçon de 25 ans qui a vécu ce genre de déchirement. Sa famille d'accueil n'était pas extraordinaire. « Mais si je ne l'avais pas eue, je **serais** à la rue aujourd'hui. Ils m'ont encadré, ils m'ont appris à me débrouiller. Je les en remercie. » (*Le nouvel Observateur, nº 1425, 1992, p. 45*)

c) Le foot **serait** à l'origine de 30 % des abonnements à la chaîne cryptée. (*L'Événement du jeudi, nº 369, p. 74*)

Pierre Haillet (1995, p. 9)

6. LE TEMPS

La notion de temps verbal dépend du découpage particulier que fait chaque langue du temps réel. Le temps réel est généralement divisé en trois temps majeurs : le présent, le futur et le passé. Les temps verbaux servent à situer les actions décrites dans une succession chronologique. Ils permettent de préciser le moment où une action a lieu par rapport au moment de locution.

La définition des différents temps verbaux repose sur le rapport entre le **moment où le locuteur parle** (moment de la locution) et **le moment où l'action décrite par le verbe a lieu** (moment de l'action). Cependant, les temps verbaux portent souvent une valeur temporelle différente selon le contexte.

Les **formes du présent** indiquent que l'action décrite par le verbe a lieu **en même temps** que le moment de la locution. Comme dans : *J'entends l'oiseau chanter.*

LE PRÉSENT : TEMPS CAMÉLÉON

On l'a déjà indiqué ci-dessus, à propos du contexte, le présent est le temps qui peut prendre le plus de sens différents. Marina Yaguello (2003, p. 168) dit du présent que c'est un temps caméléon et montre qu'il apparaît sous trois formes essentielles, qu'elle définit ainsi :

- Présent borné :
  - *Il pleut depuis trois heures*
  - *Je sors dans cinq minutes*
  - *Revenons à nos moutons*
- Présent non borné :
  - *La terre tourne autour du soleil*
  - *J'ai toujours soif*
- Présent transposé :
  - *En 1789, le peuple se révolte*
  - *Il y a un type qui arrive et qui dit : Qui c'est qui s'appelle Georges, ici ?*

Les **formes du futur** indiquent que le moment de l'action **suit** le moment de locution. Ainsi dans la phrase *Elle arrivera demain*, l'action de venir suivra le moment où je parle. Il existe une forme périphrastique du futur, très employée dans la langue parlée, construite avec l'auxiliaire *aller* : *Je* **vais** *partir, Ils* **vont** *chanter…*

Les **formes du passé** indiquent que le moment de l'action **précède** le moment de locution, par exemple : *Pierre est venu hier* (je parle aujourd'hui et Pierre est venu avant que je ne parle).

PASSÉ SIMPLE, PASSÉ COMPLIQUÉ

L'imparfait, rare en ancien français, est devenu très courant. Au contraire, le passé simple survit uniquement dans la langue savante ou littéraire et parfois aussi dans les parlers ruraux archaïques. Les poètes en ont fait grand usage. La Phèdre de Racine (1847, p. 510) dit : « *Je le vis, je rougis, je pâlis à sa vue…* ». Aujourd'hui elle dirait : « *J' l'ai vu, j'ai rougi, j'ai pâli à sa vue…* ». On explique la disparition du passé simple par ses formes compliquées ! Dans la conversation, des formes comme « *nous fîmes connaissance* » et « *nous nous aimâmes* » paraissent snobs et font rire à coup sûr. Il en est de même avec les formes du passé antérieur et du subjonctif imparfait, telles que « *J'eus cru que vous le sussiez* », que l'on remplacera par « *Je croyais que vous le saviez* » dans l'usage courant.

On distingue ensuite les formes verbales dites **absolues** des formes dites **relatives**. Les formes **absolues** se définissent uniquement par rapport au **moment de locution** : ce sont le **présent**, le **futur**, l'**imparfait**, le **passé composé** et le **passé simple**.

Les formes **relatives** se définissent selon deux facteurs :

a) le moment de locution
b) le moment d'une **autre** action

Les formes verbales relatives sont le **plus-que-parfait**, le **passé composé** (qui est aussi un temps absolu), le **passé surcomposé**, le **passé antérieur**, le **futur antérieur**, le **conditionnel présent** (employé pour exprimer le futur dans le passé) et le **conditionnel passé** (employé comme le futur antérieur dans le passé).

Le **plus-que-parfait**, par exemple, désigne une action passée qui a eu lieu avant une autre action passée, par exemple : *ils* **avaient déjà mangé** *quand je suis rentré*.

Le **futur antérieur** décrit une action future qui aura eu lieu avant une autre action future, par exemple : *ils* **auront déjà mangé** *quand je rentrerai*.

La forme du **conditionnel** peut avoir une valeur temporelle dite de **futur dans le passé** dans le style indirect. Elle permet d'exprimer une action future par rapport à une autre action dans le passé : *Il m'a promis hier qu'ils auraient fini les rénovations ce soir.* Le moment de l'action du verbe *promettre* précède le moment de locution, et le moment de l'action du verbe *finir* suit à la fois le moment de locution et le moment de l'action du verbe *promettre*.

7. L'ASPECT VERBAL

L'aspect verbal sert à désigner l'état de l'action du verbe. Le français permet de présenter l'action du verbe comme étant soit **accomplie (aspect achevé)**, soit **non accomplie (aspect inachevé)**. Il s'agit plutôt d'une distinction entre les formes qui spécifient que l'action est **complètement terminée** et celles qui ne le spécifient pas.

Les diverses formes du **passé simple** (*il chanta*), du **passé composé** (*tu as chanté*), du **passé surcomposé** (*après que nous avons eu chanté*), du **plus-que-parfait** (*elles avaient chanté*) et du **futur antérieur** (*nous aurons chanté*) précisent que l'action est complétée. Toutes les autres formes verbales ne le précisent pas.

Au passé, l'aspect achevé (passé composé, passé simple, plus-que-parfait, etc.) permet d'établir la succession précise des actions principales. L'aspect inachevé (imparfait) sert surtout à établir l'arrière-plan autour des actions principales, par exemple : ***Ils mangeaient** quand je suis arrivé. **Il pleuvait** quand je suis sorti.* L'aspect inachevé, au passé, exprime souvent des actions simultanées : *Ce soir-là, il neigeait beaucoup, le vent soufflait en rafales, les piétons se précipitaient pour rentrer.*

Au présent et au futur, par contre, où il n'y a pas de distinction particulière entre l'achevé et l'inachevé, les formes verbales peuvent exprimer une succession, par exemple : *Ce matin, elle arrive, elle prend son café et elle lit le journal sans lui adresser la parole. Demain soir, il quittera le bureau, il fera ses valises et il prendra l'avion.*

Certaines langues font d'autres distinctions d'aspect et différencient par des formes particulières une action qui commence (aspect inchoatif), une action qui se répète (aspect itératif), une action qui dure (aspect duratif), etc.

8. LES VERBES TRANSITIFS ET INTRANSITIFS

La notion de **transitivité** désigne le fait que certaines formes verbales se combinent avec un complément d'objet direct au niveau grammatical. Il s'agit en fait d'une propriété de combinaison syntaxique des formes verbales et non d'une distinction morphologique. Cette propriété de combinaison avec un complément d'objet direct dépend surtout de certaines propriétés sémantiques du lexème verbal.

Pour les verbes dits **transitifs**, l'action peut avoir un patient. Les verbes *manger, chanter* et *regarder*, dans *je mange la poire, nous chantons des chansons folkloriques* et *elle regarde l'enfant* sont transitifs. Autrement dit, dans la phrase *je mange la poire*, l'action du verbe *manger* porte sur une entité précise, *la poire*, qui est alors le patient de l'action.

Dans certains contextes, les verbes transitifs peuvent apparaître sans complément d'objet direct, comme dans les phrases *Je mange* (en réponse à la question *Qu'est-ce que tu fais en ce moment ?*) ou *Nous chantons quand nous faisons une promenade* (en réponse à la question

Quand est-ce que vous chantez ?). Certaines actions, par contre, permettent plus difficilement l'ellipse du complément d'objet direct, comme dans *je prends* ou *je regarde*.

Certains verbes transitifs comme *donner* et *envoyer* (que l'on appelle aussi des verbes ditransitifs) peuvent prendre à la fois un complément d'objet direct et un complément d'objet indirect, par exemple, *Je donne le gâteau **à l'enfant**.* Dans ce cas-là, *le gâteau* est le patient de l'action et *l'enfant* est le bénéficiaire de l'action. On notera que l'ellipse des compléments est moins acceptable avec ce genre de verbe : (*) *je donne,* (*) *j'envoie.*

Les verbes **intransitifs**, par contre, ne peuvent pas se combiner avec un complément d'objet direct. De nouveau, il s'agit surtout de certaines propriétés sémantiques du lexème verbal. Ces verbes renvoient à des actions qui n'ont pas de patient, car il est impossible de dire qu'un être « subit » directement l'action décrite, par exemple : *aller, venir, parler, penser, réfléchir.* Dans la phrase *Bernadette vient,* par exemple, on ne peut pas dire qu'il y a une entité qui subit l'action du verbe *venir.*

Les verbes intransitifs peuvent se combiner avec un complément introduit par une préposition, comme : *Je pense **à mes vacances**. Robert parle **de sa famille**. Véronique réfléchit **à son avenir**.* Nous verrons plus tard, dans les chapitres consacrés à la syntaxe, que ce type de complément n'a pas exactement le même statut que le complément d'objet indirect.

Certains verbes français acceptent à la fois un emploi transitif et intransitif. Le verbe *sortir,* par exemple, est intransitif dans la phrase *Je sors ce soir,* mais transitif dans la phrase *Je sors cette chaise.* Il est préférable de considérer qu'il y a deux verbes sémantiquement liés mais grammaticalement distincts. Aux formes composées, le verbe intransitif se conjugue avec l'auxiliaire *être,* comme dans la phrase *Je **suis** sorti hier soir,* alors que le verbe transitif se conjugue avec l'auxiliaire *avoir,* comme dans la phrase *J'**ai** sorti cette chaise.*

AVOIR : AUXILIAIRE ACTIF

Dans les constructions intransitives, le français a le choix entre *être* et *avoir*, comme auxiliaire du passé :
- *Il **a** bien vieilli | Il **est** bien vieilli*
- *Il **a** passé par ici | Il **est** passé par ici*

La seconde forme indique plutôt le résultat achevé par rapport aux emplois avec *avoir* qui ont le sens **actif**. Il en est ainsi dans les verbes suivants : *déménager, descendre, disparaître, diminuer, divorcer, échouer, éclater, émigrer, emménager, grandir, grossir, passer, pourrir, rajeunir, réussir.*

Il existe également une sous-catégorie particulière de verbes intransitifs. Il s'agit des verbes dits **attributifs**. Ces verbes n'expriment pas véritablement une action, ils servent à relier un sujet grammatical et un attribut (une qualité que l'on veut donner au sujet). Les verbes *devenir, être, rester, sembler, avoir l'air, paraître,* etc. appartiennent à cette catégorie, par exemple : *Elle semble heureuse. Ce chat devient énorme. La voiture paraît en bon état.*

Les langues ne font pas toutes la même analyse des verbes transitifs et intransitifs. En français, le verbe *regarder* est transitif et le verbe *se souvenir de* est intransitif. En anglais, par contre, le verbe *to look at* est intransitif et le verbe *to remember* est transitif.

9. LES AUXILIAIRES MODAUX ET TEMPORELS

Les **auxiliaires temporels** sont des verbes et des locutions qui permettent de nuancer ou de préciser le moment de l'action.

Le verbe *aller*, utilisé comme **auxiliaire temporel**, exprime une action qui aura lieu dans un avenir proche : *Francine va revenir d'ici peu. L'avion va partir dans cinq minutes.*

La locution *être sur le point de* exprime une action ayant lieu dans un avenir immédiat : *Le bateau est sur le point de partir.*

La forme dite **progressive** permet de souligner la coïncidence entre le moment de la locution et celui de l'action : *Je suis en train de lire. Nous étions en train de regarder la télévision.*

La locution *venir de* permet de désigner une action qui a eu lieu dans un passé immédiat : *L'avion vient d'atterrir.*

Les **auxiliaires modaux**, par contre, sont censés exprimer la **probabilité** (*il doit avoir faim*), l'**obligation** (*tu devrais l'accompagner, il faudrait le faire*), la **possibilité** (*je peux me tromper*). Ces interprétations modales découlent en fait des sèmes lexicaux des verbes en question (*devoir, falloir et pouvoir*) et ne sont pas attribuables aux sèmes grammaticaux.

CHASSÉS CROISÉS

Dans la langue des jeunes, un certain nombre de verbes transitifs sont employés intransitivement sans complément. Comparez :

Emplois transitifs	Emplois intransitifs
Il assure sa voiture (il a une police d'assurance pour sa voiture)	*Il assure* (il est sûr de lui)
Elle a branché la radio (elle l'a raccordée à la prise de courant)	*Elle est branchée* (elle est au courant de tout)
J'adore le foie gras	*Vous aimez ça ? — J'adore*
Je prends une carte	*Cœur ? — Je prends*

Le processus a existé de tous temps. Mais si un verbe transitif peut devenir intransitif, l'inverse est vrai aussi. *Courir* intransitif est devenu transitif dans « courir les magasins ». Verlaine écrit :

« *N'ai-je pas **sangloté ton angoisse** suprême*
*Et n'ai-je pas **sué la sueur** de tes nuits ?* »
(Verlaine, 1963, p. 121)

1. Identifiez les sèmes grammaticaux exprimés par les formes verbales en gras dans les phrases suivantes. Expliquez l'apport du contexte à l'interprétation de la forme verbale :

   a) *S'il obtient son diplôme il **ira** travailler au Japon.*

   b) *Il **croit** toujours être le seul à avoir raison.*

   c) *Quand j'étais étudiant, je **mangeais** un sandwich tous les midis.*

   d) *Qu'il **vienne** ramasser ses chaussettes sales tout de suite !*

   e) *Tout d'un coup nous **voyons** une voiture arriver à toute vitesse.*

   f) *Le basket **serait** en train de dépasser le base-ball en popularité.*

   g) *Le capitaine a annoncé que l'avion **aurait** une heure de retard.*

   h) *Elles **partent** en vacances mardi prochain.*

   i) *Je ne pense pas que Stéphane **soit** d'accord pour vendre la voiture.*

   j) *Georges **travaille** à la boulangerie depuis cinq ans.*

2. Expliquez pourquoi les verbes intransitifs et attributifs ne peuvent pas être mis à la voix passive.

3. Dans les énoncés suivants, identifiez les emplois transitifs et les emplois intransitifs des verbes en gras et expliquez le sens des verbes dans ce contexte :

   a) *J'en ai assez de ce film, on se **casse** ?*

   b) *Demande-lui si ça lui **chante** d'aller à la plage.*

   c) *Les moustiques nous ont **piqués** sans cesse pendant les vacances.*

   d) *Aller encore au centre commercial ? Ah non, j'ai déjà **donné**.*

   e) *Je n'aime pas cette sauce, ça **pique**.*

   f) *Il a **cassé** l'assiette en la lavant.*

   g) *Ça me **botte** d'aller au cinéma ce soir.*

   h) *Emmanuel **a donné** son téléphone à sa sœur.*

   i) *Elle adore **chanter** cet air de Mozart.*

   j) *Son frère **craint** les piqûres d'abeilles.*

4. Indiquez si les formes en gras dans les phrases suivantes sont des auxiliaires temporels, des auxiliaires modaux ou des emplois au sens lexical du verbe.

   a) *Gérard me **doit** de l'argent.*

   b) ***Venez** dans mon bureau.*

   c) *Elle **peut** avoir raison comme elle **peut** avoir tort.*

   d) *Il **faut** refaire votre devoir.*

Suite à la p. suivante

e) *Est-ce que cet autobus **va** à la gare ?*

f) *Je fais ce que je **peux**.*

g) *Le train **va** partir dans cinq minutes.*

h) *Il **a fallu** cinq appels avant qu'elle me réponde.*

i) *Sa cousine **vient** de finir ses études.*

j) *Adam **devrait** faire du yoga.*

5. Quelle différence de sens peut-on noter entre :
   Il ne croit pas que tu viendras
   et *Il ne croit pas que tu viennes*

   Il a décidé qu'il viendrait à la fête
   et *Il vient de décider qu'il viendra à la fête*

6. Analysez l'emploi des temps verbaux et des verbes pronominaux dans le texte suivant.

   « *Il se leva et il se sentit fort assez pour renverser le monde à lui seul. Elle l'aimait ! il s'aimait lui-même, il était grand, il était magnifique...* » (Flaubert, 2001, p. 879)

   « *La passion ne se peint pas plus elle-même qu'un visage ne fait son portrait ni qu'un cheval n'apprend l'équitation.* » (Flaubert, 2001, p. 882)

7. Quelles sont les formes du *futur proche* et du *passé récent* en français ? Trouvez des formes similaires dans d'autres langues. Expliquez pourquoi, selon certains linguistes, ces formes indiquent la grammaticalisation d'un lexème.

8. Comparez les phrases anglaises et françaises suivantes. Quelles sont les similarités et les différences entre les deux langues en ce qui concerne la nature des verbes ?

   a1) *Je regardais ma montre quand tu es enfin arrivé.*

   a2) *I was looking at my watch when you finally arrived.*

   b1) *Loïc a promis de téléphoner à sa mère dès qu'il aura reçu le chèque.*

   b2) *Loïc promised to telephone his mother as soon as he received the check.*

   c1) *Sabine écoutait la radio quand quelqu'un a frappé à la porte.*

   c2) *Sabine was listening to the radio when someone knocked at the door.*

   d1) *Bernadette a répondu à la question sans hésiter.*

   d2) *Bernadette answered the question without hesitating.*

   e1) *Pascal a demandé au serveur de lui apporter un verre d'eau.*

   e2) *Pascal asked the waiter to bring him a glass of water.*

PAS DE FUTUR POUR LE ROMAN ?

Selon la *Grammaire Larousse du français contemporain* (p. 351), « Le futur est moins un temps de récit que de vision. Les romans sont riches de passés simples et d'imparfaits, pauvres de futurs. Cependant, le romancier moderne choisit souvent d'user du futur de façon singulière ».

L'une de ces stratégies consiste à intercaler dans le récit de longs moments au futur, pendant lesquels il laisse entrevoir l'avenir de son personnage :

> *« Dans la gare lumineuse, après être monté dans un wagon de 3ᵉ classe sur lequel il y aura la pancarte : « Pisa-Genova-Torino-Moana- Parigi » (…) Vous redescendrez sur le quai retrouver Cécile, qui vous redira peut-être : « Quand reviendras-tu? » — mais ce sera sur un tout autre ton. »*

(Butor, 1957, p. 87)

Une autre stratégie se rencontre dans le discours indirect libre :

> *On parlait de son avenir. Désormais, il suivra les cours d'anglais. Il obtiendra vite son diplôme. Il n'aura pas de mal à trouver du travail à Montréal.*

CHAPITRE 16 : LA MORPHOLOGIE DU VERBE : MODE, TEMPS, ASPECT

Chapitre 17
LA DÉRIVATION ET LA COMPOSITION

EN DEUX MOTS

On examine ici deux processus de création pour les mots nouveaux. Leur fonctionnement diffère selon qu'on leur ajoute un préfixe ou un suffixe ou qu'ils résultent de la combinaison de deux termes indépendants. La langue rallonge parfois les mots, mais elle a surtout tendance à les raccourcir par besoin d'économie ou d'expressivité.

1. MOTS SIMPLES, DÉRIVÉS ET COMPOSÉS

La notion de **mot simple** désigne toute unité graphique comprise entre deux blancs. Il peut s'agir de plusieurs types de formes :

a) un monème radical, comme *prince, roi, bon, nous*, etc.

b) un mot contenant un lexème et un ou plusieurs morphèmes : *fleurs, métropolitain, mangeons, inimaginable*, etc.

c) une abréviation, par exemple : *photo, ciné, prof, auto, fac*

Dans ce dernier cas, on notera qu'il est possible d'enlever une partie d'un terme sans pour autant changer la catégorie morphologique à laquelle le terme appartient (un nom reste un nom, etc.).

Les **mots dérivés** sont de nouveaux termes formés en ajoutant un **préfixe** ou un **suffixe dérivationnel** au mot original. Dans certains cas, le mot dérivé reste dans la même catégorie grammaticale, comme :

- *agréable* (adjectif) → ***dés**agréable* (adjectif)
- *marché* (nom) → ***super**marché* (nom)

Dans d'autres cas, le mot dérivé appartient à une catégorie grammaticale différente :

- *blanc* (adjectif) → *blanc**hir*** (verbe)
- *vrai* (adjectif) → *vrai**ment*** (adverbe)

Les **mots composés** sont des termes qui résultent de la combinaison de deux ou plusieurs mots en une nouvelle unité. Ainsi les mots composés *chef de gare, laissez-passer* et *commissaire de police, tire-bouchon, roman-fleuve*, etc. sont dits d'une seule émission de voix

STRUCTURE DU FRANÇAIS MODERNE

et ne présentent qu'un seul concept. On notera cependant que le sens du mot composé est, dans certains cas, très différent de celui des mots d'origine, comme dans *croque-monsieur* (type de sandwich), *croque-mort* (employé des pompes funèbres), *passe-partout* (clé qui permet d'ouvrir plusieurs serrures), *perce-oreille* (insecte).

Les notions de mots composés et de dérivés n'impliquent pas que certains mots sont « primaires » et que d'autres sont « secondaires ». Du point de vue historique, il est souvent impossible de déterminer si l'un des termes a précédé l'autre dans le système linguistique. Sur le plan du fonctionnement actuel du système, ce type de jugement n'est pas non plus pertinent. Ces opérations morphologiques servent surtout à illustrer la productivité du système linguistique.

2. LE TERME DE BASE

Avant de décrire en détail les processus de dérivation, il convient de définir la notion de **terme de base**. Ce terme désigne toute unité à laquelle on peut ajouter un **affixe** (le terme général désignant les éléments que l'on peut attacher à un terme de base). Le terme de base peut donc être un monème radical, un mot résultant de la combinaison d'un lexème et d'un morphème ou encore un terme qui a déjà des affixes, par exemple :

Type de dérivation	Terme de base	Dérivé
suffixation	a) *lire*	*lis**ible***
préfixation	b) *lisible*	***il**lisible*
suffixation	c) *illisible*	*illisible**ment***

On distingue donc le terme de base de la **racine**, qui désigne traditionnellement le noyau lexical commun à une série de termes. Dans l'exemple ci-dessus, c'est le lexème *lis-* qui est la racine, les autres formes sont les termes de base dans les différentes opérations de dérivation.

3. L'AFFIXATION : AFFIXES, FLEXIONS, SUFFIXES, PRÉFIXES

L'**affixation** est une opération générale qui consiste à ajouter un élément à un terme de base. Le terme **affixe** désigne l'élément ajouté au terme de base. L'affixation implique l'existence d'un **noyau** morphologique et lexical principal auquel viennent s'ajouter des éléments satellites qui dépendent de ce noyau.

On distingue deux grandes sous-catégories d'affixes : les affixes flexionnels et les affixes dérivationnels. Les affixes **flexionnels (ou flexions)** ne produisent pas une nouvelle unité lexicale mais servent à fournir des informations grammaticales sur le nombre, le genre, le temps, etc., comme les flexions nominales (comme le *s* du pluriel), les flexions verbales (comme la terminaison *-aient* de la troisième personne du pluriel) et les flexions adjectivales (comme le *-e* du féminin). Les affixes flexionnels sont déterminés par le contexte de la phrase. Comparez par exemple *la jeune fille sourit* par rapport à *les jeunes filles souriaient*.

En revanche, les affixes **dérivationnels** servent à créer de nouveaux termes : les préfixes comme *anti-*, *super-* changent le sens du terme alors que, dans la plupart des cas, les suffixes, comme *-ment* et *-ette* changent la catégorie grammaticale du terme.

On détermine les préfixes et les suffixes selon des **critères synchroniques** et non pas selon des **critères diachroniques**. Ce qui compte, du point de vue linguistique, ce sont la productivité et l'autonomie du préfixe ou du suffixe dans l'état actuel du système. Pour déterminer si le préfixe sert toujours à changer le sens du terme ou si le suffixe sert toujours à modifier la catégorie grammaticale du terme, on utilise le test de commutation. Par exemple, on utilisera le préfixe avec différents termes pour voir s'il apporte toujours un élément de sens. On peut ainsi voir que les mots *psychomotricité* et *psychothérapeute* partagent un préfixe commun *psycho-* qui se combine avec les termes *motricité* et *thérapeute*. Dans le cas des mots *dépêcher* et *démarrer*, par contre, on ne peut pas considérer que le préfixe *dé-* a été ajouté aux termes de base *pêcher* et *marrer*. Le mot *démarrer* ne veut pas dire le contraire du terme *marrer*, tout comme le mot *dépêcher* ne signifie pas le contraire du mot *pêcher*. Les deux termes *pêcher* et *dépêcher* ne sont pas associés l'un à l'autre dans le lexique du français moderne. Dans ce genre de cas où le préfixe ne contribue pas au sens du terme, on dira qu'il n'est plus productif dans ces contextes.

Mais dans d'autres contextes, le préfixe *dé-* reste productif et change le sens du terme. Par exemple, dans *défaire* et *désagréable*, l'ajout du préfixe signifie le contraire de *faire* et *agréable*. Il est donc légitime de considérer que les termes *défaire* et *désagréable* sont des dérivés des termes *faire* et *agréable* et que c'est le préfixe qui change le sens.

4. LA PRÉFIXATION

On définit les **affixes dérivationnels** selon les cinq critères suivants, où il s'agit du rapport avec le terme de base :

- l'**autonomie** : leur dépendance ou indépendance par rapport au terme de base
- la **position** : leur place par rapport au terme de base
- le **rôle sémantique** : leur apport sémantique au terme de base
- le **rôle morphologique** : les modifications grammaticales apportées par l'affixe au terme de base
- la **distribution catégorielle** : les possibilités de combinaison avec des termes de base de différentes catégories morphologiques

D'après ces critères, on peut définir ainsi les préfixes :

- ils sont **liés** au terme de base (ce sont des éléments dépendants), tels : *illégal*, *dépourvu*
- ils sont **placés avant** le terme de base, par exemple : ***infra**-rouge*, ***ultra**-violet*
- ils **modifient le sens** du terme de base en y ajoutant un complément d'information. Avec le verbe *faire*, par exemple, on a les dérivés ***re**faire*, ***dé**faire*, ***par**faire*
- ils **ne modifient pas la catégorie grammaticale** du terme de base, par exemple, avec le verbe *estimer*, on a les dérivés verbaux ***sous**-estimer* et ***sur**estimer* ; avec le substantif *structure*, on a les dérivés nominaux ***macro**structure*, ***micro**structure*, ***infra**structure*, ***super**structure*

- ils sont **polyvalents**, c'est-à-dire qu'ils peuvent se combiner avec des termes de base de plusieurs catégories morphologiques. Ainsi le préfixe *dé-* permet de faire les dérivés suivants : *décontracter* (verbe), *déloyal* (adjectif), *démystification* (substantif), *défavorablement* (adverbe), etc.

5. LES PRÉFIXES SÉPARABLES ET INSÉPARABLES

Les préfixes constituent une classe hétérogène, à la fois du point de vue historique (puisqu'ils viennent de plusieurs langues différentes comme le grec, le latin, etc.) et du point de vue synchronique. On distingue deux catégories de préfixes selon le critère d'autonomie :

- les préfixes **séparables**, qui sont empruntés à des catégories grammaticales diverses (en majorité des prépositions) et qui peuvent apparaître seuls dans d'autres contextes linguistiques, comme *avant-, après-, bien-, contre-, entre-, mal-, non-, par-, pour-, sur-*, etc.
- les préfixes **inséparables**, qui sont en général des emprunts savants au grec et au latin et qui n'apparaissent jamais seuls, par exemple : *dé-, é-, in-, im-, il-, ir-, mé-, pré-, re-, archi-, anti-, anté-, mini-, dia-, trans-, extra-, méga-, hyper-, para-, hypo-, super-, multi-*, etc.

Récemment, certains préfixes inséparables ont eu tendance à devenir indépendants et se sont ainsi lexicalisés comme adjectifs ou substantifs, par exemple : *Il est super. J'achète du super. C'est extra. Il fait des extras.*

6. LE CLASSEMENT SÉMANTIQUE DES PRÉFIXES

L'apport des préfixes peut modifier profondément le sens du terme de base.

Quand le préfixe accompagne un **verbe**, il affecte l'action ainsi :

privatif :	*dé- : déshabiller*
itératif :	*re- : recommencer*

Quand le préfixe accompagne un **adjectif** ou un **nom**, il en modifie le sens de plusieurs façons :

privatif :	*in-, il-, im- : intolérable, illisible, impossible*
intensif :	*archi- : archiduc*
	extra- : extraordinaire
	hyper- : hyperactif
	super- : super-sensible
	sur- : surnuméraire
	ultra- : ultra-chic
temporel :	*après- : après-midi*
	post- : postscolaire
	pré- : préhistorique
spatial :	*entre- : entrevue*
	inter- : interurbain
	trans- : transcontinental

quantitatif :	*bi-* : *bimensuel*
	demi- : *demi-finale*
	tri- : *tripode*
oppositif :	*anti-* : *antiraciste*
approbateur :	*pro-* : *progouvernemental*

7. LA SUFFIXATION

On peut définir les suffixes selon les cinq critères suivants :

- ils sont **liés** au terme de base (ils n'ont pas d'indépendance morphologique) : *maisonnette*
- ils sont placés **après** le terme de base : *aimable, rapidement*
- ils **ne modifient que légèrement le sens** du terme de base : *nom, nominal*
- ils **changent la catégorie grammaticale** du terme de base : *blanc* (adjectif), *blancheur* (substantif). Il y a pourtant des suffixes qui ne changent pas la catégorie grammaticale, les suffixes **nominaux** (épice, épicerie), **diminutifs** (*fille, fillette*) et **péjoratifs** (*rêver, rêvasser*)
- ils sont **univalents** et se combinent avec des catégories morphologiques particulières. Par exemple, le suffixe *-iste* (*dentiste, garagiste, artiste*) ne s'ajoute qu'aux substantifs et aux adjectifs et non aux verbes

Les suffixes constituent une catégorie morphologique qui n'est pas tout à fait fermée. Le français a récemment emprunté le suffixe nominal anglais *-ing* dans les mots comme *parking, shopping, footing, jogging, camping*, etc.

8. LES DIVERS TYPES DE SUFFIXES

Le Petit Robert donne une liste d'environ 200 suffixes employés actuellement en français. Les exemples de suffixes ci-dessous s'ajoutent aux noms, adjectifs et verbes et changent la catégorie morphologique :

- les **suffixes nominaux**
  - forme verbale → forme nominale
    - verbe + *-age* : *dresser, dressage*
    - verbe + *-issement* : *vieillir, vieillissement*
    - verbe + *-issage* : *remplir, remplissage*
    - verbe + *-ment* : *frotter, frottement*
    - verbe + *-ition* : *perdre, perdition*
    - verbe + *-ation* : *élever, élévation*
    - verbe + *-ure* : *frire, friture*
    - verbe + *-ade* : *fusiller, fusillade*
    - etc.
  - forme adjectivale → forme nominale
    - adj. + *-eur* : *lent, lenteur*

adj. + -té : *beau, beauté*

adj. + -ie : *fou, folie*

adj. + -esse : *juste, justesse*

adj. + -isme : *radical, radicalisme*

adj. + -ence : *pertinent, pertinence*

adj. + -ance : *répugnant, répugnance*

adj. + -itude : *inquiet, inquiétude*

adj. + -ise : *bête, bêtise*

etc.

Il existe en outre un très grand nombre de suffixes nominaux qui s'ajoutent à des formes nominales, verbales et adjectivales, par exemple, *cantatrice, servitude, entêtement*, etc.

- les **suffixes adjectivaux**
  - forme nominale → forme adjectivale

    nom + -aire : *banque, bancaire*

    nom + -ien : *Paris, parisien*

    nom + -eux : *paresse, paresseux*

    nom + -al : *nation, national*

    nom + -aire : *aliment, alimentaire*

    nom + -el : *nature, naturel*

    etc.

Il existe un grand nombre de suffixes adjectivaux. On notera que les noms propres peuvent également avoir des suffixes adjectivaux : *sartrien, gaulliste, sadique.*

  - forme verbale → forme adjectivale

    verbe + -able : *manger, mangeable*

    verbe + -ible : *voir, visible*

    verbe + -if : *exploser, explosif*

    verbe + -eux : *boiter, boiteux*

    etc.

- les **suffixes verbaux**
  - forme nominale → forme verbale

    nom + -er : *clou, clouer, chant, chanter*

    nom + -iser : *alcool, alcooliser*

    etc.

  - forme adjectivale → forme verbale

    adj. + -ir : *grand, grandir*

    adj. + -er : *bavard, bavarder*

    adj. + -iser : *légal, légaliser*

    adj. + -iter : *facile, faciliter*

    etc.

On peut considérer les terminaisons *-ir, -er*, etc., soit comme des suffixes verbaux indiquant un changement de catégorie, soit comme des flexions verbales ajoutées au lexème.

- les **suffixes adverbiaux**
  - forme adjectivale → forme adverbiale

    adj. + *-ment* : *rapide, rapidement*

    adj. + *-amment* : *constant, constamment*

    adj. + *-emment* : *prudent, prudemment*

    etc.

- les **suffixes diminutifs et péjoratifs**

  Ces suffixes ne modifient pas la catégorie morphologique du terme de base :

  - forme nominale → forme nominale

    nom + *-iste* : *dent, dentiste*

    nom + *-erie* : *machine, machinerie*

    nom + *-ée* : *soir, soirée*

    nom + *-ment* : *juge, jugement*

    nom + *-ette* : *maison, maisonnette*

    nom + *-ard* : *chauffeur, chauffard*

    etc.

  - forme adjectivale → forme adjectivale

    adj. + *-ichon* : *maigre, maigrichon*

    adj. + *-ot* : *vieux, vieillot*

    adj. + *-ard* : *riche, richard*

    adj. + *-âtre* : *rouge, rougeâtre*

    adj. + *-asse* : *bon, bonasse*

    adj. + *-aud* : *court, courtaud*

    adj. + *-elet* : *rond, rondelet*

    etc.

  - forme verbale → forme verbale

    verbe + *-iller* : *mordre, mordiller*

    verbe + *-asser* : *rêver, rêvasser*

    verbe + *-eter* : *voler, voleter*

    verbe + *-ailler* : *crier, criailler*

    etc.

FROIDEMENT, CHAUDEMENT ET... ROUGEMENT

Comparant les adverbes anglais en *-ly* à ceux du français en *-ment*, Henriette Gezundhajt conclut : « *-ment*, plus dynamique à première vue, se limite principalement aux adjectifs dont la connotation s'apparente à un processus. On peut, en effet, trouver *rapidement* mais pas **rougement*. Il existe toutefois certaines exceptions en français pour lesquelles le suffixe *-ment* peut se combiner avec un adjectif à dénotation statique ; c'est notamment le cas avec la notion de chaleur pour *froidement* et *chaudement*. Cependant, dans ces occurrences particulières, le sémantisme de l'adjectif disparaît au profit de la connotation qualitative du négatif au positif ». Gezundhajt montre que *-ment* est une modalité énonciative surtout liée à l'appréciation de l'émetteur. (Gezundhajt, 2000, p. 7)

9. LA COMPOSITION

La **composition** désigne la combinaison de **deux noyaux** lexicaux et morphologiques indépendants en une unité nouvelle. À l'encontre de la dérivation, où il y a un seul noyau lexical, la composition regroupe deux termes de base pour créer une nouvelle entité lexicale.

Le résultat de cette opération est une unité nouvelle appelée **mot composé** (ou mot construit) qui possède parfois un sens très différent de celui des unités individuelles. Il est en effet souvent impossible de considérer que le sens du mot composé résulte d'une simple combinaison des unités indépendantes. Le mot composé *croque-monsieur*, par exemple, qui désigne un type de sandwich, ne résulte pas d'une simple addition du sens du mot *croque* au sens du mot *monsieur*.

Dans un certain nombre de cas cependant, on peut trouver un lien entre le sens des termes de base choisis et le sens du mot composé. Ainsi une *machine à laver* désigne effectivement une machine qui sert à laver. On dira alors que les mots composés montrent souvent une certaine motivation du point de vue lexical.

Les mots composés répondent en général au besoin de désigner des inventions technologiques et culturelles nouvelles, par exemple, une *navette spatiale*, un *disque compact*, la *planche à voile*, un *porte-avions*, etc.

10. LES MOTS COMPOSÉS NOMINAUX

Les mots composés peuvent résulter de la combinaison de plusieurs catégories morphologiques différentes et les possibilités de combinaison sont très nombreuses. Dans la plupart des cas, le mot composé appartient à la catégorie nominale, même s'il est formé de verbes et de prépositions. Les noms composés sont caractérisés par l'absence d'article ou de préposition entre les deux termes de base et aussi, dans certains cas, par la présence d'un trait d'union entre les termes :

- nom + nom : *porc-épic, cinéma-vérité, prix plafond, timbre-poste, assurance-maladie*
- adjectif + nom : *grand-père, beau-frère, grand-magasin*
- nom + adjectif : *arc-boutant, terre-neuve*
- adjectif + adjectif : *sourd-muet, nouveau-né*
- nom + préposition + nom : *pomme de terre, pot-au-feu, arc-en-ciel*

- verbe + nom : *aide-mémoire, abat-jour, pare-chocs, croque-monsieur, portefeuille*
- verbe + préposition + nom : *tire-au-flanc, boit-sans-soif*
- verbe + verbe : *laissez-passer, savoir-vivre, va-et-vient, etc.*

11. LES MOTS COMPOSÉS DES AUTRES CATÉGORIES GRAMMATICALES

Les mots composés sont moins fréquents dans les autres catégories grammaticales. Ils sont souvent lexicalisés au point que l'on n'analyse plus les éléments composants, par exemple :
- prépositions : *compte tenu, en fonction de, jusqu'à, à l'insu de, en face de, au-dessus de*
- adverbes : *de bonne heure, sur-le-champ, néanmoins, dorénavant*
- verbes : *prendre la poudre d'escampette, prendre à partie, prendre à témoin, chercher la petite bête, couper les cheveux en quatre, faire la gueule, tourner autour du pot, avoir du pot*
- pronoms : *n'importe quoi, n'importe qui, qui que ce soit*
- adjectifs : *aigre-doux, ivre-mort, etc.*

12. LES SIGLES

Un sigle est un groupe de lettres initiales de mots, constituant un nouveau mot, qui devient l'abréviation de ce groupe de mots, en général fréquemment employés. Il s'ensuit une nouvelle prononciation. Cette prononciation est parfois synthétique, on prononce comme s'il s'agissait d'un seul bloc sonore, ainsi : l'*ONU*, [ɔny], pour l'Organisation des Nations Unies ; parfois elle est analytique et l'on entend aussi ce même exemple prononcé : l'[ɔɛny], comme si on épelait chaque lettre. En France, la Société Nationale des Chemins de Fer est appelée la SNCF [ɛsɛnseɛf].

Cependant, les linguistes ont coutume d'appeler **acronyme** tout sigle qui se prononce d'un seul mot, comme l'ACFO [akfo], Association canadienne-française de l'Ontario, UQAM [ykam], Université du Québec à Montréal, UNEQ [ynɛk], Union des écrivains québécois, OTAN [otã], Organisation du traité de l'Atlantique Nord, SIDA [sida], syndrome d'immuno-déficience acquise.

Les sigles habituels peuvent donner des dérivés. Ainsi à partir de BD [bede], bande dessinée, on a fait des *bédéistes* [bedeist]. On range aussi sous le nom d'acronyme la formation de mots nouveaux à partir de mots tronqués (voir ci-dessous) du type *Benelux* (Belgique, Nederland, Luxembourg) etc., où on combine la syllabe initiale des mots.

LES JEUX AVEC LA SIGLAISON

« Enfin, le sigle est de plus en plus "fabriqué par anticipation" dans un dessein ludique, c'est-à-dire qu'on choisit d'abord le sigle, et on invente ensuite le syntagme

représenté : BLIC = *Bureau de Liaison des Industries Cinématographiques*. D'autre part, l'interprétation du sigle peut donner lieu à de l'humour : *Le Canard Enchaîné*, expert en la matière, a vu jadis dans CFDT (Confédération Française Des Travailleurs) assez perfidement, la formule "Comment Faire Demi-Tour". »
(Colin, 2003, p. 441)

13. LA TRONCATION

La troncation des mots est un processus d'économie linguistique qui fait que l'on raccourcit un mot. C'est ainsi que *cinématographe* a connu l'évolution suivante : *cinématographe, cinéma, ciné*. On peut raccourcir les mots de deux manières :

- **abréviation par la chute du début du mot** (aphérèse) :
  - *autocar = car*
  - *boy-scout = scout*
  - *cyclo-cross = cross*
- **abréviation par la chute de la fin du mot** (apocope) :
  - *adolescent = ado*
  - *composition = compo*
  - *professeur = prof*
  - *faculté = fac*
  - *pornographie = porno*
  - *professionnel = pro* (mot nouveau comme *ado*, du vocabulaire « branché », c'est-à-dire au courant des jeunes d'aujourd'hui)

14. LA COHÉSION DES MOTS COMPOSÉS

Tout comme le mot composé constitue une nouvelle unité lexicale, il constitue une nouvelle unité morphologique. L'unité créée par la composition forme un **groupe figé** à la fois au niveau lexical et au niveau morphologique. Les termes de base qui étaient autrefois indépendants perdent cette autonomie. Le mot composé *grand-mère* n'est pas une simple qualification du nom *mère* par l'adjectif *grand*. On ne peut pas remplacer l'adjectif pour faire un autre mot composé **L'énorme-mère*. L'adjectif perd son sens physique habituel (dans *le grand arbre*) pour désigner un lien de parenté spécifique. Il perd également son comportement morphologique habituel, car il n'y a pas d'accord de genre et de nombre (*grand-mère, grand-mères*). On notera, en outre, que, dans la plupart des cas, il n'y a pas d'article à l'intérieur du mot composé.

Le mot composé se comporte comme une **entité unique** du point de vue morphologique. Il prend un seul article et les règles de l'accord en nombre sont souvent difficiles à définir.

Les mots composés forment des blocs qui ne permettent pas, en général, d'ajouter ou d'enlever un élément. On peut établir le degré de cohésion par les procédés de commutation, de coordination, d'insertion et de reprise partielle.

Les mots composés n'acceptent pas la commutation des termes du bloc. On ne peut pas, par exemple, changer les termes de l'unité *pot-au-feu* pour faire **pot-à-l'incendie* ou **casserole-au-feu*.

Les mots composés n'acceptent pas les expansions habituelles. Dans la plupart des contextes morphologiques, on peut coordonner deux noms en les reliant par la conjonction *et*, par exemple, *j'aime les pommes et les oranges*. Par contre, il est impossible d'ajouter un deuxième terme aux mots composés. On ne peut pas, par exemple, à partir des unités *portefeuille* et *porte-monnaie*, faire l'unité **porte feuilles et monnaie*.

On ne peut pas non plus ajouter un terme à l'intérieur de l'unité que forme un mot composé. Ainsi, on ne peut pas insérer un adjectif dans l'unité *pot-de-vin* pour faire **pot-de-petit-vin* ou **pot-énorme-de-vin*.

Dans la plupart des cas, on peut se référer à un substantif qui est qualifié par des adjectifs ou à une proposition relative sans pour autant être obligé de répéter toute la proposition. On peut dire par exemple :

La voiture rouge qui est à côté la mienne *est celle de Renée. Elle a acheté* **cette voiture** *l'année dernière.*

Les mots composés, par contre, doivent être entièrement repris. On ne peut pas dire ce qui suit sans changer complètement le sens du mot *pot* :

J'ai fait un bon **pot-au-feu.** **Qu'est-ce que tu penses de* **ce pot**?

Les mots composés constituent donc une forme nouvelle où le statut des composants est parfois difficile à déterminer. Ensemble, les mots composés et les dérivés servent à augmenter de façon considérable le répertoire lexical du système. On peut, à partir d'un nombre relativement limité d'unités de base, créer un grand nombre de termes nouveaux selon les besoins communicatifs.

LE DÉSORDRE DES TRAITS D'UNION

La *Grammaire Larousse* donne la citation suivante, d'un grand lexicologue français, Albert Dauzat :

« Le trait d'union est un des signes les plus bizarres ; en principe, il marque la soudure entre deux mots séparés ; en particulier dans les noms composés. Mais en opposant trente-neuf mots en *contre-* avec traits d'union, à quarante-trois mots sans traits d'union, dans son édition de 1835, l'Académie française a fabriqué à l'usage des typographes un casse-tête dont il serait temps de se délivrer. » (Dauzat, 1964, p. 30)

On en est toujours au même désordre. On écrit *portefeuille* mais *porte-carte, garde forestier* mais *garde-côte* ! Pour les noms propres, on a *Jean-François, Michel-Ange* mais *Philippe Auguste* et *Jean le Bon* !

Tout ce qui est sûr, c'est la composition des chiffres. Ils prennent un trait d'union en-dessous de cent : *dix-huit, trente-trois, quatre-vingt-neuf*, etc.

Pour le reste, cherchez dans votre dictionnaire !

1. Comparez les deux catégories de mots composés ci-dessous :
   a) *lequel, quelquefois, soi-même, n'importe quoi*
   b) *arc-en-ciel, abat-jour, assurance-vie, laissez-passer*

   L'une de ces catégories est très limitée, l'autre peut servir de modèle pour construire d'autres mots composés. Expliquez pourquoi.

2. Trouvez à l'aide d'un dictionnaire la dérivation adverbiale des adjectifs suivants. Transcrivez les formes adverbiales en alphabet phonétique et identifiez les différentes formes sonores du suffixe adverbial et les modifications apportées à la forme sonore de l'adjectif :
   a) *calme*   e) *franc*   i) *heureux*
   b) *prudent*   f) *absolu*   j) *confus*
   c) *chaud*   g) *frais*
   d) *énorme*   h) *précis*

3. Trouvez à l'aide d'un dictionnaire la dérivation adjectivale des verbes suivants. Formez ensuite l'adjectif qui exprime le sens contraire en ajoutant un préfixe au terme dérivé.
   a) *prévoir*   e) *corrompre*   i) *réduire*
   b) *réparer*   f) *jouer*   j) *tolérer*
   c) *mettre*   g) *percevoir*
   d) *pardonner*   h) *franchir*

4. À l'aide d'un dictionnaire, identifiez le sens apporté par le préfixe dans les formes suivantes.
   a) *entrelacer*   e) *parasol*   i) *gigaoctet*
   b) *prototype*   f) *contredire*   j) *infrarouge*
   c) *substrat*   g) *pronom*
   d) *hypertension* h) *diamètre*

5. Identifiez les mots qui constituent les sigles suivants et transcrivez en alphabet phonétique la façon courante de prononcer ces formes.
   a) *FIFA*   e) *IBM*   i) *DALF*
   b) *JO*   f) *DVD*   j) *PDG*
   c) *FMI*   g) *TGV*
   d) *UNESCO*   h) *CD ROM*

6. À l'aide d'un dictionnaire, trouvez la forme du pluriel des mots composés suivants. Comment pourrait-on expliquer les différences entre les formes au pluriel ?

   a) *Un chou-fleur*
   b) *Un après-midi*
   c) *Une pomme de terre*
   d) *Un sèche-cheveux*
   e) *Un compte rendu*
   f) *Un cure-dent*
   g) *Un chef-d'œuvre*
   h) *Une porte-fenêtre*
   i) *Un gratte-ciel*
   j) *Un ouvre-boîte*

7. Trouvez deux mots dérivés qui commencent par chacun des préfixes suivants et expliquez le sens et l'origine de ces préfixes :

   a) *amphi-*
   b) *dia-*
   c) *géo-*
   d) *macro-*
   e) *pré-*

8. Trouvez deux mots dérivés qui se terminent par chacun des suffixes suivants et expliquez le sens et l'origine de ces suffixes :

   a) *-iste*
   b) *-mètre*
   c) *-logue*
   d) *-phobie*
   e) *-phile*

9. Trouvez deux mots composés français dans le vocabulaire des domaines suivants :

   a) le cinéma
   b) la voiture
   c) les jeux vidéo
   d) la pâtisserie
   e) le tennis

10. Identifiez la forme habituelle et le sens des mots suivants formés par apocope :

   a) *un écolo*
   b) *la pub*
   c) *le bac*
   d) *fluo*
   e) *un dico*
   f) *impec*
   g) *un resto*
   h) *un déca*
   i) *accro*
   j) *un beauf*

VOYAGEZ AVEC LES MOTS-VALISES

Raymond Queneau, avec son livre *Mille milliards de poèmes*, avait inventé par découpage de combiner chaque vers d'un poème avec un autre pour en faire des milliers de nouveaux. Peut-être mille milliards ! Queneau était aussi mathématicien ! Cette combinatoire est également faisable au niveau, non plus de la phrase mais des mots. On prend la moitié d'un mot qu'on ajoute à la moitié d'un autre. La condition est que le mot puisse se diviser et que la moitié sélectionnée soit reconnaissable.

Ainsi, lorsqu'on croise une GRENOUILLE avec un hippoPOTAME, on obtient un GREPOTAME et une HIPPONOUILLE. Sur ce principe du jeu linguistique, on peut former un grand nombre d'ani-Mots fantaisistes. (Voir Pierre Léon, 1980, *Grepotame, 250 Animaux croisés*, publié chez Nathan, ou Pierre Léon, 1999, *Crocogourou*, publié chez Canadian Scholars' Press et aux Éditions du Soleil.)

Il est plus facile de jouer à ce jeu en français qu'en anglais, où de nombreux mots sont monosyllabiques. Et si l'on peut faire une GREBEILLE et une ANOUILLE facilement avec une GRENOUILLE et une ABEILLE, c'est impossible avec FROG et BEE ! À moins de tricher un peu pour FROG, en employant BULLFROG.

Les gens sérieux inventent aussi de telles formations linguistiques, que l'on a appelé **mots-valises** ou **mots gigognes** pour indiquer qu'on peut les mettre les unes dans les autres. C'est à la fois par économie et par jeu. On a relevé ainsi :

- Enfant + fantaisie = enfantaisie
- Géologie + jolie = la géojolie
- Forêt tropicale + piquante = forêt tropiquante
- Cocu + ridiculiser = ridicoculiser

On trouve de plus en plus de ces formations dans la publicité.

Figure 17.1. Butterfrog. Butterfrog est le résultat du croisement d'un BUTTERfly et d'une bullFROG. Quel serait son nom en français ? (deux possibilités). Et quelle serait l'autre possibilité pour l'anglais ?

Réponses : PAPINOUILLE et GREPPILLON, en français, et BULLFLY, en anglais.

Chapitre 18

LA STRUCTURE DU LEXIQUE

EN DEUX MOTS

Cette fois on n'analyse plus les mots à partir de leur forme, mais, comme de l'extérieur, en fonction de **leurs origines** : expressive, étrangère, populaire, savante. Les mots voyagent et nous surprennent par leur grand nombre et leur richesse dans la langue. Et pourtant, on en emploie un tout petit nombre dans le discours ordinaire.

1. L'HÉTÉROGÉNÉITÉ DU LEXIQUE FRANÇAIS

Le lexique français a des sources hétérogènes, comme la plupart des langues de grande communication. La base lexicale du français vient du bas latin (ou latin vulgaire) parlé par les soldats de l'Empire romain. Ainsi le latin classique *edere* a donné en latin vulgaire *manducare*, que l'on retrouve en ancien français sous la forme [mandӡje] et qui devient *manger* en français moderne.

Chaque période de l'histoire a fourni des stocks de mots nouveaux. On distingue deux types d'**emprunts lexicaux**, les mots d'origine **populaire** et ceux d'origine **savante**. Ainsi l'étymon latin (c'est-à-dire la forme originale) d'un mot comme *pensare* a donné, d'une part, la forme dite **populaire** *peser* et, d'autre part, la forme savante *penser*, calquée sur la graphie latine. C'est cette forme, adoptée plus tard par les scribes ou les grammairiens, qui est dite **savante**.

2. LES ONOMATOPÉES ET LES MOTS EXPRESSIFS

Ces termes lexicaux sont généralement des créations propres à chaque langue, destinées à imiter des **bruits**. Le signifiant et le signifié ont un lien analogique (voir chapitre 2.11). Ce sont des signes **motivés**, comme les termes suivants, où la forme sonore semble calquer le réel : *claquer, cliqueter, glouglou, tic-tac, boum, zézayer, chuinter, pif, paf, pouf, laper, ronronner, miauler, cocorico, froufrou, murmure*, etc.

Certaines onomatopées perdent leur caractère motivé au cours de l'évolution linguistique. On ne reconnaît plus l'onomatopée latine *pipio* dans le mot *pigeon*. Inversement, on attribue parfois une forme onomatopéique à des termes qui n'étaient pas des onomatopées à l'origine. Ainsi *fagus*, qui signifiait *hêtre*, puis *baguette de hêtre* est devenu *fouet* en français — forme perçue comme imitant le bruit que fait le fouet. Le *sibilare* latin est plus éloigné de l'onomatopée que le *siffler* du français.

Parmi les **mots expressifs**, il faut aussi noter des créations d'origine métaphorique visuelle. C'est par ce procédé que sont construits les mots imagés suivants : *un œil de bœuf* (lucarne ronde ou ovale), *une gueule de loup* (fleur), *une queue de renard* (fleur), *une queue d'aronde* (pièce en forme de queue d'hirondelle), *une langue de chat* (petits gâteaux secs, minces et longs), *une patte d'oie* (carrefour, ride), etc.

3. LES MOTS D'ORIGINE CELTIQUE

Les termes d'origine celtique sont peu nombreux en français. Ils concernent essentiellement des mots liés à la terre, par exemple : *le bouleau, le chêne, l'alouette, le balai.*

4. LES EMPRUNTS MODERNES

Ils reflètent les contacts avec d'autres peuples et sont liés à des contacts culturels, à des guerres, des expéditions, des emprunts technologiques, etc.

Dans le domaine scientifique et technologique, on a souvent emprunté des termes étrangers en même temps qu'on empruntait l'objet nouveau. On a constitué ainsi tout un vocabulaire technique de la médecine à partir de mots grecs et latins à l'époque classique. À partir de mots venus des États-Unis d'Amérique, à l'époque moderne, on a fabriqué des termes d'informatique, d'aviation et de nouvelles technologies en général.

Voici un échantillonnage de mots empruntés à diverses langues, par le français, au cours des siècles.

- **allemand** : *accordéon, choucroute, ersatz, espiègle, képi, lied, loustic, obus, sabre, zeppelin,* etc.
- **anglais** (à partir du 18ᵉ siècle) : *bar, bifteck, budget, comité, gas-oil, golf, grog, jockey, match, parlement, parking, partenaire, partie, tourisme, turf,* etc.
- **arabe** : *alcazar, bazar, baroud, bled, café, caïd, échec, fez, harem, razzia, zouave,* etc.
- **espagnol** : *anchois, bizarre, casque, castagnette, canari, compliment, créole, écoutille, embarcation, estrade, haricot* (Mexique), *jonquille, lasso, matamore, parer, peccadille, rastaquouère, tornade,* etc.
- **portugais** : *baroque, cachalot, calembour, jaguar, pintade,* etc.
- **russe** : *cosaque, isba, moujik, soviet, spoutnik, tsar, vodka,* etc.
- **turc** : *divan, odalisque, sultan, turban,* etc.
- **italien** (au 16ᵉ siècle) : *ambassade, attaquer, balcon, courtisan, cortège, donzelle, expresso, façade, fantassin, fresque, pastel, soldat, spadassin,* etc.
- **italien** (au 18ᵉ, pour la musique) : *ténor, allegro, andante, crescendo, moderato, maestro,* etc.

- **anglais moderne des États-Unis** :
  - technologie : *jet, jeep, microprocesseur, hardware, software (logiciel)*
  - sport : *jogging, surfing, water-polo, aquaplane, squash, volley-ball,* K.O.
  - jeu de société : *bridge, poker, Monopoly, Scrabble*
  - musique : *disco, techno, rap, jazz, hip-hop, punk*
  - danse : *twist, jerk*
  - cinéma : *star, vamp, traveling*
  - société : *gangster, holdup, cowboy, O.K., bye! bye!*

5. MOTS POPULAIRES, MOTS SAVANTS, DOUBLETS

Lorsque deux formes, populaire et savante, d'un même étymon coexistent avec des emplois différents, on les appelle des *doublets*. La forme savante est un calque de la forme d'origine, ainsi *fragile* est proche du latin *fragilem*, alors que *frêle* en est plus éloigné. Il en est de même pour des doublets tels que *natal* (*natalem*) et *Noël* ; *libérer* (*liberare*) et *livrer*, etc.

On voit que les doublets ont souvent des sens très éloignés. Parfois, les deux formes vivent côte à côte avec le même sens mais une spécialisation différente. C'est le cas de *castel* dans des noms de lieu comme *Castelsarrasin,* qui signifie le *château* du sarrasin.

Voici maintenant quelques doublets courants issus du latin :

Forme latine	Doublet savant	Forme populaire
acrem	*âcre*	*aigre*
advocatum	*avocat*	*avoué*
auscultare	*ausculter*	*écouter*
capitalem	*capital*	*cheptel*
causa	*cause*	*chose*
communicare	*communiquer*	*communier*
directum	*direct*	*droit*
examen	*examen*	*essaim*
fabrica	*fabrique*	*forge*
fragilem	*fragile*	*frêle*
hospitalem	*hôpital*	*hôtel*
mobilem	*mobile*	*meuble*
pendere	*penser*	*peser*
securitas	*sécurité*	*sûreté*

6. L'ÉTYMOLOGIE POPULAIRE

L'étymologie cherche à retracer l'origine des mots. La conscience populaire tente parfois de refaire une forme savante ou nouvelle sur un modèle connu de la langue. C'est un essai de justification logique de la racine du mot. On dit que la forme nouvelle est refaite par un processus d'**attraction paronymique** appelé étymologie populaire.

Ainsi le mot allemand *sauerkraut* (littéralement *aigre chou*), emprunté d'abord à l'alsacien sous la forme *sorkrote* (1739), a été **adapté** en français avec une fausse étymologie, sous la forme actuelle de *choucroute* (1768). De la même manière, le mot anglais *country dance* (littéralement *danse campagnarde*) est devenu *contredanse*.

La langue fixe parfois ces réfections populaires de manière définitive. Bien des gens disent *tête d'oreiller* pour *taie d'oreiller*. Parfois aussi, elle les rejette lorsqu'elles ne font que remplacer un terme déjà très connu. Ainsi des créations imagées comme : *rentrer entre quatre et minuit* pour *en catimini, se réveiller en cerceau* pour *en sursaut, des violettes d'épargne* pour *des violettes de Parme* ont peu de chance d'entrer dans la langue autrement que sous forme de citations plaisantes.

7. L'INTÉGRATION PHONOLOGIQUE DES EMPRUNTS

Lorsqu'un emprunt est intégré au système de la langue emprunteuse, c'est qu'il s'est soumis aux règles phonologiques et morphologiques de cette langue.

Dans les exemples suivants, on verra que l'accentuation s'est déplacée à la fin des mots empruntés et que l'on a adapté la prononciation d'origine à celle du français :

- *balcone* [bal**k**ɔne] → *balcon* [bal**kɔ̃**]
- *roast-beef* [ɹost**bi**ːf] → *rosbif* [ʀɔs**bif**]
- *shopping* [ʃɔpɪŋ] → *shopping* [ʃɔ**pɪŋ**]
- *riding coat* [ɹaˈdɪŋkot] → *redingote* [ʀədɛ̃**gɔt**]
- *bowling green* [bolɪŋɹin] → *boulingrin* [bulɛ̃**gʀɛ̃**]

On peut supposer que les trois premiers exemples sont des adaptations de la langue d'arrivée à partir d'une perception **auditive**. Les deux derniers représenteraient une adaptation à partir de formes **écrites**.

8. L'INTÉGRATION MORPHOLOGIQUE

Le cas le plus fréquent est celui où l'on intègre le mot emprunté à un paradigme morphologique du français, comme l'a fait le français canadien à une époque où il était coupé du français de France. Sur les termes techniques anglais *switch* (commutateur), *check* (vérification), on a fait *switcher, checker*. Le français actuel a créé *jogger, piqueniquer*, etc.

L'autre cas est celui, beaucoup plus rare, où un morphème étranger est importé, tel l'anglais *-ing*, avec toute la série des lexèmes qui l'accompagnent habituellement. On aura ainsi *parking, building, planning*, etc.

Le français a emprunté à l'anglais beaucoup de termes à fonction nominale, terminés en *-er,* et les a adaptés en les intégrant dans le paradigme des mots français terminés en *-eur,* comme *programmeur, prospecteur*, etc. Certains de ces termes, empruntés à date plus ancienne, ont gardé leur terminaison anglaise *-er*. On dit ainsi *reporter* [ʀəpɔʀtɛʀ].

Cependant, malgré leur terminaison en *-er,* les mots suivants se prononcent à la française : *leader* [lidœʀ], *speaker* [spikœʀ], *supporter* [sypɔʀtœʀ].

Les emprunts anglais à terminaison en -*er* n'ont pas de formes verbales correspondantes en français. En revanche, les formes en -*eur* sont des cas de dérivation verbale du français. On notera également que le féminin de *speaker* en français est *speakerine* [spikʀin].

Certains emprunts à l'anglais sont de type morphologique, tels que : *Est-allemand* (Allemand de l'Est), *Sud-africain* (Africain du Sud), *Nord-africain* (Africain du Nord), *Nord-coréen* (Coréen du Nord). Ce type d'emprunt est très productif en français parce qu'il est très économique.

9. L'EMPRUNT TRADUIT

Un certain nombre de termes ont été traduits littéralement d'une langue étrangère. Ce type d'emprunt s'appelle un **calque** (lexical ou morphologique). On y a gardé l'ordre des mots du français, comme dans :

anglais		français
free-mason	→	*franc-maçon*
blue-stocking	→	*bas-bleus*
goal-keeper	→	*gardien de but*
experimental psychology	→	*psychologie expérimentale*
skyscraper	→	*gratte-ciel*
skateboard	→	*planche à roulettes*
credit card	→	*carte de crédit*

On trouve un grand nombre d'exemples semblables dans la langue de la publicité moderne.

10. LE CALQUE SÉMANTIQUE

Un terme comme *réaliser* (rendre une chose *réelle*) a changé de sens au contact de l'anglais to *realize* (comprendre). On parle dans ce cas de calque sémantique. À un même signifiant, s'est ajouté un signifié différent. Un exemple du même type est *diet* devenu *diète* (régime) en français ou, dans le vocabulaire sportif, *supporter*, celui qui encourage une équipe. Être *nominé* est employé pour *sélectionné* pour un prix.

L'Office de la langue française, au Canada, essaie de traduire les emprunts sans les calquer sur la forme d'origine étrangère. Ainsi *logiciel* est un emprunt traduit de *software*, alors que *vidéocassette* est un calque.

11. LE VOYAGE DES MOTS

Certains mots peuvent être empruntés par une langue et revenir dans la langue d'origine sous une forme étrangère. Ainsi, dans les échanges entre la France et l'Angleterre, on a eu, par exemple, *tonnelle*, emprunté par l'anglais au XVIᵉ siècle, qui revient au XIXᵉ sous la forme *tunnel*. De même, l'ancien français *fleureter* (ou « conter fleurette ») a donné *flirt* en anglais et est revenu en français sous la forme *flirter*. Un *Jacquot* est devenu *jockey* en anglais et a été réintroduit sous cette forme en français.

12. LA MORPHOLOGIE DES NÉOLOGISMES

Le néologisme est un mot de forme et de sens nouveaux. Jean-Paul Colin (2003) résume ainsi comment se fait morphologiquement la nouveauté lexicale :

- **Ajout** : *chimie> biochimie ; fidèle> fidéliser ; final> finaliser ; pénible> pénibilité ; organisation> organisationnel ; thérapie> trithérapie, etc.*
- **Suppression** : *glisser> glisse ; intellectuel> intello ; paranoïaque> parano ; débile> déb ; mongol> gol, etc.*
- **Siglaison** : *SIDA, TGV (train grande vitesse), SDF (sans domicile fixe), etc.*
- **Contraction** : *camescope> camé(ra)+(magnéto)scope ; héliport> héli(coptère) + (aéro)port, etc.*

Jean-Paul Colin (2003, p. 219)

Colin (2003, p. 240) note qu'en une seule année (1998), on a relevé 2194 néologismes dans le journal *Le Monde*.

13. LES DICTIONNAIRES

Les entrées d'un dictionnaire renvoient surtout aux **lexèmes de la langue**. Le nombre *d'entrées* d'un dictionnaire est très variable, selon qu'il s'agit d'un dictionnaire encyclopédique ou d'un dictionnaire d'usage.

Le Petit Larousse comme *Le Petit Robert* sont des dictionnaires d'usage qui comptent chacun environ 60 000 mots. Un dictionnaire scolaire fonctionnel, comme le *Micro-Robert*, compte 35 000 mots. Le *Grand Larousse Universel* contient 200 000 mots, *Le Trésor de la Langue Française (TLF)*, le plus grand dictionnaire français, compte approximativement 110 000 mots et les recensements techniques y dépassent le million de mots.

Le Trésor de la Langue Française (16 volumes sur papier, publiés entre 1971 et 1994 par Gallimard) est disponible sur Internet à l'adresse suivante : http://atilf.atilf.fr/.

Il existe de nombreux « dictionnaires » québécois-français qui se présentent comme si les deux parlers n'appartenaient pas à la même langue. La plupart sont hétéroclites et non représentatifs des usages communs du français parlé au Canada. Ils contiennent souvent des archaïsmes et des niveaux de langue populaires. Le dernier dictionnaire en date, celui de Lionel Meney (1999), repose sur un vaste corpus mais n'échappe pas totalement non plus à la critique ci-dessus.

14. LE LEXIQUE ET LE VOCABULAIRE

Le lexique est **l'ensemble des termes** d'une langue. C'est une **liste ouverte**, c'est-à-dire qu'on peut toujours y ajouter des termes nouveaux, par exemple dans le domaine des emprunts technologiques.

On parle aussi de **lexiques spécialisés** dans des domaines particuliers. Le lexique de l'**informatique**, par exemple, qui comporte tous les termes recensés sur le sujet.

Par contre, un **vocabulaire** est un inventaire de termes lexicaux, ou **vocables**, employés dans l'usage de la **parole**, s'appliquant à des types de **discours** particuliers et relevé par des enquêtes sur le vocabulaire d'un individu, d'un groupe social, d'une profession, etc. Un vocabulaire est donc une liste de termes **limités** à un certain usage qu'on en fait, par rapport au lexique qui donne toutes les possibilités de la **langue**. On a pu étudier ainsi le vocabulaire employé par les usagers moyens dans des conversations familières.

15. LES ENQUÊTES SUR LE FRANÇAIS PARLÉ

Un groupe de recherche (le CREDIF) a effectué plusieurs enquêtes pour établir le vocabulaire de base du français. Il y a eu ainsi trois grands types d'enquêtes ou d'études :

a) **Le français élémentaire** : enquête effectuée sous la direction de G. Gougenheim entre 1951 et 1954, à l'aide d'enregistrements, qui donne une liste des 1 374 mots les plus fréquents

b) **Le français fondamental** (1958) compte environ 3 000 mots. C'est un matériel pédagogique obtenu en ajoutant à la liste du français élémentaire des termes de la langue écrite usuelle et des **vocables** obtenus par des enquêtes de vocabulaire dit **nécessaire**

c) **Le vocabulaire disponible**. À partir de **centres d'intérêt**, on a établi des listes de vocables suscités par des **mots thèmes**. Par exemple : quels sont les 20 premiers mots qui nous viennent à l'esprit quand on dit « voyage en chemin de fer » ? *Train, quai*, etc.

16. STATISTIQUES DU VOCABULAIRE DE LA LANGUE PARLÉE

Pour donner une idée de l'usage que l'on fait du **lexique d'une langue**, voici les chiffres recueillis par l'enquête du français élémentaire sur le **vocabulaire** réellement employé **dans la parole** :

- Nombre total des mots de l'enquête : 312 135 mots
- Nombre de conversations : 275
- Nombre de mots différents : 7 995
- Apparaissant
  - 1 seule fois : 2 700
  - 2 fois : 1 170
  - 3 fois : 694
  - 4 fois ou plus : 4 564

En réalité, les **38 mots** les plus fréquents représentent à eux seuls **50,6 %** de la totalité des occurrences (157 943 occurrences sur un total de 312 135).

Les **mots les plus fréquents** de la langue ne représentent qu'un vocabulaire de **800 à 1 000 mots.**

17. LA STRUCTURATION DU VOCABULAIRE DU FRANÇAIS PARLÉ

Paul Rivenc (1971) représente ainsi la répartition du vocabulaire dans le français parlé :

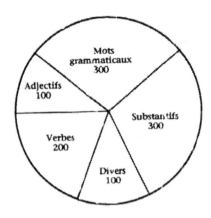

Figure 18.1. La structuration du vocabulaire dans le français parlé

On trouve 90 % de **mots grammaticaux** dans les hautes fréquences (*être, avoir, aller, faire, venir, devoir*, etc.).

Les **noms** ne deviennent fréquents qu'à partir du rang 550. Les premiers à apparaître sont ceux concernant le temps, la localisation (*heure, jour, an, matin, soir*, etc.).

Les adjectifs sont peu fréquents.

La conclusion de cette enquête est que le vocabulaire de l'usager moyen est très réduit. Les termes qui ont la fréquence la plus élevée sont d'ordre grammatical. Mais cela ne veut pas dire qu'on pourra tenir une conversation avec ce type de liste lexicale. Il faut en effet disposer de réserves suffisantes de mots **disponibles**.

18. LE VOCABULAIRE DE BASE DU FRANÇAIS QUÉBÉCOIS

Normand Beauchemin et Pierre Martel, dans une enquête effectuée en 1979, ont trouvé les mêmes résultats que ceux de l'enquête du français fondamental pour les mille premiers mots grammaticaux de la liste. La variation québécoise ne commence que lorsque la liste des noms s'allonge.

INCROYABLE MAIS VRAI

Mots grammaticaux figurant parmi les 150 mots les plus fréquents du français fondamental :

Pronoms	Déterminatifs	Mots de relation	Adverbes	Divers
je	la	de	pas	avoir (aux.)
il(s)	le	à	ne	c'est
ce	un	et	oui	il y a

Pronoms	Déterminatifs	Mots de relation	Adverbes	Divers
ce qui	les	que	y	ah
ce que	une	alors	bien	oh
c'est	des	mais	là	être (aux.)
on	du	en	non	autre
vous	au	pour	très	deux
ça	l'	dans	enfin	ben
qui (rel.)	ce	comme	plus	trois
elle(s)	mon	puis	même	hein
se	des (= de les)	parce que	autre	quoi !
tu	cette	avec	beaucoup	eh bien
en	ma	par	rien	cent
nous	son	quand	un peu	vingt
moi	sa	si (cond.)	aussi	quatre
que (rel.)	ces	sur	encore	dix
lui	votre	on	toujours	cinq
le		chez	après	
tout		que (après comp.)	maintenant	
les			tout	
l'			quand	
te			même	
où (rel.)			plus	
qu'est-ce			comment	
la			jamais	
			moins	
			vraiment	
			voilà	
			assez	
			trop	
			d'ailleurs	
			peut-être	

Substantifs, adjectifs et verbes figurant parmi les 250 mots les plus fréquents de l'enquête du français fondamental :

Substantifs	Adjectifs	Verbes
heure	petit	être
jour	grand	avoir
chose	bon	faire
an	beau	dire
moment	vieux	aller
monsieur	seul	voir
franc	français	savoir
enfant	gros	pouvoir
madame	intéressant	falloir
maison	demi	vouloir
femme		venir
gens		prendre
mois		arriver
soir		croire
année		mettre
exemple		passer
côté		devoir
matin		trouver
travail		donner
histoire		comprendre
voiture		connaître
école		partir
français		demander
fille		tenir
type		aimer
coup		penser
mot		rester
vie		manger
eau		appeler
point		sortir
film		travailler
		acheter
		laisser
		écouter

Substantifs	Adjectifs	Verbes
		entendre
		rentrer
		commencer
		marcher
		regarder
		rendre
		revenir
		lire
		monter
		payer
		parler
		chercher
		jouer
		paraître
		attendre
		perdre

Paul Rivenc, (1971, pp. 58 et 61)

L'ENQUÊTE D'HENRIETTE WALTER SUR LES NÉOLOGISMES EXPRESSIFS DES JEUNES

À la suite de plusieurs enquêtes, dans les années 1980, puis quelques dix années plus tard, Henriette Walter constate l'évolution du vocabulaire expressif en France. Ces changements concernent une évolution générale de classe grammaticale, polysémie, métaphores, ainsi que la persistance d'anglicismes. Voici quelques exemples en même temps que certaines formes anciennes qui ont perduré. On en retrouve un certain nombre au Canada et dans d'autres pays francophones :

- des abréviations de type classique en *-o* :
  - *ado,* « adolescent », *alcolo,* « alcoolique », *intello,* « intellectuel », *prolo,* « prolétaire »
- mais aussi une abondance d'abréviations se terminant par une consonne :
  - *appart,* « appartement », *p'tit déj,* « petit déjeuner », *prole,* « prolétaire », *bourge,* « bourgeois », etc.
- des unités lexicales montrant des modifications des signifiés par polysémies simple :
  - *poudre,* « drogue », *se planter,* « échouer », « se tromper », etc.

- des changements de construction syntaxique accompagnant des changements de signification :
  - *il assure* (sans complément), qui veut dire « il est compétent », *ça dégage* (sans complément), qui signifie « c'est spectaculaire », etc.
- des changements de classe syntaxique :
  - des adjectifs utilisés en fonction d'adverbes : *il l'a eu facile, il l'a fait tranquille*
  - un adverbe utilisé en fonction d'adjectif : *il est trop*
  - des noms devenus des adjectifs : *un spectacle classe, un pantalon sexe*
  - des verbes donnant naissance à des noms : *la glisse*
- des expressions négatives ne signifiant pas exactement l'inverse de la forme de base :
  - *pas aidé,* « moche », « bête », *pas évident,* « pas facile », *pas triste,* « haut en couleur », « animé »
- ou qui n'existent pas sous une forme non négative :
  - *pas fut-fut,* « pas intelligent », *pas gai-gai,* « un peu tristounet ». Il s'agit souvent de formes rédupliquées
- une même expression pouvant signifier une chose et son contraire :
  - *méchant,* toujours placé devant le nom qu'il modifie, signifie « très bien, très bon ». Par exemple, *un méchant ordinateur,* c'est « un ordinateur de grande classe, très performant ». De même, *bonjour le (la)…* est ironique dans le sens de « adieu », « merci bien » ; *c'est la bête, c'est la brute,* « il est très fort » ; *ça va faire mal,* « ça va être très bien » ; *il a fait un malheur,* « il a eu un grand succès ».

Henriette Walter (1997a, pp. 527-528)

1. Quelle sorte de mots ont apporté en Angleterre les envahisseurs anglo-normands à partir de 1066 ?

2. Dans les emprunts modernes faits à diverses langues, classez les termes liés à la guerre, l'architecture, le sport, l'informatique. Comment ces emprunts traduisent-ils parfois des préjugés culturels ?

3. Traduisez en anglais les onomatopées et les termes onomatopéiques donnés en exemple au paragraphe 2. Quelle conclusion en tirez-vous sur la motivation du signe et sur les contraintes qu'impose une langue à l'encodage du son perçu ?

4. Trouvez d'autres métaphores visuelles du type *œil de bœuf*, en français.

5. En prenant un magazine d'actualité français ou québécois, faites un relevé des emprunts à l'anglais. Faites l'inverse avec un magazine anglophone.

6. Trouvez un mot français savant construit à partir d'une des racines grecques suivantes : *chol*, *crypt(o)*, *ethn(o)*, *gastro*, *iâtre*, *icon(o)*, *pseudo*, *poly*, *xéno*, *ornith(o)*, *thalass(o)*.

7. Avec votre dictionnaire étymologique, trouvez les rapports existant entre les termes suivants :
   - *ancêtre, antécédent*
   - *chef, capitaine, cheptel*
   - *canal, chenal, chéneau, cannelle*
   - *caprice, capricorne, chèvre, chèvrefeuille*
   - *hôtel, hôpital, hospitalité*

8. Formez des mots composés à partir des éléments français suivants : *surprise, auto, euro, alcolo, musi-, route, cassette, test, partie, vision.*

9. À l'aide d'un dictionnaire, retrouvez l'origine des composants des mots courants suivants :
   - *Un photographe*
   - *Un gérontologue*
   - *Un néologisme*
   - *Un pseudonyme*
   - *La psychologie*
   - *La bibliothèque*

Suite à la p. suivante

- *Un polygone*
- *Un hexagone*
- *Un décamètre*
- *Un xénophobe*

- *Un homonyme*
- *Un calorifère*
- *La radiographie*

10. À votre avis, pourquoi dit-on plus volontiers la première des formes verbales suivantes, plutôt que la seconde :

contacter	*prendre contact*
parrainer	*devenir parrain*
appeler	*téléphoner*
surfer	*faire du surf*
skier	*faire du ski*
switcher	*allumer ou éteindre le commutateur*
dropper	*laisser tomber*
nominer	*mettre en nomination*

PETITE SUITE WALTÉRIENNE

Vingt ans plus tard, Henriette Walter observe les mêmes tendances linguistiques et note l'arrivée de nouveaux mots imagés et quelques emprunts à l'anglais, mais beaucoup moins que dans la précédente génération. En voici quelques exemples :

- *complètement, tout à fait* : pour dire « oui »
- *c'est clean* : « c'est bien »
- *il est clean* : « il présente bien »
- *c'est hard* : « c'est difficile »
- *c'est top, over top, grand, bestial, mortel* : « formidable », « magnifique »
- *être cassé* : « fatigué »
- *il disjoncte* : « il est un peu fou »
- *ça pose problème* : « ça pose un problème »
- *un max* : « beaucoup »
- *ça dégage* : « on s'amuse »
- *l'éclate totale* : « on s'amuse »
- *c'est sexe* : « sexy »
- *à plus* : « à plus tard »
- *y a pas de lézard* : « tout va bien »
- *bécane ou babasse* : « ordinateur »

Henriette Walter (1997a, p. 536)

Partie IV

LA SYNTAXE

Chapitre 19
L'ANALYSE SYNTAXIQUE

EN DEUX MOTS

Après avoir analysé les mots, on examine maintenant la manière dont ils peuvent former des groupes puis des phrases. La syntaxe moderne essaie de trouver les **règles** qui permettent à partir d'un **modèle** de construire une infinité de phrases nouvelles.

1. LA SYNTAXE

L'analyse syntaxique a trois buts principaux :

- définir la **structure des groupes**, en précisant les combinaisons possibles des catégories de mots
- établir la **structure des phrases**, en spécifiant les combinaisons des groupes qui permettent de former des phrases
- décrire les **interprétations possibles** des différentes structures syntaxiques, en fournissant une définition précise des notions traditionnelles telles que sujet grammatical, prédicat, complément d'objet direct, complément d'objet indirect, complément circonstanciel, etc.

La syntaxe d'une langue est constituée d'un ensemble de règles qui décrivent les structures phrastiques appartenant au répertoire de cette langue. Cette description devrait permettre d'identifier les phrases qui respectent les règles syntaxiques de la langue et celles qui les transgressent.

Les règles syntaxiques sont en nombre fini. Elles permettent cependant de produire un nombre infini d'énoncés. Le locuteur ne retient pas une liste de phrases déjà produites ou comprises, il établit certaines règles générales de combinaison et d'interprétation qui lui permettent d'encoder et de décoder tout énoncé possible dans sa langue. L'acquisition de la langue maternelle n'implique pas un stockage passif d'une multitude d'exemples, mais un processus actif d'élaboration de différents types de règles qui constituent le code linguistique.

2. SYNTAXE PARLÉE ET SYNTAXE ÉCRITE

La syntaxe de la langue parlée spontanée est souvent marquée par des reprises, des ruptures, des constructions inachevées, ponctuées de termes d'hésitation, par exemple :

(1) *Le métro, euh, vous savez, hein, selon moi, ya, ben, faudrait voir, ya que ça qui va vite,*
enfin, hein, à Paris...

Souvent, on ne trouve pas de phrase achevée dans la langue parlée. Les théories syntaxiques ne portent généralement que sur les phrases « bien formées » de la langue écrite.

LA GRAMMAIRE DE LA PHRASE

« De fait, la phrase, telle qu'elle se présente en grammaire, est le résultat d'une élaboration qui commence avec le début du français écrit et qui trouve son aboutissement aux 16e et 17e siècles. On est donc en droit de dire que la phrase est « une invention » de la langue littéraire. L'invention subséquente, au 19e siècle, de la grammaire scolaire a contribué à fixer son statut. Il est clair que le français parlé est structuré tout autrement. La phrase a néanmoins une réalité dans la langue écrite. »
(Yaguello, 2003, p. 196)

3. L'ANALYSE SYNTAXIQUE

Comme on l'a déjà dit, l'analyse syntaxique consiste à déterminer les groupes qui constituent la phrase et à établir les relations entre ces groupes. Ces groupes sont appelés **constituants immédiats**. Ils correspondent aux unités de sens majeures que l'on perçoit dans une phrase telle que :

(2) *Ma mère / arrive / à huit heures /*

Chacun de ces constituants immédiats est aussi appelé **syntagme** ou **groupe**. Ces groupes sont définis selon l'élément morphologique qui est le noyau de ce groupe. Le **groupe nominal**, par exemple, contient obligatoirement un nom et les éléments qui dépendent du nom (les déterminants, les adjectifs qualificatifs, etc.), le **groupe verbal** contient obligatoirement un verbe et les éléments qui dépendent du verbe (les auxiliaires, les formes verbales, etc.).

Les principaux constituants de la phrase ci-dessus sont le **groupe nominal** (GN), le **groupe verbal** (GV) et le **groupe prépositionnel** (GP). L'exemple précédent pourra être défini ainsi :

groupe nominal	groupe verbal	groupe prépositionnel
ma mère	*arrive*	*à huit heures*

Nous reviendrons plus en détail sur les divers groupes et les éléments qui les composent dans les sections ci-dessous.

4. LA PHRASE GLOBALE

Outre leurs constituants immédiats, les phrases possèdent également une des trois **modalités phrastiques** du français. Ainsi toute phrase appartenant au répertoire des phrases possibles en français est obligatoirement **déclarative**, **interrogative** ou **impérative**. Autrement dit, le locuteur francophone sait que la phrase ci-dessus, (2) *Ma mère arrive à huit heures*, prononcée avec une chute intonative en finale, est une déclaration. Si, par contre, il y a une montée intonative à la fin de la phrase, il s'agit d'une question : (3) *Ma mère arrive à huit heures ?* La modalité est alors une propriété de l'ensemble de la phrase et ne correspond pas toujours aux groupes individuels qui constituent la phrase.

Pour tenir compte de cette relation entre la modalité phrastique et la phrase individuelle, on propose une unité phrastique supérieure appelée **phrase globale**, notée par la lettre grecque Σ (sigma majuscule). La phrase globale comprend :

- une **modalité phrastique** (**M**)
- une **phrase** (**P**), la phrase particulière à laquelle la modalité s'applique

On peut représenter la structure de la phrase globale sous la forme d'une équation qu'on appelle une **règle de réécriture** :

- Σ → M, P

La flèche → indique que la phrase globale Σ « se réécrit » comme M, P. Cette règle signifie alors « réécrivez la phrase globale en modalité phrastique et phrase ». Il s'agit simplement d'une autre façon de dire que la phrase globale est composée d'une modalité phrastique et d'une phrase particulière. Cette règle décrivant la phrase globale peut à son tour être représentée sous la forme d'un **indicateur phrastique** que l'on appelle communément un **arbre syntaxique**, car il contient des **branches** :

Arbre (1)

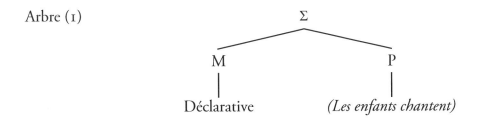

5. LA PHRASE ET SES RÈGLES DE RÉÉCRITURE

Toute phrase française contient obligatoirement deux constituants essentiels : un **groupe nominal** et un **groupe verbal**. On ne peut pas avoir de phrase si l'un de ces constituants manque. Comme nous le verrons dans la section ci-dessous, le GN est parfois omis, mais il est présent du point de vue structural. La règle de réécriture de la phrase est :

- P → GN, GV

C'est-à-dire toute phrase est composée d'un groupe nominal et d'un groupe verbal. Tout comme on a pu visualiser la phrase globale à l'aide d'un indicateur phrastique, on peut représenter la phrase (4) *Les enfants chantent* par l'arbre suivant :

Arbre (2)

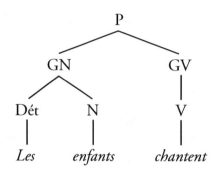

Le groupe nominal de la phrase ci-dessus, *Les enfants*, est à son tour composé d'un déterminant (**Dét**) et d'un nom (**N**). On peut définir plus en détail le groupe nominal par la règle de réécriture suivante :

- GN → Dét, N

On peut également définir le groupe verbal de cette phrase, qui comprend une forme verbale simple, à l'aide de la règle suivante :

- GV → V

On représentera l'ensemble de la phrase P par l'indicateur syntagmatique suivant :

Arbre (3)

Voici donc les principales règles syntaxiques qui nous permettent de définir la structure essentielle des phrases françaises :

- Σ → M, P (la phrase globale comprend la modalité phrastique et la phrase particulière)
- P → GN, GV (la phrase comprend un groupe nominal et un groupe verbal)
- GN → Dét, N (le groupe nominal comprend un déterminant et un nom)
- GV → V (le groupe verbal comprend un verbe)

Cette série restreinte de règles nous permet à la fois de définir un grand nombre de phrases réelles et d'attribuer une interprétation stable aux différents groupes syntaxiques selon leur place dans l'indicateur syntagmatique. Le GN qui dépend directement de la phrase (*Les enfants*) est le sujet grammatical de la phrase. Le GV (*chantent*) représente ce que l'on appelle traditionnellement le prédicat.

6. LE GROUPE NOMINAL

Analysons de façon plus approfondie les divers groupes qui constituent la phrase. Le **groupe nominal** (noté GN) est composé d'un **noyau nominal** obligatoire qui peut être :

- un nom commun : *chien, ordinateur, cuisinier, industrie*, etc.
- un nom propre : *Henri, Vancouver, Monet*, etc.
- un pronom personnel : *il, elles, vous, certains*, etc.

Dans certains cas comme l'impératif, le GN n'apparaît pas dans la phrase :

(3) *Viens (qui signifie **Tu** viens !)*
(4) *Partez (qui signifie **Vous** partez !)*

Au lieu de dire que le GN a été omis, on considère qu'il a été réalisé au **degré zéro** (noté par le symbole « Ø » sous la position syntaxique). Autrement dit, le GN est en fait présent du point de vue de la structure de la phrase, mais il ne correspond pas à une forme phonologique. Le locuteur francophone sait intuitivement que la forme *Revenez !* s'adresse à un *vous* implicite, même si ce pronom n'apparaît pas dans la phrase.

7. LES DÉTERMINANTS DU GROUPE NOMINAL

Comme on l'a vu au chapitre 12, les déterminants constituent un ensemble hétérogène qui comprend les diverses catégories d'articles, d'adjectifs (à l'exception des adjectifs qualificatifs) et différentes locutions de quantité. Le rôle des déterminants est de **spécifier** le noyau nominal. Autrement dit, le nom *chaise* désigne toute une classe d'éléments qui correspondent au sens général du mot. Le fait d'ajouter un déterminant permet au locuteur de désigner une chaise particulière, par exemple :

- ***La** chaise, **ma** chaise, **quelques** chaises, **quelle** chaise, **trois** chaises, **trop de** chaises, **beaucoup de** chaises*

Les déterminants sont alors des éléments qui dépendent étroitement du nom et qui s'accordent en genre et en nombre avec lui. Dans la grande majorité des cas, les noms sont accompagnés d'un déterminant. Il est rare de dire le mot « *chaise* » tout seul, car dans la plupart des situations on aura besoin de préciser de quelle *chaise* on parle.

Les noms propres et les pronoms, par contre, n'ont pas de déterminant, car ces termes sont **autodéterminés**. Autrement dit, un nom propre comme *Montréal* renvoie à une entité unique qui n'a pas besoin d'être spécifiée davantage. Il n'y a pas de déterminant devant le nom de la ville dans la phrase (7) *Je vais à Montréal demain*, car on sait qu'il s'agit de la ville de Montréal qui se trouve au Québec. Il n'y a pas toute une classe d'entités qui correspondent à la désignation *Montréal*. Examinons maintenant le cas des pronoms dans la suite de deux phrases (8) *Pierre est venu chez moi hier soir. Je **lui** ai donné le livre.* Le pronom *lui* renvoie forcément à *Pierre*, c'est-à-dire une personne préspécifiée dans le contexte linguistique ou dans la situation extralinguistique.

Le déterminant peut parfois se réaliser **au degré zéro** dans l'apostrophe, les proverbes, les maximes et moralités, ainsi que dans les titres de journaux, la publicité, etc., par exemple :

(9) *Tremblement de terre à Mexico*
(10) *Soldes spectaculaires !*

(11) *Familles, je vous hais !* (A. Gide)

(12) *Labourages et pâturages sont les deux mamelles de la France* (Sully)

(13) *Patience et longueur de temps*
    Font plus que force ni que rage (La Fontaine)

8. LES EXPANSIONS DU GROUPE NOMINAL

Les **expansions** sont des groupes qui ne possèdent pas d'autonomie syntaxique et dépendent étroitement du noyau nominal :

- expansions adjectivales :   ***jolie petite*** *chaise* ***rouge et bleue***
- expansions prépositionnelles :   *la chaise* ***à ma gauche***
                                          la mule ***du Pape***
                                          la cuillère ***à soupe***

On représente les expansions comme étant des éléments à l'intérieur du groupe nominal :

Arbre (4)

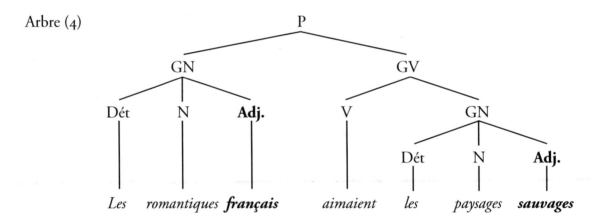

Ces expansions permettent aussi de définir une sous-classe d'éléments, comme dans *l'équipe de rugby*, qui détermine un type particulier d'*équipe*, ou l'expression *voiture de sport*, qui désigne un type particulier de *voiture*. L'expansion nominale est une des façons dont la langue réalise la composition morphologique au niveau de la syntaxe.

9. LE GROUPE VERBAL

Le **groupe verbal** (noté GV) est composé d'un **noyau verbal** qui peut être :

- une forme verbale simple (lexème et morphème) : *viens, venez, venait, viendront*, etc.
- une forme verbale composée (auxiliaire et forme verbale) : *a mangé, suis allé*, etc.
- une forme verbale accompagnée d'un auxiliaire modal (*pouvoir, devoir, falloir*) : *doit arriver, pourrait arriver*, ou temporel (*aller, venir de*) : *va arriver*, etc.

10. LES EXPANSIONS DU GROUPE VERBAL

Le GV est parfois accompagné d'une expansion qui peut être :

- un **groupe nominal** complément d'objet direct : *Mange* ***ta soupe***

- un **groupe prépositionnel** complément d'objet indirect : *Il donne le livre **à sa sœur***
  - un **adverbe** : *Il travaille **fort***
  - une **proposition relative** : *Mange **ce que je te donne***
  - un **groupe adjectival** accompagnant un verbe attributif : *Il semble **très content***

La phrase (14) *Les romantiques aimaient la nature* possède deux groupes nominaux qui ont chacun un statut syntaxique différent. Le premier groupe nominal est le sujet grammatical de la phrase. Dans l'indicateur syntagmatique, ce GN est relié directement à P. Le second groupe nominal est une expansion du groupe verbal et joue le rôle de **complément d'objet direct**. La règle de réécriture qui décrit cette relation est la suivante :

- GV → V, GN

Cette règle signifie que le groupe nominal complément d'objet direct fait partie du groupe verbal. Dans l'arbre syntaxique, le groupe nominal complément d'objet direct (COD) se trouve sous le groupe verbal de la façon suivante :

Arbre (5)

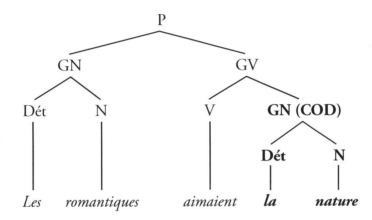

Les expansions adverbiales se trouvent également à l'intérieur du groupe verbal :

Arbre (6)

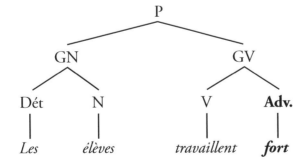

11. LE GROUPE PRÉPOSITIONNEL

Le **groupe prépositionnel** (noté GP) possède deux noyaux, une **préposition** et un **groupe nominal**, régi par la préposition comme dans la représentation suivante :

Arbre (7)

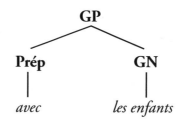

Dans certains cas, soit la préposition soit le déterminant du groupe nominal est réalisé au degré zéro dans la phrase finale. On dira alors que la phrase (15) *Il travaille la nuit* contient en fait un groupe prépositionnel, car elle veut dire que la personne travaille ***pendant** la nuit*. La préposition est alors réalisée au degré zéro. De la même façon, la phrase (16) *Je le ferai avec plaisir* contient un groupe nominal *avec plaisir* où le déterminant est réalisé au degré zéro.

Examinons maintenant les divers types de groupes prépositionnels. Les phrases ci-dessous possèdent des groupes prépositionnels. On notera cependant que ces groupes prépositionnels jouent des rôles différents dans ces phrases :

(17) *L'autocar arrive **à six heures*** (complément circonstanciel de temps)
(18) *Marie donne des livres **à Pauline*** (complément d'objet indirect d'un verbe transitif)
(19) *Richard téléphone **au garagiste*** (complément d'un verbe intransitif)
(20) *La fenêtre **de la cuisine** est ouverte* (complément de nom)
(21) *Françoise est heureuse **de son achat*** (complément d'adjectif)

Nous examinerons ci-dessous chacun de ces rôles de manière plus détaillée.

12. LE GP COMPLÉMENT CIRCONSTANCIEL

Le GP peut jouer le rôle de complément circonstanciel de temps, de lieu, de manière, de cause ou de but. Autrement dit, le complément circonstanciel nous indique quand, où, comment et pourquoi l'information contenue dans la phrase se déroule. C'est pour cette raison que l'on considère que le complément circonstanciel porte sur l'ensemble de la phrase. Dans la phrase (22) *Le train arrive à six heures*, le GP *à six heures* est un complément circonstanciel de temps. Dans la phrase (23) *Le train arrive au quai neuf*, le GP *au quai neuf* est un complément circonstanciel de lieu. Dans la phrase (24) *Les spectateurs applaudissent avec enthousiasme*, le GP *avec enthousiasme* est un GP complément de manière. Enfin dans la phrase (25) *Nous partons en vacances*, le GP *en vacances* est un GP complément circonstanciel de but. La règle de réécriture décrivant ce type de complément est la suivante :

• P → GN, GV, GP

Ce type de GP est relié directement à la phrase, tout comme le GN sujet et le GV. La phrase (26) *François mange le gâteau **dans la cuisine*** contient un GP complément circonstanciel de lieu que l'on représente de la façon suivante :

Arbre (8)

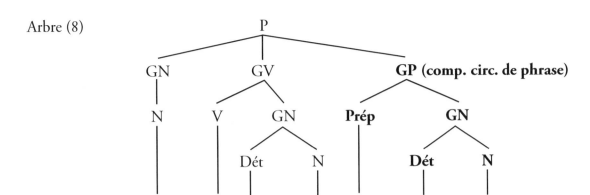

On appelle parfois les groupes prépositionnels compléments de phrase des **syntagmes autonomes** parce qu'ils peuvent dans certains cas se déplacer à l'intérieur de la phrase sans en modifier le sens. On peut ainsi dire indifféremment : (27) *Je sors **ce soir*** ou (28) ***Ce soir**, je sors*.

13. LE GP COMPLÉMENT D'OBJET INDIRECT D'UN VERBE TRANSITIF

Il s'agit, dans ce cas, des verbes qui expriment une action qui peut avoir un patient et un bénéficiaire comme dans les phrases suivantes :

(29) *J'écris une carte **à ma grand-mère***
(30) *Il passe le sel **à son voisin***
(31) *Jacqueline vend des voitures **à ses clients***

Dans la première phrase, *une carte* est le patient de l'action et *à ma grand-mère* est le bénéficiaire de l'action. Du point de vue syntaxique, le patient *une carte* est un GN complément d'objet direct et le bénéficiaire *à ma grand-mère* est un GP complément d'objet indirect. Tout comme le GN complément d'objet direct, le GP complément d'objet indirect se situe à l'intérieur du GV. On peut noter ce rapport par la règle de réécriture suivante :

• GV → V, GN, GP

Dans l'arbre syntaxique, le GP complément d'objet indirect (COI) se place directement sous le groupe verbal. La phrase ci-dessous contient à la fois un GN complément d'objet direct et un GP complément d'objet indirect :

(32) *Marie envoie une lettre **à son frère***

On représentera donc cette phrase de la façon suivante :

Arbre (9)

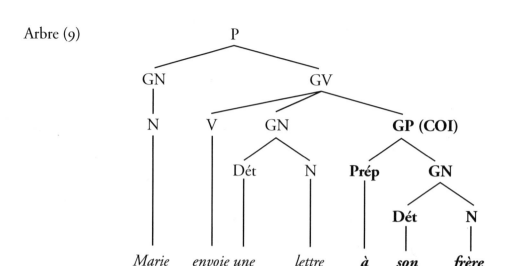

14. LE GP COMPLÉMENT D'UN VERBE INTRANSITIF (Objet Indirecte)

Il s'agit, dans ce cas, des groupes prépositionnels qui apparaissent après un verbe intransitif, comme dans les phrases suivantes :

(33) *Frédérique réfléchit **à son avenir***
(34) *Les élèves parlent **de leurs vacances***
(35) *Je téléphone **à mes amis***

Comme nous l'avons vu dans la leçon sur la morphologie des verbes, les verbes intransitifs expriment des actions qui n'ont pas de patient véritable. On ne peut pas dire que, dans la deuxième phrase, *leurs vacances* subissent l'action de *parler*. Dans ce cas, on considère qu'il s'agit d'un GP complément d'objet indirect qui n'est pas pourtant le bénéficiaire de l'action.

La différence syntaxique entre le GP qui représente le bénéficiaire ((32) *Marie envoie une lettre **à son frère***) et le GP qui représente le complément d'un verbe intransitif ((33) *Frédérique réfléchit **à son avenir***) réside dans la présence ou l'absence d'un GN complément d'objet direct. La présence de ce groupe est obligatoire dans le cas d'un verbe transitif, on ne peut pas dire, par exemple, (36) **il envoie à son ami*. En revanche, le GN complément d'objet direct est interdit dans le cas d'un verbe intransitif (37) **François arrive son ami à huit heures*. La règle de réécriture qui définit le GP complément de verbe intransitif est la suivante :

• GV → V, GP

On représentera donc la phrase : (38) *Monique parle de ses vacances* de la manière suivante :

Arbre (10)

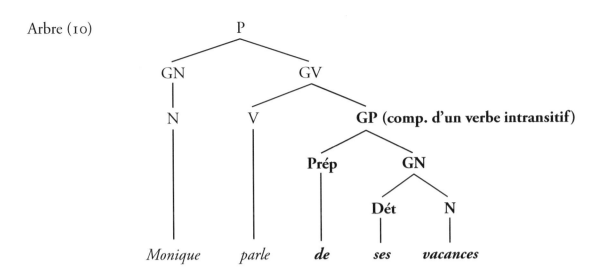

15. LE GP COMPLÉMENT DE NOM

Le GP peut également servir à spécifier le groupe nominal, comme dans les phrases suivantes :

(39) *L'avocat **de la défense** a pris la parole*

(40) *L'amie **de mon frère** a acheté un nouvel ordinateur*

(41) *La fleur **de lys** est le symbole du Québec*

(42) *Mon voisin **de palier** aime le football*

(43) *La fille **de notre voisin** a déménagé*

Dans tous ces cas, le groupe prépositionnel fournit des renseignements supplémentaires sur le nom principal, c'est *l'avocat **de la défense*** et pas un autre avocat qui prend la parole. Comme il spécifie le nom, ce type de groupe prépositionnel se situe à l'intérieur du groupe nominal même et la règle de réécriture de ce type de groupe nominal est la suivante :

- GN → GN, **GP**

On représentera la phrase (44) *La fille **de notre voisin** a déménagé* par l'arbre syntaxique suivant :

Arbre (11)

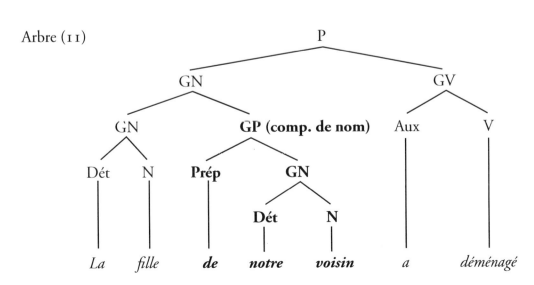

16. LE GP COMPLÉMENT DE GROUPE ADJECTIVAL

Le GP peut également dépendre d'un groupe adjectival, comme dans les exemples suivants :

(45) *Mon cousin est heureux **de son achat***

(46) *Mes sœurs sont contentes **de leur voyage***

(47) *Le cinéma est plein **de spectateurs***

(48) *Le vase est rempli **de fleurs***

Dans ce cas, le groupe prépositionnel se trouve à l'intérieur du groupe adjectival. La règle de réécriture de ce type de groupe adjectival est la suivante :

- GAdj → Adj, **GP**

On représentera la phrase (45) ci-dessus par l'indicateur syntagmatique suivant :

Arbre (12)

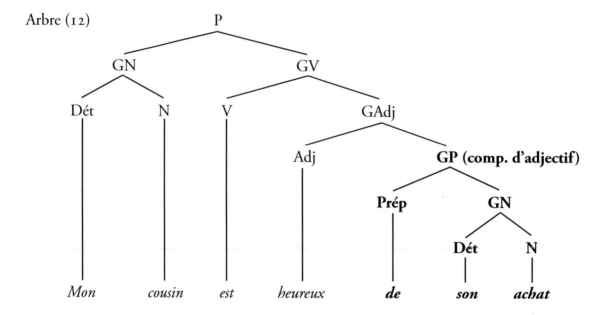

17. LES RÈGLES DE RÉÉCRITURE ET LES COMPLÉMENTS

Reprenons brièvement les règles de réécriture décrites jusqu'ici :

- Σ → M, P
- P → GN, GV
- P → GN, GV, GP
- GN → Dét, N
- GN → GN, GP
- GV → V
- GV → V, GN
- GV → V, GN, GP
- GV → V, GP
- GAdj → Adj, GP
- GAdv → Adv, GP

Ces règles initiales constituent déjà un outil descriptif important. Elles permettent de décrire une grande variété de structures syntaxiques :

- deux modèles de phrases, avec ou sans complément circonstanciel
- deux types de groupes nominaux, ceux qui contiennent un seul nom et ceux qui comprennent un groupe nominal accompagné d'un groupe prépositionnel
- quatre types de GV, sans complément, avec complément d'objet direct, avec complément d'objet direct et complément d'objet indirect, et avec complément d'objet indirect mais sans complément d'objet direct
- le groupe adjectival composé d'un adjectif et d'un groupe prépositionnel

Ces règles n'indiquent pas cependant les rapports possibles entre le verbe et le groupe nominal qui en dépend. Autrement dit, elles n'indiquent pas si les phrases (49) *Il mange à la carotte* ou (50) *Il parle ses vacances* sont bien ou mal formées.

Pour définir ces relations, il faut indiquer si le groupe verbal peut être suivi ou non d'un GN complément d'objet direct ou d'un GP complément d'objet indirect. Il s'agit en fait de capter au niveau syntaxique les notions de transitivité et d'intransitivité définies dans le chapitre sur la morphologie du verbe. Les règles de construction des indicateurs syntagmatiques ne suffisent pas pour décrire ces contraintes. Il existe d'autres règles syntaxiques qui attribuent des traits syntaxiques + GN, - GN, + GP ou - GP au noyau verbal et qu'on appelle traits de **sous-catégorisation stricte**. Le verbe transitif *manger*, par exemple, possède les traits de sous-catégorisation + GN, - GP. Autrement dit, ce verbe peut être suivi d'un groupe nominal (le complément d'objet direct), mais pas d'un groupe prépositionnel. Le verbe intransitif *parler*, par contre, possède les traits - GN, + GP. Autrement dit, ce verbe peut être suivi d'un groupe prépositionnel, mais pas d'un groupe nominal. Les deux phrases (49) *Il mange à la carotte* et (50) *Il parle ses vacances* violent les règles de sous-catégorisation stricte et seront jugées comme étant agrammaticales par un locuteur natif.

Certains verbes peuvent paraître transitifs, tels *parler* dans (51) *Charles parle cinq langues*. En réalité, la transformation au passif est impossible, car le complément n'est pas un patient susceptible de devenir le sujet de la phrase passive (52) *Cinq langues sont parlées par Charles*.

1. Faites les indicateurs syntagmatiques des phrases suivantes :
   a) *Depuis sa maladie, Raphaël mange du pain sans gluten*
   b) *Sandra part en Grèce mardi matin avec sa sœur*
   c) *Élise est contente de son résultat final*
   d) *Anne-Sophie joue du violon pendant une heure tous les jours*
   e) *Nos voisins ont acheté une table de ping-pong la semaine dernière*

2. Indiquez le statut syntaxique des groupes en gras.
   a) *Le cambrioleur a forcé la porte **d'entrée***
   b) *Louise boit **de l'eau** constamment*
   c) *Le train **de Paris** arrive bientôt*
   d) *Ils mangent **tous les soirs** à six heures*
   e) *Charles s'est acheté une voiture **de sport***
   f) *La rue était remplie **de manifestants***
   g) *L'été dernier, **ma nièce** est allée au Pérou*
   h) *Robert a écrit un courriel **à son professeur***
   i) *Chloé réfléchit **à son avenir***
   j) *Stéphane a renversé la bouteille d'eau **par accident***

3. Faites une phrase française cohérente qui corresponde à chacun des indicateurs syntagmatiques suivants :

Arbre (13)

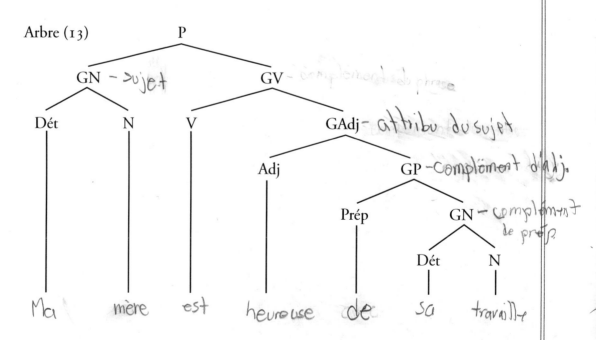

Arbre (14)

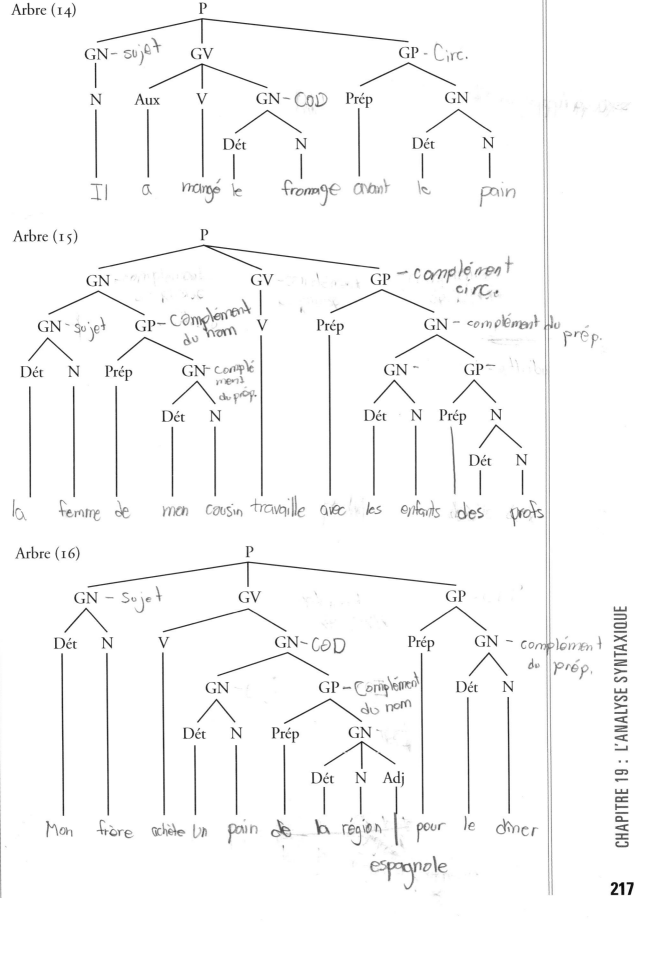

Arbre (15)

Arbre (16)

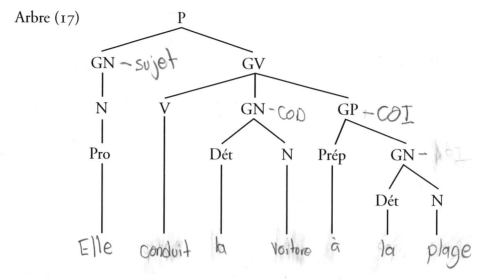

Arbre (17)

4. Indiquez si les phrases suivantes respectent ou ne respectent pas les règles de sous-catégorisation stricte des verbes français. Si la phrase n'est pas bien formée, donnez la version corrigée.

a) *Patricia attendait pour sa sœur*

b) *J'écoute toujours à la radio quand je conduis*

c) *Agnès sera en retard parce qu'elle cherche pour une place de parking*

d) *Gérard va rendre visite sa tante qui habite à Montréal*

e) *Léna ressemble beaucoup sa mère*

f) *Jean-Marc obéit toujours ses parents*

g) *Thomas a envoyé son père une carte d'anniversaire*

h) *Vera va téléphoner son ami ce soir*

i) *Alex a demandé pour l'addition mais le serveur ne l'a pas entendu*

j) *Le professeur n'a pas répondu la question*

LE JEU DES PETITS PAPIERS, OU LE CADAVRE EXQUIS

Les enfants connaissent bien le jeu qui consiste à écrire, à tour de rôle, sur une feuille qu'on fait circuler, un nom, puis un adjectif, puis un verbe, puis un complément direct, puis un complément de circonstance. On ne doit pas voir ce que son voisin a écrit. On fait circuler le papier après avoir écrit le syntagme dont on est responsable. Ce programme de syntaxe vous donnera, par exemple : *Le fromage bleu mange le chat dans la baignoire.* Mais il pourra aussi bien vous donner : *Le chat bleu mange la baignoire dans le fromage.*

Vous avez fait un programme syntaxiquement correct mais la composante sémantique vous a échappé. D'où le plaisir de ce jeu de non-sens, que l'on peut varier selon toutes les combinaisons linguistiquement possibles, et que les poètes surréalistes pratiquaient sous le nom de **cadavre exquis**. À vous de jouer !

Chapitre 20

LA SYNTAXE ET L'AMBIGUÏTÉ

EN DEUX MOTS

On tente ici d'expliquer et d'analyser les divers types d'ambiguïté. Une même suite de mots peut s'interpréter de deux façons complètement différentes. L'analyse de la structure syntaxique et morphologique doit pouvoir capter ces différences. La pause, l'accentuation et l'intonation y jouent aussi un rôle important.

1. L'AMBIGUÏTÉ SYNTAXIQUE DE TYPE A : LE GP AVEC EFFACEMENT DE LA PRÉPOSITION

Comme nous l'avons vu dans le chapitre précédent, la syntaxe décrit les phrases bien formées et malformées d'une langue de même que leurs interprétations possibles. L'étude de l'ambiguïté permet d'illustrer le fait qu'un changement d'interprétation correspond à un changement de structure syntaxique de la phrase en question. Les arbres syntaxiques devraient alors distinguer des structures apparemment semblables mais d'organisation syntaxique différente. Examinons, par exemple, les phrases suivantes :

(1) *Céline Dion chante **une chanson***

(2) *Céline Dion chante **ce soir***

Le locuteur natif sait que les deux groupes nominaux *une chanson* et *ce soir* n'ont pas le même statut. On peut mettre la phrase (1) à la voix passive : *la chanson a été chantée par Céline Dion*. Dans ce cas, le sens général de la phrase passive est semblable à celui de la phrase active. En revanche, si l'on met la phrase (2) à la voix passive, on aboutit à une phrase qui n'a pas de sens : *ce soir a été chanté par Céline Dion*. Le problème est alors d'expliquer la différence entre les deux phrases.

On notera cependant que les catégories morphologiques sont identiques dans les deux cas. Il y a le sujet *Céline Dion*, ensuite le verbe *chante*, puis le déterminant *une* ou *ce* et enfin le nom *chanson* ou *soir*. La morphologie ne permet pas de saisir la différence d'interprétation. Cette différence dépend de la structure syntaxique.

Dans la phrase (1), le GN *une chanson* est un **complément d'objet direct** du GV *chante*. Cette phrase pourrait être la réponse à la question : ***Que** chante Céline Dion ?* Dans l'arbre syntaxique, ce GN dépend directement du GV :

Arbre (18)

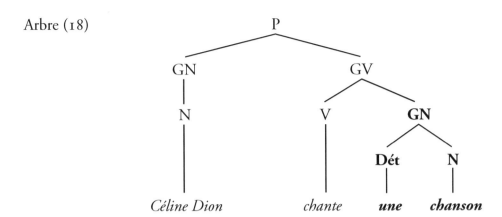

Dans la phrase (2), *ce soir* est un GP complément circonstanciel de temps contenant une préposition réalisée au degré zéro. Cette phrase pourrait être la réponse à la question **Quand** *chante Céline Dion ?* Dans ce cas-là, le GN *ce soir* se situe dans un GP complément circonstanciel de temps relié directement à la phrase.

Arbre (19)

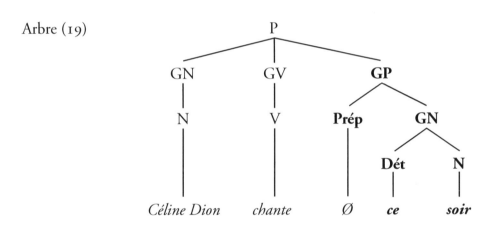

2. L'AMBIGUÏTÉ DE TYPE B

Dans les exemples suivants, l'analyse syntaxique permet de nouveau de saisir les différentes interprétations des phrases. Dans ces cas-ci, les catégories morphologiques sont également différentes, mais les phrases possèdent une forme sonore identique :

(3) *La belle ferme le voile*
(4) *La belle ferme le voile*

Dans la phrase (3), le GN sujet est *la belle* qui représente en fait le GN *la belle **femme***. Il y a eu ellipse du nom *femme*, ce qui donne la suite du déterminant et de l'adjectif. La phrase est alors une réponse possible à la question *Que fait **la belle** (femme) ?* La réponse précise que *la belle (femme) **ferme le voile***. Dans ce cas, *ferme* est un verbe et *le voile* (un tissu transparent utilisé pour cacher le visage comme dans un mariage) est un groupe nominal complément d'objet direct. La phrase signifie alors que la belle femme cache son visage en utilisant un voile. Cette phrase correspond à l'arbre syntaxique suivant :

Arbre (20)

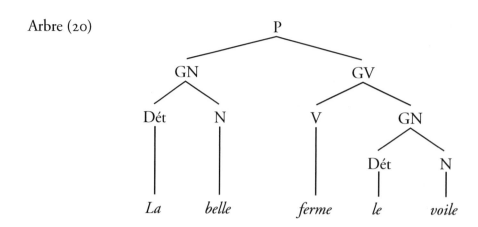

En revanche, dans la phrase (4), le groupe nominal sujet est la suite *La belle ferme*. Cette fois-ci le mot *ferme* est un nom commun précédé par le déterminant *la* et par l'adjectif *belle*. Cette phrase est alors une réponse possible à la question *Que fait **la belle ferme** ?* La réponse précise que *la belle ferme **le voile***. Dans ce cas-ci, *le* est un pronom qui représente un être ou un objet masculin singulier (comme un homme ou un ruisseau). Sur le plan syntaxique, le pronom constitue à lui seul le groupe nominal complément d'objet direct. Le verbe est *voile*, qui est un synonyme du mot *cacher*. La phrase signifie alors que la belle ferme cache un objet masculin indiqué dans le contexte comme un ruisseau. L'arbre syntaxique de la phrase (4) est le suivant :

Arbre (21)

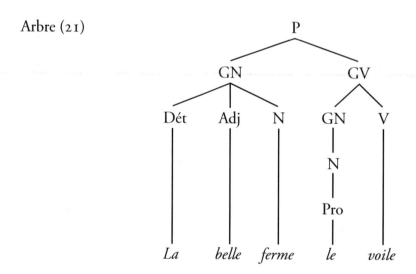

Pour ces deux phrases, la différence de catégorie morphologique et la différence de structure syntaxique vont de pair.

3. L'AMBIGUÏTÉ DE TYPE C : LE GP COMPLÉMENT DE NOM ET LE GP COMPLÉMENT CIRCONSTANCIEL

Examinons maintenant un troisième type d'ambiguïté. Dans certains cas, un GP peut être un complément de nom qui spécifie un GN ou un GP circonstanciel qui dépend de la phrase. La phrase suivante illustre ce genre de phrase qui a deux interprétations possibles :

(5) *Les voyageurs regardent le chauffeur **de l'autocar*** *(complément de nom)*
(6) *Les voyageurs regardent le chauffeur **de l'autocar*** *(comp. circ. de lieu)*

On pourrait interpréter le GP *de l'autocar* comme un complément de nom (5). Dans ce cas, la suite *le chauffeur de l'autocar* constitue un seul GN composé d'un GN principal accompagné d'un GP complément qui spécifie le nom. Le GP indique alors le type de chauffeur dont il est question : il s'agit du chauffeur de l'autocar et pas du chauffeur du taxi. Selon cette interprétation, le GP ne donne aucune information sur la disposition spatiale des participants. Les voyageurs pourraient se trouver dans un restaurant ou ils pourraient être en train de se promener sur une place publique. La phrase indique seulement l'action (*regarder*) et le patient (*le chauffeur de l'autocar*). L'arbre syntagmatique de cette phrase est le suivant :

Arbre (22)

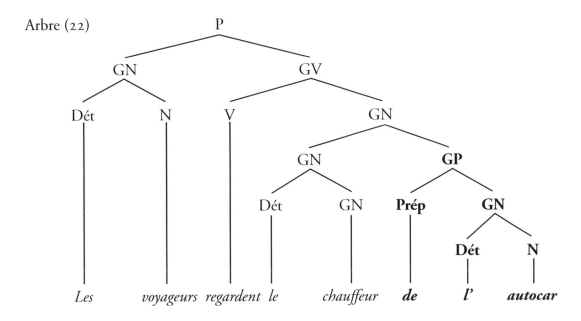

Selon la deuxième interprétation (6), le GP est un complément circonstanciel de lieu. Cette fois-ci, les voyageurs regardent le chauffeur d'un véhicule dont l'identité n'est pas spécifiée. Il pourrait s'agir du chauffeur d'une voiture ou d'un taxi. Cette fois-ci, le GP complément circonstanciel précise l'endroit où se trouvent les voyageurs au moment où ils regardent ce chauffeur. Selon cette interprétation, la phrase précise que les voyageurs se trouvent dans l'autocar quand ils regardent le chauffeur en question. On représentera cette phrase ainsi :

Arbre (23)

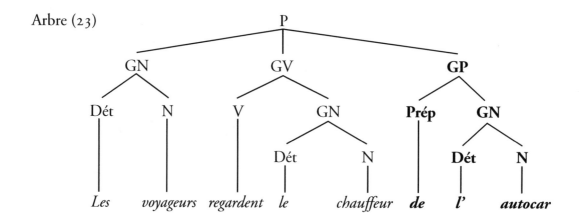

4. L'AMBIGUÏTÉ DE TYPE D : LE GN AVEC ARTICLE PARTITIF ET LE GP COMPLÉMENT CIRCONSTANCIEL

Certaines phrases contiennent des suites qui peuvent être analysées soit comme un GN complément d'objet direct avec un article partitif ou comme un véritable GP qui fonctionne comme complément circonstanciel :

(7) *Le bûcheron sort **du bois*** (GN avec article partitif)
(8) *Le bûcheron sort **du bois*** (GP complément circonstanciel de lieu)

On pourrait interpréter le groupe *du bois* comme étant un GN **complément d'objet direct** contenant un article partitif (7). Le verbe *sortir* est alors transitif et le GN *du bois* indique **l'objet** sorti par le bûcheron. Dans ce cas, le GN se situe directement sous le GV :

Arbre (24)

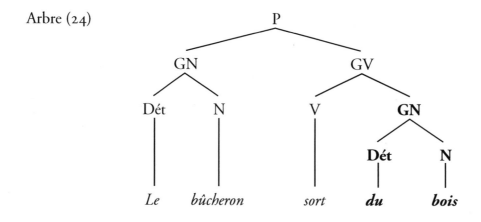

Par contre, on pourrait analyser la suite *du bois* comme étant un GP **complément circonstanciel de lieu** (8). Selon cette interprétation, le verbe *sortir* est intransitif et le GP *du bois* indique le lieu **d'où sort le bûcheron**. La forme *du* est en fait un amalgame morphologique produit par la combinaison de la préposition *de* et de l'article défini masculin singulier *le*. Le GP complément circonstanciel se rattache à la phrase :

Arbre (25)

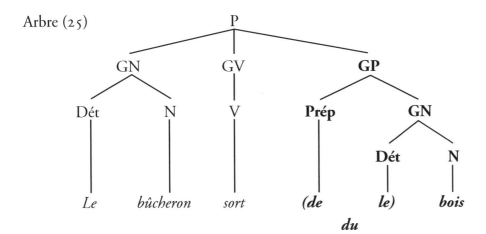

5. L'AMBIGUÏTÉ DE TYPE E : LE GP COMPLÉMENT D'OBJET INDIRECT ET LE GP COMPLÉMENT CIRCONSTANCIEL

Dans certains cas, la source de l'ambiguïté dépend d'un GP qui est soit un complément d'objet indirect soit un complément circonstanciel, comme dans l'exemple suivant :

(9) *Charles vend du pétrole **aux États-Unis*** (GP complément d'objet indirect)
(10) *Charles vend du pétrole **aux États-Unis*** (GP comp. circonstanciel de lieu)

Selon une première interprétation (9), le GP *aux États-Unis* est un complément d'objet indirect qui représente le bénéficiaire de l'action *vendre*. Autrement dit, Charles vend du pétrole au gouvernement des États-Unis. Le GP *aux États-Unis* représente le client à qui Charles vend du pétrole. La phrase ci-dessus est alors la réponse à la question ***À qui** Charles vend-il du pétrole ?* On représentera cette phrase par l'arbre suivant :

Arbre (26)

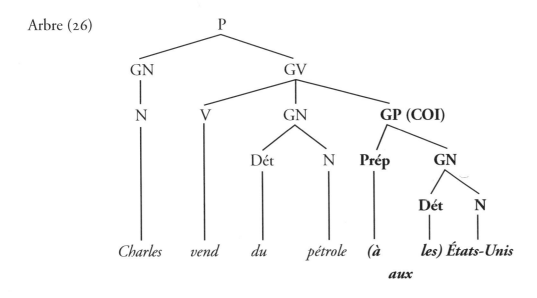

Selon une deuxième interprétation (10), le GP *aux États-Unis* représente un complément circonstanciel de lieu. Le GP sert à indiquer l'endroit où Charles vend du pétrole et le client n'est pas précisé. Autrement dit, cette phrase répond à la question *Où Charles vend-il du pétrole ?* On la représente de la façon suivante :

Arbre (27)

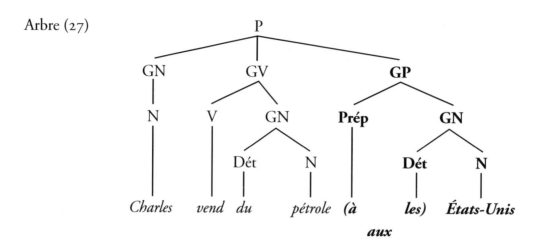

6. LA LEVÉE DE L'AMBIGUÏTÉ PAR LA PROSODIE

Dans la parole spontanée, la pause (que l'on appelle aussi joncture dans ce cas, notée par le signe #), l'accentuation démarcative et l'intonation permettent de lever l'ambiguïté en indiquant les frontières syntaxiques. Ainsi, dans les exemples précédents, on peut distinguer :

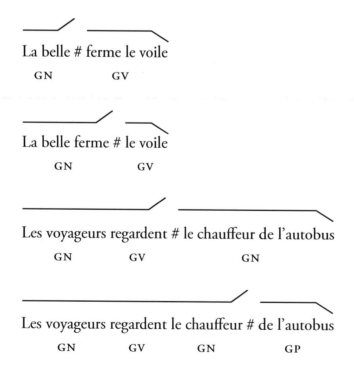

QUESTIONS Nº 20

1. Identifiez les interprétations possibles des phrases suivantes. Faites des arbres syntaxiques pour illustrer les différences entre les interprétations.

a) *François descend le manger*

b) *Le nageur sort de l'eau*

c) *Baudelaire écrit la nuit*

d) *L'oiseau boit l'eau de la fontaine*

e) *Le jeune élève l'enseigne*

f) *Michel achète des téléphones au Mexique*

g) *Jacqueline regarde les yeux écarquillés*

h) *Paul parle au conducteur du camion*

i) *Le jeune garde le guide*

2. Indiquez le statut syntaxique des groupes en gras.

a) *Le gardien travaille **la nuit***

b) *George achète des comprimés **à la pharmacie***

c) *L'avocat **de la défense** a fini de plaider son cas*

d) *Patricia nous a appelés **par erreur***

e) *Sacha a repeint la salle à manger **avec ses amis***

f) *Demain soir, nous irons manger **au restaurant***

g) *Ils arrivent **de l'école***

h) *Nous n'avons plus **de pain***

i) *Caroline a promis de **lui** envoyer un courriel ce soir*

j) *La salle était pleine **de spectateurs***

PONCTUATION, AMBIGUÏTÉ ET POÉSIE

À l'écrit, la ponctuation empêche l'ambiguïté que l'oral ne peut pas toujours éviter. Une phrase comme la suivante serait difficile à comprendre si on la lisait d'une traite :

Ô mon très cher amour toi mon œuvre et que j'aime à jamais j'allumai le feu de ton regard je t'aime comme une belle œuvre d'art une belle statue un magique poème.

Par contre, si le poète Apollinaire, qui a écrit ce texte, le ponctue et le segmente, de plus, sous forme de vers — ce qui est un autre moyen de ponctuer — tout devient clair :

« Ô mon très cher amour, toi mon œuvre et que j'aime,
À jamais j'allumai le feu de ton regard,
Je t'aime comme j'aime une belle œuvre d'art,
Une noble statue, un magique poème »
(Apollinaire, 1965, p. 309)

Pourtant, ce même Apollinaire — comme tous les poètes modernes après lui — a supprimé la ponctuation dans la plupart de ses poèmes. Il en résulte qu'on hésite parfois à trouver le sens. On dit que le code linguistique est brouillé. Si ce brouillage est bien fait, il en résulte une atmosphère poétique, comme dans l'exemple suivant :

« Sous le pont Mirabeau coule la Seine
Et nos amours
Faut-il qu'il m'en souvienne
La joie venait toujours après la peine »
(Apollinaire, 1920, p. 15)

Puisqu'il n'y a pas de virgule, on peut comprendre soit que *la Seine et nos amours* forment un groupe nominal complément d'objet du verbe *coule*, soit que *nos amours* est groupe nominal complément d'objet de *faut-il qu'il m'en souvienne*.

Certains poètes sont allés très loin dans ce brouillage du code par l'absence de marqueurs syntaxiques, tels Mallarmé et Valéry. En voici un exemple d'un poète québécois contemporain. Le texte se présente comme une suite de notations impressionnistes qui abolit toute syntaxe :

« Dorothée navrée à la lucarne
Ancien temps œil de bœuf ou de chat
Le chien fuit sous la loupe à la mer tous les poissons

La nuit me tarde t'ennuie
La plante verte pousse à l'édredon
[...] »
(van Schendel, 1978, p. 19)

IMMORTALITÉ

Figure 20.1. La première strophe manuscrite du poème d'Apollinaire Immortalité

Chapitre 21

LES PHRASES INTERROGATIVES, IMPÉRATIVES, NÉGATIVES ET PASSIVES

EN DEUX MOTS

Les stratégies de parole pour interroger, nier, mettre en valeur ou cacher le locuteur sont étudiées ici avec tous les éclairages que peut donner le jeu de la syntaxe et de l'intonation.

1. LES MODALITÉS PHRASTIQUES

Comme on l'a vu dans le chapitre précédent, chaque phrase globale possède une modalité phrastique ou M (déclarative, interrogative ou impérative). La valeur des différentes modalités phrastiques repose sur deux facteurs :

- l'attitude du locuteur par rapport au contenu de sa phrase
- son attitude par rapport à son interlocuteur

La modalité déclarative sert à présenter le contenu de l'énoncé comme une simple observation, une constatation que le locuteur cherche à partager avec son interlocuteur :

(1) *Jacqueline arrive à midi*
(2) *Il fait mauvais aujourd'hui*
(3) *Jean-Pierre n'aime pas le fromage*

La modalité interrogative permet au locuteur de poser une question à son interlocuteur. Le locuteur cherche la confirmation de l'information contenue dans son énoncé :

(4) *Jacqueline arrive à midi ?*
(5) *Philippe a vendu sa maison ?*
(6) *Le repas est prêt ?*

Le locuteur peut également chercher des renseignements spécifiques auprès de son interlocuteur :

(7) *À quelle heure Jacqueline arrive-t-elle ?*
(8) *Quand est-ce que Philippe a vendu sa maison ?*

La modalité impérative exprime un ordre émis par le locuteur à l'intention de son interlocuteur. Il cherche à imposer à son interlocuteur un comportement spécifique :

(9) *Restez tranquille !*

Chaque modalité phrastique se réalise dans la phrase de différentes façons, par certaines constructions syntaxiques, par des marques morphologiques, par l'intonation, etc.

2. LES POLARITÉS

Outre la modalité phrastique, la phrase globale possède une deuxième propriété, la **polarité** (notée Po), soit **positive**, soit **négative**. La polarité positive permet au locuteur de confirmer l'information de son énoncé en la présentant de façon positive :

(10) *Ses derniers films sont intéressants*
(11) *Elle adore le gâteau au chocolat*
(12) *Sa fille est tombée dans la cour de l'école*
(13) *Nous avons acheté une belle table*

Examinons maintenant les phrases suivantes :

(14) *Les enfants détestent les choux*
(15) *Il refuse de le faire*
(16) *Nous avons rejeté leur proposition*

Du point de vue syntaxique, ces phrases possèdent une polarité positive. Leur effet négatif est transmis par le sens du verbe et non par la structure de la phrase.

La polarité négative, par contre, permet de nier l'information de l'énoncé ou d'infirmer un aspect particulier de cette information :

(17) *Ses derniers films **ne** sont **pas** intéressants*
(18) ***Aucun** de ses derniers films **n'**est intéressant*
(19) *Ses derniers films **ne** sont **plus** intéressants*
(20) *Nous **n'**avons acheté **ni** table, **ni** chaise*
(21) *Ils **ne** nous appellent **jamais***

La polarité permet également au locuteur de donner un éclairage particulier à son énoncé. Comparons par exemple :

(22) *Ce film est intéressant*
(23) *Ce film n'est pas inintéressant*
(24) *Ce livre est bon*
(25) *Ce livre n'est pas mauvais*

La polarité négative dans les phrases (23) et (25) s'emploie de plus en plus dans la parole spontanée. Elle permet surtout d'exprimer une opinion mitigée. Le locuteur n'a pas trouvé le film très intéressant mais il ne veut pas dire non plus que le film manque totalement d'intérêt.

3. LA VOIX

La troisième propriété de la phrase globale est la **voix** (notée Vo) soit **active**, soit **passive**.

Comme on l'a dit dans le chapitre sur la morphologie du verbe, le concept de voix dépend de la structure de l'action et de la fonction syntaxique des éléments de la phrase. À la voix active, le GN sujet est l'actant. À la voix passive, le GN sujet est le patient de l'action. L'actant se trouve dans le complément d'agent. Ces deux constructions présentent des propriétés morphologiques et syntaxiques très différentes.

On peut considérer les modèles de phrases que nous avons analysés jusqu'alors comme non marqués sur le plan syntaxique. Ce sont des phrases simples, déclaratives, positives, actives.

Le choix d'une modalité phrastique interrogative ou impérative, de la polarité négative ou de la voix passive entraînera des modifications de la phrase simple. Comme pour les procédés de dérivation lexicale qui caractérisent les rapports existant entre une série de termes, on peut décrire les opérations syntaxiques qui permettent de dériver une série de phrases nouvelles à partir d'une phrase de départ. Ces procédés syntaxiques s'appellent des **transformations**.

Vu sous un autre angle, et en simplifiant beaucoup, on dira qu'en employant certaines marques morphologiques et en modifiant la structure syntaxique, ces transformations permettent de changer une phrase déclarative en une phrase interrogative.

4. LES PHRASES INTERROGATIVES

Prenons, par exemple, la phrase déclarative, positive, active (26) *Les médecins soignent les malades*. On peut la représenter schématiquement de la manière suivante :

Arbre (28)

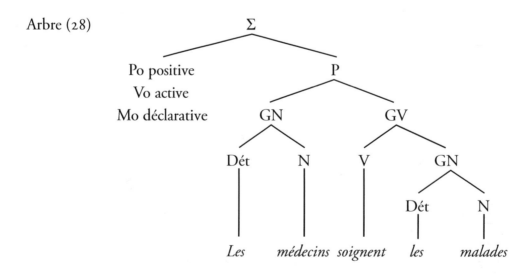

Le choix de la modalité phrastique interrogative modifiera la phrase de base selon le type d'interrogation :

a) interrogation **mélodique**

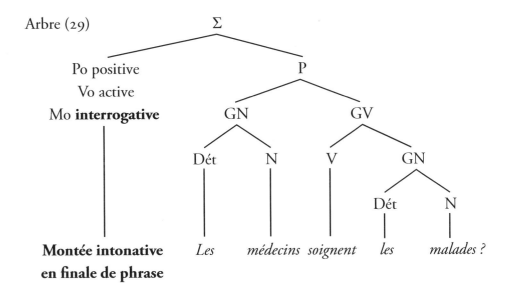

b) interrogation avec **marque morphologique** (adverbes interrogatifs, adjectifs, pronoms interrogatifs, etc.)

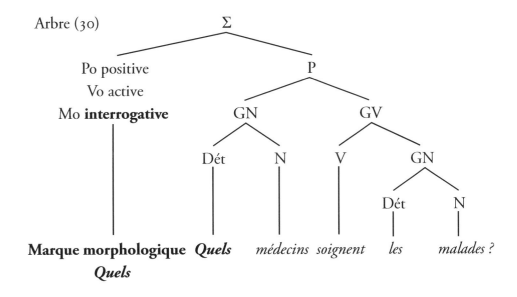

c) interrogation avec **inversion syntaxique** à l'intérieur du GV et insertion du pronom personnel

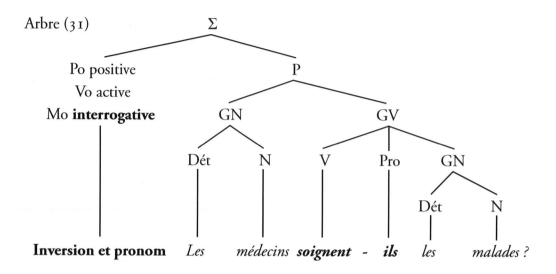

Arbre (31)

Inversion et pronom — *Les médecins soignent - ils les malades ?*

On notera que dans ce cas il faut insérer le pronom *ils* après la forme verbale. L'omission du pronom n'est pas possible dans ce genre de phrase.

d) interrogation avec **inversion syntaxique** du GN et du GV

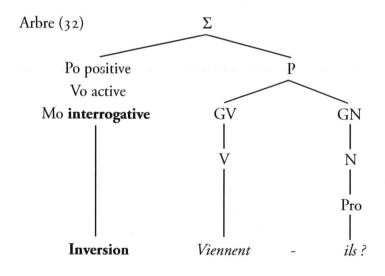

Arbre (32)

Inversion — *Viennent - ils ?*

5. L'INTERROGATION EN LANGUE PARLÉE

Le français standard n'utilise guère l'inversion du type :

(27) *Fera-t-il beau à Pâques ?*
(28) *Le gouvernement réagit-il ?*

Ce genre de structure se trouve surtout dans la langue écrite ou littéraire. L'interrogation syntaxique avec une marque morphologique comme *est-ce que* est très fréquente dans la conversation. C'est l'interrogation par questionnement intonatif du type *Ça va ?* qui est la plus fréquente dans la parole spontanée.

LE RÔLE DE L'INTONATION POUR MARQUER L'ATTITUDE

- Le rôle de l'intonation dans la modalité interrogative, marquée syntaxiquement, s'exprime par la forme du schéma mélodique (voir chapitre 9). Ainsi toutes les questions déjà marquées syntaxiquement peuvent être formulées avec le schème mélodique neutre d'une phrase énonciative :

Est-ce que *vous venez ?*   **Quand** *partez-vous ?*

Où *allez-vous ?*

- Par contre, si le sujet parlant insiste pour avoir une réponse (ou veut marquer son étonnement) il fera monter sa ligne mélodique jusqu'à la fin de son énoncé, comme :

Est-ce que *vous venez ?*   **Quand** *partez-vous ?*

Où *allez-vous ?*

---

6. LES PHRASES IMPÉRATIVES

Prenons comme phrase de départ la phrase déclarative, positive, active (29) *Tu fais tes devoirs,* que l'on représente de la façon suivante :

Arbre (33)

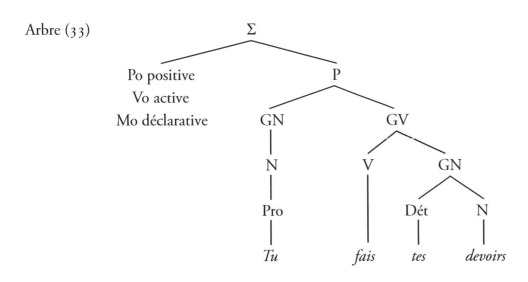

Tout comme il existe plusieurs types de phrases interrogatives avec des constructions différentes, il existe plusieurs modèles de phrases impératives avec divers marqueurs phonologiques, morphologiques et syntaxiques. Les formes de la deuxième personne et de la troisième personne sont construites différemment.

a) l'ordre mélodique

Arbre (34)

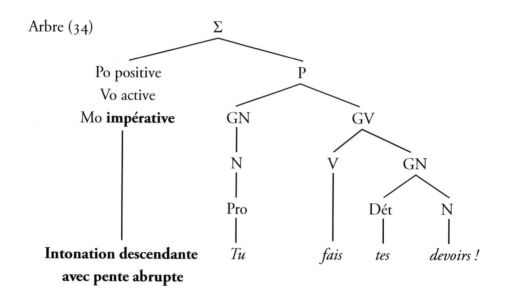

b) l'ordre exprimé par la forme verbale avec GN sujet au degré zéro. À l'encontre des modalités déclarative et interrogative, le GN sujet de la phrase impérative est généralement réalisé au degré zéro. Dans certains cas, la forme verbale change également.

Arbre (35)

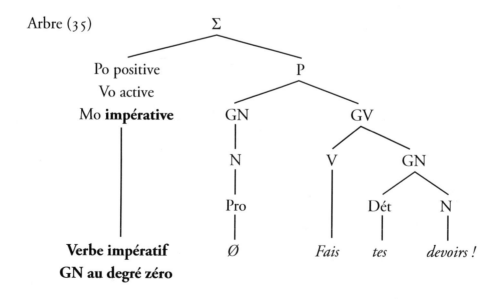

c) l'impératif verbal avec pronominalisation des GN compléments d'objet direct et indirect. Contrairement aux phrases déclaratives et interrogatives, les compléments d'objet direct et indirect apparaissant sous la forme d'un pronom gardent leur place dans l'indicateur syntagmatique.

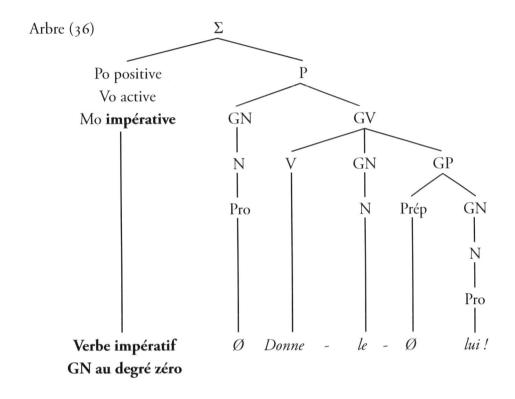

Arbre (36)

d) les phrases impératives avec un verbe à la troisième personne sont introduites par la conjonction *que*, gardent le GN sujet et emploient une forme verbale identique à celle du subjonctif.

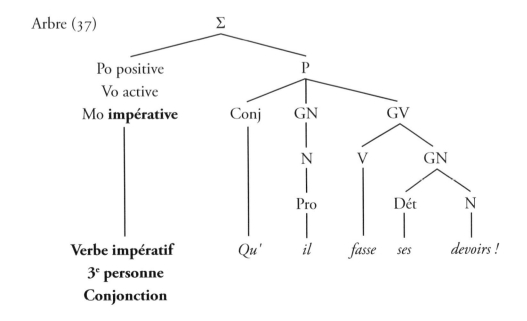

Arbre (37)

Selon Émile Benveniste, « L'impératif n'est pas un temps verbal. Il ne comporte ni marque temporelle ni référence personnelle » (1966, p. 274). C'est une modalité du discours. Et Benveniste ajoute : « l'impératif pourrait être remplacé par tout procédé produisant le même résultat, un geste par exemple, et n'avoir plus de réalité linguistique » (1966, p. 275).

C'est en fait ce qui se passe très souvent. En effet, l'étude de la modalité impérative (Léon, 1971) montre que là où la syntaxe impérative est présente, l'intonation est généralement neutralisée. L'ordre est alors émis avec une intonation déclarative. (Voir chapitre 9). Autrement, si l'intonation est impérative avec une syntaxe également impérative, cette redondance risque d'être perçue comme insultante.

Il est curieux de constater que les formes syntaxiques de l'impératif le plus souvent utilisées sont employées avec une fonction phatique, pour garder le contact (Denise François, 1974), telles :

(30) *Écoutez !*

(31) *Laissez-moi rire !*

(32) *Attendez que je vous dise !*

(33) *Ne m'en parlez pas !*

L'impératif est souvent remplacé par une forme interrogative pour atténuer l'ordre, comme dans :

(34) *Veux-tu venir ici ! (Ordre d'une mère à son enfant)*

(35) *Voulez-vous me passer le sel ? (Passez-moi le sel !)*

(36) *Auriez-vous la gentillesse de m'ouvrir ? (Ouvrez-moi !)*

On substitue aussi parfois à l'impératif l'infinitif, forme neutre, comme dans le guide touristique ou le livre de cuisine :

(37) *Prendre (Prenez) la 525 à Montréal. Sortir (Sortez) par la 23 à Jonquière.*

(38) *Hacher (Hachez) et faire revenir (faites revenir). Servir chaud (Servez).*

7. LES PHRASES NÉGATIVES

Reprenons la phrase (26) *Les médecins soignent les malades*. Le choix de la polarité négative modifiera la phrase de base selon le type de négation. On peut, par exemple, utiliser des marques grammaticales que l'on appelle des **particules de négation** comme *ne... pas, ne... plus, ne... jamais, ne... ni...ni*, etc. Dans ce genre de phrase, les particules de négation se trouvent dans le groupe verbal et se placent autour de la forme verbale.

a) **négation du groupe verbal** avec particules négatives

Arbre (38)

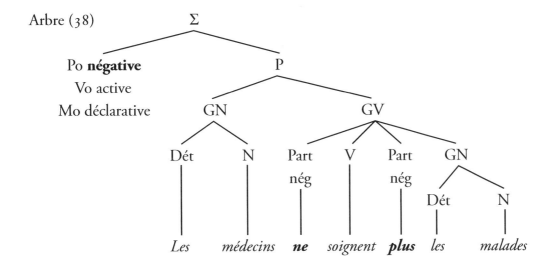

On peut également réaliser la négation en utilisant un déterminant négatif comme *aucun* ou *nul*. Cette fois-ci, le déterminant se trouve dans le groupe nominal et se place devant le nom comme dans l'exemple suivant :

b) **négation du groupe nominal** avec particule négative et déterminant négatif

Arbre (39)

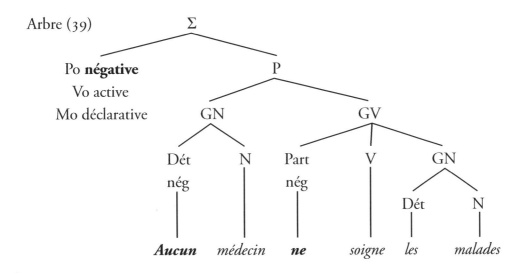

On notera encore une fois que la réalisation de la polarité négative se fait aux niveaux morphologique et syntaxique. Les phrases comme (39) *Ce film est totalement nul* où *nul* est un adjectif qualificatif et (40) *C'est incroyable* sont en fait des phrases à polarité positive qui ont des éléments lexicaux négatifs.

8. LES PHRASES PASSIVES

Examinons maintenant les phrases passives. Ce genre de phrase provoque des changements importants au niveau de la structure syntaxique. Reprenons la phrase (26) *Les médecins soignent les malades.* Le choix de la voix passive entraînera les modifications suivantes, en **quatre étapes** :

a) le **verbe** du groupe verbal de la phrase active se met à la **voix passive** avec l'auxiliaire être et s'accorde en genre et en nombre avec le patient de l'action (le GN complément d'objet direct qu'il régit) :

/les médecins/	/**sont soignés**/	/les malades/
GN	GV **voix passive**	GN

b) le GN **sujet** de la phrase active change de statut et devient un GP **complément d'agent** :

/**par les médecins**/	/sont soignés/	/les malades/
GP **comp. d'agent**	GV	GN

c) le **patient de l'action** (le GN complément d'objet direct) change de place et occupe la position et la fonction de GN **sujet** qui est maintenant vide :

/**les malades**/	/par les médecins/	/sont soignés/
GN	GP	GV

d) le GN **complément d'agent** change de place et se met **après le** GV :

/Les malades/	/sont soignés/	/**par les médecins**/

On peut donc représenter cette dernière phrase ainsi :

Arbre (40)

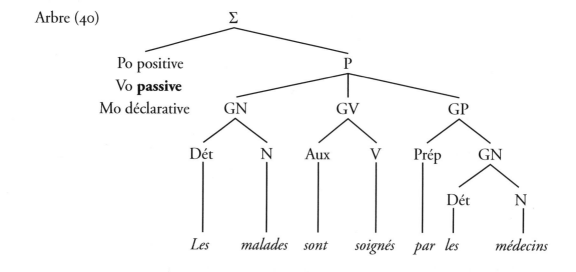

À la voix passive, le patient de l'action devient le sujet grammatical et précède la forme verbale. Dans la grande majorité des cas, le patient suit la forme verbale. La présence du patient avant la forme verbale est alors inhabituelle et mérite d'être signalée par la syntaxe. À la voix active, on fait l'accord en genre et en nombre quand le patient précède le participe passé comme dans les phrases suivantes :

(41) *Les pommes que j'ai achet**ées** ne sont pas encore mûres.*
(42) *Les Dupont veulent revenir chez nous, mais nous les avons v**us** hier soir.*

Dans ces phrases, l'accord sert à souligner le fait que le patient se trouve devant la forme verbale. On peut alors faire la généralisation que quand le patient précède le participe passé, que ce soit à la voix active ou à la voix passive, on fait l'accord en genre et en nombre. Autrement dit, c'est la présence du patient avant le verbe qui explique l'accord avec le sujet grammatical à la voix passive.

9. LE COMPLÉMENT D'AGENT

La place et le statut du GP complément d'agent dans la phrase passive posent un problème. Certains linguistes préfèrent rattacher le complément d'agent au GV. Cette notation a l'inconvénient de suggérer une similarité structurale avec les GP complément d'objet indirect et complément d'un verbe intransitif qui sont effectivement régis par le verbe. En revanche, le GP complément **d'agent** ne dépend pas du verbe, il constitue en fait le sujet réel de l'action. C'est la raison pour laquelle il est préférable de rattacher le GP complément d'agent à la phrase P.

Le complément d'agent peut d'ailleurs prendre plusieurs formes différentes. Le complément d'agent des verbes exprimant un jugement d'appréciation comme *aimer*, *détester*, *respecter*, *rejeter*, *applaudir* accepte à la fois la préposition *par* et la préposition *de*. Les deux phrases suivantes sont bien formées en français :

(43) *Ce professeur est aimé par ses étudiants*
(44) *Ce professeur est aimé de ses étudiants*

Cette alternance des prépositions n'est possible que si le complément d'agent contient un **noyau nominal humain**. Si, par contre, le complément d'agent comprend un noyau nominal non humain, la préposition *de* est exclue au profit de la préposition *par*. La phrase suivante n'est pas possible en français :

(45) **Le facteur est détesté du chien.*

De même, si le verbe exprime une action comme *réparer*, *manger*, *envoyer*, etc., le complément d'agent est introduit par la préposition *par* :

(46) **La tarte aux pommes a été mangée d'Isabelle*
(47) **La voiture a été réparée du garagiste*

Certaines phrases passives peuvent apparaître sans complément d'agent, par exemple :

(48) *Cette lettre a été envoyée au client il y a une semaine*

(49) *Son manuscrit sera publié dans six mois*

(50) *Le restaurant a été rénové l'an dernier*

(51) *La vaisselle est faite*

(52) *L'appartement a été repeint*

Ce procédé permet de mettre en relief le fait que le patient a subi ou subira l'action du verbe.

On distinguera le complément d'agent de la phrase passive, qui indique l'actant véritable du verbe, du **complément d'instrument** qui indique l'outil utilisé pour effectuer l'action. Sur le plan morphosyntaxique, le complément d'agent est introduit par les prépositions *par* et *de*, alors que le complément d'instrument est introduit par la préposition *avec*.

Prenons, par exemple, la phrase (53) *Le cambrioleur a ouvert la boîte à bijoux **avec un tournevis***. La forme passive de cette phrase sera (54) *La boîte à bijoux a été ouverte par le cambrioleur avec un tournevis*. Le complément d'agent est *par le cambrioleur* et le complément d'instrument, *avec un tournevis*. On peut ensuite effacer le complément d'agent pour obtenir la phrase (55) *La boîte à bijoux a été ouverte avec un tournevis*. On ne peut pas, par contre, dire (56) **La boîte à bijoux a été ouverte par un tournevis*.

10. LES PHRASES SANS FORME PASSIVE

Les phrases actives n'ont pas toujours d'équivalent au passif. Si, par exemple, la phrase active ne contient pas de patient, soit parce que l'action ne le permet pas ou parce que le patient a été omis, elle ne peut pas se mettre à la voix passive, car c'est le patient de l'action qui doit devenir le sujet de la phrase à la voix passive.

Ainsi, les phrases qui contiennent un verbe intransitif ne peuvent pas se mettre à la voix passive, car l'action du verbe ne porte pas sur un patient. La phrase (57) *Édouard arrive demain matin* ne peut pas se transformer en (58) **Demain matin est arrivé par Édouard* et la phrase (59) *Jocelyne parle de son travail* n'a pas d'équivalent à la voix passive (60) **De son travail est parlé par Jocelyne*. Cette même contrainte s'applique aux verbes attributifs. Ainsi la phrase (61) *Henri deviendra bientôt le patron* n'a pas de forme passive : (62) **Le nouveau patron sera bientôt devenu par Henri* et (63) *Janine ressemble à son frère* ne peut pas se transformer en (64) **À son frère est ressemblé par Janine*.

De même, les énoncés avec un verbe transitif acceptent d'être mis à la voix passive seulement si le patient apparaît véritablement dans la phrase. La phrase (65) *Johnny Halliday chante la chanson* peut devenir (66) *La chanson a été chantée par Johnny Halliday*. Les phrases (67) *Monique a mangé* et (68) *Gilles Vigneault chante ce soir*, par contre, ne peuvent pas se mettre à la voix passive parce qu'elles ne contiennent pas de patient (un GN complément d'objet direct) : (69) **A été mangé par Monique*, (70) **Ce soir a été chanté par Gilles Vigneault*.

Les phrases qui possèdent un pronom dans le groupe nominal sujet et un patient (le complément d'objet direct) peuvent être mises à la forme passive. Néanmoins, la construction passive est rare (voire inacceptable) dans ce genre de phrases. L'énoncé (71) *Il a mangé le sandwich au fromage* se met difficilement à la voix passive (72) *Le sandwich au fromage a été mangé par lui.*

De même, la passivation des phrases dont le GN complément d'objet direct contient un déterminant indéfini ou partitif est exclue. Ainsi, les énoncés (73) *Georges boit **du** vin* et (74) *Danielle a acheté **une** maison* sont très peu susceptibles d'être mis à la voix passive : (75) *Du vin est bu par Georges,* (76) *Une maison a été achetée par Danielle.*

Les verbes pronominaux réfléchis et réciproques n'acceptent pas non plus la mise au passif, car le patient se trouve être un pronom. Ainsi, les phrases suivantes ne peuvent pas se mettre à la voix passive :

(77) *Pauline se lave.*

(78) *René et Louis se battent.*

(79) **Elle-même est lavée par Pauline.*

(80) **Eux-mêmes sont battus par René et Louis.*

Le verbe *avoir* résiste également à la forme passive. Les phrases suivantes n'ont pas de construction passive :

(81) *Philippe a une nouvelle voiture.*

(82) *Michel a eu un rhume.*

(83) **Une nouvelle voiture est eue par Philippe.*

(84) **Un rhume a été eu par Michel.*

On remarquera qu'en français le groupe prépositionnel ***complément d'objet indirect*** (le bénéficiaire de l'action) de la phrase active ne peut pas devenir le GN sujet d'une phrase passive, par exemple :

(85) *François a donné la voiture à ma sœur*
    devient :

(86) *La voiture a été donnée à ma sœur par François*
    En revanche, la construction :

(87) **Ma sœur a été donnée la voiture par François*
    est impossible en français, alors qu'elle est acceptable en anglais :

(88) *My sister was given the car by François*

UN EMPLOI BIEN PARTICULIER DU PASSIF : EFFACER L'AGENT

Le passif est souvent employé, dans la langue écrite, pour effacer l'agent qui fait l'action. Ainsi dans le compte rendu journalistique suivant :

(89) *Une étude de faisabilité a été effectuée. Elle a été réalisée récemment. Elle devra être poursuivie l'an prochain. Le tracé TGV projeté n'est pas attendu avant 2026.*

Pour la même raison, on trouve cet emploi du passif dans la publicité :

(90) *La nouvelle Ford a été accueillie triomphalement ! Sa conception est étonnante !*
     Elle est partie pour une longue carrière !

De même, dans les interdits publics où elle remplace l'impératif sans nommer l'agent de l'interdiction :

(91) *Il est interdit de marcher sur les pelouses*
(92) *Il est défendu de fumer dans les toilettes*

11. LES COMBINAISONS DE MODALITÉS GLOBALES, DE POLARITÉS ET DE VOIX

Les modalités phrastiques, les polarités et les voix peuvent se combiner pour constituer douze modèles de phrases :

- **phrases déclaratives** :
  - déclarative, positive, active : *Les médecins soignent les malades*
  - déclarative, négative, active : *Les médecins ne soignent pas les malades*
  - déclarative, positive, passive : *Les malades sont soignés par les médecins*
  - déclarative, négative, passive : *Les malades ne sont pas soignés par les médecins*
- **phrases interrogatives** :
  - interrogative, positive, active : *Est-ce que les médecins soignent les malades ?*
  - interrogative, négative, active : *Est-ce que les médecins ne soignent pas les malades ?*
  - interrogative, positive, passive : *Est-ce que les malades sont soignés par les médecins ?*
  - interrogative, négative, passive : *Est-ce que les malades ne sont pas soignés par les médecins ?*
- **phrases impératives** :
  - impérative, positive, active : *Soignez les malades !*
  - impérative, négative, active : *Ne soignez pas les malades !*
  - impérative, positive, passive : *Soyez soignés par les médecins !*
  - impérative, négative, passive : *Ne soyez pas soignés par les médecins !*

On notera que le choix d'une modalité phrastique exclut les autres modalités phrastiques (une phrase ne peut pas être déclarative et interrogative en même temps). De même, le choix d'une polarité exclut l'autre (une phrase est soit négative, soit positive) et le choix d'une voix exclut l'autre (active ou passive).

1. Trouvez la phrase active, déclarative et positive qui correspond aux phrases passives suivantes. Indiquez les transformations qui ont été appliquées pour aboutir à la phrase finale.

   a) *Ne m'appelle pas après minuit !*

   b) *Est-ce que leur maison a été détruite par l'incendie ?*

   c) *Pourquoi Claire a-t-elle vendu sa moto ?*

   d) *Cet entraîneur n'est pas respecté des joueurs.*

   e) *Quand est-ce que cet hôtel a été rénové ?*

   f) *Son ordinateur n'a pas été bien réparé par le technicien.*

   g) *Que ses amis ne reviennent jamais chez nous !*

   h) *Pourquoi n'a-t-elle pas répondu à son courriel ?*

   i) *Quand va-t-il ranger sa chambre ?*

   j) *Est-ce que le jardin sera arrosé par les voisins pendant notre absence ?*

2. Modifiez les phrases ci-dessous en appliquant les transformations indiquées entre parenthèses. Faites les indicateurs phrastiques correspondants.

   a) *Denise mange de la viande* (polarité négative avec particules de négation)

   b) *Tu viens avec nous au restaurant* (modalité interrogative avec inversion et adverbe *Pourquoi*, négation avec particules de négation)

   c) *Tu manges tes légumes* (modalité impérative avec GN sujet au degré zéro)

   d) *Laura a déjà fait la vaisselle* (voix passive)

   e) *Monique a déposé le chèque à la banque* (modalité interrogative avec inversion et voix passive)

   f) *Les critiques ont apprécié son dernier film* (polarité négative avec particules de négation, voix passive)

   g) *Il a terminé son projet avant la date limite* (modalité interrogative avec inversion et adverbe *Pourquoi*, négation avec particules de négation)

   h) *On a envoyé la lettre aux clients* (modalité interrogative avec adverbe *Quand*, voix passive)

   i) *Georges boit du café* (polarité négative avec particules de négation)

   j) *Tu lui rends son livre et tu t'assieds à ta place* (modalité impérative avec GN sujet au degré zéro)

3. Dites si les phrases ci-dessous sont bien formées ou non. Si la phrase n'est pas bien formée, expliquez pourquoi et donnez la version correcte.

   a) *Le cycliste a été renversé avec un camion.*
   b) *Sandrine a été téléphonée par son patron.*
   c) *Le directeur est occupé avec quelqu'un.*
   d) *La tarte aux pommes a été mangée par Pierre.*
   e) *La proposition du gouvernement a été rejetée des partis de l'opposition.*
   f) *Louise a été prêtée ce téléphone par sa sœur.*
   g) *Cette boîte a été ouverte par un couteau.*
   h) *Ces sandwichs ont été préparés de Nicolas.*
   i) *Pierre est adoré de son chien.*
   j) *Joanne a été envoyée en Corée par son entreprise.*

4. Expliquez le statut syntaxique des groupes en **gras**

   a) *L'arbre a été endommagé **par l'orage**.*
   b) *Il nous a accueillis **avec un grand sourire**.*
   c) *Henri est respecté **de ses amis**.*
   d) *Georges est parti **par le train de six heures**.*
   e) *Le sac a été retrouvé **par un passant**.*
   f) *Il nous a téléphoné **par erreur**.*
   g) *Louis était mort **de rire**.*
   h) *Elle nous a accueillis **avec un sourire**.*
   i) *Charles est satisfait **de sa nouvelle télévision**.*
   j) *Sa carte de crédit est arrivée **par la poste**.*

5. Transformez la recette de cuisine suivante en une forme plus neutre tout en lui gardant sa valeur d'ordre. Bon appétit !

   Achetez un morceau plutôt gras. Prenez, par exemple, de la poitrine ou de l'épaule de porc. Coupez-le en dés de deux centimètres de côté environ. Salez, poivrez, ajoutez une feuille de laurier. Saupoudrez de quelques pincées de thym. Mettez aussi un soupçon de muscade. Tassez dans une cocotte en fonte. Versez de l'eau jusqu'au niveau de la viande. Faites cuire à feu doux en laissant mijoter durant deux bonnes heures. Écrasez la viande avec une cuiller de bois. Mettez en pot avant que ça ne refroidisse complètement. Déguster le lendemain avec une baguette fraîche. Buvez un vin blanc sec avec !
   (Recette de rillettes de Touraine)

MODALITÉ ET POLARITÉ POÉTIQUES

L'Étranger

— Qui aimes-tu le mieux, homme énigmatique, dis ?

Ton père, ta mère, ta sœur ou ton frère ?

— Je n'ai ni père, ni mère, ni sœur, ni frère.

— Tes amis ?

— Vous vous servez là d'une parole dont le sens m'est resté, jusqu'à ce jour, inconnu.

— Ta patrie ?

— J'ignore sous quelle latitude elle est située.

— La beauté ?

— Je l'aimerais volontiers déesse et immortelle.

— L'or ?

— Je le hais comme vous haïssez Dieu.

— Eh ! Qu'aimes-tu donc extraordinaire étranger ?

— J'aime les nuages… les nuages qui passent… là-bas… là-bas… les merveilleux nuages !

(Baudelaire, 1969, p. 9)

Chapitre 22

LES PHRASES COMPLEXES :
LA COORDINATION

EN DEUX MOTS

La syntaxe permet de relier les idées de diverses manières. La façon la plus simple de combiner deux phrases est d'ajouter une conjonction de coordination ou une locution conjonctive entre deux phrases autonomes. Il y a cependant quelques contraintes et quelques règles à respecter.

1. LA COORDINATION

La **coordination** relie deux phrases autonomes par une **conjonction de coordination** (*mais, ou, et, donc, or, ni, car*). La structure finale de la phrase coordonnée dépend de la nature des phrases autonomes d'origine et du type de conjonction de coordination utilisé.

2. LA COORDINATION DES PHRASES

Dans un premier modèle, on relie deux phrases autonomes qui sont complètes du point de vue syntaxique. Ainsi, les deux phrases :

(1) *Pierre aime la musique.*

(2) *Marc aime la peinture.*

se combinent de la façon suivante :

Arbre (41)

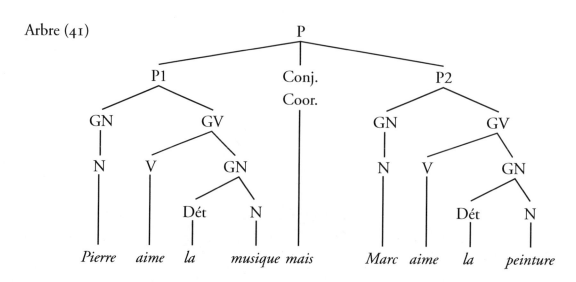

STRUCTURE DU FRANÇAIS MODERNE

Dans ce cas, on considère qu'il existe toujours deux phrases complètes P1 et P2 qui sont reliées par la conjonction de coordination.

La conjonction de coordination permet d'introduire une relation de causalité entre les deux phrases, par exemple :

(3) *Marie est contente.*

(4) *Paul est parti.*

Arbre (42)

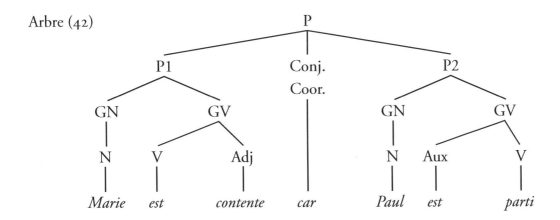

On notera que, du point de vue strictement syntaxique, ce lien de causalité n'est pas une condition nécessaire de la coordination. On peut en principe combiner deux phrases qui n'ont aucun lien causal, par exemple :

(5) *La lune est ronde.*

(6) *Jean aime le bifteck.*

Arbre (43)

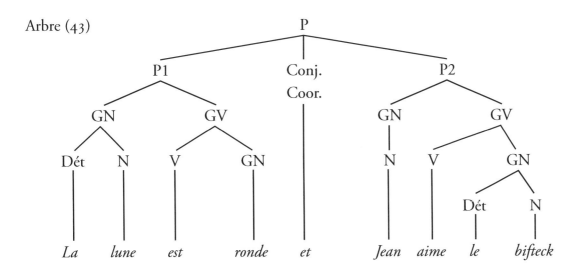

Si les deux groupes nominaux sujets des phrases autonomes sont identiques, on peut faire l'ellipse du second. Plus précisément, on réalisera au degré zéro le GN sujet de la seconde phrase. Ainsi, les deux phrases :

(7) *Myriam boit du vin.*

(8) *Myriam mange du bifteck.*

peuvent se combiner de la façon suivante :

Arbre (44)

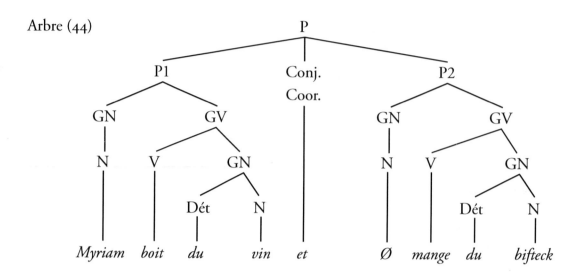

Cette représentation montre que les deux phrases gardent leur autonomie. On peut également coordonner ces deux phrases à l'intérieur d'une seule phrase, comme dans la section 4 ci-dessous.

Cette opération d'ellipse n'est possible que si les deux groupes nominaux sujets des phrases coordonnées renvoient au même référent. Ainsi, dans les phrases (7) *Myriam boit du vin* et (8) *Myriam mange du bifteck* on dira qu'il s'agit du même référent *Myriam* dans les deux cas. Cela s'appelle la ***condition de coréférence***.

3. LA COORDINATION DES GROUPES NOMINAUX

En revanche, dans les deux énoncés suivants :

(9) *Pierre aime le rap.*

(10) *Marc aime le rap.*

il existe une première combinaison possible :

Arbre (45)

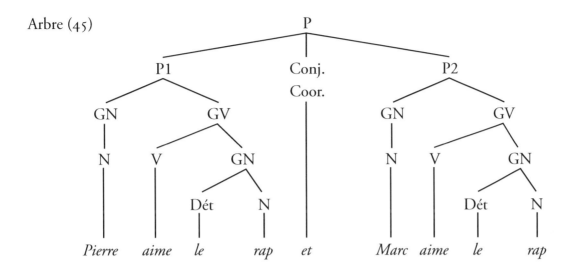

Dans ce cas, les deux phrases gardent leur autonomie syntaxique.

Mais, il existe également une deuxième combinaison possible. Dans la mesure où les deux groupes verbaux sont exactement équivalents, on peut choisir de les combiner en une seule phrase. Les deux phrases perdent alors leur autonomie et se soudent en une seule unité. Dans ce cas-là, on relie les groupes nominaux et on change le nombre du verbe, par exemple :

Arbre (46)

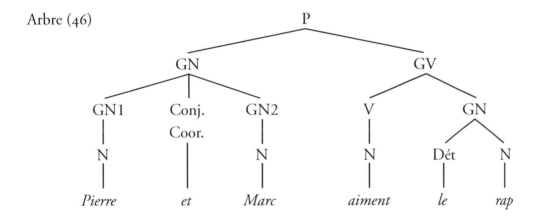

Dans ce type de phrase, le choix de la conjonction détermine le nombre du verbe. La conjonction *ou*, par exemple, exprime une valeur d'exclusion et n'accepte qu'un sujet singulier. Par contre, la conjonction *et* exprime une valeur d'inclusion, et prend alors un sujet pluriel. Les phrases suivantes sont correctes au niveau syntaxique :

(11) *Pierre **et** Marc **sont partis** en avion.*

(12) *Pierre **ou** Marc **est parti** en avion.*

En revanche, les phrases suivantes sont mal formées :

(13) **Pierre **et** Marc **est parti** en avion*

(14) **Pierre **ou** Marc **sont partis** en avion*

Il faut également remarquer que seules les conjonctions **et** et **ou** permettent ce genre de construction. Les phrases suivantes sont également mal formées :

(15) *Pierre **mais** Marc est/sont parti(s) en avion*

(16) *Pierre **or** Marc est/sont parti(s) en avion*

(17) *Pierre **donc** Marc est/sont parti(s) en avion*

(18) *Pierre, **car** Marc est/sont parti(s) en avion*

Tout comme on peut coordonner des groupes nominaux sujets des phrases, on peut coordonner des groupes nominaux compléments d'objet direct du verbe, par exemple :

(19) *Brigitte aime la danse et la peinture*

Arbre (47)

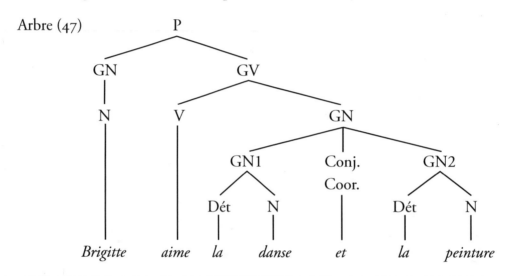

Cependant, dans la très grande majorité des cas, il n'est pas possible de coordonner deux groupes nominaux compléments d'objet indirect à l'intérieur d'un même groupe prépositionnel. On considère que la coordination relie deux groupes prépositionnels autonomes régis par un seul verbe même si les deux groupes possèdent une structure identique.

L'ellipse de la préposition du second groupe prépositionnel est, par contre, fréquente en anglais. La phrase suivante est tout à fait acceptable en anglais :

(20) *Christine is sending letters to the doctor and the dentist*

En revanche, cette structure est inacceptable en français :

(21) *Christine envoie des lettres au médecin et le dentiste*

L'ellipse de la seconde préposition est impossible en français, qui exige la répétition de l'ensemble du groupe prépositionnel.

(22) *Christine envoie des lettres au médecin et au dentiste*

Arbre (48)

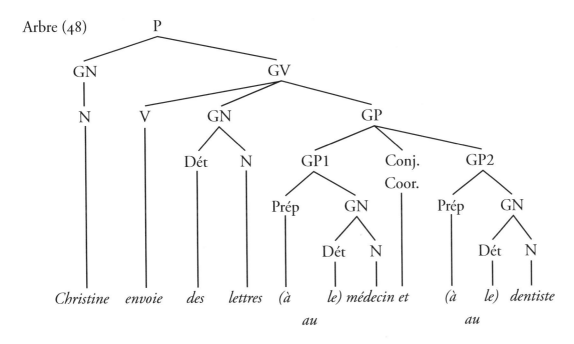

JUXTAPOSITION, COORDINATION ET INTONATION

Pierre, Paul, Jean, Jacques, Georges et Henri vont à l'école

Pierre et Paul, Jean et Jacques, et Henri vont à l'école

Figure 22.1. Patrons mélodiques de juxtaposition et coordination

4. LA COORDINATION DES GROUPES VERBAUX

On peut également coordonner deux groupes verbaux, mais seulement si les groupes nominaux sujets des deux groupes verbaux sont absolument identiques et coréférentiels. Si les deux groupes nominaux ne sont pas identiques, il faudra les coordonner tout en respectant l'autonomie de chaque phrase. Les phrases suivantes, par exemple, ont deux groupes nominaux différents :

(23) **Marie** *ferme la porte.*
(24) **Jeanne** *est partie.*

On coordonnera ces deux phrases de la façon suivante :

Arbre (49)

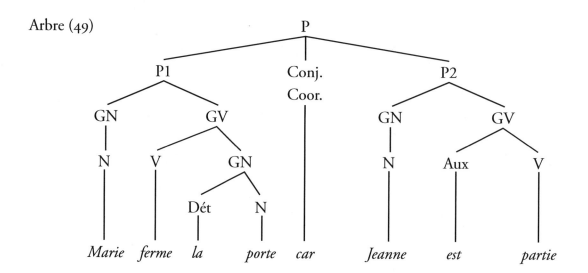

Si, par contre, les deux phrases ont un groupe nominal sujet identique, on peut les coordonner en une seule phrase nouvelle, par exemple :

(25) **Marie** *a fermé la porte.*
(26) **Marie** *est partie.*

Arbre (50)

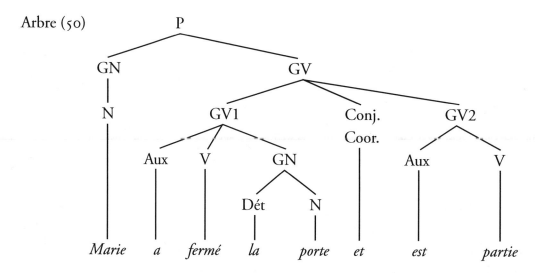

On peut également représenter cette phrase à l'aide de l'arbre (22.4) dans la section 1, phrases (7) et (8), si l'on considère qu'il existe deux phrases coordonnées au lieu de deux groupes verbaux coordonnés.

On notera également qu'on peut coordonner les deux phrases suivantes où le groupe nominal sujet de phrase et le groupe nominal complément d'objet direct du groupe verbal sont coréférentiels :

(27) **Marie** *ouvre* **la porte.**
(28) **Marie** *ferme* **la porte.**

On obtient ainsi la phrase suivante :

(29) *Marie ouvre et ferme la porte.*

Arbre (51)

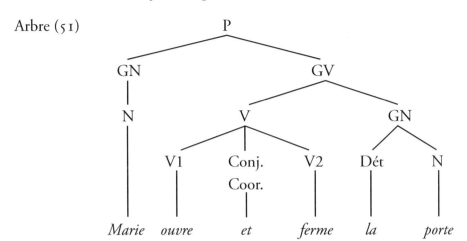

5. LES LOCUTIONS CONJONCTIVES

Les phrases qui emploient une locution conjonctive du genre *alors que, après que, avant que, bien que, depuis que, dès que, de sorte que, pour que, parce que, tandis que,* etc. représentent des cas particuliers de coordination des phrases. On peut relier les deux phrases :

(30) *Lise faisait la cuisine.*   (31) *Marie travaillait.*

par différentes locutions conjonctives :

(32) *Lise faisait la cuisine pendant que Marie travaillait.*
(33) *Lise faisait la cuisine alors que Marie travaillait.*
(34) *Lise faisait la cuisine parce que Marie travaillait.*
(35) *Marie travaillait tandis que Lise faisait la cuisine.*

Du point de vue de leur structure syntaxique, ces phrases présentent essentiellement les mêmes traits que les phrases coordonnées. On représentera la phrase (33), par exemple, par l'indicateur syntagmatique suivant :

Arbre (52)

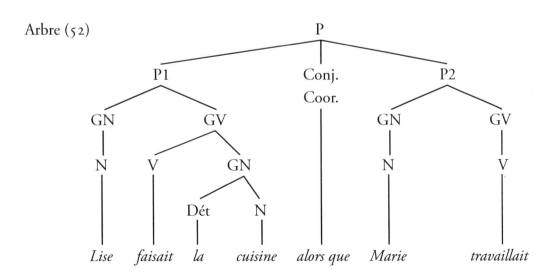

Les liens morphologiques et syntaxiques entre les deux phrases sont cependant plus étroits que lorsqu'on utilise une conjonction de coordination. Prenons par exemple la phrase :

(36) *Marie téléphonera après que Lise sera arrivée.*

On note une relation temporelle entre la forme verbale *téléphonera* et la forme verbale *sera arrivée*. On considère que la locution conjonctive possède certains traits spécifiant le mode, le temps et l'aspect du GV de la seconde phrase en fonction des propriétés du GV de la première phrase. La locution *après que* a les traits +indicatif, +achevé. Le verbe de la deuxième phrase doit prendre une forme de l'indicatif indiquant une action accomplie avant l'action du GV de la première phrase. Comme le premier GV est au futur, le second GV est au futur antérieur.

LE SYLLOGISME, OU DU BON ET DU MAUVAIS USAGE DE LA COORDINATION

Le syllogisme est un raisonnement qui contient trois propositions telles que les suivantes :

Tous les hommes sont mortels (proposition majeure)
Or Socrate est un homme (proposition mineure)
Donc Socrate est mortel (conclusion)

Les Grecs anciens aimaient beaucoup ce genre de déduction qui faisait partie de la logique. Elle peut aussi conclure à de plaisantes conclusions, tel que dans :

Tout ce qui est rare est cher
Or un cheval à trois dollars est rare
Donc un cheval à trois dollars est cher !

Pour retenir les conjonctions de coordination, les écoliers français apprennent à l'école la phrase suivante, qui les contient toutes phonétiquement :

Mais, où est donc Ornicar ?

… Sauf qu'elle contient des changements d'orthographe. Lesquels ?

Réponse : Le *ou* de conjonction n'a pas d'accent. C'est le *où* d'adverbe qui en a un. La conjonction de coordination *et* a été remplacée par la forme verbale *est. Ornicar* s'écrit en trois mots : *or, ni, car.*

1. À partir des énoncés suivants, construisez :
   i) une première phrase avec une conjonction de coordination
   ii) une seconde phrase reliée par une locution conjonctive
   a) i) *Marjorie a acheté des oranges.*
      ii) *Élisabeth préfère les pommes.*
   b) i) *Paul lit une pièce de Sartre.*
      ii) *Janick lit un roman de Balzac.*
   c) i) *Marie-Ève conduit rapidement.*
      ii) *Raymond s'est fait mal au bras.*
   d) i) *Jean-François est parti au Brésil.*
      ii) *Brigitte est allée en Australie.*
   e) i) *Sophie étudie la biologie.*
      ii) *David s'intéresse aux relations internationales.*

2. Faites les indicateurs syntagmatiques des phrases suivantes :
   a) *Pourrais-tu acheter un litre de lait et un kilo de pommes de terre ?*
   b) *Gérard et Michel chantent dans une chorale qui répète le mardi soir.*
   c) *Bernadette voyagera au Mexique en avril et au Costa Rica en juin.*
   d) *Françoise s'est acheté un nouvel ordinateur et une nouvelle imprimante.*
   e) *Mets les couverts dans l'évier et les assiettes dans le lave-vaisselle.*

3. Indiquez si les phrases suivantes sont bien ou mal formées. Si la phrase n'est pas bien formée, indiquez la nature du problème et proposez une phrase bien formée :
   a) *Hélène nous rendra visite après qu'elle finit son travail.*
   b) *Alain ou Henri nous aideront à éliminer le virus de notre ordinateur.*
   c) *Pierre a envoyé des cartes postales à son frère et sa sœur.*
   d) *Danièle et Marion aimerait faire des études de médecine.*
   e) *Olivier veut acheter de nouvelles lunettes avant que les soldes sont terminés.*
   f) *Christine a chanté au concert de Noël bien qu'elle a eu mal à la gorge.*
   g) *Donne-moi ton numéro de vol pour que je peux vérifier ton heure d'arrivée.*
   h) *Jean-Marc téléphone à son père et son cousin toutes les semaines.*
   i) *Corinne nettoyait l'appartement alors que ses colocataires dorment.*
   j) *Vincent nous appellera dès qu'il achète son billet d'avion.*

4. En vous inspirant des exemples donnés ci-dessus, construisez un syllogisme véridique et un autre absurde.

LA MACHINE À ÉCRIRE

L'informaticien Jean Baudot de l'Université de Montréal a mis au point, dès 1964, un programme d'ordinateur capable de générer une infinité de phrases bien construites à partir du logiciel suivant :

LN[A] et LN[A]V[Ad][LNA][PLNCA]

Où L = article, N = nom, A = adjectif, Ad = adverbe, P = préposition, V = verbe, C = complément.

Aléatoire : Choix du lexique. Adjonction d'une subordonnée avant ou après. Nombre des adjectifs. Nombre des compléments.

Déterminé : Genre. Choix du complément selon la préposition. Si le verbe est intransitif, il n'y a pas de complément.

Lexique élémentaire : 4ᵉ année d'école secondaire.

Voici quelques exemples de ce jeu moderne du cadavre exquis donnés par cette « machine à écrire » :

« L'automne et le champ transportent quelquefois une couronne.

Des permissions et le temps soyeux arrosent les voisinages,
toutefois la cabane scolaire choisit peu l'ouvrier luisant dans une terreur incroyable.

Une commission malade et l'observation ne saisiront jamais une cave intense sous les sucres furieux.

Un orphelin imprudent et le visiteur enseveliront la cloche polie. »
(Baudot, 1964, p. 13)

Chapitre 23

LES PHRASES COMPLEXES : LA RELATIVISATION

[handwritten notes in right margin:]
Stratégies
1. juxtaposition
  └ equivalent / côte a côte
2. coordination
  └ equivalent / conjonction
3. subordination
  └ head clause + dependant clause

EN DEUX MOTS

Dans ce chapitre, on analyse les divers moyens par lesquels il est possible de combiner deux phrases. Cette fois-ci, on identifie une phrase principale et on insère la deuxième phrase (qui devient une proposition subordonnée relative après modification) à l'intérieur d'un groupe syntaxique de la phrase principale.

1. LES PHRASES RELATIVES

La relativisation permet, comme la coordination, de combiner deux phrases autonomes. Cette fois-ci, l'une des phrases perd son autonomie syntaxique pour devenir une **proposition relative** introduite par un **pronom relatif**. Cette proposition subordonnée relative s'insère dans la phrase principale sous le groupe nominal contenant le noyau nominal coréférentiel. De nouveau, la coréférence est une condition nécessaire. On indique la coréférentialité en mettant un signe diacritique «ᵢ» à côté du nom en question. Examinons, par exemple, les combinaisons des phrases suivantes :

(1) *Je regarde l'**étudiant**ᵢ*
(2) *L'**étudiant**ᵢ écrit une composition*

Dans un premier type de relativisation, la phrase (2) est transformée en une proposition relative, *qui écrit une composition*. On insère ensuite cette proposition dans le groupe nominal coréférentiel de la phrase principale, qui, dans ce cas, est le groupe nominal complément d'objet direct. On obtient ainsi la phrase :

(3) *Je regarde l'étudiant **qui écrit une composition***

On peut également combiner ces deux phrases en transformant la phrase (1) en une proposition relative : *que je regarde*. On insère cette proposition dans le groupe nominal coréférentiel de la phrase principale, qui, cette fois, est le groupe nominal sujet. On aboutit alors à la phrase :

(4) *L'étudiant **que je regarde** écrit une composition*

On appelle **enchâssement** le fait d'insérer ainsi une proposition à l'intérieur d'une phrase matrice.

2. LA RELATIVISATION DU GN SUJET

Les deux modèles de relativisation que l'on vient de décrire s'effectuent en une série d'opérations. Reprenons plus en détail le premier modèle de phrase relative présenté ci-dessus. Il s'agit des mêmes phrases sous-jacentes :

(1) *Je regarde l'étudiant$_i$*
(2) *L'étudiant$_i$ écrit une composition*

La phrase (1) est considérée comme la phrase **matrice** (proposition principale) et la phrase (2), comme la proposition **enchâssée** (proposition subordonnée relative).

La première étape consiste à transformer la phrase (2) *L'étudiant écrit une composition* en une proposition relative. Cela demande deux opérations :

a) on remplace le GN sujet de la phrase (2), l'étudiant, par l'élément abstrait **pronom relatif**. Ainsi, *L'étudiant écrit une composition* devient :

/***pronom relatif***/ *écrit une composition*

b) on substitue au pronom relatif abstrait un pronom relatif spécifique. Le choix de ce pronom dépend des propriétés morphologiques et syntaxiques du GN original. Le GN original *l'étudiant* est le sujet de la phrase et son noyau nominal est un être humain. On considère alors qu'il possède les traits +sujet, +animé, +humain. Le pronom relatif spécifique qui correspond à ces traits est ***qui***. On l'insère à la place du pronom relatif abstrait pour obtenir la proposition relative :

qui *écrit une composition*

La deuxième étape consiste à insérer cette proposition dans la phrase matrice (1) *Je regarde l'étudiant.* Comme on l'a déjà dit, on l'insère dans le groupe nominal coréférentiel qui, en l'occurrence, est le complément d'objet direct. On obtient alors la phrase (3) *Je regarde l'étudiant qui écrit une composition.* On la représentera de la façon suivante :

Arbre (53)

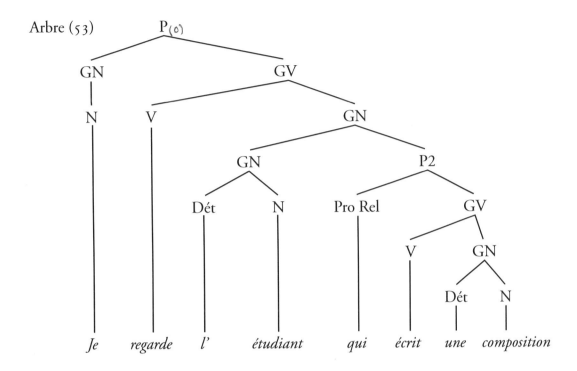

3. LA RELATIVISATION DU GN COMPLÉMENT D'OBJET DIRECT

Le deuxième modèle de relativisation comporte les mêmes étapes de transformation. Cette fois-ci, il s'agit d'utiliser la phrase (2) *L'étudiant écrit une composition* comme phrase matrice et d'enchâsser une proposition relative dans son groupe nominal sujet.

La première étape consiste à transformer la phrase (1) *Je regarde l'étudiant* en une proposition relative. On répète les deux premières opérations dans le même ordre, mais on est obligé d'en ajouter une troisième :

a) on remplace le GN complément d'objet direct *l'étudiant* par l'élément abstrait **pronom relatif**. Ainsi, *Je regarde l'étudiant* devient :

    je regarde /***pronom relatif***/

b) on substitue au pronom relatif abstrait un pronom relatif spécifique qui respecte les propriétés du GN original. Cette fois, le GN original a la fonction de complément d'objet direct. On considère alors qu'il possède les traits +objet direct, +animé, + humain, ce qui correspond au pronom relatif ***que***. On l'insère à la place du pronom relatif abstrait :

    je regarde /***que***/

c) par rapport au modèle précédent, on a besoin d'une troisième opération avant de pouvoir procéder à l'enchâssement de la proposition relative. On permute le pronom relatif au début de la proposition :

    que je regarde

On peut maintenant enchâsser cette proposition dans la phrase matrice (2) *L'étudiant écrit une composition*. On l'insère dans le groupe nominal coréférentiel qui, cette fois-ci, est le sujet. On obtient alors la phrase suivante :

(5) *L'étudiant que je regarde écrit une composition*

On représente cette phrase de la façon suivante :

Arbre (54)

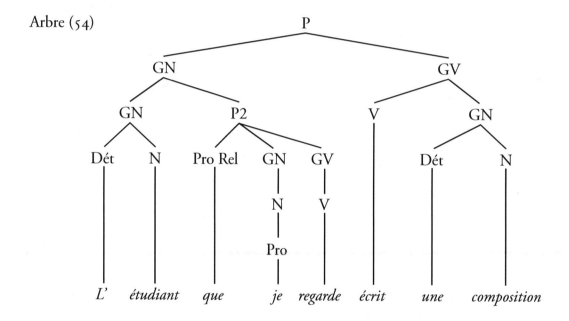

4. LA RELATIVISATION DU GN COMPLÉMENT D'OBJET INDIRECT

Prenons maintenant les deux phrases suivantes :

(6) *Je parle à l'étudiant₍*
(7) *L'étudiant₍ mange un sandwich*

On veut enchâsser la phrase (6) contenant un complément indirect de verbe intransitif dans le groupe nominal sujet de la phrase (7). On procédera selon la même démarche que pour le deuxième modèle présenté ci-dessus :

a) *je parle /*à + pronom relatif/
b) *je parle /*à qui/
c) à qui je parle

On obtient alors la phrase suivante :

(8) *L'étudiant à qui je parle mange un sandwich*

Arbre (55)

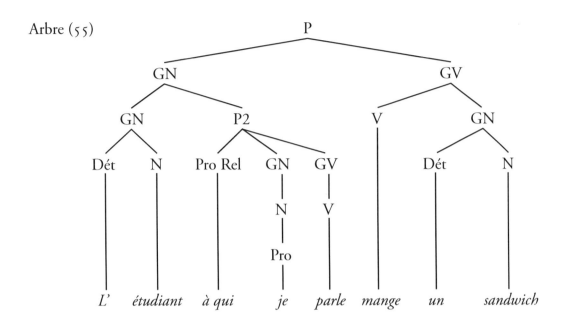

De même avec les phrases suivantes :

(9) *Je parle **de l'étudiant**$_i$*
(10) *L'étudiant$_i$ écoute la radio*

on obtiendra la phrase :

(11) *L'étudiant dont je parle écoute la radio*

Arbre (56)

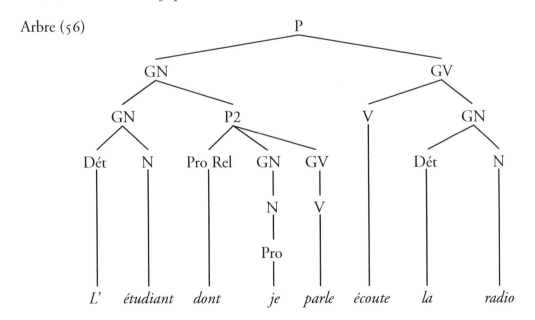

5. LA RELATIVISATION DU GN COMPLÉMENT DE NOM

Prenons maintenant les deux phrases suivantes :

(12) *Je regarde l'étudiant$_i$*   (13) *Je lis la composition **de l'étudiant**$_i$*

En appliquant une procédure analogue à celle que l'on a déjà décrite, on obtiendra :

(14) *Je regarde l'étudiant dont je lis la composition*

Arbre (57)

```
                          P
              ┌───────────┴───────────┐
             GN                       GV
              │              ┌─────────┴─────────┐
              N              V                   GN
              │              │          ┌─────────┴─────────┐
             Pro           regarde     GN                  P2
              │                    ┌────┴────┐    ┌─────┬────┴────────┐
              │                   Dét        N  Pro Rel  GN          GV
              │                    │         │    │      │      ┌─────┴─────┐
              │                    │         │    │      N      V          GN
              │                    │         │    │      │      │      ┌────┴────┐
              │                    │         │    │     Pro     │     Dét        N
              │                    │         │    │      │      │      │         │
             Je    regarde        l'     étudiant dont  je    lis     la    composition
```

6. LA RELATIVISATION ET L'INTERPRÉTATION SÉMANTIQUE

Du point de vue de l'interprétation sémantique, il existe deux types de phrases relatives :

a) les phrases **relatives restrictives**
b) les phrases **relatives appositives**

Ces deux types de phrases se distinguent par une différence d'interprétation de la portée de la proposition subordonnée. Les phrases sont cependant identiques sur le plan syntaxique. Seules des marques prosodiques permettent de les différencier. Comparez les deux phrases suivantes :

(15) *Les invités qui étaient fatigués sont partis*
(16) *Les invités, qui étaient fatigués, sont partis*

La phrase (15) est une phrase **relative restrictive**. Dans ce cas, la proposition relative sert à définir une sous-classe parmi l'ensemble des entités mentionnées. Autrement dit, on interprète la phrase (15) de la façon suivante : « Certains invités étaient fatigués, ces invités-là sont partis ». Sur le plan prosodique, le groupe nominal sujet et la proposition relative restrictive forment une unité prosodique homogène (sans rupture) :

Les invités qui étaient fatigués   sont partis

2-3

2-1

La phrase (16) est une phrase **relative appositive**. Comme tous les cas d'apposition, il s'agit cette fois-ci d'une sorte de parenthèse qui fournit quelques renseignements supplémentaires sur les entités mentionnées. L'interprétation de la phrase (16), qui diffère de celle de la phrase (15), est la suivante : « Tous les invités étaient fatigués et ils sont tous partis ». Au niveau prosodique, les relatives appositives sont marquées par les traits suivants :

- une pause placée entre le groupe nominal sujet et la proposition appositive
- une parenthèse basse contenant la proposition appositive
- une pause après la proposition relative

Cette phrase aura la structure prosodique suivante :

Les invités, qui étaient fatigués, sont partis

2-3

1-2

2-1

L'apposition apparaît souvent sans structure relative, comme dans la phrase suivante :

(17) *Jean Chrétien, ancien premier ministre du Canada, s'est retiré de la politique*

L'apposition *ancien premier ministre du Canada* est un ajout d'information et ne définit pas un sous-ensemble.

COORDINATION, RELATIVISATION ET STYLE

Les écrivains qui veulent rendre l'idée de la simplicité du parler spontané dans leur style utilisent peu la coordination et la relativisation. Comparez ainsi les deux extraits suivants :

« Cidrolin s'assied. Comme clients, il n'y a que deux types debout qui parlent du tiercé. Derrière le comptoir, le patron, inactif, écoute les commentaires sur les pronostics ; il porte une casquette semi-ronde, ovale, en drap orné de pois blancs. Le fond est noir. Les pois sont en forme elliptique ». (Queneau, 1965, p. 94)

« *Elle me raconta plus tard qu'entendant le chant des oiseaux elle imaginait alors un pur effet de lumière, ainsi que cette chaleur même qu'elle sentait caresser ses joues et ses mains et que, sans du reste y réfléchir précisément, il lui paraissait tout naturel que l'air chaud se mit à chanter, de même que l'eau se met à bouillir près du feu* ».
(Gide, 1925, p. 45)

QUESTIONS Nº 23

1. À partir des énoncés suivants, construisez une phrase relative où la phrase i) est la phrase matrice et la phrase ii) est la phrase enchâssée :

    a) i) *Le référendum aura un grand impact sur l'avenir du pays.*

       ii) *Le référendum aura lieu à la fin du mois.*

    b) i) *La voiture coûte trop cher.*

       ii) *Nous aimerions acheter la voiture.*

    c) i) *La femme est l'ancienne ministre des affaires étrangères.*

       ii) *La femme est assise en classe affaires.*

    d) i) *L'équipe a perdu trois matchs consécutifs.*

       ii) *L'entraîneur de l'équipe a été congédié.*

    e) i) *La candidate mène dans les sondages.*

       ii) *Le journaliste vient de poser une question à la candidate.*

    f) i) *Le film a été tourné en 1993.*

       ii) *Ils parlent du film.*

    g) i) *Elle vient d'acheter ces plantes.*

       ii) *Ces plantes sont des vivaces.*

    h) i) *Les mesures devraient aider l'économie.*

       ii) *Les mesures ont été adoptées par le gouvernement.*

    i) i) *La pièce est une tragédie.*

       ii) *Nous allons voir la pièce samedi.*

    j) i) *La chanteuse fera un concert ici au mois d'août.*

       ii) *Tu penses à la chanteuse.*

2. Faites les indicateurs syntagmatiques des phrases suivantes :

    a) *Apporte-moi les verres qui se trouvent dans le buffet.*

    b) *Peux-tu ranger les affaires que tu as laissées dans l'entrée ?*

    c) *Le restaurant auquel tu penses a déménagé l'année dernière.*

    d) *Elle n'aime pas la cravate que son mari porte ce soir.*

    e) *Le livre dont j'ai besoin a disparu.*

3. Dessinez les schémas mélodiques qui correspondent aux interprétations possibles des énoncés suivants :

    a) *Le président qui aura bientôt fini son mandat part en voyage.*

    b) *Les élèves qui ont réussi l'examen sont contents.*

    c) *Les livres qui sont restés dans le sous-sol ont été endommagés.*

    d) *Les maisons qui étaient situées dans la vallée ont été détruites par l'inondation.*

    e) *Les joueurs qui souffraient de la chaleur ont fait une pause.*

4. Indiquez si les phrases suivantes sont bien formées ou mal formées. Si la phrase est mal formée, expliquez la nature du problème et proposez une version correcte :

a) *L'acteur qui je pense de a reçu le prix du meilleur interprète.*

b) *La chanson à laquelle elle écoute a été enregistrée à Londres.*

c) *Cet été nous allons revoir la même famille que nous avons rendue visite l'été dernier.*

d) *La femme qu'il pose la question est la directrice de l'école.*

e) *J'ai perdu la montre laquelle tu m'as offerte l'année dernière.*

f) *Le joueur qu'on a donné un coup de pied est blessé.*

g) *L'émission que nous regardions tous les matins a été annulée.*

h) *La personne qu'il a téléphonée a emprunté sa voiture.*

i) *Le chat lequel elle pense adopter a été abandonné chez le vétérinaire.*

j) *Le disque pour lequel nous cherchions n'est plus disponible en magasin.*

Partie V
LA SÉMANTIQUE

Chapitre 24

L'ANALYSE SÉMANTIQUE

EN DEUX MOTS

Le sens d'un mot est toujours entouré de significations autres que celles définies dans le dictionnaire. Le contexte, la forme d'un mot, son usage dans les comparaisons, la langue littéraire et populaire, font de tout mot une source de multiples usages possibles, qui peuvent aller de l'injure au plaisir esthétique.

1. SENS LINGUISTIQUE, SENS CONTEXTUEL ET SENS SITUATIONNEL

La **sémantique** analyse les différentes manifestations du **sens** d'un énoncé.

Tout acte de communication linguistique humaine est un échange d'information. Mais cette information est constituée de sens à plusieurs niveaux. Elle peut comporter un **sens linguistique**, appelé généralement **signification**, et des sens **contextuels** et **situationnels**. Ainsi, dans la phrase *Vous avez vu ce livre ?*, le **sens linguistique** est donné par les mots de la phrase et complété par l'intonation indiquant une question. Ce **sens** du mot *livre*, qui pourrait être ambigu, employé isolément (*un* livre, opposé à *une* livre), devient clair grâce au **contexte** linguistique de l'article.

De la même manière, si je dis que « *J'aime bien cette glace-là* », ce n'est que par la **situation** de communication que l'on saura s'il s'agit d'un miroir ou d'une crème glacée.

2. LA SIGNIFICATION

Rappelons que la **signification** linguistique, telle que l'entend Saussure, est le passage du **signifiant** au **signifié**, composantes du signe linguistique (voir chapitre 2).

Quand je prononce le mot *arbre*, cette image acoustique mentale ou signifiant me renvoie à l'image mentale du mot *arbre*. Ce transfert appelé signification est consigné dans le dictionnaire, qui est un répertoire de signifiants dont on donne, sous forme d'explication, les signifiés, par exemple :

Arbre : « Plante dont la tige, ou tronc, chargée de branches, peut atteindre de grandes dimensions » (Larousse, 1971).

Définition qui est complétée ainsi dans l'édition de 2004 : « Grande plante ligneuse vivace dont la tige principale, ou tronc, ne se ramifie en branches qu'à partir d'une certaine hauteur ».

3. LE SIGNE LINGUISTIQUE ET LE RÉFÉRENT

Le signe linguistique est une unité de type abstrait composée d'un **signifiant** et d'un **signifié**. Le signe permet cependant de renvoyer à un **référent** (R) du monde réel. Autrement dit, quand un locuteur utilise le signe *téléphone*, il y a d'une part la relation entre les faces du signe abstrait, et en même temps une référence à un objet réel dans le monde. Quand le locuteur dit *Le téléphone sonne*, il renvoie à un objet spécifique à un moment spécifique, il n'envisage pas le terme *téléphone* comme un concept abstrait.

Le **référent** est alors un objet particulier concret ou abstrait, réel ou imaginaire en dehors du signe. Chacun de nous connaît des référents particuliers, comme les chaussures que l'on porte, les chansons que l'on écoute, alors que les signes auxquels ils renvoient sont communs à tous les sujets d'une même communauté linguistique.

4. LE SENS PROPRE ET LE SENS CONTEXTUEL

Dans certains cas, le signe linguistique permet plusieurs interprétations. Un seul et même signe peut renvoyer à plusieurs sens et référents différents. Dans ce cas, c'est le **contexte** qui permettra de préciser le sens et le référent en cause.

Prenons, par exemple, le mot *canard*, qui possède plusieurs interprétations :

a) un oiseau palmipède : *L'hiver, on chasse le canard dans les marécages*
b) la chair de cet oiseau : *On mange du canard*
c) une fausse note : *Le chanteur fait un canard*
d) une fausse nouvelle : *Les politiciens lancent souvent des canards*
e) un morceau de sucre trempé dans une liqueur : *Avec son café, il prend un canard*
f) un journal : *Son article a paru dans un canard*

On notera, dans ces quelques exemples, que le sens du mot *canard* se précise en partie à cause des autres mots qui l'entourent dans la chaîne parlée. C'est ce contexte linguistique qui permet d'attribuer au mot *canard* l'un de ces six sens différents.

Le premier sens donné ci-dessus, un oiseau palmipède, est appelé le **sens propre**. Il s'agit de la définition concrète et en quelque sorte prioritaire de ce terme donnée par les zoologistes. La deuxième définition renvoie au fait que les êtres humains mangent la chair de cet oiseau. Il s'agit alors d'une extension du sens propre du terme pour désigner la viande de l'animal.

Dans les exemples c) et d), le mot *canard* acquiert des sens de plus en plus éloignés du référent de base. Il s'agit maintenant de **sens figurés** ou **imagés** qui rappellent le cri disgracieux de l'animal ou, dans le cas e), son habileté à plonger. De plus, ces derniers exemples relèvent d'un niveau de langue familier qui ajoute encore un sens particulier.

5. LE SENS CONTEXTUEL EN MORPHOLOGIE

C'est surtout en **morphologie** que le sens contextuel d'un terme prend toute son importance. Alors que *canard* et *arbre* ont des référents-objets, la préposition *à* n'a pas de référent extralinguistique et ne prend de valeur que dans le système de la langue, par exemple :

1. *Je vais **à** Rome* (*à* indique une direction)
2. *Ce livre est **à** lui* (*à* indique une relation d'appartenance)
3. *Cette histoire est **à** dormir debout* (*à* indique une relation attributive)

Cette série d'exemples concerne la **sémantique de la phrase**, qui fera l'objet d'une étude ultérieure plus approfondie (voir chapitre 26).

6. DÉNOTATION ET CONNOTATION

Le sens propre d'un terme est également appelé le **sens dénotatif**. C'est généralement le premier sens qu'indique le dictionnaire. Ainsi, dans Le Petit Larousse (2004, p. 169), on trouve d'abord cette définition du mot *camarade* :

1. *Avec lequel on partage une activité commune (étude, loisirs, etc.).*

La deuxième définition est :

2. *Dans les partis de gauche, et les syndicats ouvriers, etc. membre du même parti, du même syndicat.*

Le sens dénotatif (1) n'a pas disparu mais il s'y est ajouté un second sens (2) que l'on appelle alors **connotatif**.

7. LA CONNOTATION DU SIGNIFIÉ

La connotation est due à des facteurs culturels, à des jugements de valeur, ou à d'autres appréciations stylistiques qui modifient la valeur attribuée au signifié.

On peut considérer comme appartenant au domaine des phénomènes de connotations du signifié les glissements de sens, largement exploités en stylistique. La connotation d'un terme est ce qui le distingue d'un autre terme ayant le même sens. On substituera un terme à un autre pour en déduire sa connotation tout comme on l'a fait pour les phonèmes. Ainsi dans l'exemple :

Cette histoire est triste
morne
sombre
lugubre

Ces adjectifs, bien que considérés comme ayant le même sens (synonymes de *triste*), n'ont jamais entièrement la même connotation : *morne*, l'histoire manque de vivacité ; *sombre*, elle inquiète le lecteur ; *lugubre,* elle évoque une idée de mort, de drame sinistre.

8. LA CONNOTATION DU SIGNIFIANT

On n'a généralement envisagé la connotation qu'en fonction du signifié. Mais des termes de sens voisins peuvent avoir des connotations différentes selon leur signifiant. Ainsi, le mot *camarade* a une connotation politique différente du terme neutre *ami*, dans : Salut *camarade !* Cette connotation du signifiant peut aller jusqu'à la graphie en écrivant : *Kamarad !*

De même, une connotation de signifiant peut provenir du choix des sonorités. Ainsi la répétition des voyelles nasales dans ces vers de Verlaine (1890, p. 69) :

> *Les **sang**lots **long**s*
> *Des vio**lon**s*

les trois voyelles nasales [ɑ̃, ɔ̃, ɔ̃], qui ont une sonorité voilée et sont très rapprochées, évoquent — à cause du lexème *violon* — des sons graves et tristes (sanglots). Une prononciation rapide, avec des voyelles courtes, pourra évoquer un caractère enjoué, des accents d'insistance nombreux, un caractère enthousiaste, etc.

Il y a donc des signifiants de connotation associés à un **symbolisme phonétique** plus ou moins universel. Mais il y a aussi des signifiants de connotation **sociale** et **dialectale**. Ils sont liés à des façons de parler qui dépendent de substrats linguistiques n'ayant rien à voir avec l'idée qu'on se fait des sujets parlants du groupe (voir chapitres 27 et 28). Les gens du nord de la France trouvent en général **l'accent** méridional amusant parce qu'ils attribuent aux Méridionaux un caractère gai.

9. LA MÉTONYMIE

La **métonymie** est une figure de rhétorique consistant à prendre la partie pour le tout. Prenons, par exemple, la phrase *Si vous buvez ne prenez pas le volant*. Le terme *volant* représente toute la voiture ou plus précisément le fait de conduire la voiture. Le mot *volant* se substitue aisément au mot *voiture*, car on sait que le volant fait partie de la voiture. Il y a ce que Roman Jakobson (1963) a appelé une relation de contiguïté, les deux éléments *volant* et *voiture* sont en contact direct. De même, dans des cas tels que *manger **un plat**, elle a bu **un verre**,* on retrouve une relation de contiguïté, car on prend le contenant pour le contenu. Le locuteur sait que l'on ne mange pas le plat lui-même mais ce qui s'y trouve.

La métonymie peut prendre de nombreux aspects, tels :

1. *Tout Toronto en parle* : le lieu pour la personne
2. *Ce peintre vit de ses tableaux* : la cause pour l'effet
3. *Il est parti dans la tempête de neige, c'était la mort assurée* : l'effet, la mort, est mis pour la cause, le froid
4. *Le Rouge et le Noir* : le signe pour la chose signifiée (titre d'un roman de Stendahl où le rouge renvoie à l'armée, car les soldats étaient vêtus de rouge, et le noir au clergé, dont les habits étaient noirs)

10. LA MÉTAPHORE

La **métaphore** est une figure de rhétorique consistant à substituer un terme imagé à un autre. Ce qui revient à une comparaison. Mais la métaphore supprime le lien grammatical de la comparaison. Ainsi, Doña Sol ne dit pas à Hernani qu'elle l'aime : « Je vous admire comme si vous étiez un lion superbe et généreux », mais Victor Hugo lui fait s'exclamer : « *Vous êtes mon lion, superbe et généreux* » (Hugo, 1934, p. 90). Voltaire disait de la métaphore : « *quand elle est naturelle, elle appartient à la passion* » (Voltaire, 1818, p. 204). Il voulait dire ainsi que l'image métaphorique se présente comme un éclat de sensibilité immédiate qui ne s'embarrasse pas des liens grammaticaux.

Pour que la métaphore soit possible, il faut que certains **éléments** du sens soient communs aux deux termes en cause. Ainsi les métaphores suivantes sont-elles possibles parce qu'il y a une relation de **similarité** entre certains éléments qui les composent :

1. *le **feu** de la passion* : le feu produit de la chaleur, comme la passion
2. *dans la **fleur** de l'âge* : dans l'épanouissement de l'existence (comme l'épanouissement d'une fleur)

Il arrive que dans le langage expressif, poétique ou populaire, la relation de similarité des deux termes de la métaphore ne soit pas évidente. On le constate surtout dans les injures. Si un automobiliste en insulte un autre en l'appelant « patate », il faut faire un effort d'imagination pour trouver que l'insulté n'est pas plus intelligent que le légume en question. Mais avec la métaphore, tout est possible.

11. MONÈMES, SÉMÈMES ET SÈMES

On a défini les monèmes (lexèmes et morphèmes) comme des unités minimales de sens, alors que les phonèmes sont des unités sonores minimales.

Les phonologues ont analysé les phonèmes en unités plus petites, appelées traits distinctifs (voir chapitres 6 et 7). Les sémanticiens, eux, opèrent une analyse analogue en décomposant les unités significatives en traits sémantiques. Par exemple, le sens global du terme *oiseau* (que l'on appellera le **sémème** de ce terme) se définit par les traits sémiques ou **sèmes** suivants :

a) *animal*   b) *qui vole*

Lorsqu'on spécifie le trait *animal*, on exclut *l'avion* et lorsqu'on ajoute le trait *qui vole*, on a exclu tous les animaux qui ne volent pas. Mais s'il y a des oiseaux qui ne volent pas, on dira que le sème *qui vole* n'est pas distinctif. Il faudra lui ajouter, par exemple, *qui a des plumes, qui a un bec*.

Le sème est donc un trait sémantique. Une combinaison spécifique de traits sémantiques forme le sémème, qui est l'unité supérieure.

12. LA DIFFICULTÉ DU CHOIX DES SÈMES

On cherche en sémantique les sèmes les plus adéquats pour représenter les sémèmes. Mais la nature conceptuelle et abstraite des traits sémantiques rend la définition des sèmes plus difficile. La définition des traits sonores en phonologie a l'avantage de pouvoir se fier à la réalisation articulatoire et sonore. Les traits sémantiques, par contre, ne peuvent pas être définis en faisant référence à une réalité externe perceptible. Pour cette raison, les sémanticiens ont plus de difficulté à s'entendre sur le choix des sèmes.

Dans l'exemple de termes comme *homme/femme*, *garçon/fille*, *homme/singe*, il est évident que les sèmes **humain**, **adulte**, **mâle** et **femelle** vont immédiatement venir à l'esprit pour la construction d'une grille d'analyse sémique. Par contre, si l'on veut comparer des termes tels que *cheval/table*, *avion/fumée*, il sera beaucoup plus difficile de trouver des sèmes communs.

13. LA GRILLE D'ANALYSE SÉMIQUE

On établit à la façon d'une matrice la grille qui permet l'analyse des différents sémèmes en sèmes.

On note la présence d'un sème par + et son absence par -. Si l'on fait l'analyse sémique des termes : *homme*, *femme*, *garçon*, *fille*, on aura :

		SÈMES (traits sémantiques)			
		humain	adulte	mâle	femelle
		S_1	S_2	S_3	S_4
SÉMÈMES (combinaison spécifique de sèmes)	*homme*	+	+	+	−
	femme	+	+	−	+
	garçon	+	−	+	−
	fille	+	−	−	+

Table 24.1. Grille d'analyse sémique

Une telle représentation fait apparaître les sèmes permettant d'opposer un sémème à un autre. Ici, le trait sémantique ou sème **pertinent** qui distingue *homme* de *garçon* est S_2 (+/- adulte). En revanche, le trait S_2 n'est pas distinctif pour opposer *homme* à *femme*, dans ce cas il s'agit des traits S_3 (+/- mâle) et S_4 (+/- femelle).

Ce type d'analyse relève autant de la logique que de la linguistique. Il s'avère très utile pour préciser les relations sémantiques de synonymie, antonymie et polysémie.

L'ANALYSE SÉMIQUE EN DEVINETTES

Vous avez sans doute joué à l'analyse sémique componentielle, comme tous les enfants. Vous devinez quel animal, personne, chose… on a choisi pendant que vous étiez sorti. Vous n'avez droit qu'aux questions auxquelles on répond par oui ou non. Exemple :

– C'est un homme ? – Non. – Un animal ? – Non. (C'est donc une chose).
– Est-ce que c'est au Canada ? – Non. – En Europe ? – Oui. – En France ?
– Oui. – Ça se mange ? – Non. – Il y en a partout ? – Non. – À Paris ? – Oui. –
C'est un monument ? – Oui. – L'Arc de Triomphe ? – Non. (Attention ! Vous
n'avez droit qu'à trois réponses !) – C'est très haut ? – Oui. – C'est en fer ?
– Oui. – La tour Eiffel ? – Oui, bravo !

14. LES LIMITES DE L'ANALYSE SÉMIQUE

L'analyse sémique ne parvient pas toujours à rendre compte du sens d'un sémème. Le cas peut se produire quand on a affaire à un mot composé, à une expression figée dans la langue, à des termes qui changent de sens dans le contexte de la phrase.

Ainsi, dans *eau de vie* (alcool de vin), *comment allez-vous ?* (salutation générale), *on m'a posé un lapin* (on n'est pas venu à mon rendez-vous) ou *je me suis embêté comme un rat mort* (je me suis beaucoup ennuyé), l'analyse des sèmes ne révèle pas le sens de l'expression totale. Il s'agit (comme on l'a déjà vu dans le chapitre 14) de blocs figés aux niveaux morphologique et sémantique. On ne peut pas déterminer le sens de ces termes par une simple addition des sèmes des mots individuels.

15. LA SYNTAXE ET L'INTERPRÉTATION SÉMANTIQUE

Dans les chapitres sur la syntaxe (19, 20, 21), on a présenté des règles qui permettent de différencier des phrases bien formées grammaticalement comme *Marie écoute la radio* des phrases mal formées grammaticalement comme **Radio la Marie écoute*. Ces règles syntaxiques décrivent de façon précise la structure des phrases et des groupes. Mais elles se fondent uniquement sur la présence de certains types de groupes et de certaines catégories morphologiques.

Les règles permettent alors de produire des phrases qui sont bien formées sur le plan syntaxique, mais difficiles à interpréter du point de vue sémantique. La phrase suivante respecte toutes les règles de formation des groupes et des phrases :

(10) *Le mur parle lentement*

Au niveau du sens, cependant, cette phrase est difficile à interpréter. On pourrait trouver une interprétation possible dans un contexte poétique ou littéraire, mais dans une situation de communication quotidienne on la classerait comme étrange, voire incompréhensible. Pour pouvoir décrire ce genre d'anomalie sémantique, on peut faire appel à trois sèmes de nature binaire :

a) + matériel/- matériel
b) + animé/- animé
c) + humain/- humain

Chaque sémème lexical contient ces trois sèmes qui permettent de définir certaines catégories majeures sur le plan des unités significatives. On les appelle sèmes (ou traits) **sélectifs**.

Le lexème *mur*, par exemple, possède les sèmes sélectifs suivants : +matériel, -animé, -humain. Le lexème verbal *parle* demande habituellement un actant doté des traits -matériel, +animé, +humain. L'énoncé ci-dessus montre un conflit entre les sèmes attribuables à l'actant *mur* et les sèmes exigés par le lexème verbal *parle*.

On peut alors proposer une règle sémantique qui exige que les sèmes sélectifs du noyau du groupe verbal et ceux du noyau du groupe nominal actant soient similaires pour qu'une phrase soit interprétable sur le plan sémantique.

Le même type de relation sémantique existe entre le noyau verbal et les noyaux des groupes nominaux compléments d'objet direct et indirect. La phrase :

(11) *Philippe donne la philosophie à la table*

montre également un conflit des sèmes sélectifs, mais dans un contexte syntaxique différent. Cette fois-ci, le complément d'objet direct et le complément d'objet indirect ne sont pas conformes aux traits sélectifs du verbe *donner*. Le complément d'objet direct de ce verbe est habituellement une entité +matériel, -animé, -humain et le complément d'objet indirect est habituellement une entité -matériel, +animé, +humain

Le statut linguistique de ces sèmes est un sujet de controverse. Pour certains linguistes, ces sèmes représentent des distinctions d'ordre syntaxique, ce qui permettrait d'exclure ce genre de phrases pour des raisons grammaticales. Pour d'autres, ces phrases sont bien formées du point de vue des structures syntaxiques, mais non compréhensibles en dehors de certains contextes spécifiques, car elles ne respectent pas les règles de combinaison sémique.

CLICHÉS ET POÉSIE

Les **métaphores d'usage**, que l'on appelle aussi parfois **clichés**, ont perdu toute valeur de surprise. Mais les poètes modernes en ont fait grand usage à l'époque du surréalisme en leur redonnant une vie nouvelle, faisant semblant de les prendre au sens premier — en **remotivant** ainsi le signe linguistique. Ainsi ces extraits d'un poème célèbre :

Il avait le cœur sur la main
Et la cervelle dans la lune
C'était un bon copain
Il avait l'estomac dans les talons
Et les yeux dans nos yeux
C'était un bon copain (…)

Il avait une dent contre Étienne (…)

Il n'avait pas sa langue dans sa poche (…)
(Desnos, 1930, p. 96)

1. À l'aide d'un dictionnaire, identifiez les sémèmes (ensembles de traits sémantiques) du verbe *marcher* et du nom *tête*. Indiquez des contextes précis qui en feront ressortir les différents sens possibles.

2. À l'aide d'un dictionnaire, identifiez les traits sémantiques associés à la préposition *de* dans les énoncés suivants :
    a) *Une bouteille **d'**eau.*
    b) *Le vélo **de** Monique.*
    c) *Une voiture **de** sport.*
    d) *Le train **de** Genève.*
    e) *Il était mort **de** rire.*
    f) *L'avion a un retard **de** vingt minutes.*
    g) *Les romans **de** Camus.*
    h) *Bernard parle **de** ses vacances.*
    i) *La ville **de** Montréal.*
    j) *Un sac **de** papier.*

3. Indiquez si les phrases suivantes sont de type métonymique ou métaphorique. Expliquez ensuite le sens des métaphores et des métonymies :
    a) *Après sa maladie, il était maigre comme un clou.*
    b) *La France a marqué un but contre l'Allemagne.*
    c) *Viens prendre un verre avec nous !*
    d) *Leur patron est un monstre.*
    e) *Charles a bu toute la bouteille.*
    f) *C'est une vraie tête de mule.*
    g) *Son frère a mangé tout le paquet.*
    h) *Le prof leur a posé une colle.*
    i) *Arrête de faire la bête !*
    j) *Il me prend pour un pigeon.*

4. Expliquez comment est construit, au plan sémantique, ce début de poème :
    Te souviens-tu que ce soir-là
    Tu perdis la tête entre mes bras
    Longtemps longtemps nous la cherchâmes
    Était-ce à Rome ou Amsterdam ?
    (Léon, 1983b, p. 46)

5. Faites une grille d'analyse sémique des termes suivants :
   a) *bateau, kayak, sous-marin, canoë*
   b) *camion, bicyclette, voiture, motocyclette*
   c) *canapé, chaise, fauteuil, tabouret*

6. Indiquez si les phrases suivantes sont bien formées ou si elles contiennent des conflits des sèmes sélectifs (+/-matériel, +/-animé, +/-humain). Si la phrase est mal formée, expliquez la nature du conflit :
   a) *Le bonheur donnait des médicaments au lave-vaisselle.*
   b) *Mon ordinateur a éternué.*
   c) *Leur voisin va téléphoner au violon.*
   d) *Les nuages pensent à leurs vacances.*
   e) *Les oiseaux mangent les discours.*
   f) *L'évier s'est endormi tard.*
   g) *Le mensonge lit les poèmes de Ronsard.*
   h) *Le jardinier discute avec le réfrigérateur.*
   i) *L'aspirateur se souvient de sa jeunesse.*
   j) *Les couleurs boivent la justice.*

7. Identifiez les sèmes sélectifs (+/-matériel, +/-animé, +/-humain) habituels des verbes en gras dans les énoncés suivants. Expliquez ensuite le sens de chaque verbe dans le contexte de la phrase et les modifications effectuées aux traits sélectifs :
   a) *Son téléphone **est mort***
   b) *Le projet du gouvernement **bat de l'aile***
   c) *Je n'arrive pas à **saisir** ce qu'il dit*
   d) *Cette idée **est née** lors de notre dernière réunion*
   e) *L'entraîneur **aboyait** contre ses joueurs*

DEVINETTES ET JEUX DE SENS

Parmi les devinettes enfantines, certaines sont basées sur des métaphores, telles que les suivantes :

- Qui est-ce qui a de la barbe au pied ?
- Qui est-ce qui a des dents et ne mord pas ?
- Qui est-ce qui a des yeux et ne voit pas ?

La difficulté de trouver vient parfois d'une confusion volontaire, source de calembour :

- Quelle différence y a-t-il entre un menuisier et l'université ?
- Quelle ressemblance y a-t-il entre un peintre et un coiffeur ?
- Quelle différence y a-t-il entre la tortue et le citron ?
- À quoi servent les vêtements des prêtres ?

Parfois aussi la devinette est absurde :

- Pourquoi les éléphants ne sont-ils pas roses ?
- Comment fait-on pour faire descendre un éléphant d'un arbre ?
- Qu'est-ce qui est rond, vert et qui monte et descend ?

Réponses :

Le poireau. Un peigne. Une pomme de terre.

Le menuisier ne peut pas faire de lit sans scier alors que l'université fait des licenciés.

Tous deux peignent.

La tortue n'est jamais pressée.

Ils servent d'auto (en raison des vêtements sacerdotaux).

Pour qu'on ne puisse pas les confondre avec les fraises des bois.

On le fait monter sur une feuille et on attend l'automne.

Un petit pois dans un ascenseur.

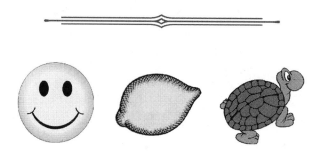

Chapitre 25
SYNONYMIE, ANTONYMIE ET POLYSÉMIE

EN DEUX MOTS

On compare maintenant les mots entre eux selon qu'ils sont de sens opposé, similaire, ou que le même mot ait plusieurs sens. Les mots sont des outils indispensables de la communication et servent aussi bien à louer et à jouer, qu'à insulter.

1. LA SYNONYMIE

La **synonymie** désigne une relation de similarité entre les signifiés. Deux termes sont **synonymes** lorsqu'ils ont des **signifiés très proches**, tels que *labeur* et *travail, laisser* quelqu'un et *quitter* quelqu'un, *niais* et *naïf*, etc. La synonymie pose un problème pour l'analyse du signe linguistique, car elle implique que des signifiants différents partagent parfois un signifié commun.

On pourrait représenter ainsi la synonymie :

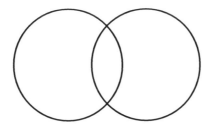

La coïncidence de sens n'est jamais complète en raison des nombreuses connotations qui peuvent s'ajouter à chaque terme. Ainsi *pomme de terre* est neutre par rapport à *patate*, qui a une connotation populaire ou rurale.

L'analyse sémique permet de capter de façon plus précise cette relation sémantique. On dira que les **synonymes** sont des **sémèmes** qui possèdent les mêmes **sèmes** positifs (voir ces notions au chapitre précédent).

2. LES QUASI-SYNONYMES

Des termes comme *apprenant(e), écolier(ère), lycéen(ne), étudiant(e)* sont des quasi-synonymes. L'analyse sémique montre les sèmes qui les différencient :

		SÈMES (traits sémantiques)				
				Établissement		
		humain	appre-nant	primaire	secondaire	universitaire
SÉMÈMES	écolier	+	+	+	–	–
	lycéen	+	+	–	+	–
	étudiant	+	+	–	–	+

Table 25.1. Grille montrant la différenciation de synonymes

On voit que chacun de ces termes possède deux sèmes communs. Néanmoins, ils ne sont pas totalement synonymes, car les sèmes *primaire, secondaire, universitaire* permettent de les différencier.

3. LES DOUBLETS

Rappelons que, grâce aux emprunts faits à travers les siècles (voir chapitre 18 paragraphe 5), le français possède des **doublets**, qui sont des paires de mots dont l'un représente une forme d'origine **savante** par rapport à l'autre, dite **populaire**. La forme populaire a évolué avec la langue, alors que la forme savante a été généralement refaite plus tard. On trouve ainsi :

origine savante	**origine populaire**
cavalier	*chevalier*
libérer	*livrer*
natal	*Noël*

Ces formes, à l'origine synonymes puisqu'elles proviennent d'un même étymon, ont souvent perdu, par la suite, leur synonymie, comme dans les exemples ci-dessus.

4. LES VARIANTES SYNONYMIQUES

Des termes qui paraissent synonymes s'emploient souvent dans des contextes différents. Ils relèvent alors de niveaux de langue opposés ou de registres divers.

Considérons par exemple les **variantes** sociologiques du terme général *garçon*. Les sèmes de base de ce terme sont les suivants : a) jeune b) être humain b) de sexe mâle. À ces sèmes de base, peuvent s'ajouter d'autres sèmes que l'on retrouve dans les termes suivants : *môme*, variante plus ou moins générale ; *gone*, de la région lyonnaise ; *gosse*, dans toute la France mais jamais au Canada où ce terme veut dire *testicule* ; *flo*, au Québec ; *gamin*, dans toute la France, avec le sens de « plus ou moins espiègle ». Ces variantes de *garçon* appartiennent à la langue familière.

On trouve d'autres variantes stylistiques qui sont des euphémismes : le *mort* deviendra : le *défunt*, le *cher disparu*, le *pauvre* ou *feu* (archaïque). On dira ainsi : **feu** *mon père, mon* **pauvre** *père, mon* **défunt** *mari.*

Beaucoup de termes scientifiques ont un synonyme dans la langue courante, qui répugne à employer les mots savants. On le constate en médecine, en zoologie, en botanique. Ainsi, le médecin parle d'un *coryza* pour un *rhume*, d'une *influenza* pour la *grippe*, de la *phtisie* pour la *tuberculose pulmonaire*. Le botaniste parle *d'hypericum* et pour la même plante, le jardinier parle de *millepertuis* ou *d'herbe à mille trous*. La *gesse odorante* se nomme en langue populaire le *pois de senteur*, et *cupressus* a donné *cyprès*.

5. L'ANTONYMIE LEXICALE

L'**antonymie** désigne une relation d'opposition entre les signifiés. Les antonymes sont des termes de **sens opposé**. En sémantique, on dira que ce sont des sémèmes contenant les mêmes sèmes, mais que l'un comporte un sème positif et l'autre un sème négatif, tels que *blanc* et *noir*, *grand* et *petit*, *gentil* et *méchant*, etc. Ces antonymes sont appelés **polaires** parce qu'ils se situent à des pôles opposés.

Mais de même que les synonymes présentent de nombreux degrés dans la similitude, les antonymes présentent aussi des degrés dans leurs oppositions. Au lieu d'une opposition polaire, on a souvent des oppositions **scalaires**, c'est-à-dire échelonnées, graduelles. L'opposition polaire *froid* opposée à *chaud* correspond aux oppositions scalaires : *glacé, froid, frais ≠ brûlant, chaud, tiède*.

Il y a un grand nombre de termes qui n'ont pas de contraires possibles dans la langue : *vert, jaune, rouge, table, tuyau, éléphant, puce*, etc.

6. L'ANTONYMIE ET LES CLICHÉS

On a vu au chapitre précédent que l'analyse sémique est parfois difficile ou impossible avec certaines expressions imagées, métaphoriques, devenues parfois très usuelles. Ces expressions sont entrées dans l'usage courant de la langue. On les appelle alors des clichés. On dira par exemple : c'est une *tête de mule* (il est têtu), *j'ai eu chaud* (j'ai frôlé un danger), *vous n'en revenez pas* (vous êtes étonné), *ils filent le parfait amour* (ils s'aiment passionnément), *c'est un drôle de pastis* (familier, métaphore pour c'est tout à fait désordonné).

Avec ce type de cliché, l'antonyme est souvent impossible. On pourrait, à la rigueur, dire que l'antonyme de l'expression *une tête de mule* est *un agneau*. Mais l'antonyme de *j'ai eu chaud* n'est pas ici **j'ai eu froid*, et l'antonyme de *vous n'en revenez pas* n'est pas ici *vous en revenez*. Et quel serait, dans ces cas-là, le contraire de *filer* et de *pastis* (boisson apéritive à base d'anis) dans les exemples précédents !

On verra dans le chapitre qui suit que le même problème se pose au niveau de la phrase lorsqu'on veut mettre à la forme négative des clichés ou toute autre expression figée.

7. L'ANTONYMIE MORPHOLOGIQUE

Un grand nombre d'antonymes sont produits par l'adjonction d'un morphème négatif. Les principaux sont : *a-, anti-, contre-, dé-, dés-, in-, ir-, non-*, par exemple : **a**social, **anti**religieux, **contre**-attaque, **dé**coloniser, **dés**espoir, **in**valider, **ir**respectueux, **non** recevable.

Il est intéressant de noter l'importance des antonymes dans une langue. Les synonymes ne sont fréquemment que des variations stylistiques, alors que les antonymes sont essentiels à la transmission du sens.

8. LA POLYSÉMIE

On a vu que la synonymie désigne une relation sémantique où plusieurs signifiants différents renvoient à un seul signifié. La **polysémie** représente le cas inverse : un même signifiant renvoie à plusieurs signifiés ou sémèmes différents. On considère que ces sémèmes ont (ou avaient à une certaine époque) un lien sémique. Ainsi, le mot *bureau* peut signifier la pièce où l'on travaille ou le meuble sur lequel on écrit. Le mot *office* est une *fonction*, une *agence*, une *cérémonie religieuse*, une *démarche*, ou un *endroit* où l'on prépare le service près des cuisines.

Le sens premier d'un signe peut prendre ainsi au cours des siècles des acceptions nouvelles, par exemple :

fille :
a) terme générique opposé à garçon
b) opposé à fils
c) jeune femme célibataire
d) prostituée

franc :
a) à l'origine, le membre d'une tribu germanique
b) un type de monnaie
c) une pièce de monnaie
d) honnête

minute :
a) 60 secondes, soixantième partie de l'heure
b) original d'un acte notarié authentique
c) unité de mesure d'angle (un soixantième de degré)
d) exclamation (minute = attendez)

valet :
a) officier d'une maison royale
b) carte sur laquelle est représenté cet officier
c) domestique masculin
d) appareil destiné à faciliter un travail (menuiserie)
e) cintre monté sur pieds sur lequel on place ses vêtements quand on se déshabille

On peut visualiser les divers sens d'un terme polysémique par un indicateur (ou arbre) sémantique. On représentera le terme *valet* de la façon suivante :

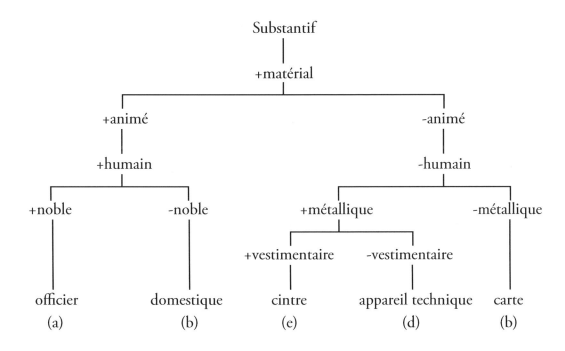

Figure 25.1. Analyse d'un terme polysémique par un arbre sémantique

Dans la grande majorité des cas, le locuteur et l'interlocuteur ne sont même pas conscients de la nature polysémique de certains énoncés. Les termes prennent un sens spécifique selon le contexte linguistique et on exclut les autres interprétations possibles.

Ainsi dans la phrase *Veux-tu manger du canard ce soir ?*, le verbe *manger* fera choisir automatiquement le signifié « chair d'un oiseau palmipède » en éliminant les autres possibilités. Il y a, de nouveau, une interaction entre les sèmes du lexème verbal et les sèmes du lexème nominal qui détermine l'interprétation de l'énoncé.

Il existe cependant des phrases contenant des termes polysémiques où le contexte linguistique ne permet pas de choisir une interprétation définitive, par exemple : *Quel canard veux-tu acheter ? Elle aime bien son poste, Il cherche le valet.* C'est la situation extralinguistique qui permet de résoudre l'ambiguïté de ces énoncés.

9. L'HOMONYMIE

On appelle **homonymes** des mots qui ont le **même signifiant sonore ou écrit**, mais des **signifiés** différents. En termes sémantiques, on dira qu'un même signifiant peut renvoyer à plusieurs sémèmes différents qui n'ont aucun sème en commun. C'est ce manque de lien sémique qui différencie la polysémie et l'homonymie.

Il y a deux types principaux d'homonymes, les **homophones** (mots ayant la même prononciation) et les **homographes** (mots ayant la même orthographe).

Par exemple, sont considérés comme **homophones** (mais non homographes) :

a) *vert* (couleur), *ver* (insecte), *vers* (composante d'un poème)

b) *sein* (poitrine), *saint* (modèle de vertu), *seing* (sceau, marque), *sain* (en bonne santé)

Il existe également des **homographes** qui ne sont pas homophones :

portions	/pɔʀsjɔ̃/	(pluriel du nom *portion*)
portions	/pɔʀtjɔ̃/	(1ʳᵉ pers. du pluriel, imparfait de l'indicatif du verbe *porter*)
couvent	/kuvã/	(maison des religieuses)
couvent	/kuv/	(3ᵉ pers. du pluriel du présent de l'indicatif du verbe *couver*)
le président	/ləpʀesidã/	(chef du gouvernement)
ils président	/ilpʀesid/	(3ᵉ pers. du pluriel du présent de l'indicatif du verbe *présider*)

Les mots suivants sont à la fois **homographes** et **homophones**, ce sont alors des homonymes parfaits : *son* (résidu de la mouture du blé), *son* (bruit), *son* (adjectif possessif).

10. CHAMP NOTIONNEL, CHAMP LEXICAL ET CHAMP MORPHOLOGIQUE

La sémantique essaie d'établir comment on peut regrouper certains sémèmes en classes d'une même famille.

Ce classement, ou regroupement en **champ**, peut s'opérer de plusieurs manières, soit **notionnelle** (ou conceptuelle), **lexicale** ou **morphologique**.

Le **champ notionnel** s'intéresse à tous les mots qui peuvent se regrouper **autour d'un même sémème**. Il concerne souvent l'aspect anthropologique ou social de la notion.

À partir du mot *maison* on obtient, par exemple, le champ notionnel suivant :

	cabane
maison	*cottage*
	isba
	pavillon

Le **champ lexical** se délimite à partir d'un mot thème, pour en définir les **emplois**. Par exemple, les oppositions lexicales comme : *liberté ≠ oppression*, *démocratie ≠ autocratie*, ou les termes lexicaux en complémentarité sémantique (dont les sens se complètent) comme : *liberté, démocratie, division des pouvoirs*, etc.

Un **champ morphologique** est constitué, du point de vue sémantique, par l'ensemble des unités significatives construites à partir de **classes** de radicaux, d'affixes ou de toute autre composante.

On a vu, ci-dessus, que certains préfixes entrent dans la formation du champ morphologique de la **négation**. On pourra, de la même manière, établir le champ sémantique couvert par l'**adjectivation**, la **nominalisation** ou l'**adverbialisation**.

C'est parce qu'il existe un modèle de **nominalisation** en *-eur* qu'on a pu faire entrer dans ce champ sémantique des termes nouveaux comme *programmeur, concepteur*, etc.

11. LES VARIATIONS STYLISTIQUES

L'examen des notions d'**antonymie**, de **synonymie** et de **polysémie** a montré que les sèmes constituent un système de traits très souple. Si le sens produit des catégories souvent larges, c'est que chacun de nous possède une expérience personnelle où les connotations jouent un grand rôle. Les variations linguistiques sont nombreuses et constituent l'étude de la **stylistique**. (Voir en particulier les traités suivants : Morier, 1961 et Klein-Lataud, 2001.)

Les variations synonymiques permettent d'introduire des nuances stylistiques dans le discours. Quelle que soit leur imprécision, il existe un accord général pour dire que les énoncés suivants représentent divers degrés dans la variation :

- **neutre** (ou **non marqué**) : *Mets tes **chaussures**, prends de l'**argent** et **va acheter** un litre de **vin** rouge*
- **populaire** : *Enfile tes **godasses**, prends du **fric** et **file** acheter un **kil** de rouge*
- **snob** : *Ayez l'obligeance de mettre vos **chaussures**, **veuillez vous procurer** de l'argent et **allez quérir** une bonne bouteille*
- **dialectal** (normand) : *Prins tes **soulis**, prins de l'**argeon** et **va-t-on trachi** du **bère***

12. L'ANALYSE SÉMIQUE DES MÉTAPHORES

Une métaphore est un transfert de sens, comme *vous êtes un **lion*** pour *vous êtes **courageux***. En général, cette substitution se fait quand le terme à substituer et celui auquel on le substitue ont en commun un ou plusieurs sèmes. Dans l'exemple précédent, on a :

vous	=	**le lion**
+ courageux	=	+ courageux
+ humain	=	– humain
+ bipède	=	– bipède
etc.		

On peut donc, sans trop enfreindre les lois de l'analyse, assimiler *vous* et *le lion*, grâce à leur sème commun, + *courageux*.

Il serait difficile de dire à quelqu'un *vous êtes un tiroir*, car on ne voit guère quel sème commun une *personne* et un *tiroir* pourraient avoir. Mais parfois une langue offre de telles possibilités qu'une autre n'a pas. On trouve ainsi dans une comédie (*Le gendre de Monsieur Poirier*, d'Émile Augier et Jules Sandeau, 1854) : *mon **panier percé** de gendre*. L'expression *panier percé* est devenue une métaphore française pour désigner quelqu'un qui dépense beaucoup.

MÉTAPHORES POÉTIQUES MODERNES

Les poètes modernes usent souvent de la métaphore et essaient d'étonner le lecteur par l'emploi de termes dont les sèmes sont très éloignés du terme substitué. On trouve ainsi chez Mallarmé (1945, p. 39) : *les **bleus** angélus*, qu'on peut justifier ainsi :

l'angélus résonne dans le *ciel* (ciel = +bleu), d'où *bleus angélus*

L'association sémique sera plus difficile dans des cas tels que :

« *L'essaim farouche d'une âme très nombreuse* » (Saint-John Perse, 1957, p. 314)

« *Ce toit tranquille où marchent des colombes*
Entre les pins palpite entre les tombes » (Valéry, 1936, p. 185)

« *Un rêve avec des paupières en pétales de rose* » (Césaire, 1971, p. 47)

Il est certain que l'effet poétique de la métaphore tend à être plus grand à mesure que s'éloignent les sèmes communs entre le terme initial et son substitut métaphorique. (Voir Jean Cohen, 1966)

13. L'ANALYSE SÉMIQUE DES GROS MOTS

Un gros mot est un terme considéré comme tabou. Il est accepté ou rejeté selon le milieu social et varie parfois jusqu'à perdre son sens premier au cours des siècles, tel le terme *merde !* qui s'est banalisé en tant qu'exclamation mais a gardé sa force en tant qu'insulte. Beaucoup de gros mots ont totalement perdu leur signification originelle, tel le mot *con* (le sexe féminin) mais restent généralement perçus comme grossiers.

CHAMPS SÉMANTIQUES DES GROS MOTS

Les **gros mots** appartiennent, en français, à trois domaines : la **religion**, le **sexe** et tout ce qui appartient aux **fonctions excrémentielles**.

- Domaine religieux. Dans des jurons tels que : *Bon dieu ! Nom de dieu ! Sacré bon dieu !* Ou en québécois : *Ostie ! Tabarnac ! Ciboire !*
- Domaine de la sexualité. Dans des insultes connotées à l'homme, comme *couillon !* (les *couilles* étant les testicules) ou *foutre* (sperme), un *jeanfoutre, je m'en fous !* ; ou comme *con*, connoté à la femme, avec ses dérivés *conne, connard, connasse. Bordel !*
- Domaine des excréments ou de la puanteur. *Merde. Je suis emmerdé ! tu me fais chier ! Putain* (mot à la fois connoté à la sexualité, pour prostituée, et à la puanteur ; la putain était « celle qui pue »).

L'effet des gros mots disparaît en fonction de leur fréquence d'utilisation. Si bien que, dans les injures, les gros mots sont souvent renforcés par un autre, tels que : *putain de con ! Foutu con ! Sacré nom de dieu de putain de con !*

On atténue les gros mots par des euphémismes, en disant *mercredi !* pour *merde ! Merdre !* (dans le *Ubu Roi* de Jarry) ; *Mordieu !* (chez Molière) pour *Mort de Dieu !* On entend souvent : *Nom de nom ! Nom d'une pipe !*

Les jeunes utilisent plus les jurons et insultes des gros mots tabous que les plus âgés. Aujourd'hui, on tolère même des enfants certains gros mots. Certains Méridionaux du sud-ouest de la France finissent tous leurs groupes rythmiques par *Putain con !*, qui en fait une véritable ponctuation du discours populaire !

Le contexte et l'intonation contribuent à la formation de nouvelles insultes. Les automobilistes ont, de ce point de vue, l'esprit inventif. Mais n'importe quel terme sera ressenti comme injurieux s'il est dit avec l'attitude et le ton appropriés. *Va donc ! Eh ! Anaphore !* sera aussi insultant que *connard* ou *synecdoque* !

1. Faites l'analyse sémique des sémèmes suivants :
    a) *maison, gratte-ciel, chalet*
    b) *baleine, sardine, requin*
    c) *poisson, bateau, sous-marin*

2. Dans les **synonymes** suivants, indiquez, en vous servant d'un dictionnaire des synonymes, quel est le sème connotatif qui les différencie :
    a) *manger, dévorer, bouffer, croquer*
    b) *boire, se désaltérer, laper, picoler*
    c) *courir, galoper, cavaler*
    d) *habitation, maison, logis, demeure*
    e) *fou, dément, aliéné, cinglé, timbré, piqué*
    f) *cheval, coursier, destrier, haridelle, rosse, canasson*

3. Trouvez les **antonymes lexicaux** possibles des termes suivants :
    a) *arriver*
    b) *concret*
    c) *clair*
    d) *rigide*
    e) *rejeter*
    f) *dictature*
    g) *fade*
    h) *simplicité*
    i) *échec*
    j) *détester*

4. Trouvez les **doublets** des mots suivants en français :
    a) *cavale*
    b) *costume*
    c) *fébrile*
    d) *juvénile*
    e) *natif*
    f) *psalmodie*
    g) *cause*
    h) *sûreté*
    i) *écolier*
    j) *étroit*

5. Donnez les **termes courants** qui correspondent aux **mots savants** suivants :
    a) *concaténation*
    b) *diachronique*
    c) *ergastule*
    d) *hiératique*
    e) *hyperbole*
    f) *céphalalgie*
    g) *orifice*
    h) *épiderme*
    i) *mastiquer*
    j) *infarctus*

6. Quels sont les principaux termes du champ lexical du mot *démocratie* ?

7. Classez les préfixes suivants en fonction des domaines auxquels ils appartiennent (qualité, quantité, temporalité, spatialité, grandeur, identité) :

mal-, mé-, homo-, intro-, avant-, sous-, sur-, hyper-, uni-, micro-, maxi-, paléo-, néo-, poly-, méga-, mini-, rétro-, néo-, infra-, in-, ex-, caco-, ortho-, égo-, philo-, pro-, brachi-, dolicho-, multi-.

8. Inventez cinq titres de romans bâtis sur des **antonymes**.

9. Cherchez, dans votre dictionnaire, les différents sens correspondant aux mots polysémiques suivants :
   a) *mouton*
   b) *lapin*
   c) *cœur*

10. Trouvez le composé savant qui correspond aux composés courants suivants :
    a) *amateur de livres* :
    b) *amateur de cinéma* :
    c) *piste pour bicyclette* :
    d) *piste pour chevaux* :
    e) *culture des huîtres* :
    f) *culture des poissons* :

BROUILLAGE DU SENS

Les instituteurs ont leur sac plein de pièges à fautes d'orthographe. Comme avec les homophones suivants, qui ne sont pas homographes :

Il y avait une fois, dans la ville de Foix, un homme de foi, qui vendait du foie.

Ou :

Le sein, ceint d'une ceinture, un saint apposait son seing sur cinq registres.

Une bonne dictée comportera aussi les pièges classiques des homographes non homophones :

Le président et son ami président à la distribution des portions que nous portions au couvent des poules qui couvent.

Dans la comédie de Marcel Pagnol *Topaze*, l'instituteur veut aider ses élèves à ne pas faire de fautes. Il prononce ainsi toutes les lettres du célèbre passage : *Des moutons passaient dans les champs* – Lettres disparues depuis longtemps de l'usage. Comique assuré, même si on ne savait pas lire !

On a déjà vu que les calembours sont basés sur des homophonies. Souvent, il s'agit d'homophones approximatifs. Ils peuvent être au niveau du mot ou du syntagme, comme : « Quelle est la similarité entre un agent de police et une savonnette » ? Même si tout le monde ne réalise pas les O de la même façon, on comprendra l'astuce : tous deux font la [polis] (peau lisse ou police).

Ce type de brouillage du sens peut porter sur plusieurs formes ambivalentes, comme dans :

L'amour a vaincu Loth (vingt culottes)

Il sortit de la vie comme un vieillard en sort (un vieil hareng saur)

La publicité joue beaucoup sur le calembour approximatif comme dans le slogan :

Au volant, la vue c'est la vie !

Ou encore :

Donnez-nous aujourd'hui notre VIN quotidien ! (Le jeu de mots est sur l'approximation phonique VIN/PAIN, avec référence à la prière « Notre Père », *Donnez-nous notre pain quotidien*).

Chapitre 26

DE LA SÉMANTIQUE DE LA PHRASE À LA PRAGMATIQUE

EN DEUX MOTS

Le sens des mots donné par le dictionnaire est une première étape dans la compréhension. Le dictionnaire lui-même indique toujours différents sens (archaïque, familier, littéraire) ainsi que d'autres acceptions synonymiques. Mais l'interprétation du message linguistique d'une phrase dépend aussi de facteurs contextuels, dus au vocabulaire ou à la syntaxe, et résulte également de la situation du discours.

1. DU MOT À LA PHRASE ET AU CONTEXTE

On a vu dans les chapitres précédents que le sens propre d'un mot est susceptible de changer légèrement chaque fois que ce mot entre dans le contexte de la phrase. Le mot *glace* n'est pas le même dans :

(1) *Je mets de la **glace** dans mon vin.*
(2) *Je mange une **glace** à la fraise.*
(3) *Je me regarde dans la **glace**.*

Il y a donc des sens nouveaux qui apparaissent au niveau de la phrase. Mais il faut tenir compte aussi, d'une part, des implications que supposent certains termes et, d'autre part, de toutes celles du contexte situationnel. Prenons, par exemple, la phrase suivante :

(4) *J'aurais dû prendre mon pull-over.*

Cet énoncé peut être interprété de la façon suivante :

(5) *J'ai un pull-over.*
(6) *Je ne l'ai pas amené avec moi.*
(7) *Je pensais ne pas en avoir besoin.*
(8) *Il fait froid ici.*

Dans certaines situations, l'énoncé sous-entend :

(9) *Fermez donc la fenêtre ou augmentez le chauffage.*

Dans tous les cas précédents, d'un point de vue pragmatique, c'est-à-dire de l'interaction pratique et efficace entre les interlocuteurs, c'est évidemment le contexte du discours qui nous renseigne.

2. LA PRÉSUPPOSITION ET LE PRÉSUPPOSÉ

La **présupposition** est d'ordre syntaxique. On dira ainsi que l'adjectif et l'article présupposent un nom. On ne peut pas dire *le* ou *mon*, ou *petit*, sans les faire suivre d'un nom. L'inverse n'est pas vrai. On peut dire : *Citoyens !*...

De même dans le groupe verbal, un verbe peut être employé seul à l'impératif, mais non un pronom personnel conjoint du type : *je*, *il* ou un complément du verbe. Isolés, ils n'ont pas de réalité sémantique, et on ne dira pas : *il* tout seul, ou *Je ne le... pas*, sans verbe.

Le **présupposé**, par contre, est une notion de sémantique qui relève de la logique. Si je dis que *je ne peux plus marcher*, cela présuppose que *j'ai déjà marché*.

3. LES PRÉSUPPOSÉS LEXICAUX ET GRAMMATICAUX

On distingue deux types de réalisations des présupposés, **lexicales** et **grammaticales**. Les présupposés **lexicaux** dépendent d'un mot particulier de l'énoncé. Dans la phrase *Paul **continue** à parler de ses vacances*, l'emploi du verbe *continue* nous laisse supposer que Paul a déjà parlé plusieurs fois de ses vacances. Dans la phrase *Julie chante **encore***, l'adverbe *encore* indique que Julie a déjà chanté et qu'elle chante de nouveau.

Les présupposés grammaticaux dépendent de la présence de morphèmes liés ou de structures syntaxiques particulières dans l'énoncé, comme dans les exemples suivants :

(10) *Paul **re**peint sa maison.*

Le **morphème lié** *re-* présuppose que l'action de peindre la maison a déjà eu lieu auparavant.

(11) *C'est **son meilleur** film.*

Le **superlatif** présuppose un classement ou un ordre des événements.

(12) *Gaëtanne est **plus** intelligente **que** Sigismond.*

Le comparatif présuppose une qualité commune attribuée à au moins deux participants. La phrase présuppose qu'ils sont tous deux intelligents.

(13) *Où avez-**vous** mis le cadavre ?*

Les **questions** présupposent toujours un contexte sous-entendu, et dans cette phrase on suppose l'existence d'un cadavre, le fait de l'avoir caché, et que c'est vous qui l'avez **caché**.

(14) *Notre compagnie, **qui passe en ce moment par une période difficile**, a besoin d'un nouveau président-directeur général.*

Les phrases avec une **proposition subordonnée relative** expriment un présupposé (la compagnie a des difficultés) et une proposition principale qui exprime l'idée posée (notre compagnie a besoin d'un nouveau directeur).

4. DE LA PHRASE AU DISCOURS

L'ensemble des phrases d'un texte constitue un **discours**, au sens général du terme. Or, si le sens véhiculé par un mot change souvent au niveau de la phrase, il peut également être considérablement modifié au niveau du discours. On se rappelle ainsi le monologue dans *Jules César*, de William Shakespeare, où Marc Antoine répète la phrase : *Et Brutus est un homme honnête*. Dans le contexte du discours, on sait en réalité que Brutus a trahi César et le mot *honnête* devient alors ironique. Il est employé **par antiphrase**, dit-on en rhétorique.

ISOTOPIES

Certains textes constituent des réseaux de sens — appelés **isotopies** — que l'on ne découvre parfois qu'après en avoir entendu la fin. On trouve ainsi parfois, chez les poètes hermétiques, comme Mallarmé, une série de mots-clés qui révèlent **une** des lectures possibles du texte.

Examinons à titre d'exemple le poème suivant de Mallarmé intitulé « Salut » :

Rien, cette écume, vierge vers
À ne désigner que la coupe :
Telle loin se noie une troupe
De sirènes maintes à l'envers

Nous naviguons, ô mes divers
Amis, moi déjà sur la poupe
Vous l'avant fastueux qui coupe
Le flot de foudres et d'hivers

Une ivresse belle m'engage
Sans craindre même son tangage
De porter debout ce salut

Solitude, récif, étoile
À n'importe ce qui valut
Le blanc souci de notre toile
(Mallarmé, 1945, p. 19)

François Rastier (1972) découvre dans ce poème trois lectures reliées au réseau des mots du texte :

a) **navigation** : écume, sirènes, naviguons, poupe, flot, tangage, récif
b) **banquet** : la coupe, amis, ivresse, salut
c) **écriture** : vierge, ivresse, solitude, étoile, blanc souci de notre toile

Pierre Léon (1976) y trouve une quatrième lecture **érotique** : écume, vierge, coupe, sirènes à l'envers, foudre, blanc.

Les réseaux sémantiques d'un discours peuvent être envisagés ainsi selon des relations externes — d'une phrase à l'autre — ou à l'aide de liens internes, tels que ceux permettant l'argumentation ou la régulation.

5. LES RELATIONS SÉMANTIQUES EXTERNES

A l'intérieur d'un même discours, les **phrases** peuvent être juxtaposées ou coordonnées grammaticalement. Soit une série de juxtapositions telles que :

(15) *C'est dimanche. Il fait beau. Je sors. J'en ai besoin.*

Cette série juxtaposée suppose en fait des liens implicites au plan sémantique qui pourraient s'exprimer de deux manières :

a) **grammaticale** : *Puisque c'est dimanche et qu'il fait beau, je sors, car j'en ai besoin.*
b) **prosodique** : l'intonation fera que les phrases juxtaposées seront modulées ainsi :

C'est dimanche. Il fait beau. Je sors. J'en ai besoin.

Le résultat obtenu sera sémantiquement le même.

6. LES RELATIONS SÉMANTIQUES INTERNES : ARGUMENTATION ET RÉGULATION DU DISCOURS

Le discours peut être **argumentatif**. On emploie souvent alors des **connecteurs**, des termes de jonction dont la fonction sémantique est d'opposer, de relier, de conclure, etc. Les principaux connecteurs qui reviennent le plus souvent en français sont des conjonctions (*mais, ou, et, donc, alors, ni, car*) ou des adverbes (*enfin, ainsi, pas seulement … mais aussi, d'ailleurs, cela dit, tout de même*, etc.).

Un certain nombre de ces connecteurs ne servent souvent qu'à la régulation du discours. Autrement dit, ils le rythment. Ce sont des points d'appui, des endroits où l'on s'arrête d'une manière déguisée pour réfléchir. Ces connecteurs constituent une sorte de ponctuation sonore qui permet au locuteur d'établir le contact tout en gardant la parole. On peut entendre, par exemple, une reprise de discours totalement vide de sens malgré les termes à allure argumentative qui la composent, comme dans :

(16) *Oui, alors, bon, ben, mais enfin, cela dit, ouais, m'alors (mais alors)…*

Ces termes deviennent souvent interchangeables. L'intonation seule permet de savoir si *oui* veut dire *non* et inversement !

LE « ÉVIDEMMENT » DE BERNARD PIVOT

Dans l'extrait suivant du célèbre animateur de l'émission *Apostrophes*, Henriette Gezundhajt a relevé la validation argumentative de l'adverbe *évidemment*. On notera aussi d'autres marques énonciatives intéressantes : *Ouais, c'qui va vous surprendre… c'que vous allez apercevoir*, toutes les répétitions de *y'a, m'alors* et *parce que, tout simplement*. Notez, au passage, les marques d'un français parlé détendu avec ses hésitations, répétitions et mots tronqués ou déformés :

« Ouais, c'qui va vous surprendre tout de suite c'est qu…v'est que vous v'z'allez vous apercevoir qu'au fond y'a des gens gentils, alors que vous vous faites une opinion de gens a eff…royables, que, y' sont y sont gentils, y sont souvent solidaires les uns des autres — on va voir évidemment qu'y'a des qu'y'a des méchants là-dedans, m'alors y'a des gentils, y'a souvent des jeunes, et y a beaucoup de gens qui sont malheureux dans la vie parce que tout simplement ils sont au chômage… »
(Émission 2, p. 31 du corpus d'Henriette Gezundhajt, 2000, p. 236)

7. L'ARGUMENTATION DÉGUISÉE

L'argumentation, ou l'éclairage particulier du discours, comme dit J.-B. Grise (1981), peut revêtir des formes plus subtiles que l'emploi de connecteurs. Prenons, par exemple, le titre de journal suivant :

(17) *La conduite scandaleuse de la Princesse a choqué le public londonien.*

Ce titre contient un procédé de nominalisation. Le groupe nominal *La conduite scandaleuse de la Princesse* représente en fait une phrase sous-jacente :

(18) *La Princesse s'est conduite d'une façon scandaleuse.*

C'est le comportement indiqué dans cette phrase sous-jacente qui a choqué le public.

Ce procédé stylistique coupe court à toute question sur le véritable caractère de la conduite de ladite princesse. La nature scandaleuse de cette conduite se trouve ainsi présentée comme un état de fait indiscutable. Le lecteur peut, à la rigueur, se demander si le public a été choqué, mais ne peut remettre en question l'essentiel de la proposition. Ce procédé est largement utilisé par les politiciens qui fuient toute critique d'une opposition quelconque.

8. L'ÉNONCIATION

Émile Benveniste (1966) a beaucoup insisté sur les marques qui montrent les traces de l'énonciateur dans le discours. Il y voit surtout le jeu des **pronoms personnels** et des **déictiques** — c'est-à-dire tout ce qui sert à **préciser**, **montrer** (*ici, là, cela, ceci, ce, maintenant, aujourd'hui*, etc.).

Patrick Charaudeau (1983), en étudiant le discours radiophonique français, arrive à la classification suivante :

- **le comportement délocutif** : l'énonciateur s'est effacé comme dans : *104 Peugeot. Des qualités confirmées.*
- **le comportement élocutif** : L'énonciateur est implicitement présent : *Vigoureux, Savoureux. Étonnant ! COINTREAU*
- **le comportement allocutif** : L'énonciateur sollicite l'attention : *Do you speak English? Non… Alors BERLITZ !*

9. LA PRAGMATIQUE

Les linguistes ont surtout cherché à étudier les unités significatives qui font partie du système interne de la linguistique. À l'époque moderne, les sémanticiens ont élargi cette conception étroite du système pour étudier le sens au niveau de la phrase, puis du discours. Les logiciens et les philosophes ont voulu aller plus loin, et peu à peu, on a instauré une nouvelle discipline appelée la **pragmatique**.

La pragmatique tente d'étudier ainsi toutes les manifestations du sens dont la linguistique ne rend pas compte. Les théories modernes des actes de parole considèrent que l'acte communicatif est en fait une façon d'agir sur le monde extérieur et sur les autres.

Les linguistes, comme Benveniste, pensent que ces descriptions dépassent le cadre de la linguistique, dont le rôle est de décrire la structure interne du système langagier. La pragmatique, par contre, prend en considération à la fois les diverses stratégies d'utilisation du code linguistique et les connaissances extralinguistiques que partagent les usagers dans des situations réelles.

La pragmatique est un domaine où il n'est pas possible d'établir des catégories rigides. Les contextes et les situations sont en nombre infini et dépendent de l'expérience de chaque individu.

10. L'EXPLICITE ET L'IMPLICITE

Les actes communicatifs réels se composent souvent non pas d'un échange de messages explicites et clairement codés, mais de messages obliques codés de façon indirecte. Prenons, par exemple, la phrase suivante :

(19) *Il ne fait pas chaud chez toi !*

Mon énoncé a l'air d'une simple observation sur la température de la pièce. Mais si je prononce cette phrase en arrivant dans une pièce où la fenêtre est ouverte, l'énoncé contient à la fois une proposition implicite, *j'ai froid*, et un message implicite, *je veux que tu fermes la fenêtre*. L'interlocuteur qui entend cette phrase décodera automatiquement ces messages implicites et se lèvera pour fermer la fenêtre.

Les formules de **politesse** contiennent également un ordre implicite donné à l'interlocuteur, par exemple :

(20) ***Où est*** le sel ?
(21) ***Pouvez-vous*** me passer le sel ?
(22) ***Est-ce que cela vous ennuierait*** de me passer le sel ?

Il est bien évident que l'interlocuteur n'est pas censé prendre ces questions à la lettre. Il serait étrange, amusant ou impoli de répondre à la question (22) en disant *oui, cela m'ennuierait*. Voilà donc un cas où la **question** équivaut, dans le code pragmatique de la politesse, à un **ordre**.

Il existe ainsi un grand nombre d'expressions quotidiennes qui déclenchent une réaction sans qu'aucune formulation directe n'ait été prononcée.

11. LES ACTES DE PAROLE

Les théories modernes dites des **actes de parole** (Austin, 1970; Searle, 1972) essaient de fournir un cadre théorique à la description des différents emplois pratiques du système linguistique.

On distingue d'abord le contenu référentiel de l'énoncé, appelé **contenu propositionnel explicite**, des actes de parole qui peuvent être explicites ou implicites. Quand je dis *La moutarde, s'il vous plaît*, l'énoncé comprend d'une part une information explicite, la ***moutarde*** (et pas le beurre), et d'autre part, un ordre adressé à mon interlocuteur dans le cadre d'un repas.

En formulant un énoncé, le locuteur peut faire simultanément quatre actes :

- un acte **locutoire** où il suit les règles du système linguistique pour produire son énoncé
- un acte **propositionnel** où il construit un énoncé particulier qui renvoie à un référent et qui fournit une information sur ce référent : *Ce tableau est magnifique.*
- un acte **illocutoire** où il indique ses intentions par rapport au contenu de l'énoncé et à l'interlocuteur : *Arrête de raconter des bêtises !*
- un acte **perlocutoire** où il essaie d'influencer le comportement de son interlocuteur : *Tu voudrais pas m'aider à faire mon devoir d'anglais ?*

12. LES ACTES ILLOCUTOIRES

L'acte illocutoire permet au locuteur d'affirmer le contenu de sa proposition, de s'engager à faire quelque chose, de poser une question à son interlocuteur, d'exprimer un souhait, etc. Il existe une grande variété d'actes illocutoires. On présentera ci-dessous cinq **forces illocutoires** fondamentales qui caractérisent un grand nombre d'actes :

- la force d'**assertion**, que l'on trouve dans le mode **indicatif** : *J'aime la bière.* L'emploi de ce mode indique que j'affirme mon goût pour la bière
- la force **commissive** d'engagement, souvent marquée par un verbe particulier comme *Je promets de le réparer, Je m'engage à vous le rendre tout de suite*
- la force **directive**, souvent réalisée par l'**impératif** : *Partez tout de suite !* Cet énoncé contient implicitement la proposition *je vous ordonne de faire quelque chose*
- la force **interrogative**, qui peut se réaliser de diverses façons : *Tu viendras demain ? Est-ce que tu viendras demain ? J'aimerais savoir si tu penses venir demain ?*
- la force **expressive**, exprimant un souhait, une émotion, un sentiment, par exemple, l'énoncé suivant : *Si seulement j'avais plus de temps !* contient implicitement la proposition *je veux avoir ou faire quelque chose*

La langue permet d'utiliser plusieurs procédés différents appelés **marqueurs** pour indiquer la force illocutoire de l'énoncé. On distingue des marqueurs d'ordre lexical, morphologique, syntaxique et prosodique. On peut comparer ainsi :

(23) *Je t'ordonne de me donner le sel.*

(24) ***Donnez-moi** le sel.*

(25) *Le sel !*

(26) *Voulez-vous me donner le sel ?*

(27) *Vous me donnez le sel…*

La force illocutoire directive impliquée dans ces cinq phrases est marquée dans (23) par le lexique, le verbe *ordonner*, dans (24) par la syntaxe et par la morphologie, dans (25) par l'intonation, dans (26) par la syntaxe et dans (27) par le contexte.

Dans un grand nombre de cas, la force illocutoire est exprimée par des verbes tels que : *promettre, ordonner, condamner, pardonner*, etc. En disant, par exemple, *Je te **promets** de venir*, le verbe *promettre*, à la première personne de l'indicatif, désigne et accomplit en même temps l'acte par lequel le locuteur s'engage à faire quelque chose. Ces verbes s'appellent des verbes **performatifs**.

Le choix des marqueurs dépend à la fois des rapports entre les locuteurs et de la situation de communication.

13. L'ACTE PERLOCUTOIRE

Dans l'acte **perlocutoire**, l'énoncé contient une stratégie pour faire changer ou réagir le destinataire. Le locuteur cherche à aider ou à contraindre son interlocuteur. L'acte de parole devient une action proprement dite, surajoutée à l'acte linguistique. Il s'agit autant d'une stratégie psychologique que d'une stratégie linguistique, par exemple :

(28) *Si vous ne payez pas immédiatement vos dettes, vous irez en prison.*

(29) *Vous êtes la seule personne qui puisse nous aider.*

(30) *Je suis sûr que vous êtes capable de le faire.*

Dans l'acte perlocutoire, le locuteur impose ou cherche à imposer sa volonté à son interlocuteur. Son acte de parole sert à modifier le comportement ou la pensée de l'autre.

La réussite des actes de parole dépendra de la sincérité du locuteur, de la finesse de la stratégie, de l'adéquation des moyens utilisés et de la réaction de l'interlocuteur. Ainsi, si en entrant dans la cuisine, on dit à la personne qui est en train de préparer le repas :

(31) *Il est déjà huit heures !*

l'interlocuteur pourrait répondre

(32) *Mais tu peux aller au restaurant !*

FONCTIONNEMENT PRAGMATIQUE DU PRÉSUPPOSÉ

Catherine Kerbrat-Orecchioni illustre le fonctionnement pragmatique du présupposé dans les actes de parole par deux histoires drôles dont voici la première. Sa drôlerie, dit-elle « repose sur l'existence d'un présupposé idéologique "para-doxal" » :

« C'est encore une histoire de marieur. Le prétendant objecte que la demoiselle a une jambe trop courte, qu'elle boite. Le marieur répond : "Vous avez tort. Supposez que vous épousiez une femme aux jambes droites et égales. Qu'en aurez-vous ? Vous ne pouvez pas être sûr qu'elle ne tombera pas un jour et ne se brisera pas la jambe et ne restera pas estropiée pour le restant de sa vie ; d'où douleur, agitation, honoraires médicaux ! Si vous prenez cette femme, vous serez à l'abri de tout ce tintouin ; c'est chose faite" (présupposé paradoxal qui fonde cette réplique : "un malheur accompli est préférable à un malheur (très) éventuel") ».

Elle conclut : « On voit par cet exemple quel est l'intérêt stratégique du présupposé : c'est une ruse langagière qui met le récepteur dans l'embarras et cela doublement : d'une part, son décodage exige un certain laps de temps, car il faut l'extraire, l'exhumer des profondeurs de l'énoncé, le reconstituer à l'aide d'un raisonnement plus ou moins laborieux, ce qui prive l'allocutaire du plaisir d'une réponse "du tac au tac", paralyse sa réplique, et pour tout esprit ne lui laisse que celui de l'escalier ». (Kerbrat-Orecchioni, 1977, p. 189)

1. Identifiez si le présupposé dans les énoncés suivants est de type lexical ou de type grammatical et expliquez votre choix en citant des termes précis :

    a) *Il a dû défaire sa valise à la douane.*

    b) *Cette année, il fait plus froid que l'année dernière.*

    c) *Tu n'as toujours pas répondu à ma question.*

    d) *Notre pire ennemi c'est l'indifférence.*

    e) *Il a fallu lui renvoyer le message.*

    f) *Le nouveau président poursuit la même politique que celle de son prédécesseur.*

    g) *Maintenant c'est l'autre équipe qui contre-attaque.*

    h) *Pourquoi sont-ils partis si tôt ?*

    i) *Je ne peux plus l'écouter parler.*

    j) *C'est la dernière fois que je lui prête mon ordinateur.*

2. Réécrivez les phrases juxtaposées ci-dessous en une seule phrase en utilisant des connecteurs pour en faire un énoncé cohérent :

    a) *Gérard part en vacances. Il s'est fait vacciner.*

    b) *Véronique est partie. Elle est fâchée.*

    c) *Olivier conduit vite. Léna est mal à l'aise.*

    d) *Françoise déteste le football. Elle ne veut pas aller au match.*

    e) *L'ascenseur est en panne. Nous sommes montés à pied.*

3. Identifiez et expliquez la nature de l'acte illocutoire dans les énoncés suivants :

    a) *Leur neveu aimerait travailler pour cette entreprise.*

    b) *Je te défends de me parler sur ce ton !*

    c) *Christine nous a assurés qu'elle serait rentrée avant minuit.*

    d) *Pourriez-vous me dire où se trouve le métro ?*

    e) *J'exige des excuses !*

    f) *Nos voisins espèrent vendre leur maison rapidement.*

    g) *Appelle-moi ce soir !*

    h) *Que penses-tu de son nouvel ordinateur ?*

    i) *Je te jure que ce n'est pas de ma faute.*

    j) *Caroline adore le chocolat.*

4. Indiquez la nature de l'énonciation (comportement délocutif, élocutif ou allocutif) qui se trouve dans les publicités suivantes :

    a) *Chez nous votre argent ne dort jamais*

    b) *Le goût du vrai*

c) *Parce que tout change*

d) *Adieu les rides*

e) *Voir, télécharger, partager*

f) *Le chocolat dans son état naturel*

g) *Restez en contact partout dans le monde*

h) *La boisson fraîche des journées chaudes*

i) *Doux. Hypoallergénique. Votre prochain oreiller.*

j) *Conçu pour le plaisir de la conduite*

5. Analysez phrases suivantes et indiquez s'il s'agit d'une vraie question ou d'un ordre implicite. Expliquez votre réponse :

a) *Tu n'es pas encore couché ?*

b) *Qui a le beurre ?*

c) *Pourquoi est-ce que ces chaussettes sont dans l'entrée ?*

d) *Qui a commandé cette pizza ?*

e) *Auriez-vous l'amabilité de me dire l'heure ?*

f) *Est-ce qu'on doit attendre encore longtemps ?*

g) *Pourrais-tu mettre ton assiette dans l'évier ?*

h) *Tu veux vraiment commander un autre verre de vin ?*

i) *Pourriez-vous frapper avant d'entrer ?*

j) *On va manger à dix heures du soir ?*

6. Quelles sont les formules de salutation polies pour s'adresser à :

a) une directrice

b) une ministre

c) un consul

d) une députée

e) un médecin

7. L'énoncé *Ça arrive* peut prendre des sens très divers selon le contexte situationnel dans lequel il est prononcé. Cherchez des situations précises et commentez les sens que prend alors cette phrase polysémique.

LE QUIPROQUO AU THÉÂTRE

La comédie classique, comme celle du théâtre de boulevard — théâtre populaire parisien au 19e — utilise beaucoup le quiproquo. La méprise, qui fait rire le public, est fondée sur la polysémie, les présupposés, l'implicite, etc. On en a de nombreux exemples chez Molière, comme dans l'acte v, scène iii de l'*Avare* (Molière, 1889, pp. 220-225). Harpagon veut faire avouer à Valère qu'il lui a pris son trésor. Pour Valère, le trésor en question est la fille d'Harpagon, pour Harpagon, le trésor est sa cassette qui a disparu, d'où le quiproquo.

Partie VI
LA SOCIOLINGUISTIQUE

Chapitre 27
LA VARIATION SOCIALE

EN DEUX MOTS
On ne parle pas dans une réunion mondaine comme sur un terrain de sport. Les jeunes font moins de liaisons que les vieux, etc. ! La sociolinguistique tente d'établir, à partir de tels faits, les lois qui gouvernent les manières linguistiques.

1. LES FACTEURS SOCIOLOGIQUES DE LA VARIATION
L'une des tâches de la sociolinguistique est l'étude des variations de la langue en fonction de critères externes. Les trois grands types de variations sociolinguistiques, **dialectale, sociale** et **situationnelle,** sont étudiés en fonction de critères que l'on appelle des **variables**.

On distingue des variables **indépendantes, sociologiques** :
- l'âge
- le sexe
- l'éducation, etc.

ainsi que des variables **dépendantes** (elles dépendent des variables sociologiques), qui sont **linguistiques** :
- la prononciation
- la morphologie
- la syntaxe, etc.

La tâche des sociolinguistes est d'examiner les rapports qu'entretiennent ces différentes variables dans le fonctionnement du discours.

2. L'ÂGE
La prononciation, le vocabulaire et la syntaxe varient avec l'âge. Souvent, les mères emploient avec les enfants **une langue de bébé**, dont le vocabulaire et la syntaxe sont simplifiés. La mère n'emploiera, par exemple, que la 3e personne, comme le fait l'enfant :

(1) *Bébé, il mange. Bébé content !*

Les enfants ne peuvent pas parler de certains sujets réservés aux adultes. On ne parle pas de la mort devant les vieillards, etc.

3. LE SEXE

Si la plupart des adolescents ont la même voix haute avant la puberté, la voix des garçons devient grave plus tard, mais il serait malséant, dans la plupart des sociétés, qu'une fille ne garde pas sa voix haute.

Dans la plupart des langues, la postériorisation de la prononciation est perçue comme un signe d'affirmation de la virilité alors que l'antériorisation paraît un signe de féminité ou de préciosité.

De même, on a pu constater, assez récemment, que les femmes considèrent souvent plus **poli** de parler en terminant leurs phrases par une montée mélodique — sorte de question timide — alors que les hommes ont tendance à être **assertifs** en utilisant une intonation descendante en finale d'énoncé.

Dans les sociétés traditionnelles, les femmes ne jurent pas, ne disent pas de mots grossiers et ne racontent pas, devant les hommes, d'histoires scabreuses. Souvent, également, les femmes paraissent plus conservatrices que les hommes dans leur langage, surtout dans les groupes favorisés.

On notera, dans le chapitre 29, le rôle important des femmes dans les mariages exogamiques. (Dans le cas qui nous intéresse, les conjoints appartiennent à des groupes linguistiques différents). Ce rôle a été déterminant pour la francisation en Nouvelle-France.

4. LE CHOIX DES VARIABLES LINGUISTIQUES

Pour étudier d'une manière précise, scientifique, donc quantifiable, la variation sociolinguistique, on a mis au point une procédure dont l'essentiel est de bien définir et circonscrire la variable linguistique après avoir précisé les catégories sociales où on veut l'étudier.

Pour William Labov (1976), la variable à observer doit posséder les qualités suivantes : être **fréquente**, **bien intégrée** et **inconsciente**. Les phonèmes de la langue sont de ce point de vue les unités linguistiques qui répondent le mieux à ces exigences. C'est pourquoi la plupart des premiers travaux des sociolinguistes se sont appuyés sur des variables phonologiques (qu'on appelle parfois **variphones**). On a étudié, par exemple, la conservation du R ou sa suppression dans l'anglais de New York.

On se rappelle que les linguistes considéraient deux grandes catégories de variantes phonologiques :
- les variantes combinatoires ou contextuelles, qui sont **obligatoires**, telle la sonorisation d'une consonne sourde implosive (finale de syllabe) devant consonne sonore en position explosive (initiale de syllabe), comme dans : *anecdote* /k/ → /g/
- les variantes **libres**, telles que la prononciation des liaisons et du E caduc facultatif

Les sociolinguistes, de leur côté, refusent le terme de variante **libre**. Pour eux, toute variante « libre » est nécessairement **dépendante** de facteurs **sociologiques**. Ainsi, si un individu prononce un grand nombre de liaisons possibles, même inconsciemment, il doit y avoir une raison au plan social. Ce sujet-là appartient sans doute à une classe spéciale d'individus pour qui faire beaucoup de liaisons revient à se distinguer d'une manière particulière.

Si la plupart des études sociolinguistiques ont été tout d'abord effectuées à partir de variables phonologiques, une tendance nouvelle se dessine. On prend plus en considération les variables **lexicales** ou encore **morphosyntaxiques**, comme l'a fait Jeff Tennant (1994) pour le parler francophone de North Bay en Ontario. Il a étudié, par exemple, la suppression de l'article en français canadien dans des énoncés tels que *dans rue* pour *dans la rue*.

5. EXEMPLE D'UNE ÉTUDE SIMPLE D'UNE VARIABLE SOCIOPHONÉTIQUE, LA STRATIFICATION DU R À NEW YORK

William Labov (1976) étudie le maintien ou la suppression du R devant une consonne en position finale de mot dans l'anglais de New York, à l'aide d'un échantillonnage portant sur trois grands magasins, Saks, Macy's, S. Klein. Il pose la même question aux employés de chacun de ces magasins : *Où est le rayon de...?* (ce rayon devait se trouver au « ***fourth floor*** »).

Labov retient les variables sociologiques — qu'il appelle **indépendantes** — suivantes :

- le magasin
- l'étage
- le sexe
- l'âge
- l'emploi (chef de rayon, vendeuse...)
- la race
- l'accent étranger ou régional

Les résultats de Labov montrent que le pourcentage de R prononcés augmente de 17 % (Klein), à 31 % (Macy's) et 32 % (Saks). C'est dans le magasin le plus chic que l'on prononce le plus de /R/ en finale. Le maintien du R final à New York est donc senti comme un phénomène de prestige social.

6. LA VARIATION EN FONCTION DU CONTEXTE LINGUISTIQUE

On constate qu'une variable peut dépendre de la place qu'elle occupe dans la chaîne parlée. Ainsi, dans le parler franco-canadien de Sudbury (Ontario), on relève la prononciation de trois R différents, l'un est l'ancien [r] apical, roulé, le second est le [ʀ] dorso-uvulaire qui est un emprunt nouveau à Sudbury et [ɹ] qui est le R anglais acquis au contact des anglophones locaux. Ces trois R apparaissent différemment selon leur distribution dans le contexte phonique — dans un groupe consonne + R + voyelle (CRV), entre une voyelle et une consonne (VRC), entre 2 voyelles (VRV), après voyelle et devant pause (VR#), après pause et devant voyelle (#RV). Les pourcentages d'occurrence sont les suivants :

Type de syllable	[r]	[ʀ]	[ɹ]
CRV	71,8	27,4	0,8
VRC	26,3	71,2	2,5
VRV	71,9	27,8	0,3
VR#	25,6	74,4	0
#RV	60,0	40,0	0

Table 27.1. Distribution du R en fonction du contexte phonique (Alain Thomas, 1986)

En comparant ces chiffres, on s'aperçoit que certains types de distribution favorisent l'apparition du nouveau R alors que d'autres la freinent. Par exemple, le [r] se conserve mieux dans la séquence CRV (71,8 %) comme dans *trois* que dans la séquence VRC comme dans *certain* où c'est le nouveau [ʀ] qui a la plus grande fréquence (71,2 %).

L'étude sociolinguistique doit tenir compte de tels facteurs.

7. LA VARIATION EN FONCTION DU CONTEXTE SOCIAL

On a étudié dans une autre région de l'Ontario (Welland) la variation linguistique du R en fonction de critères sociaux : **sexe**, **classe sociale** et **dominance linguistique**, chez un groupe de jeunes élèves de 12 à 18 ans.

Il y a à Welland, comme à Sudbury, deux grands types de R, [r] et [ʀ]. Voici les chiffres d'apparition du nouveau [ʀ], qui représente dans la totalité 58 % de toutes les occurrences des R possibles.

Chiffre global	Sexe		Classe			Dominance linguistique		
	fém.	masc.	favorisée	moyenne	défavorisée	FF	AF	AA
58 %	76 %	44 %	44 %	52 %	70 %	31 %	74 %	72 %

Table 27.2. Répartition, en pourcentage, du [R] dorso-uvulaire à Welland en fonction du sexe, de la classe sociale et de la dominance linguistique (FF = 2 parents francophones, AF = un anglophone et un francophone, AA = 2 anglophones) (Léon, 1983a)

On voit que pour l'acquisition du nouveau [ʀ], inconnu pratiquement à Welland par les générations précédentes, le moteur du changement vient :

a) des **filles** (76 %)
b) de la classe sociale la **plus défavorisée** (70 %)
c) des familles où il y a au moins un parent anglophone

Le conservatisme est donc ici du côté des garçons et des francophones des classes favorisées. Le [r] a été longtemps dans la francophonie le symbole de l'aristocratie avant de passer pour archaïque ou rural.

PIVOT ET LE ROUTIER

On a relevé, en 1987, dans l'émission de télévision déjà citée, *Apostrophes*, toutes les chutes de voyelles, de consonnes, et les contractions de la parole ordinaire du français, chez l'animateur, Bernard Pivot, et on les a comparées à celles d'un conducteur de camion. Pivot a un niveau d'éducation universitaire alors que celui du routier est primaire. On donne ci-dessous le tableau des divers accidents phonématiques pour les deux locuteurs avec les pourcentages d'occurrences :

Cas de chutes	Routier %	Pivot %
1. NE *dans la négation : j'ai pas*	90,5	57,8
2. IL *dans « il y a » : ya , ya pas*	99,3	91,6
3. *L+consonne : i' m'a dit*	85,6	91,7
4. *L+consonne : è m'a dit*	32,0	0,0
5. QUI *+voyelle = k : qu'était*	100,0	100,0
6. *R+consonne dans « pa'ce que »*	87,3	57,9
7. *L final dans terminaisons :*		
C + L : possib(l)e que…	60,0	12,0
8. *R final ou devant consonne :*		
quat'roman, p'têt'	77,0	22,0
9. *T final ou + consonne : pis(t)e, Lisz(t)*	20,0	33,0
10. PUIS *: pi*	33,0	36,0
11. ENFIN *: fin*	8,2	66,6
12. MAIS ENFIN *: m'enfin*	80,0	33,3
13. ALORS *: a'or*	38,2	40,4
14. *É dans « c'était » : s'tait*	11,8	0,0
15. JE SAIS *: ché*	100,0	0,0
16. JE LUI *: j'ui*	100,0	0,0
17. TU VOIS *: twa*	100,0	0,0
18. BIEN *: ben*	86,7	100,0
19. EXPLIQUER *: esplike*	90,2	0,0

On ne peut pas attribuer à Pivot une parlure populaire. Les chutes phonématiques qu'il a en commun avec le routier sont des **marques familières du parler ordinaire**. Les plus courantes sont *ya* pour *il y a*, les chutes de R et L dans les groupes consonantiques ou devant consonne et des marqueurs de ponctuation du discours : *pis, ben, m'enfin*. On n'a pas tenu compte des suppressions d'E caduc que les deux locuteurs réalisent selon les règles de la conversation du français courant.

Le routier a quelques marques populaires et dialectales (origine rurale de l'ouest de la France), telles que « *espliquer* », « *a' m'a dit* » pour « *elle m'a dit* », « *i'l'ont* » pour « *ils(z) ont* ». Il a des traces de durées vocaliques qui ressemblent à celles du français canadien populaire. Il hésite davantage, pause davantage et son articulation est beaucoup plus relâchée que celle de Pivot.

Extrait de Léon (1998) in Slater et al. (dir.) et de Léon et Tennant (1988)

8. LES RÈGLES VARIABLES

À propos de l'étude sociolinguistique du parler de Harlem, Labov établit des **règles de variation**, qu'il appelle **règles variables**. Ces règles tiennent compte, ici aussi, de la **nature** phonique des phénomènes observés et de leur **distribution** dans l'énoncé.

Ayant observé ainsi que dans le parler de Harlem, des mots comme *bold*, *find* et *fist* sont souvent prononcés *bol'*, *fin'*, *fis'* (le cas se produit surtout devant un autre mot à initiale consonantique), il énonce ce phénomène en disant qu'une **règle variable efface la seconde consonne**, règle représentée par la formule :

- fac [-cont] → o / [+ cons] — # # [- syll]

Dans cette formule à l'air mathématique un peu rébarbatif, *fac* veut dire **facultative-ment**, *-cont* : **-continue**, c'est-à-dire + occlusive, o est zéro phonique, # signifie une frontière de mot et – *syll* : moins noyau syllabique, c'est-à-dire + **consonne**. On décodera donc la règle en disant que : de manière facultative, une occlusive tombe si elle est précédée d'une consonne devant frontière de mot ou devant un mot commençant par une consonne.

9. INDICATEUR ET MARQUEUR

Une variable sociolinguistique est appelée **indicateur** (ou **index** par certains sociolinguistes français) lorsqu'elle est inconsciente et **involontaire**. On peut parler des indicateurs biologiques d'âge et de sexe chez des sujets appartenant à la même couche sociale. Ils restent indépendants de la situation de communication, par exemple, la voix d'un vieillard ou celle d'un enfant ou la prononciation caractérisant un groupe social, etc.

Une variable sociolinguistique est appelée **marqueur** (ou **signal**) lorsqu'elle est **volon-taire**. Selon Labov, les marqueurs montrent une stratification stylistique aussi bien que sociale. Elle dépend ainsi de la situation de communication, comme dans le discours ora-toire du politicien qui prend les marques linguistiques (prononciation, lexique, etc.) du groupe de la classe sociale à laquelle il s'adresse.

10. DE L'INDICATEUR AU MARQUEUR

Certains indicateurs peuvent devenir marqueurs. Ainsi la voix soufflée, qui est l'indice de la fatigue ou d'un mauvais fonctionnement des cordes vocales, peut-elle être utilisée comme marqueur de la voix de charme.

De même, la nasalité, qui peut être un **indice** dialectal (« nasal twang » aux États-Unis) ou l'indice d'une malfonction du palais (associée éventuellement à des troubles patholo-giques), peut devenir le **marqueur** de la supériorité pour certaines personnes. Dans des situations de communication particulières, des locuteurs vont utiliser cet indicateur de nasalité à des fins stylistiques dénotant le prestige.

Pour le lexique et la syntaxe, on sait que les politiciens sont très habiles à adopter le type de discours du groupe à qui ils s'adressent. Il s'agit là, comme pour les dialectes (cha-pitre 28), de l'utilisation linguistique d'indices à des fins de marqueurs de symbolisation idéologique.

11. CODE RESTREINT ET CODE ÉLABORÉ

Le sociolinguiste Basil Bernstein (1971) a nommé **code restreint** la langue employée par les groupes sociaux **défavorisés**. Leur vocabulaire est généralement limité, leur discours compte beaucoup de signes phatiques, du type : *oui, bon, vous savez, comme...* Leurs phrases sont inachevées, répétitives, avec les mêmes conjonctions, un emploi rigide et très limité des verbes et des adjectifs et un emploi fréquent des impersonnels. Les significations du discours sont discontinues et surtout implicites (*vous savez*). Il s'agit non de convaincre, mais d'affirmer une solidarité.

Au contraire, dans le code élaboré, on trouve un emploi fréquent de *je*, qui affirme l'identité du locuteur, un style argumentatif avec de nombreux connecteurs, l'utilisation d'un métalangage (*je veux dire, je précise*), au total un discours explicite. Ce type de code est généralement caractéristique des groupes sociaux favorisés.

Les enfants des classes défavorisées arrivent souvent à l'école avec un code restreint et se trouvent confrontés là à un code élaboré.

En fait, il arrive que les classes favorisées soient prisonnières de leur code élaboré, alors que les classes sociales moyennes possèdent souvent les autres codes et peuvent les utiliser alternativement selon les circonstances.

12. LES VARIATIONS RÉGIONALES, SOCIOLECTALES ET LANGUE STANDARD

D'un pays à l'autre de la francophonie, on trouve des variations linguistiques importantes, auxquelles s'ajoutent des variations régionales internes, comme celles de la Belgique, du Canada, de la France, de la Suisse ou des pays francophones d'Afrique, des Antilles et du Pacifique.

Tous ces francophones ont en commun une langue que l'on a appelée parfois **français international** ou **standardisé**. Ce terme désigne le fait que tous les locuteurs francophones comprennent un vocabulaire courant et une prononciation relativement neutre. Les francophones de ces divers pays peuvent se faire comprendre en employant des termes comme *voiture* au lieu de dire *bécane* ou *char* et en normalisant leur expression grammaticale en disant *Qu'est-ce que vous voulez ?* au lieu de *C'est quoi que tu veux ?* Cette variété est donc utilisée surtout pour la communication entre les francophones venant de régions ou pays différents et représente une version idéalisée ou normalisée qui disparaît quand les locuteurs se retrouvent avec leur groupe habituel.

La variation sociale que l'on trouve à l'intérieur de chaque région se réduit à mesure que l'on va vers la langue standard.

13. SOCIOLINGUISTIQUE ET ÉVOLUTION

On a vu précédemment que les facteurs d'évolution linguistique peuvent être **internes**, causés par le système, ou **externes**, c'est-à-dire d'ordre sociologique.

L'étude sociolinguistique montre qu'il faut tenir compte des facteurs suivants, que l'on peut présenter sous forme antinomique :

Groupe A	Groupe B
rural	*urbain*
sédentaire	*mobile*
vieux	*jeune*
défavorisé	*favorisé*

Les sujets parlants qui appartiennent au groupe A (locuteurs ruraux, sédentaires, vieux et défavorisés) auront un parler plus conservateur que ceux du groupe B (locuteurs urbains, mobiles, jeunes et favorisés). Selon ce même principe, on constate que les caractéristiques du groupe B apparaissent généralement comme celles d'une langue de **prestige**.

14. LES FACTEURS IDÉOLOGIQUES

Le prestige ne va pas non plus toujours dans le sens du groupe le plus jeune et le plus **favorisé**. C'est ainsi que Labov a pu constater un renversement de la prononciation en faveur **d'archaïsmes**, à Martha's Vineyard Island. En employant des formes anciennes, les gens de l'Île de Martha réagissaient inconsciemment contre les vacanciers de Boston qui venaient troubler leurs habitudes.

On a constaté (Léon, 1973) un phénomène d'imitation du parler **populaire** parisien dans une zone rurale en France. Dans ce cas, les ruraux étaient des **hommes**, **jeunes**, **politisés**. Leur nouvelle prononciation leur donnait un statut de prestige : **prolétaires** et **parisiens**.

Dans les deux cas, le changement de prononciation devenait un symbole culturel idéologique.

Le phénomène du **joual** au Canada relevait également de facteurs idéologiques. (À l'origine le mot *joual* était la prononciation populaire et rurale du mot *cheval*). Le joual était alors considéré politiquement comme la langue du peuple. Français archaïque et populaire, il était devenu, dans les années 1970, un symbole de l'identité nationale québécoise. Actuellement, on constate un renversement de la tendance, venu sans doute du fait que le Québec a beaucoup changé sur le plan social et économique.

1. Quelles sont les caractéristiques linguistiques du texte suivant ? Qu'est-ce qu'un sociolinguiste pourrait en dire ?

   C'était machin qui m'avait donné le truc en question. C'était un truc qui faisait — ah ! comment c'est-ti qu'on appelle ça... — enfin vous voyez ce que je veux dire ? Sans ce truc-là, j'aurais pas pu faire tous les machins que j'ai faits dans la maison.

2. On a dit que les femmes étaient les gardiennes du « bon parler » à la maison. Donnez-en des exemples et, si vous en trouvez, des contre-exemples.

3. Imaginez une enquête pour déterminer les conditions d'emploi — plus ou moins cachées — de mots *tabous* (mots grossiers, liés à la sexualité ou blasphématoires).

4. Relevez une conversation spontanée sur un sujet banal, entre camarades de classe, et donnez-en une transposition écrite littéraire.

5. Voici un extrait du texte de la snob, que vous trouverez plus loin en entier. On y a noté l'accentuation et la mélodie d'un groupe intonatif. Commentez.

   i) *une chose `ahu`rissante.*

   ii) *une fille absolument `sensation`nelle. Restez tranquille Hanni`bal. vous êtes o`dieux. Oh ! ce chien me `tue.*

   iii) *c'est un chien `insupportable.*

   iv) *une œuvre maî`tresse, enfin une `chose `absolument `ex`traordi`naire ça a un côté physiologico-se`xuel qui est une chose éton`nante.*

   v) *c'était `absolument `ado`rable.*

   vi) *un garçon `merveilleux.*

   vii) *il est `inca`pable.*

   Carton et al. (1983, pp. 90-91)

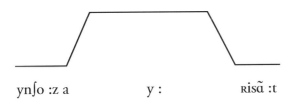

   Schéma mélodique de : « une chose ahurissante ».

6. À quel registre de langue appartiennent les extraits suivants de l'émission littéraire *Apostrophes*, à la télévision française ?

—*Et vous avez pas l'impression qu'aujourd'hui, euh, les enfants [...] Eh bien, j'crois qu'c'est, que, que c'est c'qui s'passe [...]*

—*Ben... pourquoi avez-vous choisi c'corsage ? Bon, ben... non ? C'est bien. M'enfin... mais ces... ces, ces paroles, ces états d'âme avant de venir à Apostrophes, ça a été vécu par votre parolière ?*

7. Écoutez un texte lu, transcrivez en phonétique les liaisons et les E caducs. Leur nombre est-il supérieur à celui que l'on attendrait d'un discours spontané ?

8. Quels sont les tons de voix attribués comme stéréotypes à la voix du prêtre comparée à celle d'un militaire ?

9. La voix de charme qu'on entend parfois dans les annonces des aéroports semble avoir trois caractéristiques essentielles : articulation d'intensité faible, énoncé émis avec une voix soufflée et un abaissement progressif constant de la mélodie du début à la fin des phrases. Comment expliquez-vous ce type de voix ?

10. Donnez des exemples de conduite langagière idéologique.

LE SNOBISME DE GHISLAINE

Le texte ci-dessous a été improvisé par une comédienne, Mathilde Casadessus, qui voulait se moquer des snobs. C'est surtout sur le plan de l'expression orale que se marque le snobisme, par l'amplification des contrastes de rythme et de mélodie. Mais vous pourrez aussi apprécier la satire qui s'exprime ici dans l'écrit, par l'exagération lexicale et contextuelle.

« Alors j'ai une amie Ghislaine, une fille qui… d'une simplicité archaïque qui travaille dans le génie et je suis allée la voir l'autre jour ; elle a un appartement ravissant avec des divans au plafond et des éclairages souterrains… une simplicité adorable. Et elle a un chien ; un chien qui s'appelle Hannibal, une chose adorable, c'est un croisé de danois et de pékinois. Bonjour chou m'a-t-elle dit, elle était dans le noir, elle était en train de penser, elle m'a dit : "Vous savez qu'il est arrivé une chose ahurissante à Gismonde…" Taisez-vous Hannibal, vous êtes odieux… elle dit : "Vous connaissez Gismonde ? Vous savez que c'est une fille absolument sensationnelle ? C'est une fille qui a dépassé Picasso depuis longtemps ! C'est une fille qui peint à coup de marteau ; elle envoie la couleur dans la toile avec le marteau et plus la toile est crevée plus elle se vend cher ! Une fille absolument sensationnelle… Restez tranquille Hannibal" »

Extrait de Léon (1971, p. 112)

Chapitre 28

LA VARIATION DIALECTALE

EN DEUX MOTS

Tout le monde ne parle pas de la même manière à l'intérieur d'une même communauté politique comme le Canada ou la France. Malgré l'unification linguistique qui tend à se faire sous l'influence des médias, bien des régions gardent des traces de parlers anciens. Comme on a étudié les aspects linguistiques de la variation sociale, on examine maintenant ceux de la variation dialectale.

1. LA NORME ET LES USAGES

On a vu au chapitre 1 que l'étude linguistique veut être **descriptive**, objective, par rapport aux grammaires qui donnent des règles **prescriptives**, telles que : « *Après* **bien que**, *il faut employer le* **subjonctif** » ; « *la forme négative se construit avec les particules* **ne... pas** ».

De telles règles constituent ce qu'on appelle la **norme**. Ces règles sont censées représenter le parler d'un groupe social de prestige, tel que celui des intellectuels en France, ou de la BBC en Angleterre.

En réalité, lorsqu'on observe de près des groupes semblables, on découvre de nombreuses **variations**. Les règles sont toujours approximatives, car les usages de la parole varient non seulement selon la classe sociale mais aussi selon les régions.

Pour le français de la **francophonie** — ensemble des pays francophones — les linguistes essaient de trouver une norme de français international qui tienne compte de la généralité d'emploi des termes et de leur efficacité. Ainsi le mot **automobile** est-il plus passe-partout que *voiture* (en France) et *char* (au Québec).

2. LES DIVISIONS LINGUISTIQUES DE LA FRANCE

La carte ci-dessous (fig. 28.1) indique les principales divisions linguistiques de la France, telles qu'elles ont été établies par des enquêtes dialectales qui aboutissent à la constitution d'**atlas linguistiques**.

On voit que la France est divisée en deux grandes zones linguistiques, celle des parlers d'**oïl** (France du Nord) et celle des parlers d'**oc** (France du Sud). Les termes *oïl* et *oc* renvoient à la manière de dire *oui* dans chacune des deux régions. Ces deux groupes linguistiques sont issus du latin, mais ont connu une évolution linguistique différente. Par exemple, le latin **aqua** est devenu **aigo** en provençal et **eau** en français.

Les variations linguistiques **régionales** du français sont le résultat de l'influence des **substrats** dialectaux (couches linguistiques antérieures). C'est ainsi qu'on peut expliquer les différents « accents » dans la prononciation des francophones et d'une manière générale les traits linguistiques particularisants. L'alsacien a un substrat germanique. La Bretagne et le Pays basque ont également des substrats linguistiques non latins.

Figure 28.1. Carte des grandes régions de France, établie pour les atlas linguistiques (d'après Carton et al., 1983). La partie hachurée indique le domaine des parlers d'oc.

3. LANGUE, DIALECTE, PATOIS, PARLER ET CRÉOLE

Du point de vue linguistique, une **langue** représente un **archisystème** idéal, qui sert de fonds commun à tous les parlers de cette communauté linguistique.

Le terme **parler** désigne, d'une manière neutre et générale, l'ensemble des réalisations linguistiques d'une même langue. On peut dire, par exemple, que les parlers français de France, de Belgique, de Suisse, du Canada, etc., possèdent un fonds commun, la **langue** française.

Un **dialecte** représente une variété d'un système linguistique, appelé **langue mère**. Ainsi les dialectes ionien ou attique par rapport au grec ; les différents dialectes de l'Italie du Nord ; les anciens dialectes du francien (France du Nord) ou de l'occitan (France du Midi).

En **dialecte** normand (région du nord du Cotentin), on dira, par exemple : *J'va m'n'alla trachi les gvès et les vaques, d'avè les knâles,* qui signifie « Je vais m'en aller chercher les chevaux et les vaches, avec les enfants ». On remarque dans cette phrase un certain nombre de similitudes avec le français. Le normand moderne est en effet, à **l'origine,** une variété de langue issue du latin. Le parler des Vikings n'y a laissé que de menues traces lexicales ou toponymiques.

Mais il arrive, au cours de l'évolution linguistique, qu'un dialecte soit de plus en plus influencé par un autre système linguistique, tel que la langue mère, si elle est encore pratiquée et si elle possède un grand prestige. C'est ce qui s'est produit pour le normand, devenu peu à peu un **patois**. L'exemple précédent pourra alors être énoncé, parfois par le même individu, selon les circonstances, en mêlant les termes du dialecte à ceux du français standard. On aura donc l'énoncé *Je vas aller cherchi les **chevaux** et les vaques, d'avè l'**zenfants*** ou bien *Je **vais** aller **chercher** les gvès et les vaques **avec** les knâles*, etc.

Un **patois** sera alors défini comme un dialecte rural de moindre extension, devenu hétérogène, instable, au contact d'un autre système linguistique.

Un **créole** résulte d'un contact entre deux systèmes linguistiques très différents, comme dans le cas du créole haïtien, où le français et les langues africaines se sont mélangés pour former une nouvelle langue.

Les créoles ont généralement modifié le système morphologique de la langue que les colonisateurs leur imposaient. Ainsi, le créole français de Sainte-Lucie transforme la conjugaison des verbes en ne gardant que la forme infinitive : *Moi aller* (je vais), *I aller* (il va), *Zot aller* (nous allons), *Ou ka aller* (vous irez), *I ka aller* (il ira), etc.

Du point de vue géographique et historique, les **dialectes** recouvrent des aires géographiques qui correspondent généralement à d'anciennes divisions historiques, comme dans le cas des provinces françaises. On verra ainsi, sur la carte des divisions linguistiques de la France (fig. 28.1), le découpage en régions et dialectes : Normandie, Picardie, etc.

Une **langue** comme le français résulte d'un dialecte ancien, le **francien**, qui s'est imposé au plan national pour des raisons politiques, économiques et sociales. La centralisation du pouvoir royal puis celle de la révolution qui décide que « ne pas parler français, c'est être l'ennemi de la France » ont contribué à l'unification linguistique. La **langue nationale** est donc historiquement le **dialecte qui a pris le pouvoir**.

Un **patois** est associé à des facteurs géographiques d'isolation et à des facteurs démographiques d'immobilité.

Un **créole** est associé généralement à des déplacements de population d'une aire linguistique à une autre. Ainsi les créoles francophones de l'Île Maurice, de la Réunion, d'Haïti, de la Martinique, de la Guadeloupe, de Sainte-Lucie, etc.

Du point de vue socioculturel, une **langue nationale** est considérée généralement comme le système linguistique de plus grand prestige qui tend à imposer sa norme aux autres formes de parlers. C'est un dialecte qui a réussi.

Les anciens **dialectes**, comme ceux de la France, ont joui longtemps d'un prestige interne dû à l'existence du pouvoir politique de leur parlement, et d'une littérature écrite. Ainsi, au XVIIe siècle, le normand a une littérature florissante. De même, la littérature provençale à la Renaissance. Cette dernière connaît également un regain sous l'influence du poète Frédéric Mistral, au 19ᵉ siècle.

À mesure que le pouvoir de l'État français s'est renforcé et centralisé, les dialectes ont perdu de leur prestige. La langue officielle est devenue la seule langue véhiculaire. Le résultat a été la disparition des dialectes comme langues de communication et langues littéraires. Les dialectes qui se sont trouvés dans cette situation n'ont plus été parlés progressivement, sauf par ceux qui restaient coupés de la langue de prestige, les paysans isolés géographiquement, économiquement et culturellement. Le paysan normand du Cotentin, perdu dans un pays marécageux sans grandes routes, (le chemin de fer Paris-Cherbourg n'est apparu que tardivement), le plus souvent sans radio ni télévision jusqu'à une date récente, ne parlait français qu'occasionnellement à l'école.

Associés à la « ruralité arriérée », les patois ont gardé trop souvent en français une connotation péjorative. L'école de la Troisième République ne tolérait pas que les élèves parlent autre chose que le français standard des instituteurs. Aujourd'hui, les dialectologues préfèrent le terme neutre de **parler** à celui de **patois**.

4. SABIR ET PIDGIN

Un **sabir** est une langue de communication très élémentaire, généralement hétéroclite, employée souvent pour le commerce entre des gens de langues différentes. C'est la langue des marins aux escales, des touristes qui emploient un dictionnaire et se servent de mots de différentes langues. Les petits vendeurs de souvenirs parlent souvent un sabir très pittoresque du type : *You muy barato nice hat ? French ? francés ? Chapeau muy bueno, cheap chapeau, twenty pesos, très bon.*

Un **pidgin** est une langue plus complexe qu'un sabir. Elle résulte d'une mixture d'une langue, comme le chinois avec l'anglais. Elle n'est la langue maternelle de personne, contrairement au créole.

LE SABIR ET LE GRAND TURC DE MOLIÈRE

Henriette Walter fait remarquer qu'il existait en Afrique, bien avant l'arrivée des Français, une *lingua franca* ou *sabir*, langue de transaction et de négociation avec les Arabes. On y mêlait des mots italiens, espagnols, portugais et arabes, dans une syntaxe réduite à l'essentiel. « Cette langue, écrit-elle, jouait parfaitement son rôle dans les échanges commerciaux, avec cette particularité que chacun croyait que c'était la langue de l'autre ».

Le général Faidherbe le note en 1884 : « Ce qu'il y a de curieux, c'est qu'en se servant de ce langage, le troupier est persuadé qu'il parle arabe et l'Arabe, qu'il parle français ».

Elle cite ensuite le célèbre passage du *Bourgeois gentilhomme* de Molière, qui a utilisé le sabir pour faire croire que son grand Turc parle sa langue :

Sabir	Traduction
Se te sabir	*Si toi savoir*
Te respondir	*Toi répondre*
Se non sabir	*Si toi pas savoir*
Tazir, tazir	*Te taire, te taire*
Mi star Mufti	*Moi être Mufti*
Ti qui star ti ?	*Toi être qui ?-*
Non intendir :	*Toi pas comprendre ?*
Tazir, tazir.	*Te taire, te taire.*

Henriette Walter (1988, p. 204)

5. L'APPROCHE SOCIOLINGUISTIQUE DANS L'ÉTUDE DES DIALECTES

Beaucoup d'études dialectologiques n'ont pas tenu compte de tous les facteurs externes tels que l'âge, le sexe, l'appartenance sociale, etc. La première enquête linguistique qui ait tenté d'intégrer des paramètres extralinguistiques est celle d'André Martinet (1945) sur la *Prononciation du français contemporain*. Voici, à titre d'exemple, une question de l'enquête Martinet, concernant la prononciation du E caduc.

Question 4 : Prononcez-vous naturellement
  a) *arc(que)-boutant* ou *arc-boutant* ?
  b) *ours(e) blanc* ou *ours blanc* ?
4a. Prononcent *arc(que)-boutant*,
  Non-Méridionaux : 27 %
  Méridionaux : 20 %
4b. Prononcent *ours(e) blanc*,
  Non-Méridionaux : 50,6 %
  Méridionaux : 13 %

Martinet donne ensuite la répartition géographique détaillée des réponses pour les différentes régions de France. Il note, pour la question ci-dessus, que la différence la plus importante est entre la France du Nord et celle du Midi : « plus de 2/3 des non-méridionaux prononcent arc-boutant selon la graphie, il n'en est pas la moitié pour en faire autant avec ours *blanc* », puis il tente ensuite de trouver une explication pour ce phénomène.

L'enquête de Martinet est scientifique, car elle tient compte de variables sociales (âge, éducation, origine géographique) en fonction des variables phonologiques qu'elle exprime en résultats chiffrés.

6. ATTITUDE ET COMPORTEMENT

L'enquête de Martinet, qui demandait à ses sujets de répondre à un questionnaire, évalue leur **attitude** particulière vis-à-vis de leur pratique de la langue. Il aurait été possible, si le nombre des sujets n'avait pas été très élevé, que l'enquête nous renseigne donc en fait plus sur leur **imaginaire** linguistique que sur la réalité de leur **comportement verbal**.

Pour étudier le comportement réel, il est prudent d'enregistrer les gens et si possible sans qu'ils en soient conscients. Si vous demandez à quelqu'un : Prononcez-vous « je ne sais pas » en supprimant les deux E ? Il est possible qu'on vous réponde que non. Et il est fort possible aussi que la même personne vous réponde, à une autre question : « Ch'sais pas » !

7. LES FORCES LINGUISTIQUES EN CAUSE

On a vu, dans le chapitre précédent (27.13), que l'évolution linguistique peut provenir de facteurs internes ou externes. On retrouve ces mêmes facteurs dans le cas de la variation dialectale vers un français standardisé.

Rappelons que les principaux facteurs antinomiques sont : **rural/urbain** ; **sédentaire/mobile** ; **vieux/jeune** ; **défavorisé/favorisé**. Ainsi, un paysan âgé et pauvre qui n'a jamais voyagé a peu de chances de changer son accent et ses manières de parler. D'autres facteurs peuvent entrer en compte, comme le sexe. Les filles, surtout jeunes, sont souvent à l'origine des modes de vocabulaire nouveau. Dans les pays d'immigration, elles sont les premières à acquérir la langue nouvelle.

8. LES ENQUÊTES DIALECTOLOGIQUES MODERNES

La constitution d'**atlas linguistiques** permet d'étudier de nombreuses variations dialectales en fonction de facteurs sociologiques et géographiques. Il existe de tels atlas pour plusieurs parties de la francophonie, Belgique, Canada, France, etc. Les enquêtes de Fernand Carton et autres (1983) comportent, en même temps qu'une description phonologique et phonétique, des échantillons sonores d'enregistrements.

Au Canada, on possède les enquêtes de Dulong pour le Québec, Beauchemin pour les Cantons de l'Est et Santerre, Sankoff et autres pour la région de Montréal. D'autres enquêtes sont rapportées par Claude Poirier (1994) et continuent actuellement.

9. L'IDIOMATOLOGIE

L'idiomatologie étudie l'**attitude** d'un groupe linguistique vis-à-vis d'un autre. Ce type d'étude montre qu'il existe des préjugés socioculturels attachés aux langues étrangères à chaque communauté. Les Français disaient ainsi au XVIIe siècle que l'anglais était la langue pour parler aux chevaux, l'allemand aux domestiques, l'espagnol à Dieu, l'italien aux femmes, et le français à sa maîtresse.

Ce genre de préjugés, basés sur un racisme linguistique, existe malheureusement encore à côté d'idées plus ou moins farfelues, stéréotypées, exprimées le plus souvent par des gens qui ne parlent même pas la langue qu'ils jugent.

La sociolinguistique moderne étudie de manière plus précise ce genre d'attitudes. Plusieurs enquêtes canadiennes ont ainsi montré que les groupes minoritaires ont des **complexes** vis-à-vis des groupes majoritaires. Les Franco-Ontariens (surtout ceux des classes sociales défavorisées) ont tendance à penser qu'ils parlent une langue moins « correcte » et moins « belle » que les Québécois et que le français de France est le plus « beau », même s'il est le plus « détesté ».

Le résultat tragique de tels complexes linguistiques est que souvent les minorités tentent d'oublier le plus rapidement possible leur langue d'origine pour s'assimiler à celle de la majorité.

10. ESTHÉTIQUE, CLARTÉ, EFFICACITÉ, RICHESSE

On a beaucoup discuté au XIXe siècle du « génie de la langue ». Buffon, Madame de Staël, Chateaubriand pensaient que la langue reflétait les caractéristiques culturelles d'un peuple. On disait qu'il y avait des **langues « belles »**, d'autres **« laides »**. Les langues **vocaliques**, comme l'italien et le français, étaient généralement jugées esthétiques. D'autres, comme l'allemand, inharmonieuses à cause de leur consonantisme.

Or, il est bien évident que l'allemand, par exemple, a produit des chefs-d'œuvre littéraires aussi poétiques et esthétiques que toutes les autres langues. Comme le dit Martinet, « une langue n'est belle que par l'usage qu'on en fait ».

De même, le français a longtemps passé pour la langue de la **clarté** face à l'anglais ou au wolof (comme le croyait Senghor), qui seraient des langues d'émotions. Là encore, il est clair que tout dépend de l'usage que l'on fait de la langue et non de sa valeur intrinsèque.

À l'époque moderne, les traducteurs comme Vinay et Darbelnet (1958) ont pu montrer que chaque langue a sa manière propre d'exprimer le réel — ce qui ne veut pas dire qu'on ne puisse être aussi efficace en anglais qu'en français.

Parmi d'autres préjugés linguistiques, on relève celui qu'il y aurait des **langues primitives** et **pauvres** opposées à des langues cultivées et riches. Or, on sait, grâce aux enquêtes d'anthropologues et de linguistes, que le vocabulaire des sociétés dites primitives est extrêmement riche. La plupart du temps, il n'a pas été encore relevé par écrit. Ce vocabulaire, d'autre part, n'est pas développé de la même manière que dans les sociétés technologiquement avancées. Les Inuits utilisent une dizaine de mots différents pour désigner la neige. Le vocabulaire du traîneau et de son attelage comporte une centaine de mots. C'est un vocabulaire technique au même titre que celui de l'informatique.

Il reste que, du point de vue phonostylistique, certaines langues très vocaliques comme le tahitien, ou très modulées comme l'italien, paraissent à l'oreille plus agréables que d'autres, très consonantiques.

11. LE CONTACT DES LANGUES ET LE FRANGLAIS

Tous les systèmes linguistiques **en contact**, dialectes ou langues nationales, s'influencent souvent. On a vu au chapitre 18, à propos des emprunts lexicaux, que le français a emprunté un grand nombre de termes étrangers au cours de son histoire.

Le même processus s'opère à l'époque moderne. Mais les médias — journaux, radio, télévision — beaucoup plus développés, ont pris conscience du fait linguistique. Beaucoup de journaux, tel *Le Monde*, en France, ont une chronique régulière du langage. Il en est de même au Québec avec *Le Devoir*, ou en Ontario avec *L'Express de Toronto*. Au Canada, où le français est menacé par l'anglais, on a un *Office de la langue française* et la France et le Canada partagent un bureau de terminologie, dont le rôle est de veiller à adapter les emprunts plutôt que de les accepter sous leur forme étrangère.

Les Canadiens, parce que plus menacés, ont réagi plus tôt que les Français à l'influence du lexique anglais. Alors que les Français parlent encore de *speaker, living-room, stop, parking, building*, etc., les Québécois ont : *annonceur, vivoir, arrêt, parc de stationnement, bâtisse*.

Ces exemples ne prouvent pas d'ailleurs que la réaction ait eu lieu dans toutes les classes sociales. On sait que la classe ouvrière montréalaise a été fortement influencée par l'anglais, comme toute l'Acadie. Le parler qui en a parfois résulté a été nommé le **joual** (du mot *cheval*) en québécois et **chiac** en acadien. Des exemples de ce type de parlure pourraient être : *J'aime pas ben l'way qu'ta skirt a hang* (je n'aime pas bien la façon que ta jupe, elle pend) ou *Je vas faire chéquer mes brakes* (je vais faire vérifier mes freins).

Beaucoup de Français pensent que leur langue est aussi menacée par l'anglais que le québécois. En réalité, une langue n'est vraiment menacée que lorsque son système grammatical est atteint. Les emprunts lexicaux finissent toujours par être absorbés par la langue dans une situation comme celle du français de France, où le nombre d'emprunts reste relativement peu élevé.

12. LA LANGUE ET L'IDÉOLOGIE

La langue d'un peuple est tellement liée à sa culture que l'emprunt est parfois senti comme une atteinte au prestige national — sauf chez les snobs.

Parler sa langue, c'est revendiquer son identité culturelle. Dans un lieu public, pour un orateur politique, parler son dialecte est un geste politique.

De nombreux pays colonialistes ont cherché à imposer leur langue dans les pays conquis. Ils y ont réussi dans la mesure où ces pays possédaient une multitude de langues, inconnues des grandes puissances. C'est ainsi que l'anglais et le français sont devenus des langues **véhiculaires** dans bon nombre de pays africains. De même, le russe était devenu la langue véhiculaire obligatoire des États de l'Union soviétique.

Certains pays, de langue créole par exemple, refusent d'alphabétiser leurs peuples en langue créole — la seule parlée par les classes défavorisées — pour leur imposer la langue officielle, utilisée souvent par une minorité. Un tel processus peut être très long ou risque même de ne jamais aboutir. On évoque le fait que l'on a pu faire disparaître les patois en France ou les dialectes en Grande-Bretagne. De nos jours, les gouvernements ont reconnu et revalorisé l'importance des créoles et des dialectes. Plusieurs pays et régions ont maintenant instauré l'éducation en créole ou en langue régionale.

La langue reste pour un peuple une sorte de drapeau brandi dans toutes les revendications. Les paysans portoricains ne proclament pas leurs exigences en anglais mais en espagnol.

Il y a donc un nationalisme de la langue. Et les pays multiculturels et multilingues comme le Canada, la Suisse ou la Belgique sont très rares ou, de ce point de vue, d'un équilibre souvent fragile.

13. LA SYNCHRONIE DYNAMIQUE

Les termes sont d'André Martinet, qui a montré, après Henri Frei, que le concept d'une synchronie statique (voir chapitre 1) du linguiste Ferdinand de Saussure n'est pas tout à fait vrai. La langue évolue sans cesse sous toutes ses formes. Les voyelles nasales du français sont souvent réduites à trois et leur timbre a changé. Les voyelles orales à double timbre — en particulier E et O — sont instables. Le vocabulaire comme la syntaxe suivent l'influence de la mode et des langues étrangères. On a vu, chemin faisant, bon nombre d'exemples qui montrent que la langue ne cesse d'évoluer.

VARIATIONS CRÉOLES

Albert Valdman, qui étudie les dialectes des créoles, remarque que :

« Les variantes dialectales sont fort nombreuses, souvent dans la même région. Ainsi dans petite île de Grenade, le pronom 1ère pers. sing. se réalise sous les formes *mon, mouen* et *m* ; en Martinique et en Guadeloupe on retrouve, outre la forme la plus répandue, *mouen* : *mon, man, an* et *en* [...]

La forme *nou* recouvre le sens « nous, vous, nous et vous »
Koté nou alé ?	« Où allez-vous ? »
Ban nou bagay-sa-a	« Donnez-nous ça. »
Annou alé	« Allons-y (nous et vous). »

(Valdman, 1978, p. 205)

1. Dans une cité multiculturelle telle que Toronto, le linguiste Marcel Danesi a relevé les faits suivants dans l'italien parlé par les immigrants :

anglais	Toronto	italien
to build	bild**are**	costruire
to paint	pint**are**	verniciare
truck	tr**okko**	camione
store	st**oro**	negozio
roof	r**uffo**	tetto

Pouvez-vous dégager les règles morphologiques et lexicales de ces emprunts ?

2. Alain Bentolila (1978) donne les exemples suivants du créole d'Haïti. Que pourrait-on dire de la morphologie du nom et du verbe ?

a) *Il chante on bèl chante*
   Il chante une belle chanson

b) *m'grangou*
   j'ai faim
   li gen von grangou k'ap bat li
   il a une faim qui le tenaille

c) *afè va ap mache; yè swa m'bo h sou bouch*
   c'est une affaire qui marche ; hier soir je l'ai embrassée sur la bouche
   li fè on ti bo pou komè ya
   il a donné un petit baiser à la fille

d) *pitimi pa gen menm gou avèk diri*
   le petit mil n'a pas le même goût que le riz
   diri a djondjon se on manje ki gou anpil
   le riz au djondjon est un plat qui a de la saveur

e) *papa m'te pòtre ak granpapa m*
   mon père est le portrait de mon grand-père
   mete on pòtre lavièy anba tèt pitit la
   mets une image de la vierge sous l'oreiller de l'enfant

f) *il chita sou tab la*
   il se met à table
   m'ap fè on ti chita
   je vais m'asseoir un peu
   dlo chita fè moun malad
   l'eau stagnante rend malade

3. À partir des transcriptions phonétiques suivantes, qui représentent une prononciation d'un type méridional français stéréotypé, dites quel serait le système des voyelles orales.

rose	côte	folle		
[ʀɔzə]	[kɔtə]	[fɔlə]		
faux	saute	jeune	bleu	lavé
[fo]	[sɔtə]	[ʒœnə]	[blø]	[lave]
jamais	pâté	rester	mer	seule
[ʒame]	[pate]	[ʀɛste]	[mɛʀ]	[sœlə]

4. À quel type de parler appartient le texte suivant : « *Moi, drink una beer kühle* ».

5. Relevez les paires minimales possibles dans les phrases suivantes selon le français standard : *Qu'est-ce qu'elle fait ? Elle va dans le bois, sous les saules. La fée ramasse des pommes sur le sol et boit.*

VARIATIONS DIALECTALES DE FRANCE

Voici deux textes de parlers de deux régions qui ont fourni des pionniers à la Nouvelle-France. Ces deux textes sont ruraux et archaïques. Le français standard a maintenant remplacé ce type de parlure. Le premier est de Touraine et est surtout caractérisé par le lexique et la morphologie. Le second est de Normandie, beaucoup plus éloigné du français ordinaire.

Touraine

Les drôles (enfants) *avous* (avez-vous) *fini de berdaquer* (secouer) *s'te* (cette) *porte. Vous voyez ben* (bien) *qu'à l'est* (qu'elle est) *barrée* (fermée avec une barre ou à clé) *! Qu'ion* (quoi donc) *que vous faisez* (faites) *à s't'heure* (maintenant) *? J'vas* (je vais) *le dire à vot'* (votre) *père. V'allez* (vous allez) *avouère* (avoir) *chacun une tournée* (des coups) *et pis* (puis) *v'aurez* (vous n'aurez) *pas d'dessert. Vlà* (voilà) *qu'i mouille* (voilà qu'il pleut) *mais v'allez pas* (vous n'allez pas) *aller aux lumas* (escargots).
(français parlé à la campagne, près de Chinon, vers 1930)

Normandie

— *J'vas m'nalla trachi les vacs.*
— *Voulous bère eun' moque ?*
— *Portchi pas? Ch'est qu'i' fait pas bi què !*
— *Cha va-tè mû, man paure fil' ?*

STRUCTURE DU FRANÇAIS MODERNE

330

— *Mé vè !*

— *Étous bi couchi dans l'greni ?*

— *Rède bi !*

— *Dhror ! les knâlles, les tchis et les cas !*

— *Vis-t-en parchin, tè.*

— *Mè ?*

— *Mè vè, tè. Pirre, as-ta apporta t'napparal ?*

(dialecte normand du Cotentin, parlé dans la région de Sainte-Mère-Église, jusque vers 1950).

Traduction :

Je vais aller chercher les vaches. Voulez-vous boire un verre ? Pourquoi pas ? C'est qu'il ne fait pas bien chaud ! Ça va-ti mieux, ma pauvre fille ? Mais oui ! Êtes-vous bien couchée dans le grenier ? Très bien ! Dehors ! Les mômes, les chiens et les chats ! Viens-t'en par ici, toi. Moi ? — Mais oui, toi. Pierre, as-tu apporté ton appareil ? (magnétophone).

Chapitre 29
LE FRANÇAIS CANADIEN

EN DEUX MOTS

Le français parlé sur le territoire canadien, que ce soit la variété québécoise ou la variété acadienne, est une illustration de la variation dialectale d'une même langue, le français. Dans sa variation phonétique, le français canadien ne fait que dévoiler certains traits de l'Ouest français. Par contre, le lexique et la syntaxe révèlent des emprunts aux langues amérindiennes ou à l'anglais.

1. LA LANGUE ET L'HISTOIRE

Les Français qui ont émigré au Canada ne représentent qu'environ 5 000 personnes aux XVIe et XVIIe siècles et autant au XVIIIe.

Ils étaient en très petit nombre, ces colons, mais ils avaient été sévèrement sélectionnés pour leur force physique, leur endurance, leur qualité de bons laboureurs, artisans ou soldats, leur moralité et leurs sentiments religieux.

Au XVIIe siècle, on envoya 1 000 filles, appelées **Filles du roi**, qui étaient des orphelines de familles nobles, élevées dans des couvents ou des écoles religieuses. Elles devinrent les épouses des célibataires bourgeois et nobles. Les paysans et les coureurs des bois avaient besoin de « femmes plus robustes », comme le précisaient les demandes du gouverneur. Ils épousèrent des paysannes venues de France ou des autochtones.

Tous ces colons formaient, au plan linguistique, une **grande diversité**. À cette époque, il y avait, en France, une trentaine d'idiomes différents, représentant les quatre cinquièmes de la population. Treize millions de personnes ne parlaient pas français. Si les nobles et les Filles du roi parlaient en général un français commun, du type de celui de l'Île-de-France, la plupart des autres arrivants ne parlaient que le dialecte de leur région d'origine. Pour se faire comprendre, tous ceux qui ne parlaient qu'un patois ou un dialecte ont dû se mettre au français, langue mère de la plupart de ces parlers.

En effet, l'origine des colons nous montre qu'ils venaient presque tous de la France du Nord-ouest, de l'Ouest et du centre. Néanmoins, selon Philippe Barbaud (1984), deux immigrants sur trois ne parlaient pas le dialecte français en Nouvelle-France.

STRUCTURE DU FRANÇAIS MODERNE

332

Tous les témoignages des voyageurs du XVIIIe siècle indiquent que le français est devenu très vite la langue véhiculaire seule pratiquée et dont la qualité était, dit-on, excellente.

L'école obligatoire — la messe, également — l'influence des Filles du roi, des nobles, des prêtres et des officiers ont contribué à la perte rapide des anciens parlers et à la consolidation d'un français de bonne qualité mais encore loin d'être uniforme.

2. LES APPORTS DIALECTAUX DU FRANÇAIS AU FRANÇAIS CANADIEN

La carte ci-dessous montre la répartition des origines dialectales françaises du français canadien. Cette carte indique le pourcentage des émigrants des principales régions françaises arrivés au Canada au XVIIe siècle.

On voit que l'ouest de la France représente à lui seul plus de 80 % de l'apport des colons au Canada. Il n'est donc pas étonnant que les traces dialectales qu'on va retrouver dans le français canadien aient été fortement influencées par les groupes dialectaux les plus représentés et les plus particularisants, le **normand**, le **poitevin** et le **saintongeais**.

Figure 29.1. La carte indique le pourcentage et l'origine par zones dialectales des Français au Canada de 1608 à 1700 (d'après S.A. Lortie, De l'origine des Canadiens-français). *On a indiqué ici seulement les provinces de l'ouest qui ont fourni le plus grand apport.*

Ces dialectes ont beaucoup de traits communs à tout l'ouest, en particulier dans la prononciation, surtout marquée par la diphtongaison des voyelles. Mais le poitevin et plus encore le saintongeais ont fait passer le [ʃ] et le [ʒ] à [h] et [H], qui sont des H fortement « aspirés » (en réalité « expirés »), respectivement non voisés et voisés. On en retrouve les traces au Canada, surtout en Acadie et en Beauce.

3. LA VARIATION CANADIENNE

Le français parlé au Canada comprend deux grandes variétés : l'**acadien**, utilisé par environ sept cent mille personnes dans les provinces maritimes, et le **québécois**, parlé par environ sept millions de personnes. Le français du Canada présente cependant des variations régionales : les parlers du Québec, ceux des francophones dispersés en Ontario, ceux des groupes minoritaires du Manitoba, de la Saskatchewan, de l'Alberta et de la Colombie-Britannique. (Voir fig. 29.2).

Yukon 2,42 %

Territories du Nord-Ouest 1,34 %

Nunavut 0,79 %

Île-du-Prince-Édouard 1,78 %

Colombie-Britannique 0,38 %

Alberta 0,68 %

Manitoba 1,50 %

Terre-Neuve-et-Labrador 0,22 %

Saskatchewan 0,42 %

Ontario 2,23 %

Québec 79,95 %

Nouvelle-Écosse 1,75 %

Nouveau-Brunswick 28,37 %

Canada
Population totale : 33,12 millions
Anglophones : 21,98 millions
Francophones : 6,96 millions
Autres : 4,18 millions

Figure 29.2. La minorité francophone du Canada (pourcentage de la population parlant le français à la maison). (Chiffres de Statistique Canada, du recensement de 2011)

Le tableau ci-dessous classe la population selon les régions et la langue maternelle (anglais, français ou autre) en chiffres globaux et en pourcentages.

On n'a retenu ici que deux années, 1951 et 2001, pour permettre une comparaison et montrer l'évolution démographique. Ces statistiques sont extraites de *L'Annuaire du Québec 2004*, sous la direction de Michel Venne (Montréal, Fides, p. 167). Cet annuaire donne une foule de renseignements sociolinguistiques sur les mariages, le vieillissement, la francisation, etc.

Région	Année	Langue maternelle, en %			Total	
		anglais	français	autre	%	nombre
Nouveau-Brunswick	1951	63,1	35,9	1,0	100	515 697
	2001	65,2	33,1	1,7	100	719 715
Québec	1951	13,8	82,5	3,7	100	4 056 000
	2001	8,3	81,4	10,3	100	7 125 580
Ontario	1951	81,7	7,4	10,9	100	4 597 542
	2001	71,9	4,4	23,7	100	11 285 550
Canada sans Québec	1951	77,6	7,3	15,1	100	9 953 748
	2001	75,7	4,2	20,1	100	22 513 455
Canada	1951	59,1	29,0	11,9	100	14 009 429
	2001	59,6	22,9	17,5	100	29 639 035

Table 29.1. Statistiques : Évolution de 1951 à 2001

À côté de variations régionales, le français du Canada présente, comme celui des autres parties de la francophonie, des variations sociales et situationnelles. De nombreuses études sociolinguistiques récentes l'ont montré. Il ne faut donc pas généraliser quand on décrit le français du Canada. Les exemples donnés se réfèrent trop souvent à un parler rural ou populaire, loin de représenter le type de français le plus répandu actuellement.

Dans les exemples que nous citerons maintenant, il s'agira de tendances dont beaucoup sont en train d'évoluer ou de disparaître. On pourra en trouver des exemples plus précis dans les recherches sur le québécois, depuis celles de Denis Gendron (1966) jusqu'à celles plus récentes publiées sous la direction de Claude Poirier (1994) et de nombreux articles dans la Revue de l'Association canadienne de linguistique. On en trouvera d'autres sur le français de l'Ontario dans les publications de Pierre Léon (1968, 1973, 1983a) et d'Alain Grundstrom, Pierre Léon et al. (1973). Pour l'ensemble de la variation phonétique de l'Ontario, l'ouvrage scientifique le plus complet et le mieux documenté est celui d'Alain Thomas (1986).

4. LA VARIATION VOCALIQUE

On retrouve donc dans le phonétisme franco-canadien beaucoup de traits de l'ouest de la France. Les principaux sont **pour le vocalisme** :

- **double timbre des voyelles /i/, /y/, /u/ :** ces voyelles deviennent brèves en syllabe fermée et leur timbre tend à s'ouvrir, comme dans

    site,   *chute,*   *route.*

    [sɪt]   [ʃʏt]   [ʁʊt]

    La règle ne s'applique pas si la syllabe est fermée par /ʁ/ qui allonge la voyelle, comme dans *cire, mûr, tour*

- **chute de voyelles inaccentuées** : en position inaccentuée, les voyelles fermées [i, y] se dévoisent et tombent souvent lorsqu'elles se trouvent entre deux consonnes sourdes, comme dans : *univers(i)té, capac(i)té, dép(u)té*
- **variantes du /A/** : le A en **syllabe ouverte** est généralement **postérieur**, surtout dans les monosyllabes comme *pas* [pɑ], et peut aller jusqu'au O ouvert dans des mots comme *là* [lɔ]. Le groupe *oi* se prononçait, comme dans l'aristocratie française du XVIIᵉ siècle, [we] en syllabe ouverte et avec un timbre ouvert en syllabe fermée comme dans *soir* [swɛʀ]. Mais la tendance actuelle est à prononcer [wa]
- **diphtongaison du E long en syllabe fermée** : en général, l'ancien E long du français issu d'une ancienne diphtongue, ou de la chute d'un s (notée par un accent circonflexe), tend à se diphtonguer : *maître* [maˡtʀ] ou [mɛˡtʀ]; *fenêtre* [fɔnɛˡtʀ]
- **E fermé en syllabe fermée** : contrairement à ce qu'on observe en français standard, le E en syllabe fermée ne s'est pas toujours ouvert. On peut avoir un [e] fermé, dans des mots comme *pêche* [peʃ], dans les parlers issus du Poitou ou de la Saintonge
- **diphtongaison du O long en syllabe fermée** : en syllabe fermée, l'ancien O long orthographié *au* ou *ô* tend à se diphtonguer, comme dans *saute* [soᵘt], *ôte* [oᵘt]. Devant R, il devient [aᵘ] comme dans *fort* [faᵘʀ]. Les E et O brefs, en syllabe fermée, ne se diphtonguent pas. On a ainsi : *sec* [sɛk] et *roc* [ʀɔk]
- **diphtongaison de EU en syllabe fermée par R** : un mot comme *beurre* tend à se prononcer [bœˠʀ], à côté de la variante [bøʀ]
- **la nasale** [œ̃] s'est mieux conservée en québécois qu'en français de France mais tend aussi à passer à [ɛ̃]
- **les deux nasales** [ɛ̃] et [ɑ̃] s'entendent encore souvent avec une prononciation antériorisée. Cela fait qu'un mot comme *vin* est prononcé [væ̃]. Dans ce dernier cas, le Français, qui n'a pas [æ̃] dans son système, entend [ɛ̃] et décode *vlà l'bon **vent*** comme *vlà l'bon **vin***
- **la nasale** [œ̃] a tendance à devenir [ɛ̃]

Tous ces traits du vocalisme, et particulièrement la diphtongaison, sont très courants dans les parlers de l'ouest de la France. Si le français canadien diphtongue comme l'anglais, ce n'est donc pas à cause de l'influence anglaise. S'il faut remonter à une souche commune, ce serait l'anglo-normand !

5. LA VARIATION CONSONANTIQUE

Pour les consonnes, les principaux traits particularisants du français canadien sont :

- **l'assibilation** : l'assibilation est la prononciation de [t] comme [ts] et de [d] comme [dz]. Le phénomène se produit devant les voyelles antérieures [i] et [y] ainsi que devant *yod* et *ué*. On aura donc, pour les mots *petite, tu, tiers, tuer, dites, du, Diane,* *conduire*, les prononciations : [ptsɪt], [tsy], [tsjɛʀ], [tsɥe], [dzɪt], [dzy], [dzjan], [kɔ̃dzɥiʀ]. Ce phénomène est encore très répandu et souvent peu noté par une oreille étrangère

- **la palatalisation** : devant une voyelle antérieure, les consonnes [t], [d], [k] et [g] tendent à se palataliser (voir chapitre 5) comme en français avec des degrés très divers. Ainsi, on peut entendre [gjœl] et même [dʒœl] pour *gueule* [gœl]. Le cas ne s'applique pas aux consonnes [t] et [d] lorsqu'elles sont assibilées

- **la spirantisation de [ʃ] et [ʒ] :** on a déjà signalé que ce cas était typique de l'acadien, où le [ʃ] devient [h] (h sourd) et le [ʒ] devient [H] (h sonore). *J'ai chaud dans ma chemise jaune* tend à devenir, en acadien, [He ho dɑ̃ ma hmɪz Hon]

- **la variation du R :** le français canadien possède encore, comme le français de France, **deux types de R**
  - Le R dorso-uvulaire, prononcé, comme en français standard, avec la pointe de la langue abaissée contre les dents inférieures et la partie dorsale de la langue reculée contre la luette. Ce [ʀ] appartient à la ville de Québec et à toute sa région. À l'origine, il était populaire
  - L'autre R est le [r] apico-dental, dit aussi roulé, prononcé avec la pointe de la langue vibrant contre les dents supérieures, et qui était le R des nobles. En France, ce type de R n'existe plus que dans certaines régions du sud et dans les parlers ruraux de quelques autres régions. Au Canada, le [r] roulé fortement disparaît très vite actuellement au profit du [ʀ] dorsal, mais il est encore assez répandu à Montréal et dans toute sa région, en Acadie, en Ontario et au Manitoba (voir fig. 29.4)

- **la chute des consonnes :** comme le français de France, le français parlé au Canada allège les groupes consonantiques du type **occlusive + [l]** : *table de nuit* en [tabdənɥi], ou **occlusive + [ʀ]**, comme *une livre de pommes* en [ynlivdəpɔm].

  De même, comme en français standard parlé, le R devant consonne tombe : *sur la table* devient : *su' la tab'*. Mais le français canadien va plus loin en supprimant souvent aussi le [l], dans ce cas, et on a :
  - *sur la table* : [satab]
  - *sur les tables* : [setab]
  - *dans la rue* : [dɑ̃ry]
  - *pas un* : [pɑɶ̃]
  - *dans un* : [dɑ̃ɶ̃]

  On constate aussi au Canada la chute du [l], remplacé alors par un yod dans : *il a* [ja]. Comme en français standard parlé, *elle,* suivi de consonne, devient [a] : *Elle part* [apaːr], *Elle dit* [adi]

- **les liaisons :** le français canadien fait moins de liaisons que le français standard. En langue parlée, les liaisons obligatoires du français, on + voyelle et z + voyelle ne sont pas toujours réalisées, telles : *on y va* [ɔ̃iva], *on y pense* [ɔ̃ipaːs], *ils ont travaillé* [jɔ̃travaje] ou en français populaire [ilɔ̃tʀɛavaje]

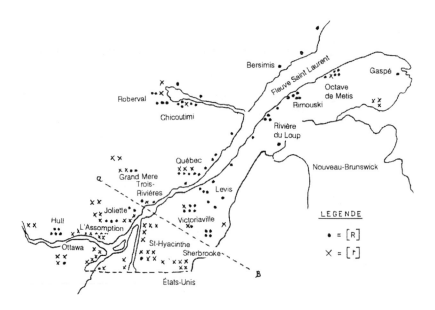

Figure 29.3. α ß = isoglosse, ligne de démarcation entre les deux zones du R en 1950 (d'après Vinay). Les points représentent le [R] dorso-uvulaire et les croix le [r] apical.

6. LA VARIATION PROSODIQUE

Le français du Canada a gardé beaucoup plus nettement le souvenir des **durées** étymologiques. Les voyelles [ɑ] et [o], ainsi que toutes les voyelles nasales, ont tendance ainsi à être longues. On le remarque particulièrement, dans le parler populaire, lorsqu'elles sont dans la position habituellement inaccentuée des voyelles du français standard, comme dans : *passez, ôtez-le, entrez*, etc. Dans ce cas, l'allongement est perçu comme un accent. Il bouleverse alors le rythme par rapport au français standard. D'une manière générale, la phrase du français canadien est plus scandée que celle du français standard.

L'intonation a des réalisations très diverses selon les régions. L'intonation populaire montréalaise, en particulier, est extrêmement modulée.

7. LA VARIATION MORPHOLOGIQUE

La plupart des variations morphologiques que l'on attribue au français canadien existent également dans la langue populaire en France. Ici encore, il faudra de nombreuses enquêtes sociolinguistiques pour préciser la répartition des phénomènes.

- **le genre et le nombre**
  - comme en français populaire, un certain nombre de mots commençant par une voyelle (surtout le [a]) sont parfois féminisés, comme : *une avion, une agneau, une autobus, une accident*
  - l'inverse peut se produire, également devant voyelle, dans des cas tels que *un espèce, un ortie*, etc. On dira aussi *une job* mais *un radio*
  - certains pluriels du français standard sont singuliers en français canadien, comme : *prendre une vacance, aller à une fiançaille*

- **les formes verbales**
  - certains verbes de mouvement et les pronominaux se conjuguent parfois avec *avoir* au lieu d'*être* : *j'ai parti, je m'ai coupé*
    - **l'infinitif** est assez souvent employé pour le conditionnel dans la tournure : *l'avoir su, j'aurais pas venu* (Si j'avais su…)
    - un certain nombre d'autres tournures d'origine archaïque sont communes au français populaire de France et du Canada
- **les pronoms personnels :** Ici encore, on retrouve toutes les formes du français parlé :
  - reprise du nom par le pronom : *ma mère, **elle** est là*
  - renforcements : *Nous **autres**, on est…*
  - suppression : ***Faut** le voir*
  - altération phonétique des pronoms *il* et *elle* devant consonne en [i] et [ɛ] ou [a] : il m'a dit [imadzi], elle m'a dit [ɛmadzi] ou [amadzi]
- **l'article :** l'article est souvent supprimé dans des cas comme *dans **la** rue* devenant [dã:ry]. La voyelle précédente est alors allongée
- **les adverbes *assez* et *donc* :** ces adverbes sont couramment employés comme intensificateurs : *C'est **donc** beau* signifie *C'est **très** beau*. *Elle est **assez** fine* veut dire *elle est **très** gentille*

8. LA VARIATION MORPHOSYNTAXIQUE

Le français canadien populaire, comme celui de France, renforce certaines articulations morphosyntaxiques du type :

qu'est-ce que	en	*qu'est-ce c'est que*
c'est ce que	en	*c'est qu'est-ce que*
comment	en	*comment c'est que*
pourquoi	en	*pourquoi que*
quand	en	*quand c'est-ti que*, etc.

*C'est **ce que** je vous dis* pourra devenir : *C'est **qu'est-ce que** je vous dis*. Dans une telle construction, deux formes syntaxiques se superposent, directe et indirecte :

C'est ce que je vous dis   *Qu'est-ce que je vous dis ?*

On trouve également des calques syntaxiques, dus à l'anglais, tels que : *je suis **tombé** en amour **avec** elle* calqué sur l'anglais : *I fell in love with her*.

Dans l'interrogation, une forme assez fréquente est construite avec *tu*, correspondant au français populaire *ti*, comme dans : *C'est **tu** toi qui l'as dit ?* pour *c'est-ti toi…*

9. LA VARIATION LEXICALE

Les enquêtes de Normand Beauchemin et ses collaborateurs (1983) ont montré que le **vocabulaire fondamental du québécois** est sensiblement le même que celui du français de France. Selon ces auteurs, le nombre d'anglicismes relevés est très faible, les plus courants étant *fun* et *can*, par exemple :

*On a du **fun**.* (plaisir)

*On va boire une **can*** (canette) *de bière.*

Ils constatent que les divergences avec le français de France sont dans les basses fréquences de la liste pour un petit nombre de substantifs.

En fait, lorsqu'on envisage un corpus de langue plus important, on constate que le lexique canadien, particulièrement celui du Québec et de l'Acadie, est extrêmement riche et coloré. Il doit cette richesse à plusieurs apports :

- **archaïsmes** : parmi les plus courants, on trouve des termes du XVIIe siècle, comme *char*, pour *voiture* ; *jaser* et *placoter*, pour *bavarder* ; *turluter* pour *chanter* ; une *brassière*, pour ce qui est devenu un *soutien-gorge* ; des *claques*, chaussures à semelles de bois qui faisaient clac ! clac ! et à lanières de cuir, qu'on enfilait par-dessus les chaussures pour sortir dans la cour. Elles sont maintenant en caoutchouc. On relève aussi dans cette catégorie des termes de mesure qui n'ont disparu que récemment dans l'ouest de la France : *acre, arpent, boisseau, chopine, demiard* (normand), *pinte*. Le mot *verge* (environ un mètre) a par contre disparu pour un usage différent

- **glissements sémantiques** : un certain nombre de mots ont évolué sémantiquement par rapport au français de France. Ainsi, *breuvage* (canadien) est en France une *boisson*, et au Québec, une *boisson* correspond à un *alcool* pour un Français. Le *magasin des liqueurs* désigne une boutique où on vend du vin et des alcools. *Gosse*, qui était *gousse* en ancien français, est devenu par métonymie *enfant* (c'est-à-dire le fruit sorti de la gousse en France), alors qu'au Québec, il a pris le sens de *testicule*. Un *beigne* est un *beignet* au Canada alors qu'en France, il signifie une gifle. Un *bleuet* est une *myrtille* au Canada et une fleur bleue en France

- **créations locales** : les Canadiens ont créé des termes locaux en fonction de leurs besoins. On a ainsi des mots comme : *coureur des bois, cabane à sucre, tuque* (coiffe), *poudrerie* (tempête de neige poudreuse), une *bibitte* (une bébête), la *tabagie* (bureau de tabac), le *dépanneur* (épicerie ouverte tout le temps), un *traversier* (un bac), la *balayeuse* (l'aspirateur), *le blé d'Inde* (maïs), la *poutine* (sauce brune au fromage sur des frites), un *sous-marin* (long sandwich), un *ostie* (un con), un *p'tit crisse* (un petit con), etc. Il est évident que tous les exemples qu'on vient de citer appartiennent à un registre populaire. Mais il est certain qu'ils appartiennent au vocabulaire passif de la plupart des Canadiens francophones

Voici quelques exemples de variation lexicale en français familier et en français courant en France et au Canada.

Style familier (Canada)	Style familier (France)	Styles courant et soutenu
gratteux	*pingre, serré*	*avare, chiche*
dispendieux (courant)	*pas donné, chérot*	*cher, coûteux, onéreux*
paqueté	*rond, paf*	*saoul, ivre*
(…)	(…)	(…)
être tanné	*en avoir marre,*	*en avoir assez,*
	en avoir ras-le-bol	*être fatigué, las*
(…)	(…)	(…)
chum	*pote, copain*	*ami*
grouiller	*gigoter*	*remuer, bouger*
brasser	*touiller*	*remuer, tourner* (culinaire)

Table 29.2.
Extrait de F. Mougeon (1995, p. 83)

10. LES EMPRUNTS À L'ANGLAIS

Le parler canadien-français est aussi riche d'emprunts à l'anglais. On distingue plusieurs sortes d'emprunts :

- **emprunts directs** tels que : une *break* (une pause), une *switch* (interrupteur), c'est *cute* (mignon), la *toune* (la chanson), le *tip* (le pourboire), le *chum* (le copain), la *joke* (la blague), *avoir un flat* (une crevaison)
- **emprunts assimilés phonétiquement** : *bécosse* (back house = cabinets ou toilettes), *ronde* (round = tournée)
- **emprunts *calqués*** : *bienvenue* (welcome), *annonces classées* (classified ads = petites annonces), *longue distance* (long distance = interurbain), *long jeu* (long play = disque de longue durée), *un citron* (lemon = mauvaise voiture), *liqueur douce* (soft drink = boisson non alcoolisée), *crème glacée* (ice cream = glace)
- **emprunts sémantiques** : *record* pour dossier, *altération* pour réparation, *opératrice* pour téléphoniste, etc.
- **emprunts syntaxiques** : *la fille que je sors avec* (the girl I'm going out with), *ça goûte bon* (it tastes good)

11. LES ANGLICISMES AU CANADA

Le Canada a été totalement coupé de la France pendant près de deux siècles. Séparés du monde extérieur de la francophonie, les Canadiens devaient vivre avec les anglophones et à chaque nouvelle invention technologique, ils ne pouvaient qu'emprunter à l'anglais le mot manquant : *brake, tire, wrench, switch*, etc. Il n'est donc pas étonnant qu'il subsiste encore aujourd'hui des emprunts lexicaux anglais en français du Canada.

L'Office de la langue française fait la chasse à l'invasion de termes anglais et propose des traductions dont l'emploi n'est pas toujours accepté, comme *hambourgeois* et *chien-chaud* pour *hamburger* et *hot-dog*.

Mais, il faut le redire, une langue ne meurt pas d'emprunts lexicaux, souvent même elle s'en enrichit. Une langue ne se perd que lorsque sa structure syntaxique et morphologique disparaît. Ce n'est pas le cas du québécois. Par contre, dans certains milieux minoritaires de l'Ontario, par exemple, le danger est beaucoup plus grand.

12. LE FONDS AMÉRINDIEN

Le fonds lexical amérindien n'a presque pas donné de mots usuels au français du Canada. Les rares termes courants sont le *canot* (le canoë), *caribou* (renne du Canada), *ouaouaron* (grenouille géante), *sagamité* (bouillie indienne de maïs et de viande), ainsi que les noms suivants adoptés par le biais de l'anglais : *mocassin, totem, calumet*. Par contre, les langues amérindiennes ont donné de nombreux noms de lieux et de villes comme Abitibi, Magog, Kebec, Kanada, Ottawa, Toronto, Mississauga, etc.

13. PROBLÈMES D'ASSIMILATION

Les mariages entre francisants et patoisants ont accéléré la francisation en Nouvelle-France. De ce point de vue, on considère que les Filles du roi ont joué un grand rôle, ainsi que le rappelle Philippe Barbaud (1984, p. 175).

Il est curieux de constater aujourd'hui l'inverse. L'anglicisation est accélérée par le même processus de mariages exogamiques, dans les sept provinces à forte densité anglophone du Canada actuel — à l'exception du Nouveau-Brunswick.

Le Québec a pris des mesures drastiques pour préserver l'usage du français, telle que l'adoption de la loi 101 sur l'affichage obligatoire en français. *L'Office de la langue française*, le *Conseil Supérieur de la langue française*, le *Secrétariat à la politique linguistique* sont des organismes chargés de veiller à la survie du français.

Malgré leurs efforts, toute la presse et la radio signalent, en 2003, le recul du français. Selon Radio-Canada (11.02.03), 3 francophones sur 10 utilisent l'anglais au travail. À Montréal, ce chiffre passe à 1 sur 2. L'afflux de la population allophone au Québec est en partie responsable de l'anglicisation.

En ce qui concerne l'Ontario, les enquêtes de Normand Labrie et Gilles Forlot (1999) montrent que si le français régresse en tant que première langue, il progresse comme langue seconde. C'est donc dans la mesure où le bilinguisme est reconnu comme un atout supplémentaire que le français a ses meilleures chances de survie en Ontario.

Voici quelques statistiques. Elles montrent, d'un côté, l'augmentation des francophones en nombre absolu, au Québec, mais, de l'autre, leur diminution en pourcentage par rapport au reste du Canada :

Année	Nombre	Indice	% du Canada
1961	5 259 211	100	28,8
2003	7 467 626	142	23,6

Table 29.3. Population du Québec en nombre, en indice et en % du Canada, de 1961 à 2003. Institut de la statistique du Québec (www.stat.gouv.qc.). Annuaire du Québec 2004, p. 142.

LA SAGOUINE : UN EXEMPLE LITTÉRAIRE DE PARLER RURAL ARCHAÏQUE

Dans le texte suivant, l'Acadienne Antonine Maillet fait dire à son héroïne, femme pauvre et sans instruction, le problème de parler aux gens instruits. Notez les formes populaires et archaïques des verbes : *Je sons* pour *nous sommes*, les altérations phonétiques : *coume* pour *comme*, *pis* pour *puis*, des tournures imagées : *il vire ben ses phrases* pour *il tourne...* ; *la goule* pour *la bouche*, l'expression *malaisé*, en un mot ; comme aussi la création populaire : *l'allitérature*.

« *C'est malaisé d'expliquer ça au prêtre. Je sons pas instruits, nous autres, et je parlons pas en grandeur : ça fait que je savons point coument dire ça. Le prêtre, lui, dans son prône, il parle coume la femme du docteur, il sort des grands mots pis il vire ben ses phrases. Ils appelont ça de l'allitérature. Nous autres, j'avons jamais vu une graine d'allitérature de notre vie. Je parlons avec les mots que j'avons dans la bouche et j'allons pas les charcher ben loin. Je les tenons de nos péres qui les avions reçus de leux aïeux. De goule en oreille, coume qui dirait. Ça fait que c'est malaisé de parler au prêtre* ».

(Maillet, 1973, p. 79)

SAINT-ARROUSSE-POIL : UNE JOLIE ADAPTATION !

Le linguiste Denis Gendron raconte qu'une petite ville à majorité anglophone s'appelait *Sandy Brooks Point*. Un beau jour, elle devient majoritairement francophone. Le conseil municipal décide alors de trouver un nom français. On choisit la meilleure adaptation possible dont la structure phonique ressemble (un peu) à *Sandy Brooks Point*, le savoureux *Saint-Arrousse-Poil* ! Quelle belle étymologie populaire !

(Denis Gendron, 1967, p. 62)

1. À l'aide d'un dictionnaire du français québécois, expliquez le sens des expressions suivantes et donnez un équivalent en français européen.

   a) *je m'en câlice*   e) *calvaire*   i) *quétaine*
   b) *tabarouette*   f) *patente*   j) *crisser son camp*
   c) *ciboire*   g) *croche*
   d) *magané*   h) *c'est plate*

2. À partir des transcriptions phonétiques suivantes d'après Denis Dumas (1987), trouvez la règle de la prononciation de la graphie « oi » en québécois populaire, pour les mots suivants : *soif* [swɛf], *doigt* [dwa], *roi* [rwa], *croix* [kʀwa], *toile* [twɛl], *avoine* [avwɛn], *noirci* [nwɛʀsi], *voix* [vwa], *québécois* [kebekwa], *boîte* [bwɛt]

3. À partir des exemples suivants du français québécois, expliquez les contextes suivants où apparaissent :
   i) les **voyelles simples** (voyelles qui ont une seule qualité vocalique)
   ii) les **voyelles longues** (voyelles qui ont le signe diacritique « : » derrière la voyelle)
   iii) les **voyelles diphtonguées** (voyelles qui ont deux qualités vocaliques)

   a) *mettre* [mɛtr]   f) *arrêtez* [arɛ:te]
   b) *mettrai* [mɛtre]   g) *mêle* [maᵉl]
   c) *pelle* [pᵉl]   h) *mêlant* [mɑ:lã]
   d) *pelleter* [pɛlte]   i) *maire* [maᵉr]
   e) *arrête* [araᵉt]   j) *mairie* [mɛ:ri]

4. À l'aide d'un dictionnaire du français québécois, expliquez l'origine et le sens des termes suivants. Proposez leur équivalent en français européen.

   a) *barniques*   e) *canceller*   i) *chialer*
   b) *accoutumance*   f) *garrocher*   j) *peinturer*
   c) *barouette*   g) *brailler*
   d) *breuvage*   h) *frette*

5. Le texte suivant, encore d'Antonine Maillet, est écrit dans une langue qui conserve les archaïsmes et les tournures populaires. Faites-en la liste et donnez leurs équivalents en français moderne :

   « *Comme de raison. Le major Prebble donc y vint avec un détachement de soldarts, qui s'aperçurent-i' pas, les malfaisants, que tous les hommes étiont partis en mer et que les femmes et les enfants trembliont, tout seuls, au logis.* » (Maillet, 1979, p. 155)

6. Les jurons et les injures grossières varient beaucoup entre le Canada et la France. Quel en est le champ sémantique pour chacun des deux pays, d'après les quelques exemples suivants ? Commentez.

   - **Canada** : *tabarnac !* (tabernacle) *sacristie ! ostie ! viarge ! baptême ! battince ! calvaire ! Y'est épais ! Maudit chien sale ! Crisse ton camp !*
   - **France** : *Nom de Dieu ! Putain ! Con ! Tu m'emmerdes ! C'est un couillon ! Salaud ! Fous-moi le camp !*

7. Le français du Canada a longtemps été coupé du français de France, comme en témoignent les publicités suivantes qui datent déjà d'un demi-siècle ou plus. En voici des exemples, trouvez-en les équivalents en français moderne. Inutile de vous dire que les choses ont bien changé et que ces vieilles publicités font maintenant sourire les Franco-Canadiens eux-mêmes.

   a) *Un vivoir en six morceaux*   d) *Beignes aux bleuets*

   b) *Un écoulement de blanc*   e) *Vente de débarras : tissu à la verge*

   c) *Un char de seconde main*

LES FILLES DU ROI ET LE FUSIL DES HOMMES CÉLIBATAIRES

« Les cent filles que le Roy a envoyées cette année ne font qu'arriver », écrit Marie de l'Incarnation, le 29 octobre 1665, « et les voilà déjà toutes pourvues. Il en enverra encore deux cents l'année prochaine, et encore d'autres à proportion les années suivantes. Il envoie aussi des hommes pour fournir aux mariages, et cette année il en est bien venu cinq cents, sans parler de ceux qui composent l'armée. De la sorte c'est une chose étonnante de voir comment le pays se peuple et se multiplie. » (Marie de l'Incarnation, 1681, pp. 606-607)

   À cette époque, l'intendant, Jean Talon, décide que tout homme célibataire a quinze jours pour prendre femme. Passé ce temps, s'il ne se marie pas, on lui enlève son fusil !

   Jean Talon encourageait aussi les naissances par des primes importantes.

GLOSSAIRE

abréviation : réduction d'un terme, comme *chemin de fer métropolitain* devenant *métro*. À ne pas confondre avec *diminutif* comme dans *maison**nette***.

accent rythmique : l'accentuation considérée comme génératrice de rythme.

accentuation : mise en relief d'une syllabe par allongement de la durée, augmentation de l'intensité ou changement de la hauteur mélodique. En français standard, l'accentuation se fait sur la syllabe finale de mot ou de groupe de mots.

accentuation d'insistance (ou accent d'insistance) : accentuation placée sur une syllabe d'un mot pour lui donner une certaine emphase. Cet accent est généralement consonantique : ***f**ormidable !* Mais il est parfois vocalique : *ah**u**rissant !* Il s'accompagne alors d'une montée mélodique.

actant : la personne ou l'être qui fait véritablement l'action d'un verbe : dans *Georges a fermé la porte*, Georges fait véritablement l'action du verbe. L'actant est souvent, mais pas toujours, le sujet du verbe.

affixe : terme général pour désigner un morphème ajouté à un terme de base. Les affixes apparaissent avant, après et, dans certaines langues, même à l'intérieur du terme de base : dans ***anti**gouvernement**al***, *anti-* et *-al* sont des affixes.

agent : la personne ou l'être qui fait véritablement l'action d'un verbe dans une **phrase passive** : dans *La porte a été fermée par Georges*, c'est Georges qui fait véritablement l'action, mais il n'est pas le sujet grammatical du verbe et se trouve dans une proposition introduite par la préposition *par*, appelée le **complément d'agent**.

allongement : augmentation de la durée d'un phone, d'une voyelle ou d'une consonne. L'allongement est automatique pour les voyelles des syllabes accentuées en français standard. Il est étymologique dans certains cas en français canadien. Il est déterminé par les consonnes [ʀ, z, v, ʒ] ou la nature des voyelles dans d'autres cas. Il concerne la première consonne et sa syllabe dans l'accent d'insistance.

allophone : synonyme de variante, dans la terminologie nord-américaine.

alvéolaire : consonne articulée dans la région des alvéoles, comme [s], [z], [n] et [l] en français.

amalgame : fusion de deux morphèmes indépendants en un seul nouveau terme : les articles dits « contractés » comme *au* et *du* sont des amalgames de *à + le* et *de + le*.

analogie : ressemblance : il y a un lien d'analogie entre le signifiant d'une onomatopée et son référent.

antérieure (ou d'avant) : se dit d'une voyelle dont le lieu d'articulation se situe vers l'avant du palais : [e] est une voyelle antérieure alors que [o] est une voyelle postérieure.

antonyme : terme de sens opposé à un autre : *riche* est l'antonyme de *pauvre*.

aphérèse : troncation d'un mot par le début, comme : *car,* pour *autocar.*

apical : se dit d'un phone articulé avec l'*apex* ou la pointe du bout de la langue : le [r] « roulé » est une consonne *apicale*, ou plus précisément apico-dentale.

apocope : troncation d'un mot par la fin, comme : *prof,* pour *professeur.*

arbitraire : se dit d'un signe linguistique pour lequel le signifiant et le signifié n'ont pas de lien analogique : dans un terme comme *chien*, les sonorités n'évoquent pas l'image du concept, alors que c'est le cas au contraire pour les onomatopées, qui sont des signes motivés.

arrondi (ou labial) : phone articulé avec les lèvres avancées : [o] et [u], par exemple.

aspiration : terme courant mais impropre pour désigner le *souffle* — donc *l'expiration* — qui accompagne les occlusives articulées sans fermeture de la glotte, comme en anglais, en allemand, en arabe, etc.

assibilation : production d'une consonne sifflante, comme dans *petit,* prononcé [ptsi] en français canadien.

assimilation : modification d'un phone au contact d'un autre, tel que le dévoisement du [b] du mot *absent*, qui se prononce presque comme un [p] au contact du [s].

autonome (syntagme) : indépendant. Un syntagme autonome peut être déplacé sans que le sens de la phrase en soit affecté : **Le soir**, j'écoute la radio, J'écoute la radio, **le soir**.

bi-labial : trait articulatoire d'une consonne articulée avec les deux lèvres, comme [p] ou [b].

calque lexical : transposition d'une forme lexicale d'une langue à une autre, comme dans *sky-scraper* : *gratte-ciel*.

calque sémantique : transposition de sens, comme dans *réaliser* (rendre réel) devenu *comprendre*, sous l'influence de l'anglais *to realize*.

causalité interne / externe : dans l'évolution linguistique, la causalité interne est l'ensemble des facteurs liés au système linguistique, tel le rendement. La causalité externe est liée à des raisons sociologiques, modes, prestige, etc.

champ lexical : ensemble des termes constituant un système lexical. Par ex. : la construction des termes de parenté : *grand-père, petit-fils, beau-père, belle-fille*, etc.

champ notionnel : ensemble des unités significatives pouvant être groupées logiquement autour d'une même notion ou d'un même concept : le champ notionnel de l'éducation comprend, par exemple, les parents, l'école, l'université, les programmes, etc.

champ sémantique : ensemble des termes reliés sémantiquement à une même unité significative. On étudiera, par exemple, tous les termes reliés sémantiquement au mot *coup* : *taper, claquer, frapper, tic-tac, taquin, toqué*, etc.

chuintante : appellation impressive, auditive, pour désigner les consonnes [ʃ] et [ʒ] par le bruit de turbulence qu'elles produisent.

circonstanciel (complément) : un complément circonstanciel désigne un mot ou un groupe syntaxique qui fournit des renseignements sur le temps, le lieu, la manière ou la cause de la phrase entière. On l'appelle aussi groupe prépositionnel parce qu'il est généralement gouverné par une préposition : **À cinq heures**, *je pars*, **avec mes amis**, **Souvent**, *je sors*, **le soir**.

code : ensemble des signes utilisés conventionnellement pour transmettre des messages : *le code* de la route, *le code* linguistique.

communication : envoi d'informations d'un émetteur à un récepteur suivi — dans la communication bilatérale — par la réciproque. La véritable communication suppose un échange.

commutation : procédé d'analyse consistant à substituer un terme à un autre dans le même paradigme. La commutation montre si deux termes ont ou non la même fonction :

Je mange   *du poisson*

            des pommes   commutable

            il   non commutable

componentielle (analyse) : l'analyse *componentielle* est l'analyse des composantes. En sémantique, analyse des sémèmes en sèmes :

femme =   + humain

           + adulte

           - mâle

connotatif/connotation : un sens *connotatif* est un sens ajouté à un terme par l'emploi qu'on en fait dans des circonstances particulières : le mot *camarade* avait une connotation politique dans l'usage syndicaliste.

consonne : articulation fermée (occlusives) ou partiellement fermée (fricatives), produisant des bruits et découpant le flot sonore vocalique en syllabes. Dans le système phonologique du français, il y a 20 consonnes.

construit (mot ou syntagme) : mot *composé* de deux ou plusieurs unités formant une seule unité de sens : *couvre-chef, chapeau melon, tire-au-flanc*.

contextuel (sens) : le sens contextuel est le sens pris par un terme dans un énoncé : le mot *poisson* signifie une *plaisanterie* faite le premier avril dans *un poisson d'avril*.

continue (consonne) : consonne dont on peut prolonger l'articulation. Toutes les fricatives sont des continues. Au contraire, les occlusives sont des momentanées.

contrepèterie : jeu de mots à partir de la transposition d'une consonne, comme *le père de Marie* pour *le maire de Paris*.

convention/conventionnel : tout code suppose une *convention*, c'est-à-dire un accord sur le rapport entre le signifiant et le signifié de chaque signe du système. Les signes du code linguistique sont dits *conventionnels*.

coordination : le fait de lier deux groupes ou deux phrases en utilisant une conjonction de coordination : *Je lis **et** je rêve, Je lis **mais** je rêve*.

corrélation : relation entre deux séries de consonnes. On a, en français, la corrélation de sonorité qui différencie les consonnes voisées des consonnes non voisées (/p/ - /b/) et celle de nasalité, permettant de distinguer les consonnes orales des consonnes nasales (par ex. : /b/ - /m/).

coup de glotte : fermeture brusque de l'espace compris entre les cordes vocales. Le coup de glotte, [ʔ] en français, n'existe que pour remplacer l'accent d'insistance au début d'un mot à initiale vocalique : [ʔ]*Encore !*

créole : système linguistique issu de deux systèmes différents, comme les créoles anglais ou français des Antilles, résultant de croisements avec les langues africaines.

déclarative (phrase) : phrase qui présente un fait simple, non marquée par l'ordre ou l'interrogation : *Il fait très chaud, en été.*

décodeur : récepteur qui déchiffre un message pour le comprendre.

démarcation : l'accentuation démarcative sert à délimiter des groupes de sens dans l'énoncé : **De*main* je *sors* si j'ai le *temps*.** Cet accent tombe normalement sur la dernière syllabe du groupe.

dénotatif (sens) : le sens dénotatif d'un terme est sa signification première. Le mot *collaborateur* signifie quelqu'un qui travaille avec un autre. Par la suite, il a pu signifier *traître* à cause de la connotation qu'il a prise en France pendant la Deuxième Guerre mondiale.

dental : trait d'articulation caractérisant les consonnes articulées contre les dents, comme [t] et [d] en français.

dérivation : procédé permettant de construire un terme dit *dérivé*, par ajout d'un affixe à un terme de base. À partir de *raison*, on pourra obtenir la dérivation : **déraisonn*able*.**

désinence : unité morphologique utilisée comme marque de genre, pluriel, personne, temps, mode : *chev**aux**, mang**eons**, mang**eaient***, etc.

détente : explosion d'une consonne finale, qui fait que la bouche s'ouvre après la consonne et produit soit un souffle avec les occlusives non voisées, comme dans *sec*, soit une sorte de vocalisation qui peut aller jusqu'à un E caduc : *Madame.*

dévoisement : perte de la sonorité d'un élément originellement voisé. Dans le dévoisement, les cordes vocales cessent de vibrer, comme dans *absent* où le [b] devient [p]. On dit aussi « assourdissement ».

dialecte : système linguistique parlé dans une région donnée et qui peut être différent de la variété choisie comme langue nationale.

diminutif : terminaison qui donne une nuance de petitesse, d'atténuation, d'affection ou de familiarité, comme : *-ette* dans *maisonnette*, *-otte* dans *pâlotte*, etc.

diphtongue : prononciation de deux timbres vocaliques dans un même noyau syllabique, comme dans les mots *now* et *boy* en anglais.

discontinu : synonyme de *discret* : les phonèmes d'une phrase sont, du point de vue perceptif, des unités discontinues.

discours : ensemble d'énoncés qui constituent un sens *global*, par rapport au sens des phrases et des mots : le discours d'un prêtre n'est pas le même que celui d'un politicien ou d'un professeur.

discret/discrétion : renvoie à une perception par *catégories nettement délimitées* dans la perception sonore ou visuelle ou dans la façon de conceptualiser. Par exemple, les voyelles, les tranches de couleurs, la température, les contraires : bon/mal, etc.

dissociation : séparation : l'homme peut dissocier son langage de la situation, contrairement à l'animal.

distinctif/distinctive (unité, fonction) : qui sert à distinguer : les phonèmes sont des *unités* à *fonction distinctive*. Ces unités n'ont pas de sens en elles-mêmes, mais en s'opposant, elles permettent de distinguer un terme d'un autre. L'opposition /p/ - /b/ est distinctive puisque *pas* et *bas* sont différenciés par cette opposition.

distribution complémentaire : l'apparition des unités linguistiques dans des contextes parallèles mais différents. Par exemple, la répartition de l'aperture *ouverte* et *fermée* des voyelles E, EU, O en fonction de la nature *ouverte* ou *fermée* de la syllabe accentuée où se trouvent ces voyelles : l'aperture de la voyelle O accentuée est fermée en syllabe ouverte : *faux* [fo], mais l'aperture de cette voyelle est ouverte en syllabe fermée : *fort* [fɔʀ].

distribution/distributionnel : le contexte dans lequel apparaissent des unités linguistiques : l'étude distributionnelle montre que les voyelles E, EU, O n'apparaissent jamais avec un timbre ouvert en finale absolue. De même, le pronom personnel *me* apparaît toujours avant le verbe : il *me* voit.

dorsal : qui se rapporte à l'articulation dans la région du **dos** de la langue, appelée *dorsum*.

double articulation : propriété des unités distinctives (phonèmes) de se combiner pour produire des unités significatives qui, à leur tour, peuvent se combiner pour produire des phrases. Avec un petit stock de 36 unités (voyelles et consonnes), on peut produire une infinité d'unités de sens, puis de phrases.

doublet : deux termes qui ont la même origine historique mais qui ont des formes différentes. La forme la plus proche de l'étymon (forme originelle) est dite *savante*, l'autre — qui a évolué — est dite *populaire*, comme dans : *natal* (savante) et *Noël* (populaire), *penser* (savante) et *peser* (populaire).

e caduc : voyelle centrale qui peut tomber : en français, le E caduc est aussi appelé *muet* : j*e*, l*e*, m*e*, demain.

écarté ou non labial : trait articulatoire qui s'applique aux voyelles articulées avec les lèvres écartées : [i], [e], [a] sont des voyelles écartées.

ellipse : chute de voyelle ou de consonne, comme dans [imadi] pour *il m'a dit* [ilmadi].

émetteur : dans le schéma de la communication, désigne le locuteur qui envoie le message parlé.

emprunt : intégration dans le système linguistique d'un terme ou d'un son étranger, comme l'emprunt du terme *parking* et de la consonne nasale finale du même mot.

enchaînement : processus qui consiste à lier les sons d'un énoncé. En français, l'enchaînement vocalique désigne le fait que deux voyelles se lient sans coupure, ou coup de glotte, comme dans **aérien** ou *il a été*. L'enchaînement consonantique désigne la prononciation de la consonne finale d'un mot au début de la syllabe suivante. Par exemple, la consonne finale du mot *grande* se prononce au début du mot suivant dans la suite *grande amie* [gʀɑ̃-**d**a-mi]. La consonne d'enchaînement se prononce toujours à la fin du mot, même si cette consonne se trouve la fin du groupe ou devant un mot qui commence par une consonne : *Elle est grande* [ɛ-le-gʀɑ̃**d**] ou *Une grande table* [yn-gʀɑ̃**d**-tabl].

enchâssement/incise : énoncé inséré dans le corps d'une proposition ou d'une phrase pour en préciser ou modifier le sens. Cet enchâssement est aussi appelé *incise* : *S'il a le temps — **ou l'envie** — il viendra. Je chanterai, **dit-il**, si je vais mieux.*

encodeur : dans le schéma de la communication, indique le rôle de celui qui forme le message à émettre à l'aide du *code* dont il dispose.

énoncé : séquence de parole, plus ou moins longue, généralement délimitée par un silence.

étymologie :

   1.   Science qui cherche à établir l'origine des mots

   2.   Origines d'un mot

étymon : l'étymon est la forme originelle d'un mot.

expansion : insertion d'un ou plusieurs syntagmes dans un groupe :

- adjectivale : Paul > *le petit* Paul
- prépositionnelle : le fils > le fils *de Paul*
- relative : Paul > Paul *qui est petit*

favorisé (sujet parlant) : qui appartient à une classe sociale plus riche et généralement mieux éduquée que la moyenne sociale.

fermé : trait articulatoire des voyelles pour lesquelles le lieu d'articulation est étroit. (On dit *haut* en anglais.) En français, les voyelles [e], [o] sont fermées. Les voyelles [i], [y], [u] sont dites *très fermées*.

figuré : un sens est dit *figuré* lorsqu'il est *imagé* par rapport au sens originel du terme — dit sens propre : *Tu t'es **mis le doigt dans l'œil** (tu t'es trompé).*

fonction : rôle que joue une unité linguistique : les phonèmes ont une fonction distinctive, les monèmes ont une fonction significative.

fondamentale : fréquence la plus basse d'une série d'harmoniques. Dans la parole, c'est l'harmonique le plus grave et le plus intense, correspondant à la fréquence de vibration des cordes vocales.

forme : la forme d'une unité linguistique est la structuration de la substance sonore à différents niveaux :

- phonologique : avec quatre traits phoniques, on forme un phonème
- morphologique : assemblage des phonèmes en monèmes
- syntaxique : assemblage des monèmes en phrases

fricative : consonne produite par *friction*, ou frottement de l'air expiré, résultant de la constriction — ou resserrement — des organes articulatoires. En français : [f], [s], [ʃ], [v], [z], [ʒ], [l], [ʀ].

genre : catégorie morphologique englobant le *masculin* et le *féminin*. Certaines langues (comme l'allemand) ont un troisième genre, le *neutre*.

graphie : manière d'écrire une unité linguistique : la graphie *Roy* pour *Roi* est archaïque.

groupe de sens : groupe de mots formant un tout cohérent et isolable. Ces groupes *sémantiques* correspondent généralement aux unités syntaxiques : *Le train / que je prends / tous les jours / de Lausanne à Genève / est très rapide.*

groupe de souffle : groupe terminé par une pause.

groupe rythmique : correspond au *groupe de sens*. Le terme *rythmique* est employé lorsqu'on veut montrer le rôle esthétique joué par *l'accent démarcatif* dans la perception du *rythme*.

harmonique : fréquence qui entre dans la composition d'un son complexe. Tout son complexe est formé d'une fréquence grave ou fondamentale et d'une série d'harmoniques qui sont des multiples de cette fréquence.

H aspiré : « l'aspiration » du *h* est en réalité une expiration, comme en acadien populaire, en anglais, en allemand, en arabe, etc. En français, le *h* n'est plus prononcé, sauf dans certains dialectales. Le H aspiré a pour seules fonctions, en français, d'empêcher l'élision et la liaison : **le *hareng*** [ləaʀɑ̃], **les *harengs*** [leaʀɑ̃].

hiérarchisation : façon d'ordonner, selon leur importance, les groupes de sens d'un énoncé à l'aide de l'intonation : *Votre **mère** est **arrivée** l'an dernier.* La montée la plus haute de la mélodie pourra être sur *mère* ou sur *arrivée* selon l'ordre hiérarchique adopté.

homonyme : terme dont la prononciation est identique à celle d'un autre : *seau, sot, sceau* sont homonymes, car ces trois termes se prononcent [so] même s'ils s'écrivent différemment. Certains homonymes sont également *homographes*. Ils s'écrivent alors de la même manière, comme *son* (adj.) et *son* (nom). Mais tous les homographes ne sont pas forcément homophones, comme dans *les poules du couvent couvent* [le-pul-dy-ku-vɑ̃-kuv].

inaccentué : qui ne porte pas d'accentuation. En français, les voyelles non finales sont inaccentuées par rapport à la dernière voyelle prononcée qui, elle, est accentuée : dans ***inimitable*** les trois [i] sont inaccentués, seul le *a* est accentué.

indicateur (sociolinguistique) : indice. Trait qui caractérise un sujet parlant à son insu. Les accents d'insistance nombreux sont des *indices* ou *indicateurs* de style émotif. L'indice s'oppose au signal qui, lui, est volontaire.

indicateur syntagmatique : arbre destiné à représenter une structure syntaxique.

indice : signe involontaire, comme la fumée d'un incendie ou la fièvre d'un malade. Opposé à signal.

insertion (test d') : fait d'introduire dans un syntagme un autre élément pour tester la cohésion de ce syntagme : insérer *et gentille* dans *une belle-mère* montre la cohésion de *belle-mère*, qui change de sens si on dit *une belle et gentille mère*.

intonation : structuration mélodique d'un énoncé.

joint ou *conjoint* : lié. Se dit d'un morphème qui s'unit au terme qu'il sert à composer, comme *re-* dans *rejoindre*.

labial : trait d'un phone articulé avec les lèvres arrondies, comme : [y], [o], [u], [ʃ], [ʒ].

langue :

1. Organe servant en outre à la phonation
2. Système linguistique propre à une communauté
3. Système linguistique pris comme modèle au niveau national, par rapport à des parlers régionaux.

latence : phone dont la réalisation possible ne se produit que dans certaines conditions : le E caduc, les liaisons.

lexème : unité linguistique significative, appartenant au lexique. Il peut arriver au cours de l'évolution linguistique qu'un lexème comme *pas* (dans un *pas*, un petit *pas*) se grammaticalise et devienne un morphème, c'est-à-dire une unité grammaticale, comme dans *je ne marche pas, je n'avance pas*.

lexique : répertoire des lexèmes dans une langue. On parle également de lexique spécialisé. On peut avoir aussi le lexique de la chasse : ensemble des termes concernant la chasse. (Voir également *vocabulaire*)

liaison : prononciation de la consonne finale d'un mot, habituellement non prononcée, avec la voyelle initiale du mot suivant : *petit ami* [pti-**t**ami].

linéarité (du signifiant) : les signifiants du signe linguistique (phonèmes) sont toujours dans *le même ordre séquentiel*. Ils sont codés de manière *linéaire*. On ne peut pas intervertir les phonèmes et dire *u-ver-ni-si-té* au lieu de *université*.

liquide : nom donné par les anciens grammairiens aux consonnes [ʁ] et [l] et parfois également aux nasales parce qu'elles produisent à l'oreille une impression de vocalité jugée harmonieuse, fluide.

liste (ouverte/fermée) : le répertoire des unités linguistiques comporte un nombre fixe de phonèmes et de morphèmes qui constitue une liste *fermée*. Au contraire, les lexèmes, dont le nombre peut toujours être augmenté, constituent une liste *ouverte*.

marque : trait linguistique qui permet de distinguer une forme d'une autre. La marque du féminin est le *e* final dans le code écrit.

marqueur : en sociolinguistique, *signal* permettant d'indiquer une fonction : l'emploi de beaucoup de E caducs et de liaisons est, dans la **lecture,** le *marqueur* de ce type de style.

message : dans le schéma de la communication, tout énoncé porteur de sens.

mode : notion grammaticale qui indique l'attitude exprimée par le verbe. Par exemple, l'indicatif par rapport au conditionnel.

mode articulatoire : manière d'articuler les voyelles (mode oral/nasal) ou les consonnes (occlusif/constrictif, oral/nasal, voisé/non voisé).

monème : unité significative minimale. Il y a deux types de monèmes : le *lexème* ou unité de signification lexicale, comme *maison*, et le *morphème* ou unité de signification grammaticale, comme le *-s* du pluriel.

morphème : unité de signification de type grammatical marquant des catégories telles que le genre, le nombre, les modalités verbales, etc. Dans la langue écrite, le *-s* final est en général un morphème de pluriel du groupe nominal.

morphologie : étude de la structure grammaticale des mots selon leurs composantes et les fonctions qu'elles assurent — genre, nombre, flexions verbales, etc.

motivé : on dit d'un signe qu'il est motivé quand il existe un lien analogique entre son signifiant et son signifié, comme dans les onomatopées (*glouglou*).

nasal/nasalisé : type de production de voyelle ou de consonne dans laquelle une partie de l'air expiré au cours de l'articulation résonne dans les cavités nasales.

nécessaire : le lien qui unit le signifiant et le signifié est senti comme nécessaire, car une fois ce lien établi, il est difficile à modifier. Par exemple, la communauté linguistique francophone considère comme nécessaire l'association entre le signifiant « chat » et le signifié « un félin domestique qui miaule ».

neutralisation : suppression de l'opposition marquant la différence entre deux unités linguistiques. Devant consonne, l'opposition singulier/pluriel est neutralisée, dans le code oral, à la troisième personne, dans les pronoms personnels et dans les formes verbales : *il mange* [il-mɑ̃ʒ] = *ils mangent* [ilmɑ̃ʒ].

nombre : catégorie grammaticale qui distingue le singulier du pluriel, par exemple entre *un œil* et *les yeux*.

norme :
1. La norme relève des prescriptions imposées par une langue dans un but de prestige
2. C'est aussi tout ce qui est couramment utilisé par une communauté linguistique.

noyau : l'élément principal dont dépendent les autres éléments dans un groupe : dans la syllabe, c'est la voyelle qui est le noyau, dans le groupe nominal, c'est le nom.

occlusive : consonne qui s'articule grâce à une occlusion ou une fermeture momentanée du passage de l'air expiré.

onomatopée : signe linguistique dans lequel le signifiant ressemble au référent auquel il est associé. Ex. : *cocorico*.

opposition : l'opposition est un rapport d'exclusion qui existe entre **deux** termes qui appartiennent à la même classe. La présence d'un terme exclut la présence de l'autre. Par exemple, les articles *mon* et *ton* peuvent apparaître devant le terme *chien*, mais on doit choisir un seul terme pour faire un énoncé, soit ***mon*** *chien* ou ***ton*** *chien*. En phonologie, on dira que les voyelles /a/ et /e/ sont en opposition, ce qui permet de distinguer la forme de l'article singulier *la* /la/ de celle de l'article pluriel *les* /le/.

oral : un phonème est dit oral quand l'air expiré au cours de sa production ne passe que par la cavité buccale.

orthoépie : étude de la prononciation correcte des phonèmes et de leur relation avec la graphie, selon des normes prescriptives.

ouverte (basse) : une voyelle ouverte est articulée avec une position abaissée de la langue. La voyelle s'ouvre lorsque la langue s'abaisse, par exemple de [ɛ] à [a].

paire minimale : couple de mots distingués par un seul phonème dans une opposition, par exemple : *pain/bain*, /p/ - /b/.

palatale : consonnes articulées au niveau du palais dur, telles que [k], [g], [ɲ].

palatalisation : assimilation d'une consonne dont le point d'articulation se déplace vers le milieu du palais.

parole : en terminologie saussurienne, la parole est la réalisation individuelle de la langue.

passive (transformation) : transformation que subit une phrase active, dans laquelle le sujet de la phrase active devient l'agent de la phrase passive : *le chat tue le rat → le rat est tué par le chat.*

patient : l'être ou l'entité qui subit directement l'action d'un verbe : dans *Francine mange **le gâteau**, le gâteau* subit l'action du verbe.

patois : dialecte régional en déclin, utilisé dans une enclave géographique étroite ou une communauté restreinte. Le dialecte se trouve affecté par la langue officielle dominante. Le terme porte une connotation péjorative.

pertinent : voir *distinctif.*

phatique : fonction qui permet de garder le contact dans la communication, comme : allo, hm… hm au téléphone.

phone :
1. Mesure subjective de perception acoustique
2. Son du langage.

phonématique : partie de la phonologie qui étudie les phonèmes.

phonème : unité sonore discrète qui permet de changer le sens.

phonétique : analyse de la production, de la propagation et de la perception des sons du langage indépendamment de leur fonction phonologique dans la chaîne parlée.

phonologie : étude du rôle des sons pour produire des différences de sens au niveau du mot ou au niveau des groupes et des phrases. La phonologie du français établit l'inventaire des traits et des sons individuels, le système d'accentuation et le système d'intonation de la langue.

phonostylistique : étude stylistique de l'expression orale : qualité de la voix et rôle de l'accentuation, du rythme et de l'intonation dans les émotions, les attitudes ; les différents types de discours.

pidgin : parler simplifié issu du contact entre deux systèmes linguistiques.

poétique : forme du message, envisagée d'un point de vue esthétique.

polaire : type d'antonymes, tels que *blanc/noir.*

polarité : terme employé en syntaxe pour indiquer si une phrase contient des éléments morphosyntaxiques qui expriment la négation (*Elle **ne** mange **jamais de** viande*). Si ces éléments de négation sont absents, la phrase est positive (*Elle adore les chiens*).

polysémique : qui a plusieurs sens, comme le mot *langue* (organe dans la bouche, système d'expression).

postérieur : se dit d'un phonème dont le lieu d'articulation se trouve à l'arrière de la cavité buccale. Par ex. : /u/, /k/.

prédicat : c'est le groupe verbal qui contient le verbe et ses compléments.

préfixe : morphème placé en tête d'un lexème. Il y a deux types de préfixes : ceux qui sont inséparables, comme *pré-* dans *prévoir*, et ceux qui sont séparables, comme *super* dans *super-intelligent.*

préposition : morphème à valeurs multiples introduisant le groupe prépositionnel : le GP peut fonctionner comme complément d'objet indirect, complément circonstanciel, complément d'agent, complément de nom ou complément d'adjectif.

prosodie : ensemble des traits *accentuels* et *intonatifs* qui constituent un *système* permettant d'ajouter du sens à l'énoncé phonématique : *Vous venez ?* (l'intonation montante ajoute le questionnement.) *Vous venez !* (l'intonation montant très haut et redescendant bas ajoute l'exclamation.)

radical : racine d'un mot, ou unité de base lexicale, comme *grand* dans a-*grand*-ir.

récepteur : celui qui reçoit le message, dans le schéma de la communication.

redondant : répétitif. Une information est redondante si elle est donnée plus d'une fois. Les marques du pluriel sont redondantes dans : **Ces chevaux sont normaux.** La liaison est une marque orale redondante du pluriel dans : *les enfants*, puisque [le] marque déjà le pluriel.

référent : ce à quoi le signe linguistique renvoie. Le référent se trouve dans le monde extérieur, en dehors du signe. Si je dis *Je veux acheter une voiture*, le référent du terme *voiture* est composé des véhicules à quatre roues et avec un moteur.

registre : le niveau de langue utilisé par un locuteur en fonction de la situation de communication (registre formel, registre naturel, registre familier).

relative (expansion) : qui est commandée par un pronom relatif. *Qui est là* dans : *l'homme* **qui est là**.

rendement : utilité d'une opposition dans le système linguistique pour différencier les unités langagières. Le rendement de l'opposition /i/ - /a/ est très élevé : *lit - là, mis - ma*. Par contre, le rendement de l'opposition /a/ - /ɑ/ est faible.

roulé : se dit du R articulé avec la pointe de la langue contre les dents.

rythme : le rythme est produit par la perception esthétique de l'accentuation d'un texte. Plus la répétition des accents se produit à intervalles égaux, plus la perception d'un rythme devient évidente, comme dans les vers.

sème : unité significative minimale d'un sémème lexical ou morphologique. Dans *garçon*, on a les sèmes lexicaux : + *humain* + *mâle* + *jeune*.

sémème : ensemble des sèmes qui constituent une unité de sens. Par ex. : *garçon* avec les sèmes de l'exemple précédent.

semi-voyelle ou *semi-consonne* : phone plus fermé qu'une voyelle et plus ouvert qu'une consonne. Acoustiquement, la semi-voyelle contient à la fois des sons périodiques et des bruits apériodiques. Les semi-consonnes du français sont [j], [w] et [ɥ].

sens : le sens d'un mot est donné à la fois par sa signification première et par le contexte linguistique et extralinguistique.

séparable (préfixe) : disjoint ou indépendant, pouvant exister seul comme *sur, sous*.

sifflante : nom donné, d'après l'impression auditive, aux fricatives [s] et [z].

signal : signe émis volontairement et faisant partie d'un code : les feux dans le code de la route, les signes linguistiques. Opposé à indice, signe involontaire.

signe linguistique : unité significative composée d'un signifiant et d'un signifié.

signifiant : partie du signe linguistique qui forme le support sonore ou écrit associé au signifié.

signification : passage du signifiant au signifié et inversement.

significative (unité) : qui a un sens. Les lexèmes et les morphèmes sont des unités *significatives*. Opposées aux phonèmes, qui sont des unités *distinctives*.

signifié : partie du signe linguistique représentant le concept exprimé.

sociolinguistique : étude des variations linguistiques en fonction de critères sociaux.

sonore : synonyme de *voisé*. Se dit des sons émis avec vibration des cordes vocales. Dans la voix normale, les voyelles sont des sons *sonores*. Les consonnes [b, d, g, v, z, ʒ, l, ʀ] sont également des sonores.

sourd : synonyme de *non voisé*. Se dit des sons émis sans vibration des cordes vocales. Les consonnes /p/, /t/, /k/, /f/, /s/, /ʃ/ sont sourdes.

substance : matière sonore, physique ou conceptuelle. Sur le plan phonique, les langues organisent la substance acoustique (possibilités articulatoires et auditives) en catégories particulières (phonèmes, accentuation, intonation).

substantif : nom, dans la terminologie traditionnelle.

substrat : parler antérieur à un autre qui l'a supplanté. Le celtique est le substrat du gallo-romain.

suffixe : morphème ajouté à un terme de base, comme *-eur* dans *danseur* ou *chanteur*.

syllabe : unité phonique composée obligatoirement d'une voyelle seule ou accompagnée de consonnes, du type : V ou CV, VC, CCV, CCVCC, etc.

syllabe fermée : syllabe terminée par une consonne prononcée, comme dans *par-tir*.

syllabe ouverte : syllabe terminée par une voyelle prononcée, comme dans *é té*.

synonyme : terme ayant le même sens qu'un autre, c'est-à-dire ayant presque tous les *sèmes* communs, comme *travail* et *labeur*.

syntagme : groupe au niveau de la syntaxe. On parle surtout de syntagme à propos du groupement des unités significatives.

syntaxe : étude des règles par lesquelles les unités linguistiques se combinent pour former des propositions et des phrases.

système : ensemble des éléments et des relations d'un code, comme le code linguistique.

tension articulatoire : somme des efforts musculaires pour produire l'articulation des voyelles et des consonnes. L'articulation du français est plus *tendue* que celle de l'anglais, avec le résultat que le français ne diphtongue pas.

timbre : qualité d'un son, déterminée pas sa structuration acoustique et qui permet de le distinguer d'un autre. Le timbre de [i] est plus aigu et plus fermé que celui de [a].

ton :

- Qualité d'une voix liée à sa hauteur
- Hauteur mélodique distinctive dans certaines langues, comme le chinois où un même monème comme *ma* peut prendre des significations différentes selon le *ton* sur lequel il est prononcé

- En stylistique ou phonostylistique : manière de s'exprimer, ton ironique, ton haineux, etc.

trait distinctif : caractéristique acoustique ou articulatoire qui permet de distinguer un phonème d'un autre. Ainsi la *sonorité* est le trait distinctif qui oppose /p/ à /b/.

usage : emploi réel du système langagier dans un contexte réel.

uvulaire : qui est articulé dans la région de la *luette* (ou uvule).

valeur : relation qu'entretient un terme avec les autres termes de la langue. Les synonymes ont rarement la même valeur. Ainsi, en français, *une bagnole* est synonyme de *une voiture,* mais la valeur est différente.

variante : réalisation modifiée ou équivalente. Par exemple, dans la parole, la prononciation du [r] apical est une variante de la prononciation du [ʀ] post-dorso-uvulaire.

vocabulaire : utilisation particulière du lexique par un individu ou une communauté.

voisement : production de son accompagnée de vibrations des cordes vocales, dite aussi *sonorisation.*

voisé : son émis avec vibration des cordes vocales. On dit aussi *sonore.*

voix : émission sonore de l'appareil phonatoire.

voyelle : sur le plan articulatoire, les voyelles sont des sons plus *ouverts* que les consonnes. Acoustiquement, ce sont des sons périodiques. Auditivement, elles sont plus harmonieuses que les consonnes.

BIBLIOGRAPHIE

Antoine, G. et B. Cerquiglini (dir.) (2000) *Histoire de la langue française 1945–2000,* Paris : Éditions du CNRS.

Apollinaire, G. (1920) *Alcools, Le Bestiaire, Vitam impendere amori,* Paris : Gallimard.

Apollinaire, G. (1965) *Œuvres complètes de Guillaume Apollinaire,* Paris : Balland Lecat.

Arrivé, M. (1971) « Les formes des déterminants et des substituts », dans *La grammaire du français parlé,* A. Rigault (dir.), Paris : Hachette, pp. 72-78.

Arrivé, M., F. Gadet et M. Galmiche (1986) *La grammaire française d'aujourd'hui,* Paris : Flammarion.

Austin, J. L. (1970) *Quand dire, c'est faire,* Paris : Seuil.

Baligand, R. (1972) *Les poèmes de Raymond Queneau, Studia Phonetica 6,* Montréal-Paris-Bruxelles : Didier.

Bally, C. (1932) *Linguistique générale et linguistique française,* Berne : Francke.

Barbaud, P. (1984) *Le choc des patois en Nouvelle France, essais sur l'histoire de la francisation au Canada,* Québec : Presses de l'Université Laval.

Barthes, R. (1957) *Mythologies,* Paris : Seuil.

Baudelaire, C. (1969) *Petits poèmes en prose,* Paris : José Corti.

Baudelaire, C. (1972) *Les fleurs du mal,* Paris : Librairie générale française.

Baudot, J. (1964) *La machine à écrire,* Montréal : Éditions du jour.

Baylon, C. et P. Fabre (1975) *Initiation à la linguistique,* Paris : Nathan.

Baylon, C. et P. Fabre (1978) *La sémantique,* Paris : Nathan.

Beauchemin, N., P. Martel, M. Theoret (1983) *Vocabulaire du québécois parlé en Estrie : fréquence, dispersion, usage,* Sherbrooke : Université de Sherbrooke.

Bédard, E. et J. Maurais (dir.) (1983) *La norme linguistique,* Québec : Conseil de la langue française.

Bentolila, A. (1978) « Créole d'Haïti : Nature et fonction », *Études créoles,* 1, pp. 65-76.

Benveniste, C.-B. (1999) *Approches de la langue parlée,* Paris : Orphys.

Benveniste, C.-B. (2003a) « La langue parlée », dans *Le grand livre de la langue française,* M. Yaguello (dir.), Paris : Seuil, pp. 317-344.

Benveniste, C.-B. (2003b) « L'orthographe », dans *Le grand livre de la langue française,* M. Yaguello (dir.), Paris : Seuil, pp. 345-388.

Benveniste, E. (1966) *Problèmes de linguistique générale, I,* Paris : Gallimard.

Benveniste, E. (1974) *Problèmes de linguistique générale, II,* Paris : Gallimard.

Bérimont, L. (1964) *Félix Leclerc présenté par Luc Bérimont,* Paris : Seghers.

Bernstein, B. (1971) *Class, Codes and Control,* Vol. 1, London : Routledge and Kegan.

Bhatt, P. (dir.) (1997) *Significations, Essais en l'honneur d'Henry Schogt / Essays in honour of Henry Schogt,* Toronto : Canadian Scholars' Press.

Bhatt, P. et R. Davis (dir.) (1998) *The Linguistic Brain*, Toronto : Canadian Scholars' Press.

Bhatt, P. et P. Léon (1993) « Melodic patterns in three types of radio discourse », dans *Phonetics and phonology of speaking styles*, J. Llisteri et D. Poch (dir.) Barcelone : European Speech Communication Association, 11.1-11.15.

Bibeau, G. (1975) *Introduction à la phonologie générative du français*, Montréal : Didier.

Bloomfield, L. (1933) *Language*, New York : Holt Rinehart and Wilson.

Bolinger, D. (dir.) (1972) *Intonation*, Harmondsworth : Penguin Books.

Bossuet, J. B. (1922) *Œuvres oratoires*, Paris : Desclée de Brouwer.

Bothorel, A., P. Simon, F. Wioland et J-P. Zerling (1986) *Cinéradiographies des voyelles et des consonnes du français*, Travaux de l'Institut Phonétique de Strasbourg.

Bourret, A. (1999) *Pour l'amour du français*, Montréal : Leméac.

Brunot, F. et C. Bruneau (1949) *Précis de grammaire historique de la langue française*, Paris : Masson.

Bureau, C. (1978) *Syntaxe fonctionnelle du français*, Québec : Presses de l'Université Laval.

Butor, M. (1957) *La modification*, Paris : Minuit.

Calvet, L.-J. (1975) *Pour et contre Saussure*, Paris : Payot.

Calvet, L.-J. (2002 [1993]) *La sociolinguistique*, Paris : Presses universitaires de France.

Carré, J.-M. et F. Debyser (1978) *Jeux de langage et créativité*, Paris : Hachette-Larousse.

Carton, F. (1991 [1974]) *Introduction à la phonétique du français*, Paris : Bordas.

Carton, F. (2000) « La prononciation » dans *Histoire de la langue française*, G. Antoine et B. Cerquiglini (dir.) Paris : Éditions du CNRS, pp. 26-60.

Carton, F., M. Rossi, D. Autesserre et P. Léon (1983) *Les accents des Français*, Paris : Hachette.

Catach, N. (1982) *L'Orthographe*, Paris : Presses universitaires de France.

Catach, N. (1995) *L'Orthographe française*, Paris : Nathan.

Cerquiglini B. (1991) *La naissance du français*, Paris : Presses universitaires de France.

Césaire, A. (1971) *Cahier d'un retour au pays natal*, Paris : Présence Africaine.

Chambers, J. et P. Trudgill (1980) *Dialectology*, Cambridge : Cambridge University Press.

Charaudeau, P. (1983) *Langage et discours: éléments de sémiolinguistique*, Paris : Hachette.

Chaurand, J. (1972) *Introduction à la dialectologie française*, Paris : Bordas.

Chevalier, J.-C., C. Blanche-Benveniste, M. Arrivé et J. Peytard (1970) *La grammaire Larousse du français contemporain*, Paris : Larousse.

Chiss, J. L., J. Filliolet et D. Maingueneau (1977) *Linguistique française : initiation à la problématique structurale, I*, Paris : Hachette.

Chiss, J. L., J. Filliolet et D. Maingueneau (1978) *Linguistique française : initiation à la problématique structurale, II*, Paris : Hachette.

Cichocki, W. (1986) *Linguistic Applications of Dual Scaling and Variation Studies*, Thèse de doctorat, Université de Toronto.

Cichocki, W. et D. Lepetit (1981) « La variable H en français ontarien : quelques aspects sociophonétiques », *Toronto Working Papers in Linguistics*, 2, pp. 45-63.

Cohen, J. (1966) *Structure du langage poétique*, Paris : Flammarion.

Cohen, M. (1953) *L'écriture*, Paris : Éditions sociales.

Colin, J.-P. (2003) « Le lexique », dans *Le grand livre de la langue française*, M. Yaguello (dir.), Paris : Seuil, pp. 391-456.

Combettes, B., P. Demarolle, J. Copeau et J. Fresson (1980) *L'analyse de la phrase*, Nancy : Publications Nancy II.

Csecsy, M. (1971) « Les marques orales du nombre », dans *La grammaire du français parlé*, A. Rigault, (dir.), Paris : Hachette, pp. 94-104.

Culioli, A. (1990) *Pour une linguistique de l'énonciation : opérations et représentations*, Tome 1, Paris : Ophrys.

Danesi, M. (1985) Loanwords and Phonological Methodology, *Studia Phonetica 20*, Montréal-Paris-Bruxelles : Didier.

Darnell, R. (dir.) (1971) *Linguistic diversity in Canadian society*, Edmonton : Linguistic Research.

Darnell, R. (dir.) (1973) *Canadian languages in their social context*, Edmonton : Linguistic Research.

Dauzat, A. (1927) *Les patois : évolution, classification*, Paris : Delagrave.

Dauzat, A. (1948) *Les étapes de la langue française*, Paris : Presses universitaires de France.

Dauzat, A., J. Dubois et H. Mitterand (1964) *Dictionnaire étymologique et historique du français*, Paris : Larousse.

Delattre, P. (1951) *Principes de phonétique française à l'usage des étudiants anglo-américains*, Middlebury : College Press.

Delattre, P. (1966) *Studies in French and comparative phonetics*, La Haye : Mouton.

Delattre, P. (1969) « L'intonation par les oppositions », *Le Français dans le monde*, 64, pp. 6-13.

Dell, F. (1973) *Les règles et les sons*, Paris : Hermann.

Dell, F., D. Hirst et J.R. Vergnaud (dir.) (1984) *Forme sonore du langage*, Paris : Hermann.

De Saint-Loup, A. Y. Delaporte et M. Renard (1997) *Gestes des moines, regard des sourds*, Nantes : Laval.

Désirat, C. et T. Hordé (1976) *La langue française au 20ᵉ siècle*, Paris : Bordas.

Desnos, R. (1930) *Corps et Biens*, Paris : Gallimard.

Desnos, R. (1952) *Chantefables*, Genève : Bibliothèque romande.

Di Cristo, A. (1975) « Recherches sur la structure prosodique de la phrase française », *Actes des 6ᵉ Journées d'Étude sur la Parole*, Toulouse, pp. 95-116.

Dobrovolsky, M. (1992) « Joy », dans *Mélanges Léon*, P. Martin (dir.), Toronto : Mélodie et Canadian Scholars' Press, pp. 109-128.

Dubois, J. (1963) *Essais sur la dérivation suffixale en français moderne et contemporain*, Paris : Larousse.

Dubois, J. (1965) *Grammaire structurale du français : nom et pronom*, Paris : Larousse.

Dubois, J. (1967) *Grammaire structurale du français : le verbe*, Paris : Larousse.

Dubois, J. (1969) *Grammaire structurale du français : la phrase et les transformations*, Paris : Larousse.

Dubois, J. et C. Dubois (1971) *Introduction à la lexicographie : le dictionnaire*, Paris : Larousse.

Dubois, J. et R. Lagane (1973) *La nouvelle grammaire structurale du français*, Paris : Larousse.

Dubois, J. et F. Dubois-Charlier (1970) *Éléments de linguistique française : syntaxe*, Paris : Larousse.

Dubois, J., M. Giacomo, L. Guespin, C. Marcellesi, J.-P. Marcellesi et J-P. Mevel (1973) *Dictionnaire de linguistique*, Paris : Larousse.

Dubois-Charlier, F. (1975) *Comment s'initier à la linguistique*, Paris : Larousse.

Ducrot, O. (1972) *Dire et ne pas dire*, Paris : Hermann.

Ducrot, O. (1973) *La preuve et le dire*, Paris : Thane.

Ducrot, O. et T. Todorov (1972) *Dictionnaire encyclopédique des sciences du langage*, Paris : Seuil.

Dulong, G. (1981 et 1984) *Atlas linguistique de l'est du Canada*, Québec : EODQ

Dumas, D. (1987) *Les prononciations du français québécois*, Québec : Presses de l'Université du Québec.

Eluerd, R. (1985) *La pragmatique linguistique*, Paris : Nathan.

Fagyal, Z. (1995) *Aspects phonostylistiques de la parole médiatisée, lue et spontanée*, Lille : Université de Lille.

Farina, F. (2001) *Dictionnaire de la langue française du Canada : Lexicographie et société au Québec*, Paris : Honoré Champion.

Fishman, J. (1971) *Sociolinguistique*, Paris : Nathan.

Flaubert, G. (2001) *Œuvres de jeunesse, Œuvres complètes, 1*, Paris : Gallimard.

Fónagy, I. (1979) La métaphore en phonétique, *Studia Phonetica 16*, Montréal-Paris-Bruxelles : Didier.

Fónagy, I. (1983) *La vive voix*, Paris : Payot.

Fónagy, I. et P. Léon (dir.) (1980) L'accent en français contemporain, *Studia Phonetica 15*, Montréal-Paris-Bruxelles : Didier.

François, F. (1980) *Linguistique*, Paris : Presses universitaires de France.

François, D. (1974) *Français parlé*, Tome 1 et Tome 2, Paris : SELAF.

Fuchs, C. et P. Le Goffic (1975) *Initiation aux problèmes des linguistiques contemporaines*, Paris : Hachette.

Gadet, F. (1997) *Le français ordinaire*, Paris : Colin.

Gadet, F. (2003a) *La variation sociale en français*, Paris : Orphys.

Gadet, F. (2003b) « La variation : le français dans l'espace social, régional et international », dans *Le grand livre de la langue française*, M. Yaguello (dir.), Paris : Seuil, pp. 91-152.

Galisson, R. et D. Coste (dir.) (1976) *Dictionnaire de didactique des langues*, Paris : Hachette.

Garde, P. (1968) *L'accent*, Paris : Presses universitaires de France.

Gardin, J.-C. (1974) *Les analyses de discours*, Paris : Delachaux et Niestlé.

Gendron, J.-D. (1966) *Tendances phonétiques du français parlé au Canada*, Paris : Klincksieck.

Gendron, J.-D. (1967) « Le phonétisme du français canadien du Québec face à l'adstrat anglo-américain », dans *Études de linguistique franco-canadienne*, J.D. Gendron et G. Straka (dir.), Paris : Klincksieck et Québec : Presses de l'Université Laval, pp. 15-67.

Gendron J.-D. et G. Straka (1967) (dir.) *Études de linguistique franco-canadienne*, Paris : Klincksieck et Québec : Presses de l'Université Laval.

Genette, G. et T. Todorov (dir.) (1979) *Sémantique de la poésie*, Paris : Seuil.

Genouvrier, E. (1992) *L'enfance de la parole*, Paris : Nathan.

Germain, C. (1981) *La sémantique fonctionnelle*, Paris : Presses universitaires de France.

Germain, C. et R. Leblanc (1981a) *Introduction à la linguistique générale, 1 : la phonétique*, Montréal : Presses de l'Université de Montréal.

Germain, C. et R. Leblanc (1981b) *Introduction à la linguistique générale, 2 : la phonologie*, Montréal : Presses de l'Université de Montréal.

Germain, C. et R. Leblanc (1981c) *Introduction à la linguistique générale, 3 : la morphologie*, Montréal : Les Presses de l'Université de Montréal.

Germain, C. et R. Leblanc (1981d) *Introduction à la linguistique générale, 4 : la syntaxe*, Montréal : Presses de l'Université de Montréal.

Germain, C. et R. Leblanc (1981e) *Introduction à la linguistique générale, 5 : la sémantique*, Montréal : Presses de l'Université de Montréal.

Gezundhajt, H. (2000) *Adverbes en -ment et opérations énonciatives : analyse linguistique et discursive*, Berne : Peter Lang.

Gide, A. (1925) *La symphonie pastorale*, Paris : Gallimard.

Gleason, H. (1970) *Introduction à la linguistique descriptive*, Paris : Larousse.

Gougenheim, G. (1958) *Dictionnaire du français fondamental*, Paris : Didier.

Gougenheim, G., R. Michea, P. Rivenc et A. Sauvageot (1956) *Élaboration du français élémentaire*, Paris : Didier.

Grammont, M. (1914) *Traité de prononciation française*, Paris : Delagrave.

Grammont, M. (1956) *Traité de phonétique*, Paris : Delagrave.

Grammont, M. (1965) *Petit traité de versification française*, Paris : Armand Colin.

Greimas, A. (1966) *Sémantique structurale*, Paris : Larousse.

Greimas, A. (dir.) (1972) *Essais de sémiotique poétique*, Paris : Larousse.

Grevisse, M. (1964) *Le bon usage*, Paris : J. Duculot.

Grize, J.-B. (1981) « L'argumentation : Explication ou séduction », dans *L'argumentation*, Lyon : Presses de l'Université de Lyon.

Gross, M. (1968) *Grammaire transformationnelle du français : syntaxe du verbe*, Paris : Larousse.

Gross, M. (1975) *Méthodes de syntaxe*, Paris : Hermann.

Grundstrom, A. (1973) « L'intonation des questions en français standard et en français canadien », dans *Interrogation et intonation*, A. Grundstrom et P. Léon (dir.), Montréal-Paris-Bruxelles : Didier, pp. 19-51.

Grundstrom, A. (1983) *L'analyse du français*, Lanham : University Press of America.

Grundstrom, A. et P. Léon (dir.) (1973) Interrogation et intonation, *Studia Phonetica 8*, Montréal-Paris-Bruxelles : Didier.

Gueunier, N., E. Genouvrier et A. Khomsi (1978) *Les Français devant la norme : contribution à une étude de la norme du français parlé*, Paris : Honoré Champion.

Guillaume, G. (1968) *Temps et verbe*, Paris : Honoré Champion.

Guimbretière, E. (2000) *La prosodie au cœur du débat*, Rouen : Publications de l'Université, CNRS.

Guiraud, P. (1954) *Les caractères statistiques du vocabulaire*, Paris : Presses universitaires de France.

Guiraud, P. (1955) *La sémantique*, Paris : Presses universitaires de France.

Guiraud, P. (1962a) *Les locutions françaises*, Paris : Presses universitaires de France.

Guiraud, P. (1962b) *La syntaxe du français*, Paris : Presses universitaires de France.

Guiraud, P. (1964) *L'étymologie*, Paris : Presses universitaires de France.

Guiraud, P. (1965) *Les mots étrangers*, Paris : Presses universitaires de France.

Guiraud, P. (1967a) *La grammaire*, Paris : Presses universitaires de France.

Guiraud, P. (1967b) *Les structures étymologiques du lexique français*, Paris : Larousse.

Guiraud, P. (1968) *Patois et dialectes français*, Paris : Presses universitaires de France.

Hagège, C. (1976) *La grammaire générative : réflexions critiques*, Paris : Presses universitaires de France.

Hagège, C. (1985) *L'homme de paroles*, Paris : Fayard.

Hagège, C. (1987) *Le français et les siècles*, Paris : Odile Jacob.

Haillet, P. (1995) *Le conditionnel dans le discours journalistique : essai de linguistique descriptive*, Neuville : BREF.

Harris, Z. (1951) *Structural linguistics*, Chicago : University of Chicago Press.

Harris, Z. (1976) *Notes du cours de syntaxe*, Paris : Seuil.

Heap, D., Lasserre, E., Tennant, J. (dir.) (1992) *La problématique de l'implicite*, Toronto : Département de français, Université de Toronto.

Hesbois, L. (1986) *Les jeux de langage*, Ottawa : Éditions de l'Université d'Ottawa.

Higounet, C. (1990) *L'écriture*, Paris : Presses universitaires de France.

Hjelmslev, L. (1968) *Prolégomènes à une théorie du langage*, Paris : Éditions de Minuit.

Holder, M. A. (1972) « Le parler populaire franco-ontarien, la prononciation de quelques Canadiens français de la région de Sudbury-North Bay », *Phonetica 26*, pp. 24-49.

Houdebine, A.-M. (1983) « Sur les traces de l'imaginaire linguistique », dans *Parlers masculins, parlers féminins ?*, V. Aebischer et al. (dir.), Paris : Delachaux-Niestlé.

Hugo, V. (1934) *Hernani*, Paris : Nelson.

Hugo, V. (1969) *Contemplations*, Paris : Garnier.

Imbs, P. (1960) *L'emploi des temps verbaux en français moderne*, Paris : Klincksieck.

Ionesco, E. (1954) *La cantatrice chauve*, Paris : Gallimard.

Jackson, M. (1968) « Étude du système vocalique du parler de Gravelbourg », dans *Recherches sur la structure phonique du français canadien*, P. Léon (dir.), Montréal-Paris-Bruxelles : Didier, pp. 61-78.

Jakobson, R. (1963) *Essais de linguistique générale*, Paris : Seuil.

Kerbrat-Orecchioni, C. (1977) *La connotation*, Lyon : Presses de l'Université de Lyon.

Kerbrat-Orecchioni, C. (2001) *Les actes de langage dans le discours*, Paris : Nathan.

Klein-Lataud, C. (2001) *Précis des figures de style*, Toronto : GREF.

Konopczynski, G. (1987) « Les oppositions intonatives de l'enfant préverbal », *Information/Communication*, 8, pp. 5-29.

Kristeva, J. (1976) « Contraintes rythmiques et langage poétiques », dans *L'analyse du discours*, P. Léon et H. Mitterand (dir.), Montréal : CEC, pp. 215-241.

Labov, W. (1976) *Sociolinguistique*, Paris : Minuit.

Labrie, N. et G. Forlot (1999) (dir.) *L'enjeu de la langue en Ontario français*, Sudbury : Prise de Parole.

Lacheret-Dujour, A. et F. Beaugendre (1999) *La prosodie du français*, Paris : Éditions du CNRS.

Ladefoged, P. (1982) *A course in phonetics*, New York : Harcourt Brace Janovich.

Lafon, J.C. (1961) *Message et phonétique*, Paris : Presses universitaires de France.

Landercy, A. et R. Renard (1977) *Éléments de phonétique*, Paris : Didier.

Lapierre, A. (1979) *Le français ontarien c'est quoi?*, Ottawa : Département de linguistique.

Leclerc, J. (1979) *Qu'est-ce que la langue ?*, Laval : Mondia.

Leclerc, J. (1986) *Langue et société*, Laval : Mondia.

Le Galliot, J. (1975) *Description générative et transformationnelle de la langue française*, Paris : Nathan.

Légaré, C. et A. Bougaïeff (1984) *L'empire du sacre québécois, étude sémiolinguistique d'un intensif populaire*, Québec : Presses de l'Université Laval.

Le Guern, M. (1973) *Sémantique de la métaphore et de la métonymie*, Paris : Larousse.

Léon, M. (1972) *L'accentuation des pronoms personnels en français standard, Studia Phonetica 5*, Montréal-Paris-Bruxelles : Didier.

Léon, M. (2002 [1997]) *La prononciation du français*, avec P. Léon, Paris : Nathan.

Léon, M. (2003 [1964]) *Exercices systématiques de prononciation française*, Paris : Hachette.

Léon, P. (1966) *Prononciation du français standard*, Paris : Didier.

Léon, P. (1968) Recherches sur la structure phonique du français canadien, *Studia Phonetica 1*, Montréal-Paris-Bruxelles : Didier.

Léon, P. (1971) Essais de phonostylistique, *Studia Phonetica 4*, Montréal-Paris-Bruxelles : Didier.

Léon, P. (1972) « Où en sont les études sur l'intonation? », *7e congrès international des sciences phonétiques*, A. Rigault et R. Charbonneau (dir.), La Haye : Mouton, pp. 113-156.

Léon, P. (1973) « Réflexions idiomatologiques sur l'accent en tant que métaphore sociolinguistique », *French Review*, vol. 46/4, pp. 783-789.

Léon, P. (1976) « Sèmes potentiels et actualisation phonétique », *Études littéraires*, « Linguistique et littérature », n° 912, pp. 316-340.

Léon, P. (1983a) « Dynamique des changements phonétiques dans le français de France et du Canada », *La Linguistique*, n° 19/1, pp. 13-28.

Léon, P. (1983b) *Les mots d'Arlequin : petits poèmes pour rire et pour chanter*, Sherbrooke : Naaman.

Léon, P. (1992) *Précis de phonostylistique, La parole expressive*, Paris : Nathan.

Léon, P. (1993) *Phonétisme et Prononciations du français*, Paris : Nathan, 4e éd. 2002.

Léon, P. (1997a) *La prononciation du français*, en collaboration avec M. Léon, Paris : Nathan, 3e éd. 2002.

Léon, P. (1997b) « Le paillasson est-il sous le chat de Schogt ? Problèmes de sémantique en phonostylistique », dans *Significations, Essais en l'honneur d'Henry Schogt / Essays in honour of Henry Schogt*, P. Bhatt (dir.), Toronto : Canadian Scholars' Press, pp. 419-27.

Léon, P. (1998) « Variation individuelle et indexation sociale : rôle des syncopes phonématiques et de l'accent », dans *French sound patterns : changing perspectives*, C. Slater, J. Durand et M. Bate (dir.), Essex : Occasionnal Papers of the University.

Léon, P. (2003) *Le papillon à bicyclette*, Toronto : GREF.

Léon, P. et M. Léon (1963) *Introduction à la phonétique corrective*, Paris : Hachette.

Léon, P. et P. Martin (1969) *Prolégomènes à l'étude des structures intonatives, Studia Phonetica 2*, Montréal-Paris-Bruxelles : Didier.

Léon, P. et H. Mitterand (dir.) (1976) *L'analyse du discours*, Montréal : CEC.

Léon, P. et M. Rossi (1980) Problèmes de prosodie, approches théoriques, vol. 1, *Studia Phonetica 16*, Montréal-Paris-Bruxelles : Didier.

Léon, P. et J. Tennant (1988) « Observations sur la variation morphologique et phonématique dans Apostrophes », *Information/Communication*, 9, Experimental Phonetics Lab, Université de Toronto, pp. 20-47.

Lepetit, D. (1992) *Intonation française, enseignement et apprentissage*, Toronto : Canadian Scholars' Press.

Lortie, S. A. (1903) *L'origine et le parler des Canadiens français*, Paris : Honoré Champion.

Lucci, V. (1983) *Étude phonétique du français contemporain à travers la variation situationnelle*, Grenoble : Publications de l'université des langues et des lettres.

Lyons, J. (1969) *Introduction to theoretical linguistics*, Cambridge : Cambridge University Press.

Lyons, J. (1977a) *Semantics, 1*, Cambridge : Cambridge University Press.

Lyons, J. (1977b) *Semantics, 11*, Cambridge : Cambridge University Press.

Mahmoudian, M. (1970) *Les modalités nominales en français*, Paris : Presses universitaires de France.

Maillet, A. (1973) *La sagouine*, Montréal : Leméac.

Maillet, A. (1979) *Pélagie-La-Charrette*, Montréal : Leméac.

Mallarmé, S. (1945) *Poésies*, Paris : Gallimard.

Malmberg, B. (1970) *La phonétique*, Paris : Presses universitaires de France.

Malmberg, B. (1977) *Signes et symboles*, Paris : Picard.

Marcellesi, J.-B. et J.-C. Gardin (1974) *Introduction à la sociolinguistique*, Paris : Larousse.

Marchal, A. (1980) *Les sons et la parole*, Montréal : Guérin.

Marchello-Nizzia, C. (2003) « Le français dans l'histoire », dans *Le grand livre de la langue française*, M. Yaguello (dir.), Paris : Seuil, pp. 11-90.

Marie De L'incarnation (1681) *Lettres de la vénérable mère Marie de l'Incarnation*, Paris : Billaine.

Martin, P. (1975) « Analyse phonétique de la phrase française », *Linguistics*, 196, pp. 35-67.

Martin, P. (1980) « Une théorie syntaxique de l'accentuation en français », dans *L'accent en français contemporain*, Fónagy et Léon (dir.), Montréal-Paris-Bruxelles : Didier, pp. 1-12.

Martin, Ph. (dir.) (1992) *Mélanges Léon*, Toronto : Mélodie et Canadian Scholars' Press.

Martinet, A. (1945) *Prononciation du français contemporain*, Genève : Droz.

Martinet, A. (1960) *Éléments de linguistique générale*, Paris : A. Colin.

Martinet, A. (1966) « Le mot », in *Problèmes du langage*, coll. Diogène, Paris : Gallimard, pp. 39-53.

Martinet, A. (1968) *La linguistique synchronique*, Paris : Presses universitaires de France.

Martinet, A. (dir.) (1968) *Le langage*, Paris : Gallimard.

Martinet, A. et coll. (1969) *La linguistique, Guide alphabétique*, Paris : Denoël-Gonthier.

Martinet, A. (1985) *Syntaxe générale*, Paris : A. Colin.

Martinon, P. (1913) *Comment on prononce le français*, Paris : Larousse.

Marty, F. (1971) « Les formes du verbe en français parlé », dans *La grammaire du français parlé*, A. Rigault (dir.), Paris : Hachette, pp. 106-117.

Matoré, G. (1962) *La méthode en lexicologie*, Paris : Didier.

Maury, N. (1976) *Le système vocalique d'un parler normand, Studia Phonetica 11*, Montréal-Paris-Bruxelles : Didier.

Maury, N. (1989) « Analyse acoustique des questions indirectes en normand et statut des questions indirectes », *Information/Communication*, vol. 11, Toronto : Experimental Phonetics Lab, Université de Toronto, pp. 5-10.

Meney, L. (1999) *Dictionnaire québécois-français pour mieux se comprendre entre francophones*, Montréal : Guérin.

Mitterand, H. (1963) *Les mots français*, Paris : Presses universitaires de France, 10ᵉ éd. 2000.

Molière (J.-B. Poquelin) (1889) *Œuvres complètes, tome 4*, Paris : Calmann Levy.

Molière (J.-B. Poquelin) (1895) *Le Bourgeois Gentilhomme*, Paris : Larousse.

Morier, H. (1961) *Dictionnaire de poétique et de rhétorique*, Paris : Presses universitaires de France.

Mougeon, F. (1995) *Quel français enseigner ? Initiation au français parlé au Canada et en France*, Toronto : GREF.

Mougeon, R. (1996) « La recherche sociolinguistique sur le français du Canada », dans *De la polyphonie à la symphonie. Méthodes, théories et faits de la recherche pluridisciplinaire sur le français au Canada*, G. Erfurt (dir.), Leipzig : Leipziger Üniversitätsverlag GMBH, pp. 183-206.

Mounin, G. (1968) *Clefs pour la linguistique*, Paris : Seghers.

Mounin, G. (1970) *Introduction à la sémiologie*, Paris : Minuit.

Mounin, G. (1974) *Dictionnaire de la linguistique*, Paris : Presses universitaires de France.

Nadasi, T. (1997) « Écarts sémantiques entre le français hexagonal et le français québécois : un phénomène social », dans *Significations, Essais en l'honneur d'Henry Schogt / Essays in honour of Henry Schogt*, P. Bhatt (dir.), Toronto : Canadian Scholars' Press, pp. 487-495.

Nemni, M. (1973) *Vers une définition phonologique et syntaxique de l'incise*, Thèse de doctorat, Université de Toronto.

Nilsen, D. et A. Nilsen (1978) *Language play: an introduction to linguistics*, Rowley : Newbury House.

Nique, C. (1974) *Initiation méthodique à la grammaire générative*, Paris : A. Colin.

Nique, C. (1978) *Grammaire générative : hypothèses et argumentations*, Paris : A. Colin.

Nyrop, K. (1904) *Grammaire historique de la langue française, vol. 3 : Formation des mots*, Copenhague : Gyldendalske Boghandel.

Pergnier, M. (1986) *Le mot*, Paris : Presses universitaires de France.

Picoche, J. (1977) *Précis de lexicologie française*, Paris : Nathan.

Poirier, C. (1985) *Dictionnaire du français québécois*, Québec : Presses de l'Université Laval.

Poirier, C. (dir.) avec la collaboration d'A. Boivin, C. Trépannier et C. Verreault (1994) *Langue, espace, société, les variétés du français en Amérique du Nord*, Québec : Presses de l'Université Laval.

Pottier, B. (1962) *Systématique des éléments de relation*, Paris : Klincksieck.

Pottier, B. (dir.) (1973) *Le langage*, Paris : Retz.

Prieto, L.J. (1966) *Messages et signaux*, Paris : Presses universitaires de France.

Pruvost, J.-C. (2000) *Les dictionnaires de la langue française*, Paris : Presses universitaires de France.

Pruvost, J.-C. (2003) « Les dictionnaires français, histoire et méthodes », dans *Le grand livre de la langue française*, M. Yaguello (dir.), Paris : Seuil, pp. 457-490.

Quémada, B. (1968) *Les dictionnaires du français moderne. 1539–1863*, Paris : Didier.

Queneau, R. (1959) *Zazie dans le métro*, Paris : Gallimard.

Queneau, R. (1965) *Les fleurs bleues*, Paris : Gallimard.

Racine, J. (1847) *Théâtre complet de J. Racine*, Paris : Firmin Didot.

Radford, A. (1981) *Transformational syntax*, Cambridge : Cambridge University Press.

Rastier, F. (1972) « Systématique des isotopies », dans *Essais de sémiotique poétique*, A. J. Greimas (dir.), Paris : Larousse, pp. 80-106.

Régnier, H. de (1899) *Premiers poèmes*, Paris : Mercure de France.

Rey, A. (1970) *La lexicologie*, Paris : Klincksieck.

Rey, A. (1973) *Théories du signe et du sens*, Paris : Klincksieck.

Richaudeau, P. (1981) *Linguistique pragmatique*, Paris : Retz.

Rigault, A. (dir.) (1971) *La grammaire du français parlé*, Paris : Hachette.

Rigault, A. (1971) « Les marques du genre », dans *La grammaire du français parlé*, A. Rigault (dir.), Paris : Hachette, pp. 79-91.

Rimbaud, A. (1972) *Poésies*, Paris : Librairie générale française.

Rivenc, P. (1971) « Lexique et langue parle », dans *La grammaire du français parlé*, A. Rigault (dir.), Paris : Hachette, pp. 51-69.

Ronsard, P. (1964) *Les amours*, Paris : Librairie générale française.

Ronsard, P. (1994) *Œuvres complètes, 1*, Paris : Gallimard.

Rosienski-Pellerin, S. (1995) *Perecgrinations ludiques, Études de quelques mécanismes du jeu dans l'œuvre de Georges Perec*, Toronto : GREF.

Rossi, M., A. Di Cristo, D. Hirst, P. Martin et Y. Nishinuma (1981) *L'intonation*, Paris : Klincksieck.

Rouayrenc, C. (1996) *Les gros mots*, Paris : Presses universitaires de France.

Ruwet, N. (1972) *Théorie syntaxique et syntaxe du français*, Paris : Seuil.

Saint-John Perse (1957) *Amers*, Paris : Gallimard.

Sankoff, G. et H. Cedergren (1971) « Some results of a Sociolinguistic Study of Montreal French », dans *Linguistic Diversity in Canadian Society*, R. Darnell (dir.), Edmonton : Linguistics Research Inc.

Santerre, L. (1980) *Le français de Québec*, Montréal : Guérin.

Santerre, L. (1986) « La chute des voyelles hautes en français de Montréal », *Information/Communication, 6*, Experimental Phonetics Lab, pp. 5-22.

Saussure, F. de (1915) *Cours de linguistique générale*, Paris : Payot.

Sauvageot, A. (1964) *Portrait du vocabulaire français*, Paris : Larousse.

Scherer, K. et H. Giles (dir.) (1979) *Social markers in speech*, Cambridge : Cambridge University Press.

Schogt, H. (1968) *Système verbal du français contemporain*, La Haye : Mouton.

Schogt, H. (1976) *Sémantique synchronique : synonymie, homonymie, polysémie*, Toronto : University of Toronto Press.

Schone, M. (1947) *Vie et mort des mots*, Paris : Presses Universitaires de France.

Searle, J. (1972) *Les actes de langage*, Paris : Hermann.

Séguinot, A. et al. (1977) *L'accent d'insistance, Studia Phonetica 12*, Montréal-Paris-Bruxelles : Didier.

Selkirk, E. (1980) *The phrase phonology of English and French*, New York : Garland.

Selkirk, E. (1984) *Phonology and syntax: the relation between sound and meaning*, Cambridge : MIT Press.

Slater, C., J. Durand et M. Bate (dir.) (1998) *French sound patterns : changing perspectives*, Essex : Occasional Papers of the University.

Straka, G. (1972) *Album phonétique*, Québec : Presses de l'Université Laval.

Straka, G. (1982) *Les sons et les mots*, Paris : Klincksieck.

Surridge, M. (1982) « L'attribution du genre grammatical aux emprunts anglais et français canadien », *Glossa*, 16, pp. 28-39.

Szmidt, Y. (1976) *L'interrogation totale dans le parler franco-canadien de Lafontaine, Ontario : ses formes et ses modalités intonatives*, Thèse de doctorat, Université de Toronto.

Tatilon, C. (1976) *Sonorités et texte poétique, Studia Phonetica 10*, Montréal-Paris-Bruxelles : Didier

Tennant, J. (1994) *Variation morphologique dans le français parlé des adolescents à North Bay (Ontario)*, Thèse de doctorat, Université de Toronto.

Tesnière, L. (1959) *Éléments de syntaxe structurale*, Paris : Klincksieck.

Thibault, P. (dir.) (1979) *Le français parlé : études sociolinguistiques*, Edmonton : Linguistic Research.

Thomas, A. (1986) *La variation phonétique : cas du franco-ontarien, Studia Phonetica 21*, Montréal-Paris-Bruxelles : Didier.

Thomas, A. (1990) « Normes et usages phonétiques de l'élite francophone en France et en Ontario », *Information/Communication*, vol. 11, Toronto : Experimental Phonetics Lab et Canadian Scholars' Press, pp. 8-22.

Thomas, A. (1996) « Où en sont les recherches sur la prononciation franco-ontarienne ? » *Revue du Nouvel Ontario*, 20, pp. 41-50.

Todorov, T. (1967) *Littérature et signification*, Paris : Larousse.

Togeby, K. (1965) *Structure immanente de la langue française*, Paris : Larousse.

Troubetzkoy, N. (1949) *Principes de phonologie*, Paris : Klincksieck.

Trudgill, P. (1983) *Sociolinguistics*, Harmondsworth : Penguin.

Ullmann. S. (1952) *Précis de sémantique française*, Berne : Francke.

Valdman, A. (1976) *French phonology and morphology*, Rowley : Newbury House.

Valdman, A. (1978) *Le créole : structure, statut et origine*, Paris : Klincksieck.

Valdman, A. (1982) « Français standard et français populaire », *French Review*, 16, 2, pp. 218-277.

Valéry, P. (1931) *Regards sur le monde actuel*, Paris : Stock

Valéry, P. (1936) *Poésies*, Paris : Gallimard.

Van Schendel, M. (1978) *Veiller ne plus veiller*, Saint-Lambert : Noroît.

Venne, M. (dir.) (2004) *Annuaire du Québec 2004*, Montréal : Fides.

Verlaine, P. (1890) *Poèmes saturniens*, suivi de *Fêtes galantes*, Paris : Messein.

Verlaine, P. (1963) *La bonne chanson, Romance sans paroles, Sagesse*, Paris : Librairie générale française.

Vinay, J.P. (1950) « Bout de langue ou fond de la gorge », *The French Review*, 6, pp. 489-498.

Vinay, J.P. et J. Darbelnet (1958) *Stylistique comparée de l'anglais et du français*, Paris : Didier.

Voltaire, (1818) *Œuvres complètes de Voltaire : Commentaires sur Corneille*, Paris : Lefèvre.

Wagner, R. (1968) *Les vocabulaires français*, Paris : Didier.

Wagner, R. et J. Pinchon (1962) *Grammaire du français classique et moderne*, Paris : Hachette.

Walker, D. (1985) *The pronunciation of Canadian French*, Ottawa : Presses de l'Université d'Ottawa.

Walter, H. (1976) *La dynamique des phonèmes dans le français contemporain*, Paris : France Expansion.

Walter, H. (dir.) (1977) *Phonologie et société*, Montréal-Paris-Bruxelles : Didier.

Walter, H. (1982) *Enquête phonologique et variétés régionales du français*, Paris : Presses universitaires de France.

Walter, H. (1988) *Le français dans tous les sens*, Paris : Robert Laffont.

Walter, H. (1994) *L'aventure des langues en occident, leur origine, leur histoire, leur géographie*, Paris : Robert Laffont.

Walter, H. (1997a) « Le cheminement des innovations lexicales en français contemporain », dans *Significations, Essais en l'honneur d'Henry Schogt / Essays in honour of Henry Schogt*, P. Bhatt (dir.), Toronto : Canadian Scholars' Press, pp. 527-541.

Walter, H. (1997b) *L'aventure des mots français venus d'ailleurs*, Paris : Robert Laffont.

Walter, H. et P. Avenas (2003) *L'étonnante histoire des noms de mammifères*, Paris : Robert Laffont.

Weinrich, H. (1973) *Le temps*, Paris : Le Seuil.

Wrenn, Ph. (1974) *Melodic structures in Canadian French as spoken in Lafontaine Ontario*, Thèse de doctorat, Université de Toronto.

Wooldridge, T.R. (1977) *Les débuts de la lexicographie française*, Toronto : University of Toronto Press.

Wooldridge, T.R. (1994) « Considérations sur la constitution et l'utilisation d'une banque de données textuelles du français québécois », dans *Langue, espace, société, les variétés du français en Amérique du Nord*, G. Poirier et al. (dir.), Québec : Presses de l'Université Laval, pp. 457-465.

Wunderli, P. (1979) *Französische Intonationsforschung*, Tübingen : Gunther Narr.

Wunderli, P. (1987) *L'intonation des séquences extraposées en français*, Tübingen : Gunther Narr.

Yaguello, M. (1978) *Les mots et les femmes*, Paris : Payot.

Yaguello, M. (1981) *Alice au pays du langage*, Paris : Seuil.

Yaguello, M. (1984) *Les fous du langage*, Paris : Seuil.

Yaguello, M. (1990) *Histoire de lettres : des lettres et des sons*, Paris : Seuil.

Yaguello, M. (1991) *En écoutant parler la langue*, Paris : Seuil.

Yaguello, M. (1998) *Petits faits de langue*, Paris : Seuil.

Yaguello, M. (2003) « La grammaire », dans *Le grand livre de la langue française*, M. Yaguello (dir.), Paris : Seuil.

Yaguello, M. (dir.) (2003) *Le grand livre de la langue française*, Paris : Seuil.

Zwanenburg, W. (1965) *Recherches sur la prosodie de la phrase française*, Leiden : Universitaire Pers.

INDEX

abréviation, 35, 170, 178–79, 195

accent d'insistance, 84

accent rythmique. *Voir* rythme

accentuation, 66, 82–85, 87, 93–95, 97, 103–104, 188, 220, 226, 317

accentuation démarcative, 83, 87, 93, 226

accentuation d'insistance, 84–85. *Voir aussi* accent d'insistance

actant, 150–154, 232, 242, 278

affixe, 171–172, 288

agent, 150–151, 232, 240–44

allongement, 68–69, 338

allophone, 62

alvéolaire, 53–56, 75, 78

amalgame, 124, 127, 224

analogie, 110, 125

analyse componentielle, 277. *Voir aussi* analyse sémique

analyse sémique, 276–277, 281, 283, 285, 289–290

antérieur (temps verbal). *Voir* futur antérieur et passé antérieur

antérieure (articulation), 44, 46, 54, 56, 59, 62–64, 77, 336–337

antonyme, 285–286, 292–293. *Voir aussi* antonymie

antonymie, 276, 283, 285, 289

aphérèse, 179. *Voir aussi* abréviation

apical, 53, 57, 311, 338

apocope, 179, 183. *Voir aussi* abréviation

arbitraire, 15, 19–20, 129, 131

arrondi, 44, 46, 49, 56, 59, 62–64. *Voir aussi* labial

aspiration. *Voir* H aspiré

assibilation, 336

assimilation, 57, 76–78, 80. *Voir aussi* variante conditionnée

autonome, phrase. *Voir* phrase autonome

autonome, syntagme. *Voir* syntagme autonome

bilabial, 54–56, 74

calque, 187, 189, 339

calque lexical, 189

calque sémantique, 189

calque syntaxique, 339

causalité externe. *Voir* facteurs externes

causalité interne. *Voir* causes internes, facteurs internes

causes internes, 63

champ lexical, 288, 292

champ notionnel, 288

champ sémantique, 288, 345

chuintante, 57

circonstanciel, complément. *Voir* complément circonstanciel

code, 3, 6, 13, 15–17, 22, 24–25, 34, 36, 203, 228, 300

code écrit, 7, 10, 123, 125–126, 128, 132, 140, 143–144

code oral, 7, 10, 13, 15, 108, 123, 125–126, 128, 134, 141, 143–146

communication, 4–7, 10, 15–17, 19, 23, 25, 41, 76, 117, 150, 185, 271, 278, 283, 302, 314–315, 323

commutation, 28–31, 172, 180

complément circonstanciel, 148, 203, 210, 215, 221–225

componentielle, analyse. *Voir* analyse componentielle

connotatif, 292

connotation, 81, 131, 176–177, 273–274, 283, 289, 323

consonne, 5, 9, 21, 27, 29–30, 32, 41, 44, 47–48, 51–63, 65–67, 69, 74–79, 81, 84, 93, 99–102, 105–107, 109, 124–125, 134, 145, 195, 310–314, 336–337, 339

consonne liquide, 57, 65

consonne nasale, 53, 55–57, 59, 74–77, 109

consonne orale, 53, 55–56, 59, 65, 76–77

construit (mot ou syntagme), 177

contextuel (sens), 271–273, 295

continue (consonne), 53, 314

contrepèterie, 81

convention, 7, 17–18, 20

conventionnel, 18, 20

coordination, 119, 180, 248–250, 252–253, 255–257, 259, 265

coréférentiel, 253–254, 259, 261–262

corrélation, 75

coup de glotte, 85

créole, 72, 146, 186, 321–323, 327–329

déclarative, 89–92, 94, 205, 230, 232, 235–240, 244–245

décoder, 16, 21, 34, 95, 203, 301

décodeur. *Voir* récepteur

démarcation, 93. *Voir aussi* accentuation démarcative, intonation démarcative

dénotatif, 273. *Voir aussi* dénotation

dénotation, 177, 273

dental, 53–56, 59, 74–75, 337

dérivation, 170–172, 177, 182, 189, 232

désinence, 123. *Voir aussi* flexion

détente. *Voir* explosion

dévoisement, 77–78, 80

dialecte, 5, 78, 95, 314, 321–324, 326–328, 331–333

diminutif, 174, 176

diphtongue, 336, 344

discontinu, 21. *Voir aussi* discret

discours, 3, 5, 68, 82–83, 85, 157, 185, 190, 289, 295–300, 309, 313–315, 318

discret, 21, 32, 76

dissociation, 32–34

distinctif/distinctive. *Voir* fonction distinctive, rôle distinctif, unité distinctive, valeur distinctive

distribution, 65–66, 120, 172, 311–312, 314

distribution complémentaire, 65–68, 70

dorsal, 43, 53, 337

double articulation, 25, 32, 36

doublet, 187, 284, 292

E caduc, 5, 44–45, 68, 99–105, 109, 310, 313, 318, 324

écarté, 44, 46, 56, 59, 62, 63

ellipse, 165, 221, 249–250, 252

émetteur, 6, 15–16, 177

emprunt, 55, 75, 100, 173, 185–186, 188–190, 197, 199, 284, 311, 326–327, 329, 332, 341–342

enchaînement, 83, 105–106, 111–112

enchâssement, 260, 262

encoder, 15, 203

encodeur. *Voir* encoder. *Voir aussi* émetteur

énoncé, 18, 25–27, 29, 33–36, 68, 81–84, 87, 89–91, 93–96, 99, 104–105, 111, 123–124, 126–128, 146, 149–151, 156–157, 160–161, 167, 203, 230–231, 235, 242–243, 250, 257, 267, 271, 278, 280–281, 287, 289, 295–296, 301–305, 310–311, 314, 318, 322

étymologie, 11, 187–188, 343

étymon, 185, 187, 284

expansion, 180, 208–209

explosion (bruit des consonnes), 57

facteurs externes, 64, 315, 324–325

facteurs internes, 315, 325

favorisé, 3, 64, 310, 312, 315–316, 325–326

fermé (trait vocalique), 45–46, 49, 62–63, 65–72, 134, 336

figuré, 33, 139, 272

flexion, 123–124, 149, 154, 171, 176

fonction, 84–85, 89, 93–94, 119–120, 188, 196, 232, 238, 240, 261, 298

fonction distinctive, 85

fondamental usuel, 90, 95

forme, 3, 7, 10, 16–17, 21–22, 29, 31, 41, 62, 79, 108, 117, 122–125, 130–135, 140–145, 170–171, 174–176, 180, 182–183, 185–190, 195–196, 207, 221, 224, 236–238, 241–243, 271, 284–285, 294, 299, 316, 327–328, 339, 343

forme verbale, 30, 35, 93, 106–107, 120, 143–145, 148–152, 154, 156–157, 160, 163–164,

167, 174–176, 189, 198, 204, 206, 208, 234,
   236–238, 240–241, 256, 339
français fondamental (vocabulaire), 191–192,
   194, 339
fricative, 52–53, 55–57, 75, 77
futur antérieur, 149, 163–164, 256

genre, 31–32, 120–121, 123–126, 129–134,
   136–137, 149, 171, 179, 207, 240–241, 338
graphie, 13, 47, 64, 66–67, 185, 274, 324, 344
groupe de sens, 83, 106–107
groupe de souffle, 83
groupe prépositionnel, 204, 209–215, 243, 252
groupe rythmique, 83, 87, 103–105
harmonique, 89

H aspiré, 46, 100, 105, 107, 111–113, 333
hiérarchisation, 94
homonyme, 287–288

inaccentué, 68–69, 71, 82, 106, 336, 338
incise, 90–91
indicateur (sociolinguistique), 314
indicateur syntagmatique, 206, 209, 214–16,
   237, 255, 257, 267
indice, 15, 17–18, 22–23, 94, 314
insertion, test. *Voir* test d'insertion
intonation, 89–91, 93–95, 97, 220, 226, 230–
   231, 235–236, 238, 253, 271, 291, 298–299,
   302, 310, 338
intonation démarcative, 93

joint *ou* conjoint, 119, 120, 145, 296

labial (trait), 44. *Voir aussi* arrondi
labialité, 62
langue (articulation), 21, 32, 43–45, 49, 54–55,
   57–58, 62, 99, 337
langue (code), 3–7, 10–13, 15, 19–21, 23–28,
   31–33, 35, 41, 47, 51, 57, 61–62, 64–66, 68,
   71, 74–76, 81–85, 87, 93, 112, 117, 121, 123,
   128–129, 131–132, 135, 138–139, 162–164,
   166, 168, 170, 173, 185–191, 197, 203–204,
   208, 220, 234, 243, 271–273, 277, 284–286,
   289, 302, 309–310, 315–316, 318, 321–323,
   325–328, 332–335, 337–338, 340, 342, 344
latence, 105. *Voir aussi* liaison
lexème, 25, 31, 63, 120–124, 127, 148–149,

164–165, 168, 170–171, 176, 188, 190, 208,
   274–275, 278, 287
lexique, 25–26, 31, 64, 67, 75, 108, 172, 185,
   190–191, 258, 302, 314, 327, 330, 332, 340
liaison, 46, 84, 105–112, 142, 145–146,
   309–310, 318, 337
linéarité, 32–33
liquide, consonne. *Voir* consonne liquide
liste ouverte, 122, 190
liste fermée, 122

marque, 32, 91–92, 94, 108, 125–126, 128,
   130, 132, 134–136, 138, 140–144, 146,
   231–234, 238, 264, 299–300, 313
marqué, 91–92, 108, 126, 132, 140, 142–146,
   203, 235, 265, 302
marqueur, 314
message, 6, 15–16, 18, 21, 25, 32–34, 37, 84,
   94, 117, 128, 150, 295, 300–301
mode (verbal), 121, 123, 148, 150, 159–161,
   256, 302
mode articulatoire, 52–55, 57, 74, 76
monème, 31, 120–122, 128, 170–171, 275
morphème, 25, 30–31, 63, 75, 120–125, 127,
   148–150, 170–171, 188, 208, 275, 285, 296
morphologie, 27, 29, 67, 117, 120–121, 148,
   159, 190, 212, 215, 220, 232, 273, 302, 309,
   329–330
motivé, 19, 51, 185

nasale, consonne. *Voir* consonne nasale
nasale, voyelle. *Voir* voyelle nasale
nasalité, 63, 75–76, 314
nécessaire, 20
neutralisation, 143
neutralisée (opposition ou distinction), 108,
   132, 134, 141, 143, 145, 238
nombre, 120–121, 123, 125, 138–145, 148–
   150, 152, 156, 159, 171, 179, 207, 240–241,
   251, 258, 338
non marqué, 91, 232, 289
non voisé, 54–57, 74–78, 106, 134, 333
norme, 3–4, 6, 82, 320, 322
noyau, 57, 64–65, 171, 177, 204, 206–209,
   215, 241, 259–260, 278, 314

occlusive, 52–53, 55–59, 65, 74–77, 79, 101,
   314, 337

onomatopée, 15, 19–20, 51, 58, 185–186, 197
opposition, 21, 29, 32, 36, 55, 62–64, 67–68, 74–76, 81, 101, 108, 134, 137–138, 140–141, 143–146, 285, 288
orale, consonne. *Voir* consonne orale
orale, voyelle. *Voir* voyelle orale
orthoépie, 47
ouverte (aperture), 45–46, 62–64, 66–67, 72, 134
ouverte, syllabe. *Voir* syllabe ouverte

paire minimale, 63, 67, 70, 75
palatale, 43, 53–56, 74–75
palatalisation, 78, 337
parole, 7, 76, 125, 190–191, 230, 300–303, 320
passé antérieur, 163
passive, phrase. *Voir* phrase passive
passive, voix. *Voir* voix passive
patient, 150–152, 155, 164–165, 211–212, 215, 223, 232, 240–243
patois, 321–323, 327, 332, 342
pertinent, 92, 145–146, 276. *Voir aussi* distinctif
phatique, 238, 315
phone, 41, 56, 61, 77
phonématique, 93, 313
phonème, 21, 25–28, 30–32, 41, 61–63, 66, 68, 75–76, 81, 93, 103–104, 107, 121–122, 125, 273, 275, 310
phonétique, 10, 41–43, 46–47, 49, 59, 61–64, 67, 70–72, 75–76, 79, 82–84, 87, 89, 101, 103–104, 112, 134–135, 146, 182, 256, 274, 318, 325, 330, 332, 339, 341, 343–344
phonologie, 27, 41, 61, 76, 92, 125, 276
phonostylistique, 42, 51, 58–59, 68, 94, 109, 326
phrase autonome, 248–249, 259
phrase passive, 215, 220, 240–243, 245
phrase relative, 90, 259–260, 264–265, 267. *Voir aussi* relativisation
pidgin, 323
poétique, 34, 57, 88, 109, 132, 154, 228, 247, 275, 277, 289–290, 326
polaire, 285
polarité, 231–232, 238–239, 244–245
polysémie, 283, 286–287, 289, 306
polysémique, 24, 287, 293, 305
postérieur, 44, 46, 49, 54–57, 59, 62–64, 69, 77, 336

prédicat, 203, 206
préfixe, 79, 99, 119, 124, 170–173, 182–183, 288, 293
préfixe inséparable, 173
préfixe séparable, 173
préposition, 29, 107, 119–120, 123–124, 151, 165, 173, 177–178, 209–210, 220–221, 224, 241–242, 252, 258, 273, 280. *Voir aussi* groupe prépositionnel
proposition relative, 180, 209, 259–262, 265. *Voir aussi* relativisation
prosodie, 226
prosodique, 93, 95, 264–265, 298, 302, 338

radical, 99, 122, 148, 170–171
récepteur, 6, 15–16, 18, 303
redondant, 47, 92–93, 96, 108, 126, 142, 144
référent, 19, 250, 272–273, 301
registre, 5, 13, 100, 284, 318, 340
relative, phrase. *Voir* phrase relative
relative, proposition. *Voir* proposition relative
relativisation, 259–262, 264–265
rendement, 63–64, 75–76
rôle distinctif, 91–92, 94, 96, 108, 131, 145
roulé, 21, 57, 78, 311, 337
rythme, 58, 83, 85–86, 88, 102, 104, 319, 338

sème, 122–123, 148, 150, 156, 166–167, 275–278, 281, 283–285, 287, 289–290, 292
sémème, 275–278, 280, 283–288, 292
semi-consonne, 56, 59, 65
semi-voyelle, 56
sens, 11, 13, 17, 22, 24–27, 29–32, 36–37, 47, 61–64, 69, 81, 83, 85, 89, 92–94, 106–108, 112, 117–119, 121–123, 131, 139–140, 148, 151–152, 162, 165, 167–168, 171–174, 177, 179–180, 182–183, 187, 189–190, 196, 204, 207, 211, 220, 228, 231, 247, 271–275, 277–278, 280–290, 293–295, 297, 299–300, 305, 316, 328, 340, 344
séparable, préfixe. *Voir* préfixe séparable
sifflante, 57
signal, 15–18, 89, 92, 95, 314
signe linguistique, 15, 18, 20–22, 271–272, 278, 283
signifiant, 18–20, 23, 185, 189, 271–272, 274, 283, 286–287
signification, 19, 271

significative, unité. *Voir* unité significative

signifié, 18–20, 131, 185, 189, 195, 271–274, 283, 285–287

sociolinguistique, 309–312, 314–315, 324, 326, 334–335, 338

sonore, 44, 52, 54, 78, 310, 337. *Voir aussi* voisé

sourd, 54, 76, 310, 336–337. *Voir aussi* non voisé

substance, 21–22, 41

substantif, 31–32, 49, 106–107, 118, 120, 124–125, 129–132, 138–144, 149, 172–174, 180, 194–195, 287, 340

substrat, 78, 274, 321

suffixe, 31, 124, 134, 170–172, 174–177, 182–183

syllabe, 7, 9, 25, 27–29, 64–67, 70–71, 76–78, 82–84, 87, 94, 100–101, 103–105, 178, 310, 335–336

syllabe fermée, 65–66, 100, 335–336

syllabe ouverte, 65–66, 71, 100, 105, 336

synonyme, 222, 273, 283–286, 292

syntagme, 30, 66, 94, 178, 204, 211, 219, 294

syntagme autonome, 211

syntaxe, 27, 29, 31, 117, 165, 203, 208, 219–220, 228, 230, 238, 241, 248, 277, 295, 302, 309, 314, 323, 328, 332. *Voir aussi* syntaxique

syntaxique, 3–4, 26, 91, 94, 164, 196, 203–209, 211–213, 215–216, 219–222, 226–228, 231–232, 234, 236, 238–240, 246, 248–249, 251, 255–256, 259–260, 264, 277–278, 296, 302, 339, 341–342

système, 6–7, 11, 18–21, 25–30, 32–34, 37, 41, 43, 50, 61–64, 66, 68, 72, 74–76, 83, 93, 117, 121, 129, 171–172, 180, 188, 273, 289, 300–301, 315, 321–322, 326–327, 330, 336

test d'insertion, 180

timbre, 44, 62, 64, 67–68, 70–71, 99, 328, 335–336

ton, 96, 169, 291, 304

trait, 27–28, 44–46, 49, 55–56, 59, 62–63, 71, 74–79, 95, 122, 215, 256, 260–261, 265, 275–276, 278, 280–281, 284, 289

trait distinctif, 62, 71, 74, 122, 275

unité distinctive, 21, 32

unité significative, 31–32, 117, 120–121, 159, 275, 278, 288, 300

usage, 4, 132, 190–191, 320

uvulaire, 53, 55–57, 75, 78, 311–312, 337–338

valeur, 21, 32, 41, 94, 119, 148, 152, 156, 159–163, 230, 238, 246, 251, 273, 278, 326

valeur distinctive, 32

variante, 61–62, 68, 72, 76–78, 97, 101, 284, 310, 328, 336

variante conditionnée, 68, 76–77

variante libre, 68, 76, 310

vocabulaire, 5, 10–11, 179, 183, 186, 189–192, 195, 295, 309, 315, 325–326, 328, 339–340

voisé, 54–57, 59, 74–78, 106, 134, 333

voisement, 57, 75–78, 80

voix, 17–18, 42, 44, 47–48, 89–90, 95, 110, 170, 310, 314, 318

voix active, 121, 123, 150, 153–154, 232, 241

voix passive, 150–151, 154–155, 167, 220, 232, 240–243, 245

voyelle, 9, 13, 21, 27, 29, 32, 41, 43–52, 54, 56–57, 61–72, 74, 76–78, 81, 85, 87, 93, 99–101, 105–106, 108–109,111, 124–125, 132, 134, 142, 145, 274, 311–313, 328, 330, 333, 335–339, 344

voyelle nasale, 29, 44, 63, 69, 71–72, 108, 274, 328, 338

voyelle orale, 43–44, 49–50, 72, 108–109, 111, 134, 328, 330